Guttentag'sche Sammlung
Nr. 15. Deutscher Reichsgesetze. Nr. 15.
Text-Ausgaben mit Anmerkungen.

Deutsches Gerichtskostengesetz

nebst

Gebührenordnungen

für Gerichtsvollzieher

und

für Zeugen und Sachverständige.

Unter besonderer Berücksichtigung
der Entscheidungen des Reichsgerichts
herausgegeben
mit Anmerkungen und Kostentabellen
von

R. Sydow,
Unterstaatssekretär.

Fortgeführt von

L. Busch,
Reichsgerichtsrat.

Achte, vermehrte Auflage.

Berlin 1907.
J. Guttentag, Verlagsbuchhandlung,
G. m. b. H.

Inhalt.

Seite

I. Gesetz, betreffend die **Abänderung von Bestimmungen des Gerichtskostengesetzes und der Gebührenordnung für Gerichtsvollzieher.** Vom 29. Juni 1881. . . . . . . 9. 10

II. Einführungsgesetz zu dem Gesetze, betreffend **Änderungen der Zivilprozeßordnung.** Vom 17. Mai 1898 11. 12

III. **Gerichtskostengesetz.**

Erster Abschnitt: Allgemeine Bestimmungen. §§ 1—7 . . . . 13—30

Zweiter Abschnitt: Gebühren in bürgerlichen Rechtsstreitigkeiten. §§ 8—49 . 30—160

Wertsklassen und Gebührensatz S. 30. — Wertsberechnung S. 31—71. — Wertsfestsetzung S. 72—82. — Tarifsystem: a) Verhandlungs-, Beweis- und Entscheidungsgebühr S. 82—119. — b) Besondere Gebühren S. 119—148. — c) Gebührenfreie Akte S. 148 bis 156. — d) Verzögerungsgebühr S. 156 bis 159. — e) Rechtsmittelinstanz S. 159. 160.

Dritter Abschnitt: Gebühren im Konkursverfahren. §§ 50—58. . . . . . . 161—172

Wertsklassen. Gebührensatz. Wertsfestsetzung S. 161. 162. — Tarifsystem: a) Allgemeine Gebühr S. 162—164. — Wertsberechnung S. 164—166. — b) Besondere Gebühren S. 166—172.

Vierter Abschnitt: Gebühren in Strafsachen. §§ 59—78. . . . . 173—184

Öffentliche Klage S. 173—184. — Unbegründete Anträge auf Strafverfolgung S. 184—186. — Privatklage S. 186—190. — Nebenklage

Seite

S. 190. 191. — Verfahren bei Einziehungen und Vermögensbeschlagnahmen S. 191. — Zurücknahme von Gesuchen S. 191. 192 — Wiederaufnahme S. 192. 193. — Besondere Gebühren S. 193. 193—195.

Fünfter Abschnitt: Auslagen. §§ 79—80b 195—204

Sechster Abschnitt: Kostenvorschuß und Kostenzahlung. §§ 81—97 . . . . . 204—237

Kostenvorschuß S. 205—218. — Verpflichtung zur Kostenzahlung S. 218—230. — Fälligkeit der Kosten S. 231—244.

Siebenter Abschnitt: Schlußbestimmungen 237—244

IV. Gebührenordnung für Gerichtsvollzieher. §§ 1—26. . . . . . 245—270

I. Gebühren: 1. Zustellung S. 247—249. — 2. Zwangsvollstreckung S. 249—250. Pfändung S. 250—252. Übernahme S. 252. 253. — Wegnahme S. 253. 254. — Zwangsverkauf S. 254. 255. — Besitzentsetzung und Beseitigung von Widerstand S. 255. 256. — Verhaftung S. 256. 257. — Einstellung der Zwangsvollstreckung S. 257. 258. — Leistung an den Gerichtsvollzieher S. 258. 259. — Umfang der Vollstreckungshandlung S. 259—261. — II. Auslagen S. 261—265. — III. Kostenvorschuß S. 265. 266. — IV. Kostenzahlung S. 266. 267. — V. Kostenansatz S. 268. 269. — VI. Schlußbestimmungen S. 269—270.

V. Gebührenordnung für Zeugen und Sachverständige. §§ 1—18 . . . 271—287

Tabellen.

A. Bürgerliche Rechtsstreitigkeiten . . . 288—297
B. Konkursverfahren . . . . 298—306
C. Strafverfahren . . . . 306—307

Sachregister . . . . 308—322

Abkürzungen.

Begr.	bedeutet	Begründung zum Entwurf eines Einführungsgesetzes zu dem Gesetze, betr. Änderungen der Zivilprozeßordnung (Drucksachen des Reichstages: 9. Legislatur-Periode, V. Session 1897/98 Nr. 61.
Blum	„	Urteile und Annalen des Reichsgerichts in Zivilsachen. Herausgegeben von Blum. Bd. I–III.
Braun u. Blum	„	Annalen des Reichsgerichts. Unter Mitwirkung von Braun herausgegeben von Blum. Bd. I—X.
EG.	„	Einführungsgesetz.
GO. f. RA.	„	Gebührenordnung für Rechtsanwälte.
Gr.	„	Beiträge zur Erläuterung des Deutschen Rechts. Begründet von Gruchot. Bis Bd. 50.
GVG.	„	Gerichtsverfassungsgesetz.
JMBl.	„	Justiz-Ministerial-Blatt.
JW.	„	Juristische Wochenschrift. Bis Jahrgang 1906.
KGJ.	„	Jahrbuch für Entscheidungen des Kammergerichts in Sachen der nichtstreitigen Gerichtsbarkeit und in Strafsachen. Bd. 1—33.
KO.	„	Konkursordnung.
KomBer.	„	Mündlicher Bericht der XI. Kommission über die Entwürfe 1. eines Gerichtskostengesetzes, 2. einer Gebührenordnung

		für Gerichtsvollzieher, 3. einer Gebührenordnung für Zeugen und Sachverständige (Drucksachen des Deutschen Reichstages: 3. Legislaturperiode, II. Session 1878 Nr. 228).
Mot.	bedeutet	Motive zum Entwurfe 1. eines Gerichtskostengesetzes, 2. einer Gebührenordnung für Gerichtsvollzieher, 3. einer Gebührenordnung für Zeugen und Sachverständige (Drucksachen des Deutschen Reichstages: 3. Legislaturperiode, II. Session 1878 Nr. 76).
OLG.	"	Die Rechtsprechung der Oberlandesgerichte (Mugdan-Falkmann). Bd. 1—14.
RG.	"	Entscheidungen des Reichsgerichts in Zivilsachen. Herausgegeben von den Mitgliedern des Gerichtshofes. Bd. 1 bis 64.
RG.	"	Entscheidungen des Reichsgerichts in Strafsachen. Herausgegeben von den Mitgliedern des Gerichtshofes. Bd. 1—39.
RGB.	"	Reichs-Gesetzblatt.
StGB.	"	Strafgesetzbuch für das Deutsche Reich.
StPO.	"	Strafprozeßordnung.
ZPO.	"	Zivilprozeßordnung.

I.

Gesetz,

betreffend die

Abänderung von Bestimmungen des Gerichtskostengesetzes und der Gebührenordnung für Gerichtsvollzieher.

Vom 29. Juni 1881.

(RGB. von 1881, Nr. 16, S. 178–184.)
In Kraft getreten am 15. Juli 1881. Art. 4.

Artikel 1.

An Stelle der nachstehend bezeichneten Vorschriften des Gerichtskostengesetzes treten die folgenden Bestimmungen:

1. an Stelle des § 22:
2. an Stelle des § 23:
3. an Stelle des § 34:
4. an Stelle des § 35:
5. an Stelle des § 36:
6. an Stelle des § 37:
7. an Stelle des § 38:
8. an Stelle des § 39 Absatz 2:
9. an Stelle des § 40:
10. an Stelle des § 41:
11. an Stelle des § 44:

12. an Stelle des ersten Absatzes des § 46:
13. an Stelle des § 47 Nr. 14:
14. an Stelle des § 53:
15. an Stelle des § 70:
16. an Stelle des § 78:
17. an Stelle des § 101:

(Die abgeänderten §§ sind an den betreffenden Stellen in der neuen Fassung eingeschaltet und mit einem Stern (*) bezeichnet.)

Artikel 2.

Hinter den § 80 des Gerichtskostengesetzes werden die folgenden neuen §§ 80a und 80b eingestellt:

(Die neuen §§ sind an der betreffenden Stelle eingeschaltet und mit einem Stern (*) bezeichnet.)

Artikel 3.

An Stelle der nachstehend bezeichneten Vorschriften der Gebührenordnung für Gerichtsvollzieher treten die folgenden Bestimmungen:

1. an Stelle des § 2:
2. an Stelle des § 3:
3. an Stelle des ersten Absatzes des § 4:
4. an Stelle des § 11:
5. an Stelle des § 15:
6. an Stelle des zweiten Absatzes des § 17:

(Die abgeänderten §§ sind an den betreffenden Stellen in der neuen Fassung eingeschaltet und mit einem Stern (*) bezeichnet.)

Artikel 4.

Dieses Gesetz tritt am 15. Juli 1881 in Kraft.

II.

Einführungsgesetz

zu dem Gesetze, betreffend
Aenderungen der Civilprozeßordnung.

Vom 17. Mai 1898.

(RGB. von 1898, Nr. 21, S. 332.)
In Kraft vom 1. Januar 1900.

Artikel I.

Das Gesetz, betreffend Aenderungen der Civilprozeßordnung, tritt gleichzeitig mit dem Bürgerlichen Gesetzbuch in Kraft.

Artikel II.

(Betrifft Änderungen des Einführungsgesetzes zur Zivilprozeßordnung.)

Artikel III.

(Betrifft eine Änderung des Gesetzes, betreffend die Beschlagnahme des Arbeits- oder Dienstlohnes, vom 21. Juni 1869.)

Artikel IV.

(Betrifft Änderungen des Gerichtskostengesetzes vom 18. Juni 1878. Die Änderungen sind in die neue Fassung des Gerichtskostengesetzes [s. unten III] aufgenommen.)

Artikel V.

(Betrifft Änderungen der Gebührenordnung für Gerichtsvollzieher vom 24. Juni 1878. Die Änderungen sind in die Gebührenordnung [s. unten IV] aufgenommen.)

Artikel VI.

(Betrifft Änderungen des § 17 Abs. 3 der Gebührenordnung für Zeugen und Sachverständige vom 30. Juni 1878. Die Änderungen sind in die Gebührenordnung [s. unten V] aufgenommen.)

Artikel VII.

(Betrifft Änderungen der Gebührenordnung für Rechtsanwälte vom 7. Juli 1879.)

Artikel VIII.

(Betrifft die landesgesetzlichen Vorschriften über die Vollstreckbarkeit von Hypothekenurkunden.)

Artikel IX.

(Betrifft Übergangsbestimmungen hinsichtlich der Änderungen der Zivilprozeßordnung.)

Artikel X.

(Betrifft eine Zusatzbestimmung zu § 114 der Rechtsanwaltsordnung vom 1. Juli 1878.)

III.

Gerichtskostengesetz.

Vom 18. Juni 1878.

(RGB. von 1878, Nr. 22, S. 141—165.)
In Kraft getreten am 1. Oktober 1879.
§ 102. — § 1 EG. zum GVG.
Eingeführt in Helgoland seit 1./4. 91: Art. I Nr. VIII, 6 RGes. v. 22./3. 91 (RGB. 22).
Abgeändert durch das Gesetz, betr. die Abänderung von Bestimmungen des Gerichtskostengesetzes ꝛc., vom 29. Juni 1881 (RGB. 178) — oben I —, in Kraft vom 15. Juli 1881, und durch Art. 4 des Einführungsgesetzes zu dem Gesetze, betr. Änderungen der Civilprozeßordnung, vom 17. Mai 1898 (RGB. 342) — oben II —, in Kraft vom 1. Januar 1900.
Die jetzige Fassung ist die durch die Bekanntmachung des Reichskanzlers vom 20. Mai 1898 (RGB. 659) festgestellte.

Erster Abschnitt.

Allgemeine Bestimmungen.

Ansatz und Einziehung von Gebühren und Auslagen des Reichsgerichts: Dienstweisung vom 21./6. 79 (Zentralbl. f. d. D. R. 473) u. v. 7./7. 87 (Zentralbl. f. d. D. R. 309). Vgl. auch Preuß. Verf. v. 19./8. 87 (JMBl. 206) u. 18./1. 90 (JMBl. 19). — Ansatz und Einziehung der Kosten der Landesgerichte: Preußen: §§ 16, 119 Pr. GKG. v. 25./6. 95 in d. Fass. v. 6./10. 99 (GS. 326); Verordn., betr. d. Verwaltungszwangsverf. wegen Beitreibung v. Geldbeträgen, v. 15./11. 99 (GS. 545); §§ 12, 14 ff., 24 ff., 33 ff. Kassenordnung

v. 28./3. 07 (JMBl. 127). Dazu vgl. Anm. 4 zu § 4 (Einwendungen gegen die Art und Weise der Zwangsbeitreibung). — Rechtshilfe der einziehenden Behörden: § 99 u. Anm. dazu.

1. In den vor die ordentlichen Gerichte [1] gehörigen Rechtssachen, [2] auf welche die Civilprozeßordnung, [3] die Strafprozeßordnung [4] oder die Konkursordnung Anwendung findet, [5] werden Gebühren und Auslagen der Gerichte nur nach Maßgabe dieses Gesetzes erhoben. [6]

[1] § 12 GVG. (Amtsgerichte, Landgerichte, Oberlandesgerichte, Reichsgericht). — Ferner in Sachen der Konsulargerichtsbarkeit, §§ 19, 73 RGes. über die Konsulargerichtsb. v. 7./4. 00 (RGB. 213) (die Gebühren werden in den Sachen vor den Konsuln und Konsulargerichten [nicht auch in der Berufungs- u. Beschwerdeinstanz vor dem Reichsgericht] im doppelten Betrage der Sätze des GKG. erhoben), sowie in den vor die Gerichte der deutschen Schutzgebiete gehörigen Rechtssachen, soweit nicht auf Grund von §§ 3, 6 Nr. 7 Schutzgebietsges. v. 19./3. 88 in d. Fass. v. 10./9. 00 (RGB. 812) und § 10 Ver., betr. die Rechtsverhältnisse in den Schutzgebieten, v. 9./11. 00 (RGB. 1005) durch Verordnungen des Reichskanzlers die Geltung des GKG. ausgeschlossen worden ist. Nach einer solchen Verordn. v. 28./11. 01 § 1 werden in den Schutzgebieten Afrikas und der Südsee die im GKG. bestimmten Gebührensätze erhoben.

[2] Das sind gemäß §§ 13, 14, 16 GVG., § 3 EG. z. GVG. alle bürgerlichen Rechtsstreitigkeiten und Strafsachen, für welche nicht entweder die Zuständigkeit von Verwaltungsbehörden oder Verwaltungsgerichten begründet ist oder reichsgesetzlich besondere Gerichte bestellt oder zugelassen sind. Bestellte besondere Gerichte sind: Konsuln und Konsulargerichte, s. Anm. 1; Militärgerichte, Militärstrafgerichtsordn. v. 1./12. 98 (RGB. 1189); Prisengerichte, RGes. v. 3./5. 84 (RGB. 49); Schiedsgerichte der Arbeiterversicherung und das Reichsversicherungsamt: in Unfallversicherungssachen, §§ 3 ff., 11 ff., 20 RGes., betr. Abänderung

der Unfallversicherungsgesetze, v. 30./6. 00 (RGB. 335), Gewerbe-, Land- und Forstwirtschaft-, Bau-, See-Unfallversicherungsgesetze v. 5./7. 00 (RGB. 573); in Invaliditäts- und Altersversicherungssachen, §§ 106, 109 Invalidenversicherungsges. v. 13./7. 99 (RGB. 463). *Zugelassene besondere* Gerichte sind: Rheinschiffahrts- u. Elbzollgerichte, Art. 33 ff. Rev. Rheinsch. Akte v. 17./10. 68 (PrGS. 69 S. 814), Art. 26 Elbsch. Akte v. 23./6. 21 (PrGS. 22 S. 20), §§ 46 ff. Additionalakte v. 13./4. 44 (PrGS. 468); Auseinandersetzungsbehörden, Preuß. Ges., betr. d. Verfahren in Auseinandersetzungsangelegenheiten, v. 18./2. 80 in d. Fass. v. 10./10. 99 (PrGS. 284); Gewerbegerichte, RGes. v. 29./7. 90, neue Fass. v. 29./9. 01 (RGB. 353), und Kaufmannsgerichte, RGes. v. 6./7. 04 (RGB. 266); Innungen und Innungsschiedsgerichte, §§ 81 a[4], 81 b[4], 91 GewOrdn. in d. Fass. v. 26./7. 00 (RGB. 871). Bezüglich der Kosten der Verfahren vor diesen Gerichten gelten besondere Bestimmungen (vgl. Anm. 1, § 96 Preuß. Auseinandersetzungsges., § 469 MilGerichtsordn., § 20 Ver., betr. das Verfahren vor den Schiedsgerichten für Arbeiterversicherung, v. 22./11. 00 [RGB. 1017], §§ 58 ff. Gewerbegerichtsges., § 16 KaufmannsgerGes. — Dagegen findet das GKG. auf solche Rechtssachen Anwendung, welche zunächst vor anderen Behörden verhandelt und erst durch Berufung auf den Rechtsweg oder durch einen Antrag auf gerichtliche Entscheidung bei den ordentlichen Gerichten anhängig gemacht worden sind. Vgl. §§ 66 ff., 96 Preuß. Auseinandersetzungsges. (Verfahren vor dem Reichsgericht als Revisionsgericht in preuß. Auseinandersetzungssachen), §§ 55, 60 Gewerbegerichtsges., § 16 KaufmannsgerGes. (Berufungen gegen Entscheidungen der Gewerbe- u. Kaufmannsgerichte), § 91 b GewOrdn. (Klage bei dem ordentlichen Gericht gegen Entscheidungen der Innungen und der Innungsschiedsgerichte), § 124 Seemannsordn. v. 2./6. 02 (RGB. 175), § 5 EG. z. StPO. (Antrag auf gerichtliche Entscheidung gegen Bescheid des Seemannsamts); ferner §§ 170, 453 ff., 459 ff. StPO. Vgl. auch Anm. 5.

[3] § 3 Abs. 1 EG. z. ZPO. (auf alle bürgerlichen Rechtsstreitigkeiten, welche vor die ordentlichen Gerichte gehören). — Jedoch: §§ 11, 15 Nr. 2 EG. z. ZPO. (landesgesetzliche Regelung des

Verfahrens: in einzelnen Aufgebotssachen, für die Zwangsenteignung). — Auch im Zwangsvollstreckungsverfahren in gewerbegerichtlichen Sachen: § 60 Gewerbegerichtsges. (vgl. Anm. 2).

[4] § 3 Abs. 1 EG. z. StPO. (alle Strafsachen, welche vor die ordentlichen Gerichte gehören). — Jedoch: § 3 Abs. 3 EG. z. StPO. (landesgesetzliche Regelung des Verfahrens in Forst- und Feldrügesachen). — Disziplinar- und Ehrengerichtssachen sind keine Strafsachen. Vgl. für Preußen § 123 PrGKG. v. 25./6. 95 in d. Fass. v. 6./10. 99.

[5] In der Regel ist also (s. Anm. 2, 3, 4) die Anwendung des GKG. ausgeschlossen, wenn das Verfahren weder eine bürgerliche Rechtsstreitigkeit noch eine Strafsache betrifft oder wenn die Angelegenheit nicht vor die ordentlichen Gerichte gehört, es sei denn, daß die Anwendung besonders gesetzlich bestimmt ist. Ohne weiteres kommt jedoch das GKG. zur Anwendung in den den besonderen Gerichten überlassenen Rechtssachen (vgl. Anm. 2), welche durch die Landesgesetzgebung bezw. Kaiserliche Verordnung den ordentlichen Gerichten gemäß § 3 Abs. 1, 2 EG. z. GVG. übertragen werden, sofern in ihnen kein von der ZPO. oder StPO. abweichendes Verfahren vorgeschrieben wird: § 3 Abs. 2 EG. z. ZPO., § 3 Abs. 2 z. StPO. — Nicht unter das GKG. fallen namentlich die Angelegenheiten der freiwilligen Gerichtsbarkeit, die Grundbuchangelegenheiten, die Zwangsvollstreckung in das unbewegliche Vermögen (vgl. KGJ. 27 B. 64), die Zwangsenteignung. Vgl. jedoch Anm. 3 und für Preußen §§ 119, 120 PrGKG. v. 25./6. 95 in d. Fass. v. 6./10. 99. — Handelt es sich um eine Angelegenheit, die nicht vor die ordentlichen Gerichte gehört, aber irrtümlich vor diese gebracht ist, oder ist ein Rechtsmittel bei einer für dieses unzuständigen Gerichtsinstanz eingelegt, so kommt es bei der Frage, ob ein nach den Vorschriften der Kostengesetze zu behandelnder Fall vorliegt, nicht auf das Vorhandensein der objektiven Voraussetzungen für die Anwendung einer Kostenvorschrift, sondern darauf an, ob dem Parteiantrage Behauptungen über die Zuständigkeit des von den Parteien angerufenen Gerichts zugrunde liegen, die, wenn sie richtig wären, die Anwendung der Kostengesetze rechtfertigen

würde. RG. 22, 415, 52, 248. — Auf die Akte des schiedsrichterlichen Verfahrens findet das Gesetz nicht Anwendung. RG. 30, 224. Vgl. aber § 26 Nr. 8, 10, § 34 Nr. 2 (Gebühren für Akte, welche betreffen: die Zulassung der Zwangsvollstreckung aus einem Schiedsspruche, die Unzulässigkeit des schiedsrichterlichen Verfahrens oder die Aufhebung eines Schiedsspruchs, die Ernennung oder Ablehnung eines Schiedsrichters, das Erlöschen eines Schiedsvertrags usw.).

[6] Für das im vorliegenden Gesetz angeordnete Verfahren werden Gebühren nur erhoben, soweit auf dasselbe die Vorschriften der ZPO. oder StPO. für anwendbar erklärt sind. Mot. 27. Vgl. § 4 Abs. 2 (Beschwerde gegen Entscheidungen über Erinnerungen des Zahlungspflichtigen), § 16 Abs. 2 (Beschwerde gegen Festsetzung des Streitwerts), § 47 Abs. 2 Satz 2 (Beschwerde gegen eine Entscheidung, durch welche wegen mutwilliger Veranlassung des Verfahrens Gebühren auferlegt sind), § 48 Abs. 2 (Beschwerde gegen Festsetzung einer Verzögerungsgebühr). — Die Höhe der Gebühren bestimmt sich in bürgerlichen Rechtsstreitigkeiten und in Konkurssachen nach der Wertsklasse und dem Gebührensatz, in Strafsachen regelmäßig nach der rechtskräftig erkannten Strafe und den Sätzen des § 62 GKG. — Für Handlungen und Entscheidungen, die das GKG. als gebührenpflichtig nicht bezeichnet, sind Gebühren nicht zu erheben; ebensowenig andere Auslagen als die im § 79 aufgezählten.

2. Eine Erhebung von Stempeln und anderen Abgaben neben den Gebühren findet nicht statt. [1]

Urkunden, von denen im Verfahren Gebrauch gemacht wird, sind nur insoweit einem Stempel oder einer anderen Abgabe unterworfen, als sie es ohne diesen Gebrauch sein würden. [2]

Urkunden, welche im Verfahren errichtet werden, bleiben, soweit ihr Inhalt über den Gegenstand des Verfahrens hinausgeht,[3] den allgemeinen Vorschriften über Erhebung von Stempeln oder anderen Abgaben unterworfen.[4]

[1] Der Prozeß soll zwecks einheitlicher Regelung der Gebühren dem landesgesetzlichen Besteuerungsrecht entzogen sein. Es sollen daher neben den Gebühren des GKG. keinerlei andere Abgaben zum Ansatz kommen, es sei denn, daß solche andere Abgaben auch ohne das gerichtliche Verfahren hätten entrichtet werden müssen. Mot. zu § 2. — Ausnahmen: §§ 100, 101 (landesgesetzlich noch besonders zu erhebende Urteils- bezw. Vergleichsgebühren). Vgl. Anm. 1 zu § 101.

[2] Wird eine Prozeßvollmacht im Verfahren selbst mündlich zum Protokoll des Gerichtsschreibers erteilt und von diesem beurkundet, so unterliegt sie gemäß Abs. 1, 3 einem Stempel nicht. RG. **17**, 427. Andere in einer öffentlichen oder einer Privaturkunde erteilte Prozeßvollmachten sind stempelpflichtig, wenn nach Landesrecht die Stempelpflicht bereits mit der Ausstellung, nicht erst mit ihrem Gebrauch im Prozeß beginnt. Verf. des Preuß. JustMin. v. 19./4. 80 (JMBl. 91); vgl. auch Verf. v. 10./2. 83 (JMBl. 33) u. v. 21./2. 93 (JMBl. 59). Ebenso KGJ. **8**, 260. Vgl. auch RG. **17**, 427. — Die im Auslande von Ausländern zur Vertretung vor einem preußischen Gericht im Verfahren nach der ZPO., StPO. oder KO. erteilten Prozeßvollmachten sind nicht dem Vollmachtsstempel unterworfen, und zwar, wenn von ihnen kein Gebrauch gemacht worden, sie z. B. bei den Handakten des Anwalts verblieben sind, deswegen, weil sie nach §§ 2, 16 Abs. 1 lit. f Stempelsteuerges. v. 31./7. 95 (GS. 413) erst durch den Gebrauch hätten stempelpflichtig werden können, RG. **46**, 274, und wenn sie im Prozeßverfahren gebraucht worden sind, zufolge der Vorschrift des § 2 Abs. 2 GKG., da sie vor diesem Gebrauch noch nicht stempelpflichtig waren, RG. **54**, 426 (anders KGJ. **16**, 289). Letzteres gilt auch dann, wenn der Inhalt der Vollmacht über den durch § 81 ZPO. gegebenen Rahmen einer Prozeßvollmacht hinausgeht, z. B. die Ermächtigung zur Empfangnahme von Sachen, Geldern usw. von der Gegen-

partei und Dritten enthält, RG. 54, 428. Dagegen ist stempelpflichtig die von einem Ausländer im Ausland ausgestellte Vollmacht für ein preußisches Zwangsversteigerungsverfahren, weil auf dieses Verfahren das GKG. überhaupt nicht, also auch nicht § 2 Abs. 2, Anwendung findet, OLG. 9, 178, KGJ. 27 B 63, auch 31 B 50. — In Preußen sind Prozeßvollmachten bei einem 150 Mk. nicht übersteigenden Wert des Streitgegenstandes stempelfrei. Bei einem Streitwert

bis einschl.	500 Mk.	beträgt der Stempel	0,50 Mk.
" "	1 000 "	" " "	1,00 "
" "	3 000 "	" " "	1,50 "
" "	6 000 "	" " "	2,00 "
" "	10 000 "	" " "	3,00 "
" "	15 000 "	" " "	4,00 "
bei einem höheren Wert		" " "	5,00 "

Bei unschätzbarem Wert, namentlich bei nicht vermögensrechtlichen Ansprüchen (§ 10 Abs. 1 Stempelsteuergeś.), beträgt der Stempel stets 1,50 Mk. Tarifst. 73 Abs. 1, 3, 4 StStGes. Der Wert richtet sich nach dem Inhalte der Vollmacht; bei Geldforderungen ist der aus der Vollmacht ersichtliche Geldbetrag als Wert anzusehen. §§ 3, 6 StStGes., Gr. 47, 692, KGJ. 28 B 30. Lautet die Vollmacht nur auf die Hauptforderung, während auch Zinsen eingeklagt sind, so bleiben die letzteren für die Wertsberechnung außer Betracht. JW. 00, 405[33], Gr. 47, 692, KGJ. 28 B 32, 35, OLG. 9, 179. Auf die Klageschrift kann zur Wertsberechnung nur zurückgegriffen werden, wenn in der Vollmacht auf sie Bezug genommen ist. JW. 92, 520, 00, 405[33], Gr. 47, 692. Falls aber der Wert aus der Vollmacht nicht ersichtlich ist, kann zur Bestimmung des Werts der Inhalt der Klageschrift in Betracht gezogen werden, namentlich auch hinsichtlich des Nachweises (§ 4 Abs. 2 StStGes.), daß der Wert 150 Mk. nicht übersteigt. KGJ. 28 B 29 ff. Vgl. über Art und Umfang der Stempelpflichtigkeit der Prozeßvollmachten in dem Falle, daß ihr Inhalt über die Vornahme von Prozeßhandlungen hinausgeht, und über die daraus sich ergebende Folge, daß wegen Bewilligung des Armenrechts die betreffende Partei nicht gemäß §§ 115 Nr. 1, 120

ZPO. einstweilen von der Berichtigung der Stempelsteuer befreit ist, KGJ. **18**, 198, **19**, 207, **21** B 16, **22** B 40, **23** B 29, **28** B 39, **32** B 66, OLG. **9**, 180, sowie über Stempelpflichtigkeit von Substitutionsvollmachten in Armenrechtsprozessen, wenn eine versteuerte Prozeßvollmacht nicht vorliegt, KGJ. **33** B 40. Vgl. ferner über Prozeßvollmachten-Stempelberechnung bei Vollmachten: für Vertretung von Konkursgläubigern im Konkursverfahren, KGJ. **28** B 34, 41, **31** B 49; für Vertretung des Angeklagten im Strafverfahren, KGJ. **30** B 73; für Vertretung der Beteiligten im Zwangsversteigerungsverfahren, KGJ. **31** B 47 (s. oben **27** B 63). — Nach der peußischen Stempelgesetzgebung (§ 13 d. Stempelsteuerges. v. 3./7. 95) haftet auch der Rechtsanwalt für den Stempel der von ihm produzierten Vollmacht persönlich, sofern nicht der Aussteller gemäß § 115 Nr. 1 ZPO. Stempelfreiheit genießt. Gr. **32**, 708, JW. **01**, 593, **02**, 60, KGJ. **16**, 291.

[3] Zur Stempelfreiheit wird vorausgesetzt, daß der Inhalt der Urkunde sich auf den Gegenstand des Verfahrens beschränkt und daß die Errichtung der Urkunde zum Prozeßverfahren gehört, sich nach Form und Inhalt als ein Akt desselben darstellt. Die vom Gerichtsvollzieher über Vollstreckungshandlungen aufzunehmenden Protokolle (§ 762 ZPO.) unterliegen danach dem landesgesetzlichen Stempel nicht, sofern sie nichts Weiteres als die Vornahme einer Vollstreckungshandlung beurkunden. Desgleichen nicht ein Vergleich über den Gegenstand des Rechtsstreits. Wird aber durch den Vergleich an die Stelle des streitig gewesenen Rechtsverhältnisses ein anderes neu festgesetzt, oder erstreckt sich der Vergleich auf Ansprüche, die nicht Gegenstand des Rechtsstreits waren, oder wird er nicht in der Verhandlung vor dem Gerichte, sondern z. B. durch einen Notariatsakt beurkundet, so ist die Urkunde dem landesgesetzlichen Stempel unterworfen. Mot. zu § 2. — Wegen der Prozeßvollmachten vgl. Anm. 2. — Die bei Zwangsvergleichen in Konkursen vor dem Konkursgericht abgegebenen Bürgschaftserklärungen unterliegen keinem Stempel. Preuß. Verf. v. 12./5. 93 (JMBl. 142).

[4] Wegen der Rechtsmittel gegen den Ansatz von Stempelbeträgen vgl. Anm. 5 zu § 4.

3. In einem weiteren Umfange, als die Prozeßordnungen [1] und dieses Gesetz [2] es gestatten, darf die Thätigkeit der Gerichte von der Sicherstellung oder Zahlung der Gebühren oder Auslagen nicht abhängig gemacht werden. [3]

[1] ZPO. §§ 379, 402 (Ladung von Zeugen oder Sachverständigen), 911 (Kosten der Haft behufs Leistung des Offenbarungseides), StPO. § 174 (Entscheidung über den Antrag des Antragstellers auf Erhebung der öffentlichen Klage).

[2] § 84 Abs. 3 (Ladung von Zeugen oder Sachverständigen seitens des Privatklägers oder Nebenklägers), § 85 Abs. 5 (Ausländer), § 97 Abs. 2 (Anfertigung von Abschriften oder Ausfertigungen).

[3] Es ist unzuläſſig, in bürgerlichen Rechtsstreitigkeiten die Erhebung eines anderen Beweises als die Vernehmung von Zeugen oder Sachverständigen (§§ 379, 402 ZPO.), z. B. des Beweises durch Augenschein, von der Zahlung eines Auslagenvorschusses abhängig zu machen. — Ist einer Partei das Armenrecht bewilligt, so findet auch die in den §§ 379, 402 ZPO., §§ 84 Abs. 3, 85 Abs. 5, 97 Abs. 2 GKG. (vgl. Anm. 1, 2) vorgesehene vorschußweise Deckung barer Auslagen nicht statt, RG. **7**, 386, **28**, 355, **42**, 368, **55**, 268, Gr. **41**, 166, **43**, 516, JW. **96**, 102³, **98**, 599⁶, **99**, 89⁸, und zwar gemäß §§ 115 Nr. 1, 120 ZPO. nicht bloß zugunsten der armen Partei, sondern auch zugunsten des vermögenden Gegners, falls dieser Beklagter, Berufungsbeklagter oder Revisionsbeklagter ist, es sei denn, daß er durch Erhebung einer Widerklage oder Anschließung an ein Rechtsmittel selbst angriffsweise vorgeht, RG. **6**, 418, **23**, 352, **24**, 437, **44**, 416, **55**, 268, JW. **95**, 521¹⁴, **97**, 326¹⁵, **00**, 647³. — Die Aushändigung ausgefertigter Entscheidungen darf nicht von der Zahlung der Gerichtskosten abhängig gemacht werden (vgl. dagegen hinsichtlich der Ausfertigungen und Abschriften in Angelegenheiten der freiwilligen Gerichtsbarkeit für Preußen § 15 PrGKG., § 13 Pr. Kassenordn. v. 28./3. 07).

4. Ueber Erinnerungen[1] des Zahlungspflichtigen[2] oder der Staatskasse[3] gegen den Ansatz[4] von Gebühren oder Auslagen[5] entscheidet das Gericht der Instanz gebührenfrei.[6] Die Entscheidung kann von dem Gerichte, welches dieselbe getroffen hat, sowie von dem Gerichte der höheren Instanz von Amtswegen geändert werden.[7]

Gegen die Entscheidung findet Beschwerde nach Maßgabe des §. 567 Abs. 2 und der §§. 568 bis 575 der Civilprozeßordnung,[8] in Strafsachen nach Maßgabe der §§. 346 bis 352 der Strafprozeßordnung[9] statt.[10]

Die Einlegung von Erinnerungen oder Beschwerden kann durch Erklärung zum Protokolle des Gerichtsschreibers oder schriftlich ohne Mitwirkung eines Anwalts erfolgen.[11]

[1] Die Erinnerung ist kein Rechtsmittel im Sinne der Prozeßordnungen; ihr Zweck ist die an eine Frist nicht gebundene Gewährung der Möglichkeit, eine formlose und kostenfreie Entscheidung des Gerichts über den Kostenansatz herbeizuführen. Mot. zu § 4. Sie kann auch noch nach der rechtskräftigen Entscheidung oder nach Zahlung der Kosten geltend gemacht werden. Vgl. RG. **28**, 422, JW. **91**, 11[3]. — Sind die von der einen Partei gezahlten Gebühren oder Auslagen gegenüber dem Gegner zur Erstattung festgesetzt, so kann dieser in der Beschwerde die Höhe und Notwendigkeit der Gebühren anfechten. Dringt er mit der Beschwerde durch, so ist es Sache der anderen Partei, sich den Betrag aus der Staatskasse zurückzahlen zu lassen. JW. **99**, 139[4].

[2] Auch demjenigen steht die Erinnerung zu, der als Universalrechtsnachfolger der kostenpflichtigen Partei oder gemäß § 92 als zweiter Schuldner auf Zahlung von Kosten in Anspruch genommen wird. JW. **95**, 330[26]. Dagegen kann der erste

Zahlungspflichtige nicht deswegen eine Erinnerung erheben, weil die Kosten nicht vom Zweitschuldner (z. B. im Falle des § 88), sondern von ihm hätten erfordert werden müssen (z. B. weil er mit der Gerichtskasse Ratenzahlungen vereinbart habe). JW. 99, 371[24].

[3] Preußen: Erinnerungen des Rechnungsrevisors: §§ 3 ff., Verf., betr. die Prüfung des Gerichtskostenansatzes, v. 28./2. 85 (JMBl. 90); des Stempelfiskals: § 21 Verf., betr. das gerichtliche Stempelwesen, v. 29./2. 96 (JMBl. 63) in d. Fass. der Verf. v. 17./7. 00 (JMBl. 505). Bei der hierdurch angeordneten Prüfung des Kostenansatzes können andererseits auch Berichtigungen der Kostenrechnungen von Amts wegen erfolgen. Wird durch eine gerichtliche Entscheidung der Kostenansatz ermäßigt, so ist die Entscheidung dem Präsidenten des Landgerichts bzw. Oberlandesgerichts vorzulegen; dieser ist befugt, die Staatsanwaltschaft, welche die Staatskasse vertritt, zur Beschwerdeführung zu veranlassen. § 15 Verf. v. 28./2. 85. Jedoch kann die Staatsanwaltschaft auch gegen den Willen des Präsidenten Beschwerde erheben. KGJ. 19, 114. — Gegen Beschlüsse, betreffend Bewilligung des Armenrechts, steht der Staatskasse auf Grund des § 4 nicht die Erinnerung oder die Beschwerde zu, weil es sich um einen Kostenansatz nicht handelt. JW. 87, 93[3].

[4] § 4 ist nicht auf diejenigen Fälle beschränkt, in welchen die Höhe angesetzter Gebühren oder die Notwendigkeit angesetzter Auslagen den Gegenstand der Erinnerung bildet, sondern bezieht sich auf alle Fälle, in denen geltend gemacht wird, daß Kosten unter Verletzung von Normen des Gerichtskostengesetzes, insbesondere also auch unter Verletzung der Bestimmungen des sechsten und siebenten Abschnitts dieses Gesetzes über die Verpflichtung zur Kostenzahlung und über die Gebührenfreiheit, angesetzt seien. Der Ansatz umfaßt demnach z. B. auch: die Arten der entstandenen Gebühren, die bezüglich der Höhe der einzelnen Posten anzuwendenden Gesetzesbestimmungen, die Anrechnung von Gebühren, die Verrechnung von Vorschüssen und deren etwaige Rückzahlung, die Erforderung von Auslagen, die nach §§ 80a, 80b nicht erhoben werden sollen, die Bemessung des Streitwertes,

sowie die Angabe des Zahlungspflichtigen. RG. **16**, 291 (VZS.), auch **28**, 421 und JW. **86**, 118[21], **91**, 555[14], **98**, 385[16], **95**, 330[26], 521[16], **05**, 117[22], 401[29], OLG. **3**, 160. Ebenso Verf. des Preuß. JustMin. v. 4./6. 86 (JMBl. 161). Beruht jedoch die letztere Angabe auf einer gerichtlichen Entscheidung und handelt es sich nicht bloß um die Frage, wer nach dieser Entscheidung oder nach den §§ 86—92 GKG. als Zahlungspflichtiger zu gelten habe, sondern richtet sich der Angriff gegen die Entscheidung selbst, so muß diese mit den dagegen zulässigen Rechtsmitteln angefochten werden. Desgleichen ist, wenn der zugrunde gelegte Streitwert durch Gerichtsbeschluß gemäß § 16 Abs. 1 GKG. festgesetzt ist, nur Beschwerde gegen diesen Beschluß nach Maßgabe des § 16 Abs. 2 GKG. zulässig. — Zu den Normen des GKG., deren Verletzung durch den Kostenansatz im Wege der Erinnerung gerügt werden darf, gehören auch die Vorschriften des Gesetzes über Gewährung der Gebührenfreiheit, insbesondere des § 6 (Niederschlagung der Gerichtsgebühren und Gewährung der Gebührenfreiheit wegen unrichtiger Sachbehandlung oder nicht anzurechnender Unkenntnis). RG. **28**, 421, KGJ. **4**, 213, auch Anm. 7 zu § 6. — Mit der Erinnerung kann auch der Einwand der Verjährung geltend gemacht werden, sofern zur Zeit des Kostenansatzes zufolge der Verjährung die Kostenpflicht bereits erloschen war. KGJ. **12**, 145. — Die Erhebung, d. h. die Einforderung und Beitreibung der angesetzten Gerichtskosten (vgl. Vorbem. vor § 1), ist lediglich Sache der zuständigen Verwaltungsbehörde. Diese ist allein der Aufsicht und Revision der vorgesetzten Verwaltungsinstanz unterworfen; die Beseitigung der angeordneten Maßregeln der Kassenverwaltung (z. B. Vermögensbeschlagnahme, Arrest, Zwangseintragung in das Grundbuch) und Einwendungen gegen die Art und Weise der Zwangsbeitreibung können seitens des Zahlungspflichtigen nicht im Wege der Klage, auch nicht in dem des Erinnerungsverfahrens gemäß § 4, sondern nur im Wege der Beschwerde an die vorgesetzte Verwaltungsinstanz verfolgt werden. Reichsgericht v. 1./12. 86 (PrJMBl. 1887 S. 85), RG. **25**, 332, RG. **24**, 377, JW. **95**, 521[16], **99**, 371[24]. Dagegen sind Einwendungen Dritter gegen ihre Inanspruchnahme als Kostenschuldner oder gegen die Zulässigkeit der Zwangsvollstreckung im Rechtswege zu verfolgen. Vgl. §§ 3, 19 Pr. Verordn. v. 15./11. 99 (Vorbem. vor § 1).

5 Auch über die Notwendigkeit und die Höhe der aus der Staatskasse gezahlten, einer Partei in Rechnung gestellten Zeugen- und Sachverständigengebühren, welche gemäß § 79 Z. 4 zu den Auslagen im Sinne der §§ 1, 4 gehören, RG. **55**, 313, JW. **98**, 598[3], **99**, 162[7], OLG. **11**, 147, **14**, 272, es sei denn, daß das Gericht (z. B. weil es sich um Gebühren handelt, die seitens eines ausländischen Gerichts an den Zeugen gezahlt sind) die Gebühren nicht nachprüfen darf, JW. **99**, 492[28]. Die Beschwerde aus § 17 GO. f. Z. u. S. (s. unter V) ist nur dem Empfangsberechtigten, nicht auch der zahlungspflichtigen Partei gegeben. Daher findet seitens dieser erst gegen die Entscheidung auf eine Erinnerung wegen des Gebührenansatzes die Beschwerde nach § 4 Abs. 2 statt. RG. **55**, 312, OLG. **11**, 147, **14**, 272 (anders 271). — Dagegen richten sich die Rechtsmittel gegen den Ansatz von Stempeln in gerichtlichen Angelegenheiten nach Landesrecht, auch wenn die Stempel als Gerichtsgebühr erhoben werden. RG. **9**, 258. Vgl. für Preußen §§ 30, 31, 119 in Verbindung mit den §§ 25, 27, 28 PrGKG. (Erinnerung, Beschwerde an das Landgericht bzw. Kammergericht, weitere Beschwerde an das Kammergericht, sowie dann noch Beschwerde an den Justizminister) und § 6 der Verf., betr. das gerichtliche Stempelwesen, v. 29./2. 96 in d. Fass. v. 17./7. 00 (JMBl. 505), auch KGJ. **21** B 18. Ferner bestimmen sich die Rechtsmittel nach Landesrecht, wenn im Falle des § 101 (Vergleich, Anerkenntnis, Verzicht) besondere landesgesetzliche Gebühren und Abgaben als Gerichtsgebühren erhoben werden. JW. **97**, 467[28]. — Ansprüche auf Rückzahlung von Vorschüssen gegen den Gerichtsvollzieher (z. B. wegen Nichtausführung der aufgetragenen Vollstreckungshandlung) können nur im ordentlichen Klagewege verfolgt werden. Gr. **35**, 1197, JW. **91**, 89[7].

6 Dagegen keine Befreiung von den baren Auslagen (§ 79); ausgenommen Schreibgebühren und Auslagen für Zustellungen: § 80a Nr. 1, § 80b. — Das Verfahren auf die Beschwerde gegen eine solche Entscheidung ist nicht gebührenfrei. JW. **95**, 521[15].

Vgl. Anm. 10. — Erinnerungen gegen die vom Gerichtsvollzieher in Ansatz gebrachten Kosten der Zwangsvollstreckung gemäß § 766 Abs. 2 ZPO.: § 35 Nr. 4, § 47 Nr. 14 GKG.

[7] Auf die Beschwerde gegen die Entscheidung kann jedoch diese nicht zum Nachteile des Beschwerdeführers geändert werden. JW. 97, 171[22], vgl. auch Anm. 6 zu § 16 GKG.

[8] Eine weitere Beschwerde ist in bürgerlichen Rechtsstreitigkeiten nach § 568 Abs. 2 ZPO. auch bezüglich des Kostenansatzes nur bei Vorliegen eines neuen selbständigen Beschwerdegrundes zulässig. RG. 6, 410, JW. 97, 171[22], KGJ. 6, 160. Nach § 568 Abs. 3 erfordert ferner die weitere Beschwerde gegen Entscheidungen der Landgerichte eine Beschwerdesumme von mehr als 50 Mk. Gegen Entscheidungen der Oberlandesgerichte findet gemäß § 567 Abs. 2, § 568 Abs. 4 weder eine Beschwerde noch eine weitere Beschwerde (an das Reichsgericht) statt. RG. 61, 417.

[9] In Strafsachen findet gemäß §§ 352 Abs. 2, 346 Abs. 3 StPO. eine weitere Anfechtung der in der Beschwerdeinstanz erlassenen Entscheidungen des Landgerichts bzw. Oberlandesgerichts nicht statt.

[10] Kosten der zurückgewiesenen Beschwerde: § 97 ZPO., § 13 Abs. 3, § 45, § 505 StPO., § 68 Abs. 1 dieses Gesetzes. Vgl. Anm. 6.

[11] Anwaltszwang (§ 78 Abs. 1 ZPO.) besteht daher für die Beschwerde nicht. JW. 87, 208. Gegen den Kostenansatz in zweiter Instanz kann auch der Anwalt erster Instanz Beschwerde einlegen, selbst wenn er bei dem Gericht zweiter Instanz nicht zugelassen ist. JW. 95, 480[15]. — Weitere Anwendung der Vorschrift des Abs. 3 auf Beschwerden: §§ 16 Abs. 2, 47 Abs. 2, 48 Abs. 2 GKG. (Wertfestsetzung, gebührenfreie Akte, Verzögerungsgebühr), § 17 Abs. 3 GO. f. Z. (unten V).

5. Eine Nachforderung [1] von Gerichtskosten [2] wegen irrigen Ansatzes [3] ist nur zulässig [4], wenn der berichtigte Ansatz vor Ablauf des nächsten Kalenderjahres nach rechtskräftiger oder endgültiger

Erledigung des Verfahrens dem Zahlungspflichtigen eröffnet ist.[5]

[1] Liegt nur vor, wenn nachträglich und infolge einer Berichtigung der dem betreffenden Zahlungspflichtigen bereits mitgeteilten Kostenrechnung ein das ursprüngliche Gesamtliquidat übersteigender Kostenbetrag gefordert wird, nicht wenn einzelne Kostenansätze erhöht oder neu eingestellt, andere dagegen gleichzeitig entsprechend gemindert oder abgesetzt werden. Die letztere Berichtigung ist auch nach Ablauf der Frist noch zulässig. KGJ. **9**, 8.

[2] Gebühren oder Auslagen.

[3] Ist dem Zahlungspflichtigen eine Gebührenberechnung zugestellt worden, in welcher die sämtlichen bereits fälligen Gerichtskosten liquidiert sind, so liegt ein irriger Ansatz vor, wenn der eine oder andere Gebührenposten nicht oder nicht gehörig berücksichtigt und deshalb eine zu niedrige Gesamtrechnung aufgestellt worden ist, mag dies aus einem materiell unrichtigen Erwägungsgrund oder aus einem Versehen, einer bloßen Vergeßlichkeit oder einer sonstigen Nachlässigkeit geschehen sein. JW. **88**, 234[14].

[4] Grund der Ausschließungsfrist ist, daß eine Partei, welche die ihr zugestellte Kostenrechnung bezahlt hat, nach mehr als Jahresfrist nicht mit Nachforderungen behelligt werden soll. KommBer. 72. — Sind daher die gesamten Kosten aus Versehen oder wegen Armut der Partei (§ 121 ZPO.) oder, weil irrigerweise zunächst ein anderer als Kostenschuldner in Anspruch genommen worden ist, nicht erfordert, so findet die Fristbestimmung des § 5 nicht statt; ebensowenig, wenn eine Partei nachträglich gemäß § 90 GKG. als Zweitschuldner in Anspruch genommen wird. — Ferner kann ein auf die Erinnerung des Zahlungspflichtigen irrigerweise ermäßigter Ansatz auch nach Ablauf der Frist des § 5 wiederhergestellt werden. KGJ. **13**, 202.

[5] Die Verjährung rechtzeitig eingeforderter Kosten bestimmt sich nach Landesrecht. Vgl. für Preußen § 13 Abs. 1, 4, § 119 Abs. 1 PrGKG. (4 Jahre von der Zahlungsaufforderung ab).

6. Die Gerichte sind befugt, Gebühren,[1] welche durch eine unrichtige Behandlung der Sache[2] ohne Schuld der Betheiligten entstanden sind,[3] niederzuschlagen,[4] und für abweisende Bescheide, wenn der Antrag auf nicht anzurechnender Unkenntniß der Verhältnisse oder auf Unwissenheit[5] beruht, Gebührenfreiheit[6] zu gewähren.[7]

[1] Nur Gerichtsgebühren, weder außergerichtliche Kosten noch bare Gerichtsauslagen (z. B. Porto), insbesondere auch nicht Zeugengebühren, welche die Staatskasse gezahlt hat, sei es auch, daß diese durch eine Verschuldung Dritter oder durch eine unrichtige Behandlung der Sache ohne Schuld der Beteiligten entstanden sind. RG. 1, 334, JW. **96**, 205[22], **99**, 492[28] u. Anm. 1 zu § 79. Vgl. aber Anm. 6 (Schreibgebühren). — Bestimmt eine Entscheidung, daß die Kosten außer Ansatz bleiben sollen, so ist dies nur auf die Gerichtskosten, nicht auch auf die außergerichtlichen Kosten zu beziehen. JW. **98**, 501[5].

[2] D. i. formell unrichtige Behandlung seitens des Richters oder eines Gerichtsbeamten, nicht auch rechtsirrtümliche Beurteilung der Sache oder unrichtige Entscheidung infolge irriger Auffassung von Prozeßgesetzen. Mot. zu § 6, JW. **96**, 205[22], auch RG. **29**, 106, JW. **88** 453[9] (Mehrkosten einer ausgedehnteren Untersuchung), **98**, 501[5] (Übergehung eines Streitpunktes oder des Kostenpunktes in einer Entscheidung).

[3] Unter Umständen auch die Gebühren einer unbegründeten Beschwerde einer Partei (z. B. einer Beschwerde über die Zeugnisverweigerung eines Beamten, die deshalb unbegründet ist, weil das Gericht nicht gemäß § 376 ZPO. die Genehmigung der vorgesetzten Dienstbehörde zur Zeugnisabgabe eingeholt hatte). RG. **35**, 404, auch **2**, 228. — „Beteiligte" sind im Gegensatze von „Richter und Gerichtsbeamten" zu verstehen; zu ihnen gehören auch die Prozeßbevollmächtigten, so daß für deren Verschulden die Partei aufkommen muß. Mot. zu § 6.

[4] Auch die Gerichtsgebühren der Rechtsmittelinstanz können

niedergeschlagen werden, wenn die Vorinstanz die Sache in tatsächlicher Hinsicht unrichtig behandelt, z. B. eine Beweisurkunde als mit einem neueren Datum versehen erachtet hat, JW. 97, 547[16], oder wenn die Verwerfung des Rechtsmittels durch ein Versehen der Vorinstanz, z. B. durch unrichtige Bezeichnung des Prozeßbevollmächtigten einer Partei in dem Urteil, herbeigeführt worden ist, Gr. 41, 1134, JW. 97, 131[3]. Auch die Gerichtsgebühren der Revisionsinstanz in einem Strafverfahren können niedergeschlagen werden. JW. 96, 510[35].

[5] Einschließlich der Rechtsunkenntnis. KommBer. 73. Daß die Unwissenheit (z. B. hinsichtlich Prozeßvorschriften oder Geschäftseinrichtungen der Gerichte) nicht anzurechnen ist, wird nicht erfordert. JW. 92, 164[22].

[6] Dann auch keine Schreibgebühren: § 80a Nr. 1.

[7] Die Niederschlagung bzw. Gewährung der Gebührenfreiheit kann sowohl von Amts wegen als auf Antrag erfolgen. Sie ist an eine Frist nicht gebunden. Selbst nach rechtskräftiger Entscheidung des Kostenpunktes und Bezahlung der Kosten ist Niederschlagung und nötigenfalls Rückzahlung zulässig. RG. 28, 421, JW. 97, 131[3], Gr. 41, 1134. Auch kann eine nachträgliche gebührenfreie Bearbeitung der Sache angeordnet werden. KommBer. 73. Ein seitens einer Partei gestellter Antrag auf Niederschlagung ist als eine Erinnerung gegen den Gebührenansatz (§ 4) anzusehen. Gegen den abweisenden Gerichtsbeschluß steht der Partei die Beschwerde zu. RG. 28, 421, auch JW. 86, 118[21], 91, 273[12], 93, 385[16], vgl. Anm. 4 zu § 4 GKG. — Gebührenfreiheit: § 4 Satz 1, §§ 47, 98 GKG. — Ermäßigung von Gebühren: GKG. §§ 48 (Herabsetzung der Verzögerungsgebühr in Zivilprozessen), 64, 65 (Ermäßigung der Gebühren in Strafsachen wegen nicht stattgefundener Voruntersuchung und Beweisaufnahme). — Niederschlagung und Stundung von Kosten wegen Armut oder zufolge Allerhöchsten Gnadenerlasses: Preußen: §§ 17, 119 PrGKG. v. 25./6. 95 in d. Fass. v. 6./10. 99, §§ 20, 37 Nr. 2, 53 Nr. 3b, 6, 9a, c, Kassenordn. v. 28./3. 07 (JMBl. 127). Hinsichtlich der vor dem Reichsgericht entstandenen Kosten sind gemäß der Dienstweisung v. 21./6. 79 u. deren Abänderung

v. 7./7. 87 (s. Vorbem. vor § 1) zur Stundung und zur Niederschlagung wegen Uneinbringlichkeit die Bundesbehörden befugt. — Verurteilung der Gerichtsschreiber, Rechtsanwälte und Gerichtsvollzieher zur Tragung der durch grobes Verschulden verursachten Kosten: § 102 ZPO.

7. Der Mindestbetrag einer Gebühr [1] ist zwanzig Pfennig.

Pfennigbeträge, welche ohne Bruch nicht durch zehn theilbar sind, werden auf den nächst höheren durch zehn theilbaren Betrag abgerundet. [2]

[1] Nicht auch der Schreibgebühr.

[2] Bei jeder einzelnen Gebühr. Nicht auch bei den Auslagen.

Zweiter Abschnitt.

Gebühren in bürgerlichen Rechtsstreitigkeiten.

Vgl. die angehängte Tabelle A.

Wertsklassen und Gebührensatz.

8. In bürgerlichen Rechtsstreitigkeiten werden die Gebühren nach dem Werthe des Streitgegenstandes [1] erhoben.

Die volle Gebühr [2] beträgt [3] bei Gegenständen im Werthe:

1.	bis			20 Mark		einschließlich		1 Mark,
2.	von mehr als		20	bis	60 Mark	einschließlich		2 = 40 Pf.,
3.	= = =		60	=	120	=	=	4 = 60 =
4.	= = =		120	=	200	=	=	7 = 50 =
5.	= = =		200	=	300	=	=	11 =
6.	= = =		300	=	450	=	=	15 =
7.	= = =		450	=	650	=	=	20 =

8.	von mehr als	650 bis	900	Mark	einschließlich	26	Mark,
9.	= = =	900 =	1200	=	=	32	=
10.	= = =	1200 =	1600	=	=	38	=
11.	= = =	1600 =	2100	=	=	44	=
12.	= = =	2100 =	2700	=	=	50	=
13.	= = =	2700 =	3400	=	=	56	=
14.	= = =	3400 =	4300	=	=	62	=
15.	= = =	4300 =	5400	=	=	68	=
16.	= = =	5400 =	6700	=	=	74	=
17.	= = =	6700 =	8200	=	=	81	=
18.	= = =	8200 =	10000	=	=	90	= .

Die ferneren Werthsklassen steigen um je 2000 Mark und die Gebühren um je 10 Mark.

[1] „Streitgegenstand" im Sinne des GKG. sowie des im § 9 in bezug genommenen § 3 ZPO. ist nicht nur dasjenige, was im eigentlichen Prozeßverfahren durch Klage oder Widerklage beansprucht wird, sondern auch dasjenige, worauf in den Verfahrensarten, bei denen eine Klageerhebung nicht stattfindet, wie z. B. in Mahn=, Sühne=, Arrest=, Zwangsvollstreckungs=, Aufgebotssachen, der einleitende Antrag gerichtet ist.

[2] §§ 18 (Verhandlungs=, Beweis=, Entscheidungsgebühr), 20 (Gebühr für nicht kontradiktorische Verhandlung in Ehe= und Entmündigungssachen, für die Verhandlung im vorbereitenden Verfahren), 24 (Beweisgebühr für bedingtes Urteil, Entscheidungsgebühr für Läuterungsurteil), 48 (Verzögerungsstrafgebühr).

[3] In der Berufungs=, in der Revisionsinstanz: § 49 (1/4 bzw. 1/2 mehr).

Wertsberechnung.

9. Für die Werthsberechnung sind die Vorschriften der Civilprozeßordnung §§. 3 bis 9* und der Konkursordnung §. 148** mit den nachstehenden Bestimmungen maßgebend.

* Die §§ 3 bis 9 ZPO., nach denen prozeßrechtlich sich die sachliche Zuständigkeit der Gerichte, das Vorhandensein der Revisions- oder der Beschwerdesumme und die Zulässigkeit der vorläufigen Vollstreckbarkeit entscheiden, beziehen sich nur auf vermögensrechtliche Ansprüche; für die nichtvermögensrechtlichen ist § 10 GKG. maßgebend. Dabei gehen die Gebührengesetze davon aus, daß der Gegenstand eines jeden vermögensrechtlichen Anspruchs sich in Geld abschätzen läßt; einen unschätzbaren Streitgegenstand gibt es auf dem Gebiete des Vermögensrechtes nicht. Vgl. über vermögensrechtliche und nicht vermögensrechtliche Ansprüche Anm. 1 zu § 10 GKG. — Eingeschränkt ist die Anwendung der §§ 8, 9 ZPO. in den §§ 9a, 10a GKG., indem jene Vorschriften in gewissen Angelegenheiten für die Wertsberechnung nicht maßgebend sein sollen.

A. Wortlaut der §§ 3—9 ZPO.:

3. Der Werth des Streitgegenstandes wird von dem Gerichte nach freiem Ermessen festgesetzt; dasselbe kann eine beantragte Beweisaufnahme sowie von Amtswegen die Einnahme des Augenscheins und die Begutachtung durch Sachverständige anordnen.

4. Für die Werthsberechnung ist der Zeitpunkt der Erhebung der Klage entscheidend; Früchte, Nutzungen, Zinsen, Schäden und Kosten bleiben unberücksichtigt, wenn sie als Nebenforderungen geltend gemacht werden.

Bei Ansprüchen aus Wechseln im Sinne der Wechselordnung sind Zinsen, Kosten und Provision, welche ausser der Wechselsumme gefordert werden, als Nebenforderungen anzusehen.

5. Mehrere in einer Klage geltend gemachte Ansprüche werden zusammengerechnet; eine Zusammenrechnung des Gegenstandes der Klage und der Widerklage findet nicht statt.

6. Der Werth des Streitgegenstandes wird bestimmt: durch den Werth einer Sache, wenn deren Besitz, und durch den Betrag einer Forderung, wenn deren Sicherstellung oder ein Pfandrecht Gegenstand des Streits ist.

Hat der Gegenstand des Pfandrechts einen geringeren Werth, so ist dieser massgebend.

7. Der Werth einer Grunddienstbarkeit wird durch den Werth, welchen dieselbe für das herrschende Grundstück hat, und wenn der Betrag, um welchen sich der Werth des dienenden Grundstücks durch die Dienstbarkeit mindert, grösser ist, durch diesen Betrag bestimmt.

8. Ist das Bestehen oder die Dauer eines Pacht- oder Miethverhältnisses streitig, so ist der Betrag des auf die gesammte streitige Zeit fallenden Zinses und, wenn der fünfundzwanzigfache Betrag des einjährigen Zinses geringer ist, dieser Betrag für die Werthsberechnung entscheidend.

9. Der Werth des Rechts auf wiederkehrende Nutzungen oder Leistungen wird nach dem Werthe des einjährigen Bezugs berechnet, und zwar:

auf den zwölfundeinhalbfachen Betrag, wenn der künftige Wegfall des Bezugsrechts gewiss, die Zeit des Wegfalls aber ungewiss ist;

auf den fünfundzwanzigfachen Betrag bei unbeschränkter oder bestimmter Dauer des Bezugsrechts. Bei bestimmter Dauer des Bezugsrechts ist der Gesammtbetrag der künftigen Bezüge massgebend, wenn er der geringere ist.

B. Erläuterung der §§ 3—9 ZPO.

I. § 3 ZPO.

Der Werth des Streitgegenstandes[1] wird von dem Gerichte nach freiem Ermessen[2] festgesetzt[3]; dasselbe kann eine beantragte Beweisaufnahme sowie von Amtswegen die Einnahme des Augenscheins und die Begutachtung durch Sachverständige anordnen[4].

[1] Was Gegenstand des Streites ist, richtet sich nach dem in dem Klagantrag enthaltenen Begehren des Klägers (Wider-, Berufungs- oder Revisionsklägers in dem eigentlichen Prozeßverfahren, des Antragstellers in dem nicht durch Klage ein-

geleiteten Verfahrensarten, s. Anm. 1 zu § 8 GKG.), ohne Rücksicht auf die wirtschaftliche Bedeutung, welche der Kläger dem Antrage beimißt, JW. 96, 248[12], 98, 109[3], 00, 520[3]; es ist aber die Begründung der Klage als Auslegungsmittel zu berücksichtigen, JW. 98, 2[1]. — Die Einwendungen des Beklagten kommen nicht in Betracht, JW. 93, 73[1], 98, 68[2], 348[2], 00, 47[2]. Ebensowenig, ob Beklagter durch Zugeständnisse den Umfang des Streitstoffes mehr oder minder verringert. JW. 90, 255[1], 91, 411[2], 93, 466[2], 00, 47[2], Gr. 44, 1144. Auch wenn nur prozeßhindernde Einreden erhoben werden, ist der Streitwert des Klaganspruchs maßgebend, sei es auch, daß über die Einreden in einem besonderen Zwischenstreit verhandelt und entschieden wird. RG. 40, 416. Bringt aber der Kläger selbst von vornherein eine Gegenforderung des Beklagten aufrechnungsweise in Abzug, so bildet nur der in der Klage verlangte Überschuß den Streitgegenstand. JW. 87, 37[1]. — Bei alternativen Klagen ist, wenn dem Kläger die Wahl zusteht, die höhere, wenn der Beklagte die Wahl hat, die geringwertigere Alternative entscheidend. RG. 55, 81, JW. 90, 24[1], 97, 145[1], 99, 71[1], 02, 130[29], 06, 431[18]. — Bei prinzipalem und zugleich eventuellem (Klage- oder Widerklage-) Antrag ist der höhere Wett des einen oder des anderen Antrags maßgebend, JW. 91, 465[2], 00, 10[1], 01, 717[2], Gr. 45, 647, auch JW. 91, 305[2], 95, 4[2], 97, 190[15], 03, 174[2], 04, 473[15], auch wenn der Fall, für den der eventuelle Antrag geltend gemacht worden, nicht eingetreten ist, JW. 00, 10[1], Gr. 45, 647. Wenn jedoch nur der erstere, nicht auch der letztere Antrag in die höhere Instanz gediehen ist, ist der Streitwert der höheren Instanz nur nach dem Werte des ersteren zu bemessen, selbst wenn der Wert des letzteren höher ist. JW. 97, 49[2]. — Zweite Klaganträge, die keinen selbständigen Vermögenswert haben, oder die nur zur Rechtfertigung der anderen Klaganträge dienen, bleiben bei der Berechnung des Streitwerts außer Betracht. RG. 3, 390, JW. 91, 411[2], 92, 270[3], 94, 572[1]. Dies gilt auch hinsichtlich: der mit der Pfandklage verbundenen persönlichen Klage, der mit der Leistungsklage verbundenen Feststellungsklage (z. B. im Falle der Widerspruchsklage aus § 771 ZPO.), des mit dem Leistungsanspruch verbundenen Anspruchs auf Sicherstellung, JW. **92**, 372[10], **96**, 270[2], OLG. **13**, 68, sowie der mit Anträgen auf Leistung verbundenen Anträge auf Duldung der Zwangsvollstreckung in den Fällen der §§ 737, 739, 743, 745, 748 ZPO. (gegen den Nießbraucher, Ehemann usw.). Ferner bleibt bei Bemessung des Streitwerts außer Betracht: der Anspruch auf Abnahme der Ware neben dem auf Zahlung des Kaufpreises, JW. **95**, 222[1]; der Anspruch auf Rückzahlung des Kaufpreises neben dem auf Rücknahme der Ware, JW. **97**, 2[3]; der Anspruch des Beklagten in höherer Instanz auf Rückzahlung des beigetriebenen Betrages neben der Klageforderung, RG. **23**, 351; der Anspruch des Klägers in höherer Instanz auf Einwilligung in die Rückgabe der behufs Zwangsvollstreckung hinterlegten Sicherheit neben dem ursprünglichen Klaganspruch, RG. **31**, 380. Vgl. Anm. 1 zu § 5 (keine mehreren Ansprüche). Neben der Klage des unehelichen Kindes auf Zahlung von Alimenten (§ 9a GKG.) bleibt ein Antrag auf Anerkennung der Vaterschaft außer Betracht, wenn er sich lediglich als Feststellung einer Voraussetzung für den ersteren Anspruch darstellt. Hat er aber nach der Begründung der Klage eine selbständige Bedeutung, so ist für die Berechnung des Streitwerts beider Ansprüche § 10 Abs. 1, 2 GKG. maßgebend. Vgl. OLG. **4**, 395, **5**, 43, JW. **02**, 61, 63, 485. — Bei Urteilen über den *Grund des Anspruchs* (§ 304 ZPO.) ist der Streitwert gleich dem des vom Kläger geltend gemachten Anspruchs, ohne Rücksicht darauf, inwieweit der geforderte Betrag später zuerkannt wird, JW. **96**, 596[2]; dies gilt auch für die lediglich mit dem Grund des Anspruchs befaßte zweite Instanz, JW. **98**, 385[1]. — Bei positiven *Feststellungsklagen* ist der Streitwert in der Regel gleich dem des Leistungsanspruchs, JW. **85**, 193[2], **86**, 313[2], **89**, 401[1], **92**, 11[1], Gr. **29**, 1047, auch RG. **25**, 366 (Feststellung einer Bürgschaftsschuld); ist jedoch die Forderung, auf deren Feststellung geklagt wird, nicht summenmäßig angegeben, so ist der Wert des Anspruchs nach freiem Ermessen festzusetzen, JW. **98**, 197[1], **01**, 57[1]. Letzteres gilt auch dann, wenn nur die Feststellung begehrt wird, daß eine Forderung zu einer gewissen Zeit bestanden habe. JW. **05**, 206[11]. Bei negativen Feststellungsklagen (auf Feststellung des Nichtbestehens einer Schuldverbindlichkeit) ist der ziffernmäßige Betrag desjenigen Anspruchs maßgebend, dessen sich der Beklagte nach Angabe des Klägers berühmt hat. RG. **12**, 361, JW. **85**, 121[2], **86**, 38[3], 293[1], **87**, 415[1], **89**, 401[1], **05**, 401[29]. Ist eine bestimmte Summe nicht angegeben, so ist auch hier der Wert des Anspruchs nach freiem Ermessen zu schätzen. JW. **98**, 197[1], **00**, 179[1], **01**, 57[1], **02**, 253[17], **05**, 401[29], **06**, 755[27], Gr. **46**, 1041. — Bei Klagen, durch welche geltend gemacht wird, es sei dem Urteil im Vorprozeß genügt und daher die Zwangsvollstreckung aus dem Urteil einzustellen (§ 767 ZPO.), ist der Streitwert derselbe wie im Vorprozeß. JW. **95**, 197[1]. Dagegen ist, wenn lediglich Herausgabe des vollstreckbaren Titels wegen Tilgung der vollstreckbaren Forderung verlangt wird, der Streitwert nach freiem Ermessen abzuschätzen. Gr. **41**, 1151. — Bei einstweiligen Verfügungen ist der Streitwert nicht stets dem der Hauptsache gleich; vielmehr bildet der letztere nur die Maximalgrenze. Es ist der Streitwert für die Anordnung der einstweiligen Verfügung nach dem Interesse zu bemessen, welches der Antragsteller an der sofortigen Sicherung der Individualleistung oder an der Regelung des einstweiligen Zustandes hat, RG. **7**, 395, **15**, 434, **16**, 333, **22**, 128, 425, **34**, 405, JW. **89**, 39[1], **90**, 7[1], **96**, 1[1], **97**, 105[1], 131[1], 206[3], 417[2], **99**, 175[1], 739[2], **03**, 125[10], 174[3], **05**, 233[18], 500[29], während, wenn der Beklagte Aufhebung der angeordneten einstweiligen Verfügung verfolgt, sein Interesse an der Befreiung von der Verfügungsbeschränkung maßgebend ist, JW. **00**, 150[2], **03**, 174[3]. Vgl. auch Anm. 3 zu § 6 ZPO. — Bei Anträgen, welche die Ernennung oder Ablehnung eines Schiedsrichters oder ähnliche zur Vorbereitung eines schiedsrichterlichen Verfahrens dienende Vorgänge betreffen (§ 1045 ZPO.), ist der Streitwert zwar unter Berücksichtigung des der Entscheidung des Schiedsgerichts zu unterbreitenden Anspruchs, aber erheblich geringer zu bemessen. RG. **41**, 362. — Bei Klagen auf Erklärung der Vollstreckbarkeit eines Schiedsspruchs ist der Streitwert identisch mit dem des

Schiedsspruchs selbst. JW. **96**, 685[2]. — In einem Zwischenstreit über die Verpflichtung zur Stellung einer Sicherheit entspricht der Streitwert dem Werte des Streitgegenstandes der Klage. RG. **40**, 416. Auf den Betrag der verlangten Sicherheit kommt es nicht an. JW. **98**, 657[1]. — Bezüglich des Streitwerts der höheren Instanzen ist das Interesse der Partei, welche das Rechtsmittel eingelegt hat, an der Verfolgung des letzteren maßgebend. JW. **00**, 47[2], Gr. **44**, 1144. Solange noch kein Rechtsmittelantrag gestellt ist, bestimmt sich der Streitwert eines Rechtsmittels danach, inwieweit in der unteren Instanz gegen den Antrag des Rechtsmittelklägers erkannt ist. RG. **17**, 374, **25**, 380, JW. **96**, 302[18], **97**, 185[1], **98**, 144[15], **03**, 174[4]. Ist ein Antrag gestellt, so ist das Interesse des Rechtsmittelklägers maßgebend, auch wenn dieser der Beklagte ist. RG. **16**, 342, **47**, 420, **63**, 99, JW. **94**, 542[1], **95**, 181[2], 537[1], **96**, 1[1], 74[26], **97**, 57[27], 287[9]. Jedoch darf, auch im letzteren Falle, der Wert des Beschwerdegegenstandes nicht über den sich nach dem Interesse des Klägers richtenden Wert des Streitgegenstandes hinaus bemessen werden. RG. **47**, 420, JW. **02**, 269[2], 362[16], 391[4], **03**, 26[19], 180[26], Gr. **46**, 1145. Über eine Ausnahme in dem Falle des § 7 s. dort Anm. 1. Wird nach Zurücknahme des Rechtsmittels beantragt, den Zurücknehmenden in die Kosten zu verurteilen und ihn des Rechtsmittels für verlustig zu erklären, so ist der Wert der Hauptsache maßgebend. JW. **94**, 85[19]. — Ist ein Urteil in höherer Instanz aufgehoben und die Sache in die Vorinstanz zurückverwiesen, so ist, wenn unterdes keine Änderung eingetreten ist, der Streitwert nach der Zurückverweisung derselbe wie vorher. JW. **97**, 77[2]. — Bei Forderungen und deren Sicherstellung bildet der Betrag der ersteren allein den Streitwert. JW. **96**, 270[2].

[2] Ist Zahlung einer bestimmten Summe oder Befreiung von einer Schuld in bestimmter Summe verlangt, so ist diese maßgebend, nicht das materielle Interesse der Partei, auch wenn die Entscheidung in das Ermessen des Gerichts gestellt worden ist oder die Partei selbst zu erkennen gibt, daß ihr Interesse geringer ist, als was mit ihren Anträgen verlangt wird. RG. **5**,

409, **12**, 155, JW. **82**, 90, **89**, 499, **90**, 369, **96**, 596[2], **98**, 385[1]. — Sonst ist im allgemeinen das Interesse des Klägers (Wider-, Berufungs-, Revisionsklägers), nicht des Beklagten (Wider-, Berufungs-, Revisionsbeklagten) maßgebend. RG. **16**, 342, **24**, 428, **33**, 427, **45**, 402; auch Anm. 1 unter „höheren Instanzen". Jedoch bleibt der wirtschaftliche Nutzen, den der Kläger davon erwartet, daß er in den Besitz des Klagegegenstandes gelangt, außer Betracht. JW. **00**, 520[3]. Das Interesse des Klägers ist auch dann maßgebend, wenn die von ihm begehrte Entscheidung auch Rechtsfolgen für andere an dem Rechtsstreit nicht beteiligte Personen nach sich zieht (z. B. bei Anfechtung eines Generalversammlungsbeschlusses einer Aktiengesellschaft durch einzelne Aktionäre oder eines Gewerkschaftsbeschlusses durch einen Gewerken). RG. **24**, 428, **48**, 381, JW. **06**, 476[39]. — Bei Klagen auf Erfüllung gegenseitiger Verträge entscheidet der Wert der geforderten Leistung ohne Abzug der Gegenleistung, auch wenn der Kläger sich zu letzterer (z. B. Zahlung des Kaufpreises) erbietet oder Erfüllung Zug um Zug gegen die schuldige Gegenleistung verlangt. RG. **5**, 410, **46**, 422, JW. **97**, 267[2], 400[1], **99**, 482[1], **00**, 447[3], 827[3]. Ebensowenig findet eine Zusammenrechnung des Wertes der geforderten Leistung mit dem der Gegenleistung statt, auch wenn der Kläger ausdrücklich Verurteilung des Gegners zur Annahme der Gegenleistung begehrt. JW. **95**, 222[1]. Das gleiche gilt bei der Wandlungsklage, wenn der Vertrag schon beiderseits erfüllt ist; auch hier sind die Werte der beiderseits zu bewirkenden Rückleistungen nicht zusammenzurechnen. RG. **46**, 422, auch JW. **99**, 276[3]. Klagt der Käufer auf Herausgabe der Kaufsache oder im Falle des Grundstückskaufs auf Erteilung der Auflassung, so kommt § 6 ZPO. zur Anwendung und ist der Wert der Kaufsache (des Grundstücks) maßgebend. JW. **93**, 467[5], **99**, 694[1], **00**, 10, **02**, 630[1], Gr. **44**, 1146, auch Anm. 1 zu § 6 ZPO. Klagt der Verkäufer auf Abnahme der Kaufsache oder im Falle des Grundstückskaufs auf Entgegennahme der Auflassung, so bestimmt sich der Streitwert nicht nach dem Werte der abzunehmenden Kaufsache (des aufzulassenden Grundstücks), sondern ist das

Interesse des Klägers an Abnahme (Entgegennahme der Auflassung) maßgebend, das gemäß § 3 ZPO. nach freiem Ermessen zu schätzen ist; § 6 ZPO. ist nicht anwendbar. RG. **57**, 400, JW. **99**, 739[1], **01**, 718[4], **05**, 24[28], **06**, 688[8], Gr. **84**, 1138. Bei der Schätzung ist der Wert der vom Käufer noch zu entrichtenden Leistungen in Betracht zu ziehen. JW. **99**, 739[1], **01**, 718[4], **05**, 24[28], Gr. **84**, 1138. Bei der Klage lediglich auf Abnahme der Kaufsache ist das Interesse des Klägers an der Befreiung seiner Räume von der Kaufsache maßgebend. RG. **57**, 400. Wenn Käufer und Verkäufer unter gegenseitiger Behauptung des Verzuges der Gegenpartei Klage und Widerklage auf Erteilung bzw. Entgegennahme der Auflassung erheben, so richtet sich der gesamte Streitwert nach dem Werte des gekauften Grundstücks. JW. **97**, 2[3]. — Wird Auflösung eines gegenseitigen Vertrages verlangt, so ist ebenfalls das Interesse des Klägers abzuschätzen, und zwar in der Weise, daß die Vorteile und Nachteile, welche der Kläger einerseits bei Aufhebung, anderseits bei Fortsetzung des Vertrages zu erwarten hätte, in Betracht zu ziehen sind. RG. **40**, 407, **52**, 427, JW. **94**, 572[1], **99**, 27[2], 87[1], 482[2], **00**, 179[1], 746[2], **03**, 3[1], OLG. **2**, 432, **11**, 166. Insbesondere ist bei einer Klage auf den Rücktritt von einem Kaufvertrage (Wandlung) der Wert oder der vertragliche Preis der verkauften Sache nicht maßgebend, RG. **52**, 427, JW. **00**, 179[1], **02**, 248[1], 253[17], 630[1], OLG. **11**, 166, so daß bei einer Klage auf Rückauflassung eines Grundstücks wegen Aufhebung des Vertrages der Streitwert gemäß § 3 ZPO. nach freiem Ermessen zu schätzen ist, JW. **02**, 630[1]. Maßgebend ist das Interesse des Klägers auch bei Klagen auf Feststellung der Unverbindlichkeit eines Vertrages. JW. **03**, 3[1]. — Bei Klagen auf Teilung einer Gemeinschaft (z. B. einer Erbschaft) ist der Betrag desjenigen maßgebend, was der Kläger schließlich (z. B. als Erbteil) erlangen will, JW. **95**, 537[1], sofern nicht bloß über die Art oder den Zeitpunkt der Teilung gestritten wird, JW. **94**, 193[3]. Ebenso ist, wenn ein Miterbe sein Individualrecht auf Zahlung einer Nachlaßforderung zur Nachlaßmasse geltend macht, der Streitwert nicht nach dem Betrage der Forderung, sondern in der Regel nur nach dem der Erbquote entsprechenden Teil zu bemessen. RG. **38**, 422. Desgleichen ist das Erbquoteninteresse des Miterben maßgebend, wenn er gegen den anderen Miterben auf Einwerfung einer Sache in den Nachlaß oder auf deren Herausgabe behufs Teilung oder auf Anerkennung der Zugehörigkeit der Sache zur Nachlaßmasse klagt, RG. **33**, 427, JW. **96**, 412[23], 583[3], **98**, 474[1], **99**, 672[2], 700[12], **00**, 47[2], **01**, 717[3], **02**, 362[17], Gr. **43**, 1215, **44**, 1144, oder auf Aufstellung und eidliche Erhärtung eines Nachlaßinventars, JW. **91**, 509[2], **98**, 279[10], oder wenn er auf Erfüllung von Verbindlichkeiten gegenüber dem Nachlasse von seinen Miterben in Anspruch genommen wird, JW. **04**, 237[13], Gr. **48**, 1083. Auch wenn der Grundstückseigentümer gegen einen der mehreren Erben auf Löschung einer für den Erblasser eingetragenen Hypothek klagt, ist der Anteil des Erben, nicht der Betrag der ganzen Forderung maßgebend. JW. **91**, 551[1], **99**, 334[1], Gr. **42**, 1215. — Bei Klagen eines *Gesellschafters* gegen den anderen auf Befreiung von Gesellschaftsschulden gegen sein Ausscheiden aus der Gesellschaft bildet der Gesamtwert der Schulden den Streitwert. JW. **98**, 2[1], **01**, 395[2]. Handelt es sich um Anerkennung der Teilhaberschaft, so bemißt sich der Streitwert nach dem Interesse des Klägers daran, daß er Teilhaber an dem Gewinne der Gesellschaft wird. JW. **98**, 597[2], auch **02**, 130[3]. Vgl. auch JW. **02**, 391[5] (Klagen gegen einen von mehreren Gesellschaftern auf Feststellung des Anteilrechts), **94**, 170[2], **01**, 395[2], OLG. **9**, 50 (Klage auf Auflösung einer Gesellschaft seitens eines Gesellschafters). — Bei Klagen, die auf *Rechnungslegung* oder auf Errichtung eines Vermögensverzeichnisses oder auf Vorlegung von (Beweis-) Urkunden, insbesondere beweiserheblichen (Geschäfts-) Büchern, oder auf Leistung des Offenbarungseides gemäß §§ 259, 260, 2006, 2028, 2057 BGB. gerichtet sind *oder sonst* einen die Geltendmachung eines Leistungsanspruchs *vorbereitenden Charakter* haben, ist der Streitwert nach freiem Ermessen unter Berücksichtigung des Interesses des Klägers an dem zu gewährenden Anspruchsbegründungsmittel festzusetzen, JW. **89**, 324[1], **90**, 409[1], **91**, 509[2], **94**, 542[2], **95**, 2[2], Gr. **33**, 1138, OLG. **4**, 266, **11**, 45; jedoch sind dabei die dem

Kläger bereits bekannten Tatsachen nicht mit in Betracht zu ziehen, Gr. **33**, 1129, JW. **97**, 227[1]. — Bei Klagen auf Herausgabe (im Gegensatz zu „Vorlegung") von Beweisurkunden (z. B. Schuldscheinen, Hypothekenurkunden, Wechseln, auch vollstreckbaren Urkunden) ist der Streitwert nicht stets gleich dem Betrage der in den Urkunden verbrieften Forderungen, sondern je nach den Umständen gemäß dem Interesse des Klägers an der Herausgabe zu bemessen. RG. **2**, 403, OLG. **11**, 44 (Geschäftsbücher), Gr. **29**, 418, JW. **84**, 298[11], **91**, 384[2], **99**, 276[2], **05**, 113[9] (Wechsel), Gr. **30**, 1100, JW. **94**, 239[1], **97**, 446[2], vgl. jedoch auch OLG. **14**, 115 (Hypotheken- und Grundschuldbriefe), JW. **94**, 193[3] (Schuldscheine), RG. **22**, 411, **28**, 182, **37**, 415, OLG. **9**, 50 (Lebensversicherungspolizen), Gr. **41**, 1151 (vollstreckbare Urkunden). Ein Sparkassenbuch, auf dessen Herausgabe geklagt wird, ist nicht bloß als Beweisstück, anderseits auch nicht als Wertpapier zu bewerten, so daß der Wert gleich dem eingezahlten Betrage wäre, sondern als Legitimationspapier nach freiem Ermessen zu schätzen. JW. **02**, 358[1]. — Bei Klagen auf Vornahme einer Handlung ist neben dem Interesse des Klägers auch zu berücksichtigen, welchen Kostenaufwand die Vornahme der Handlung für den Beklagten erfordert. JW. **96**, 583[1], **97**, 57[27]. — Bei Klagen auf Löschung eines Patents oder eines Gebrauchsmusters ist das Interesse des Klägers an Beseitigung der Konkurrenz und der Beeinträchtigung seines Geschäftsbetriebes maßgebend. JW. **96**, 1[2], **02**, 309[1,2]. Jedoch ist bei Popularklagen des Patentrechts oder Gebrauchsmusterschutzes nicht das ökonomische Interesse des Klägers bestimmend, sondern der Wert, den das Patent oder Gebrauchsmuster allgemein in der Hand eines Gewerbetreibenden hat. JW. **02**, 131[34]. Bezüglich des Streitwerts bei Entschädigungsansprüchen wegen Patentverletzung vgl. JW. **01**, 651[5], **03**, 101[14]. — Bei Klagen auf Befreiung von der persönlichen Haftung für eine Hypothekenschuld ist der Betrag dieser Schuld maßgebend ohne Rücksicht auf die Wahrscheinlichkeit der Inanspruchnahme des persönlichen Schuldners. Gr. **34**, 1137. — Hängt das Entstehen eines vom Kläger im Wege der Feststellungsklage geltend gemachten Anspruchs von einer noch nicht feststehenden Voraussetzung oder einer künftigen Tatsache ab (z. B. Schadensersatz, falls Erwerbsunfähigkeit eintreten sollte), so ist der Streitwert unter Berücksichtigung der Wahrscheinlichkeit des Eintritts des Ereignisses abzuschätzen. JW. 96, 187[1]. — Bezüglich des Streitwerts bei Klagen: auf Erstattung des negativen Vertragsinteresses, wenn der Vertrag wegen Betruges aufgehoben wird, s. RG. 40, 407; auf Feststellung der Verpflichtung eines Hypothekengläubigers, seine Hypothek dem Eigentümer bis zu einem bestimmten Zeitpunkte zu kreditieren, s. JW. 06, 169[14]; auf Grund Vorkaufsrechts s. JW. 96, 596[1], 00, 339[1], 02, 181[3]; auf Löschung einer eingetragenen Verfügungsbeschränkung s. JW. 02, 124[1]; aus Verträgen über die Gewinnung von Bodenbestandteilen s. JW. 03, 49[17], OLG. 4, 263; der Ehefrau auf Entziehung der Verwaltung des Ehemannes am Frauengut s. JW. 05, 24[27]; auf Nichtigerklärung eines Testaments s. JW. 95, 537[1]; auf Anerkennung des Rechts zur Sukzession in ein Familienfideikommiß s. JW. 02, 212[1]; auf Beseitigung eines Konkurrenzverbots s. JW. 99, 179[15]; auf Untersagung des Konkurrenzkampfes durch unlauteren Wettbewerb s. JW. 02, 130[31], 169[26], 03, 8[17], 05, 113[10]; auf Anerkennung der Berechtigung zur Jagdausübung s. JW. 02, 418[2]; auf Beseitigung eines widerrechtlichen Eingriffs in ein Bergwerksregal s. JW. 97, 71[71]; auf Fortschaffung einer eingetragenen Last sowie auf Unterlassung von Immissionen s. Anm. 1 zu § 7 ZPO.; auf Anfechtung von Rechtshandlungen des Schuldners seitens des Konkursverwalters und außerhalb des Konkurses s. Anm. 6 zu § 6 ZPO.

[3] Festsetzung des Wertes des Streitgegenstandes: §§ 14 ff. GKG.

[4] Eine Pflicht zur Beweisaufnahme besteht nicht, sei es auch, daß die Parteien sie übereinstimmend beantragt haben. JW. 98, 252[10]. — Wegen der Kosten der Beweisaufnahme vgl. unten Anm. 1 zu § 17 GKG.

II. § 4 ZPO.

Für die Werthsberechnung ist der Zeitpunkt der Erhebung der Klage[1] entscheidend; Früchte, Nutzungen, Zinsen, Schäden und Kosten bleiben unberücksichtigt, wenn sie als Nebenforderungen[2] geltend gemacht werden[3].

Bei Ansprüchen aus Wechseln im Sinne der Wechselordnung sind Zinsen, Kosten und Provision, welche ausser der Wechselsumme gefordert werden, als Nebenforderungen anzusehen[4].

[1] Durch Zustellung: ZPO. §§ 253, 499 (Klage), 643, 696, 697 (Zahlungsbefehl); durch mündlichen Vortrag in einem Verhandlungstermin: ZPO. §§ 278, 280, 281 (Klagerweiterung, Widerklage, Inzidentfeststellungsklage vgl. JW. 88, 208¹), §§ 500, 510 (Klaganbringung vor dem Amtsgericht). Wird das Verfahren nicht durch Klagerhebung eingeleitet, wie z. B. im Zwangsvollstreckungs-, Entmündigungs-, Aufgebotsverfahren, so ist der Zeitpunkt der Antragstellung maßgebend. — Eine im Laufe des Rechtsstreites eintretende Veränderung des Streitgegenstandes (z. B. Erweiterung oder Ermäßigung des Anspruchs), Aufhören des Bestehens des ursprünglich verlangten Gegenstandes oder zeitlich begrenzten Rechtes wirkt nur für den späteren Prozeßteil (z. B. für die höhere Instanz, wenn inzwischen die Veränderung eingetreten ist), JW. 93, 126⁸, 96, 657², auch 91, 130⁵, 98, 657², und zwar nur unter der Voraussetzung, daß der Klagantrag entsprechend geändert wird, JW. 96, 410², 98, 261¹⁵, 99, 275¹, 05, 372¹³. Eine bloße Änderung des gemeinen Wertes der streitigen Sache ist überhaupt einflußlos. JW. 89, 107¹, 93, 126⁸, 97, 77², 05, 372¹³. Auch eine Veränderung der tatsächlichen Umstände kann nur bei Änderung des Klagantrages berücksichtigt werden. JW. 96, 410², 98, 261¹⁵, 99, 275¹. Jedoch wird dabei vorausgesetzt, daß es sich um denselben Gegenstand handelt, den die Klage betraf. Dies ist nicht der Fall, wenn die Forderung, um deren Sicherung es sich handelt, im Laufe des Verfahrens geringer geworden, auch wenn die Sicherungsmaßregel dieselbe geblieben ist. JW. 98, 657². Hat Verkäufer auf Zahlung des Kaufpreises geklagt, so bleibt der Betrag desselben der Streit-

wert, auch wenn zufolge Vereinbarung der Parteien der Kaufgegenstand veräußert wird und der Erlös ein geringerer ist. JW. **05**, 344[20]. — Bei Forderungen, die den Grund des Wachsens in sich tragen (wie Lagergelder, Futterkosten), ändert sich der Streitwert fortgesetzt. JW. **98**, 353[17]. — Bei Klagen auf Feststellung des Nichtbestehens eines Rechts (z. B. Patentrechts) ist der Inhalt des Rechts allgemeinhin, nicht der tatsächliche Zustand zur Zeit der Klagerhebung maßgebend. JW. **96**, 30[2]. — Für die Frage des Vorhandenseins der Revisionssumme (§ 546 ZPO.) ist nicht der Zeitpunkt der Klagerhebung, sondern der der Revisionseinlegung maßgebend. RG. **7**, 385, **9**, 416, **39**, 394, JW. **96**, 283[11, 12], **97**, 235[29], **98**, 353[17], 662[17], **00**, 438[2], **02**, 422[19].

2 „Nebenforderungen" sind nur die in Abs. 1 aufgeführten, nicht z. B. solche Ansprüche, welche betreffen Zubehör (§§ 97 ff. BGB.), die Nebenleistungen der §§ 507, 1158 BGB. (Vorkaufsrecht, Umfang der Hypothek). — „Früchte": § 99 BGB. — „Nutzungen": § 100 BGB., auch Aktien-Dividendenscheine, JW. **93**, 535[1]. — Unter „Zinsen" sind sowohl die vertragsmäßigen wie die gesetzlichen und die Verzugszinsen zu verstehen. — „Schäden" sind Schadensersatzansprüche aller Art, auch die eigene Provision des Kaufmanns beim Selbsthilfe-Verkauf gemäß § 373 HGB., RG. **33**, 408. — „Kosten" sind die *vor* der Klagerhebung zur Begründung des Anspruches gemachten Aufwendungen (z. B. Gebühren für die zur Information zugezogenen Sachverständigen). JW. **93**, 12[1], **94**, 364[16], **97**, 207[8], 210[22], **98**, 45[2], OLG. **9**, 57. — Der Begriff der „Nebenforderungen" setzt voraus, daß die betreffende Forderung in einem Abhängigkeitsverhältnisse zu der Hauptforderung steht und nicht allein und losgelöst von der Hauptforderung, sondern mit dieser geltend gemacht wird, RG. **18**, 373, **55**, 82, JW. **89**, 167[1], **98**, 3[2], 353[17]. *Nebenforderungen sind* z. B.: Zinsen einer fälligen Entschädigungsforderung (z. B. im Enteignungsverfahren), RG. **32**, 210, JW. **97**, 205[1], auch wenn sie im Klagantrage mit dem Kapital zusammengerechnet sind, RG. **32**, 210, JW. **97**, 205[1]; akzessorische Schadensersatzansprüche (z. B. Lagerkosten, Fracht, Zoll, Speditionskosten, Wagenmiete) neben Ansprüchen auf Kaufpreiszahlung

und Abnahme der Ware, RG. **42**, 388, JW. **97**, 2[3], OLG. **13**, 67, oder bei einem Wandlungsanspruch, JW. **99**, 28[3], **06**, 202[21], auch Futterkosten bei der Wandlungsklage (§ 488 BGB.), RG. **52**, 164 (anders nach früherem Recht RG. **13**, 397); ein Anspruch auf „Leihgebühr" neben dem Anspruch auf Rücklieferung von Fastagen, JW. **06**, 116[19]; ein auf Grund der Gewährleistungspflicht des Beklagten neben dem Anspruch auf Wiederverschaffung der gekauften, durch einen Dritten entwährten Sache geltend gemachter Anspruch auf Ersatz des infolge der Entwährung erlittenen Schadens (z. B. die Kosten des mit dem Entwährer geführten Prozesses), RG. **55**, 80; bei einer Klage gegen den Bürgen der Anspruch auf Erstattung der Kosten des gegen den Hauptschuldner geführten Prozesses, RG. **56**, 256; die neben dem Anspruch auf Ersatz verauslagter Provision geltend gemachte Forderung von Zinsen sowie Kosten des Vorprozesses des Provisionsberechtigten gegen den Kläger, JW. **05**, 114[11]; ein Anspruch auf Schadensersatz oder Zahlung einer Vertragsstrafe wegen verspäteter Erfüllung neben dem Anspruch auf Erfüllung, JW. **87**, 286[1], 350[1], **98**, 353[17], Gr. **33**, 125; ein zur Klarstellung von Nebenforderungen erhobener Anspruch auf Rechnungslegung, RG. **29**, 395; Ansprüche auf Rechnungslegung und Ausantwortung der Nutzungen neben dem Anspruch auf Anerkennung des Eigentums einer Sache, JW. **02**, 391[5]; Schadensersatzforderungen aus §§ 302 Abs. 4, 600 Abs. 2, 717 Abs. 2 ZPO. (wegen Vollstreckung eines Aufrechnungsteilurteils, eines Urkundenprozeßurteils, eines vorläufig vollstreckbaren Urteils), wenn sie in dem anhängigen Hauptprozesse geltend gemacht werden, vgl. RG. **9**, 410, **23**, 350, **31**, 379, **63**, 369, es sei denn, daß der Beklagte die Erstattung der zwangsweise gezahlten Summen nebst Zinsen und Kosten als einheitliche Schadensersatzforderung im Wege besonderer Widerklage verfolgt, RG. **63**, 367. — Ferner sind bei Berechnung der Beschwerdesumme gemäß § 568 Abs. 3 ZPO. die Kosten der Entscheidung über die Prozeßkosten sowie die Kosten des Beschwerdeverfahrens nicht zu berücksichtigen, sondern es kommen nur diejenigen Kosten in Betracht, über welche die erste Instanz entschieden hat. JW. **00**, 647[2], **01**, 329[10]. Im

Falle der Beschwerde gegen einen Kostenfestsetzungsbeschluß sind die gerichtlichen und außergerichtlichen Kosten des Kostenfestsetzungsverfahrens als Nebenforderungen nicht mit in Ansatz zu bringen. JW. **02**, 181[1]. — Dagegen sind keine Nebenforderungen z. B. Ansprüche auf: Schadensersatz wegen Nichtbefolgung eines Urteils neben dem Anspruch auf Herausgabe der behufs Vollstreckung gestellten Sicherheit, JW. **96**, 68[2]; im Regreßwege vom Zessionar gegen den Zedenten geltend gemachte Kosten eines vom Zessionar gegen den Schuldner geführten Prozesses, RG. **8**, 365, ähnlich RG. **12**, 259; Gestattung der Zwangsvollstreckung wegen der neben der Hauptforderung zuerkannten Zinsen, RG. **26**, 413, JW. **87**, 311[1], **96**, 172[14], 201[1]; Schadensersatz neben dem Anspruch auf Untersagung der Störung bei Patentstreitigkeiten, JW. **98**, 3[2]; Rückzahlung von Zinsen neben dem Anspruch auf Rückzahlung des bezahlten Betrages der Hauptforderung bei der Klage aus ungerechtfertigter Bereicherung (§ 812 BGB.), JW. **96**, 300[2]; Zinsen, die durch ausdrückliche Vereinbarung zum Kapital geschlagen sind, RG. **32**, 377, JW. **89**, 452[1]; rückständige Zinsen einer bezahlten Schuld neben dem Anspruch auf den Kapitalrest, Gr. **31**, 1141; rückständige Bezüge neben einem Anspruch auf Zuerkennung des Rechtes auf wiederkehrende Nutzungen oder Leistungen, RG. (VZS.) **19**, 416, JW. **87**, 432[4]. — Fälle, in denen Hauptforderungen und Nebenforderungen auf verschiedenen Rechtsgründen beruhen: JW. **87**, 111[1], **98**, 219[8], jedoch **93**, 469[12].

[3] Bei Anfechtungsprozessen gelten die Hauptforderung, wegen welcher angefochten wird, und Zinsen und Kosten als einheitliche Forderung, so daß die letzteren bei Berechnung des Streitwerts zu berücksichtigen sind. RG. **26**, 413, JW. **92**, 460[1], **96**, 172[14], **99**, 423[2], **00**, 437[2]. — Dagegen bleiben bei Widerspruchsklagen gegen eine Zwangsvollstreckung (§§ 767, 771 ZPO.) die Zinsen der Forderung, wegen welcher die Zwangsvollstreckung ausgebracht wird, außer Anschlag. RG. **10**, 393, JW. **99**, 423[2], **02**, 358[2]. Vgl. auch Anm. 4 zu § 6 ZPO. Ferner finden Zinsen und Kosten keine Berücksichtigung: bei Streitigkeiten über die vorzugsweise Befriedigung aus dem Erlöse von Pfandstücken, RG. **4**, 366, **18**, 373, auch RG. **7**, 327, JW. **84**, 109[1], bei Vor-

rechtsstreitigkeiten in der Zwangsvollstreckungsinstanz, JW. **00**, 292[1]. Vgl. auch § 866 Abs. 3 Satz 2 ZPO. (wonach die Zwangshypothek den Betrag von 300 Mk. übersteigen muß und zur Erreichung der Mindestsumme Nebenforderungen nicht hinzuzurechnen sind). — Werden Nebenforderungen neben einer Hauptforderung mit der Revision verfolgt, so bleiben sie bei Berechnung der Revisionssumme (§ 546 ZPO.) außer Betracht. RG. **9**, 415, **47**, 256, **52**, 164, **60**, 114, JW. **04**, 113[10]. — Ist der Hauptanspruch durch rechtskräftiges Urteil oder in anderer Weise (z. B. durch Zurücknahme) zur Erledigung gebracht, so erlangt der Anspruch auf Nebenforderungen, insbesondere Zinsen, für die Dauer des weiteren Prozesses den Charakter einer selbständigen Forderung. RG. **9**, 414, **10**, 345, **11**, 387, **39**, 386, Gr. **31**, 1141, **40**, 699, **41**, 703, **60**, 114, JW. **91**, 570[1], **94**, 504[1], **96**, 247[1], 371[12]; 398[11], 410[4]. Auch die Revisionssumme (§ 546 ZPO.) berechnet sich in diesem Falle nach dem Betrage der Nebenforderungen, so daß die Revision zulässig ist, wenn die Nebenforderungen die Revisionssumme erreichen. RG. **47**, 256, **60**, 112, JW. **96**, 371[12], **03**, 97[1]. Wird ein Rechtsmittel (Berufung, Revision) vor der mündlichen Verhandlung in der Rechtsmittelinstanz auf die in erster Instanz als Nebenforderungen geltend gemachten Zinsen beschränkt, so verlieren diese den Charakter als Nebenforderungen. JW. **03**, 174[4]. Über Streitwert der Prozeßkosten sowie darüber, daß diese neben einem Teil- oder einem Zinsanspruch bei Bemessung des Streitwerts außer Betracht bleiben, vgl. Anm. 4 zu § 13 GKG.

[4] Abs. 2 ist von der Nov. z. ZPO. v. 17./5. 98 hinzugefügt, um im Gegensatz zum Reichsgericht, das zwar bei Wechselklagen aus Art. 50 WO. (RG. **1**, 229, **9**, 411) und bei Wechselregreßklagen gegen den Akzeptanten (RG. **29**, 33), nicht aber bei Wechselregreßklagen aus Art. 51 WO. gegen den Trassanten, Aussteller und Indossanten (RG. **32**, 76) die Protestkosten, Provision und Porti zu den Nebenforderungen zählte, zum Ausdruck zu bringen, daß auch bei Klagen auf Erstattung der gezahlten Regreßsumme gegen den Indossanten usw. die genannten Kosten usw. als Nebenforderungen zu gelten haben. KB. 26.

III. § 5 ZPO.

Mehrere in einer Klage geltend gemachte Ansprüche[1] werden zusammengerechnet; eine Zusammenrechnung des Gegenstandes der Klage und der Widerklage findet nicht statt[2].

[1] Auch wenn die mehreren in einer Klage verbundenen Ansprüche auf verschiedenen Gründen beruhen und wenn sie von mehreren Klägern oder gegen mehrere Beklagte erhoben sind. Mot. zu § 5 ZPO. — „Mehrere" Ansprüche sind z. B. nicht: der Anspruch auf Leistung und der auf Sicherstellung, JW. **96**, 270², OLG. **13**, 68; der Anspruch im Hauptverfahren und der im getrennten Arrestverfahren geltend gemachte, wenn über beide zusammen ein Vergleich geschlossen ist, JW. **92**, 372¹⁰; der Anspruch auf Zahlung des Kaufpreises und der auf Abnahme der Ware, JW. **95**, 222¹, **97**, 2³, Gr. **34**, 1138; die Klageforderung und der Anspruch auf Rückzahlung des auf Grund eines Aufrechnungsteilurteils (§ 302 Abs. 4 ZPO.), eines Urkundenprozeßurteils (§ 600 Abs. 2 ZPO.) oder eines vorläufig vollstreckbaren Urteils (§ 717 Abs. 2 ZPO.) beigetriebenen Betrages, RG. **9**, 410, **28**, 350, **31**, 379 (Schadensersatzforderungen in diesen Fällen: Anm. 2 zu § 4 ZPO.); der Anspruch auf Herausgabe einer Kaution und der des Gegners auf Befriedigung wegen seiner Gegenforderungen aus der Kaution, RG. **31**, 386. Vgl. auch Anm. 1 zu § 3 (zweite Klaganträge). — Dagegen liegen mehrere zusammenzurechnende Ansprüche vor, wenn der Kläger die von ihm behufs Vollstreckung des ersten Urteils gestellte Sicherheit herausverlangt und außerdem Schadensersatz wegen Nichtbefolgung des ersten Urteils beansprucht. JW. **96**, 68². — Im Falle der Verbindung mehrerer anhängiger Prozesse gemäß § 147 ZPO. bildet von dem Zeitpunkt der Verbindung ab der Gesamtbetrag der einzelnen Klagansprüche den Streitwert. RG. **5**, 354, **6**, 416, **30**, 335, **44**, 419, JW. **98**, 74³⁾, **99**, 90⁹, 696⁵. Für die vor der Verbindung vorgenommenen gebührenpflichtigen Akte sind die Gebühren gesondert nach den einzelnen Streitwerten zu berechnen. RG. **44**, 419, Gr. **44**, 1228. — Bezüglich des Streitwerts bei gleichzeitiger Erhebung der im § 254 ZPO. erwähnten mehreren Ansprüche s. unten

§ 10a GKG. — Bei der Revision mehrerer Streitgenossen sind gemäß § 5 hinsichtlich der Revisionssumme (§ 546 ZPO.) die einzelnen Beschwerdewerte zusammenzurechnen, auch wenn die Beschwerden verschiedene Ansprüche betreffen. RG. **46**, 397.

[2] Satz 2 ist nur für die Frage der sachlichen Zuständigkeit maßgebend. Für die Berechnung der Kosten und Anwaltsgebühren gilt die Vorschrift des § 11 GKG. Vgl. Anm. 3 dazu. Auch hinsichtlich Berechnung der Revisionssumme kommt Satz 2 nicht zur Anwendung. RG. **7**, 385, 388, **46**, 397, JW. **06**, 202[22].

IV. § 6 ZPO.

Der Werth des Streitgegenstandes wird bestimmt: durch den Werth einer Sache, wenn deren Besitz,[1] und durch den Betrag einer Forderung,[2] wenn deren Sicherstellung[3] oder ein Pfandrecht[4] Gegenstand des Streits ist. Hat der Gegenstand des Pfandrechts[5] einen geringeren Werth, so ist dieser massgebend.[6]

[1] „Besitz“ im weitesten Sinne. Der Ausdruck umfaßt alle Arten der tatsächlichen Gewalt über eine Sache, den unmittelbaren wie den mittelbaren Besitz, den Eigenbesitz und den Fremdbesitz. RG. **61**, 92. Daher nicht bloß Besitzstreitigkeiten, vielmehr alle Klagen, durch welche die Erlangung des Besitzes einer Sache angestrebt wird, selbst wenn der Anspruch sich auf ein obligatorisches Rechtsverhältnis stützt und die Besitzübertragung die Erfüllung einer Obligation enthält. JW. **90**, 235[1], **99**, 423[1]. Deshalb fallen unter § 6: die Klage des Eigentümers auf Räumung der Sache, JW. **92**, 329[1], **93**, 73[1], und die Eigentumsklagen, JW. **93**, 73[1], **96**, 355[1], **99**, 423[1], auch solche, die nur das Miteigentum an einem Grundstück, als dessen Alleineigentümer der Beklagte eingetragen ist, verfolgen, JW. **00**, 735[1]. Ferner Klagen auf: Feststellung einer streitigen Forderung (s. unten) behufs unmittelbarer Realisierung derselben, weil gleich einem Streit über Eigentum an einer Sache (z. B. Feststellung des Anspruchs auf Bezug fortdauernder Lieferungen), RG. **57**, 411, auch Anm. 2 zu § 3 ZPO.; vertragsmäßige Lieferung von Sachen, JW. **97**, 267[1]; Rückgewähr einer veräußerten Sache (Grundstücks) wegen Nichtigkeit des Vertrages, JW. **97**, 541[1];

Übergabe eines Grundstücksteils, das der Beklagte auf Grund eines die Einräumung eines Baurechts betreffenden Vertrages im Besitz hat, RG. **61**, 92; Auflassung des verkauften Grundstücks, JW. **93**, 467[5], **99**, 694[1], **00**, 10[2], **02**, 630[1], Gr. **44**, 1146, auch Anm. 2 zu § 3 ZPO.; Übergabe des verkauften und auch bereits aufgelassenen Grundstücks, JW. **98**, 244[1], **99**, 423[1]; Räumung und Umschreibung eines in Tausch gegebenen Grundstücks im Grundbuch, JW. **00**, 746[2]. In den letzteren Fällen kommt es auf die Höhe des Kaufpreises nicht an. Der Wert der Sachen (Grundstücke) ist allein maßgebend, und zwar ohne Abzug der Lasten und Schulden, RG. **22**, 383, JW. **90**, 370[1], **96**, 2[3], anderseits ohne Hinzurechnung des Werts eines Nebenanspruchs auf Beschaffung der Lastenfreiheit, LOG. **18**, 69. Eine dem Kläger angebotene Gegenleistung ändert den Streitgegenstand nicht. JW. **98**, 467[5], **95**, 597[21], **97**, 267[1], 400[1]. — Weiter findet § 6 Anwendung bei Klagen auf Herausgabe: aus einem Leihvertrage (§ 604 BGB.), JW. **81**, 4[1], aus einem Verwahrungsvertrage (§ 695 BGB.), JW. **86**, 21, aus Vorkaufsrechten, JW. **86**, 71[1]. — Bei Klagen auf Feststellung des Miteigentums an einer Sache ist der Wert des beanspruchten ideellen Anteils maßgebend, JW. **96**, 130[1], 355[1], **97**, 106[3]; bei Streitigkeiten über die Höhe des Anteils der Wertsunterschied zwischen dem vom Kläger und dem vom Beklagten behaupteten Anteil, JW. **96**, 270[8]. Bei Ansprüchen auf Herausgabe von Lebensversicherungspolicen ist die Versicherungssumme, nicht der Rückkaufswert maßgebend. RG. **37**, 415. — Bei Klagen auf Feststellung des Bestehens oder Nichtbestehens einer Forderung (s. oben) ist nach § 6 der Betrag dieser maßgebend, ohne Rücksicht auf die erhobenen Einwendungen. Betrifft der Klagantrag aber lediglich die Art und Weise der Erfüllung (z. B. den Erfüllungsort, die Zeit der Fälligkeit), so ist der Wert gemäß § 3 ZPO. nach freiem Ermessen zu bestimmen. JW. **98**, 466[2]. — Nicht § 6, sondern § 3 kommt zur Anwendung bei Klagen auf Herausgabe von Beweisurkunden, Gr. **29**, 418 (s. Anm. 2 zu § 3 ZPO.), sowie bei Klagen des Verkäufers auf Entgegennahme der Auflassung des veräußerten Grundstücks, Gr. **34**, 1138 (s. Anm. 2 zu § 3 ZPO.); ebenso bei negatorischen und konfessorischen Klagen, RG. **3**, 390, JW. **97**, 71[71].

[2] Der Betrag von Nebenforderungen (§ 4 ZPO.) kommt nicht mit in Anschlag. RG. 7, 327, 10, 346, 394, 26, 412, JW. 98, 381[2], 99, 423[2], 00, 292[1], auch Anm. 2 zu § 4 ZPO.

[3] Wenn also Gegenstand der Klage eine erst noch (durch Pfand, Bürgschaft) zu leistende Sicherheit ist, gleichviel ob die Parteien über die Verpflichtung zur Bestellung allein oder auch über die Höhe des Betrages, mit welchem Sicherheit geleistet werden soll, streiten. RG. 25, 366, JW. 89, 283[2]. — § 6 findet auch Anwendung bei Ansprüchen auf Herausgabe einer Kaution und bei Gegenansprüchen, für die sie bestellt ist. RG. 31, 386, JW. 94, 260[1]. — Bei Sicherung der künftigen Zwangsvollstreckung durch Arreste und einstweilige Verfügungen kommt § 3 zur Anwendung, § 6 nur analog. RG. 15, 435, JW. 08, 125[10] und Anm. 1 zu § 3 ZPO. Dies gilt auch, wenn durch die einstweilige Verfügung der Gefährdung der für eine Forderung (durch Eintragung ins Grundbuch) bereits bestehenden Sicherheit abgeholfen werden soll. JW. 98, 657[2], 99, 138[1]. Handelt es sich aber um Eintragung einer Vormerkung ins Grundbuch zur Sicherung einer Geldforderung, so ist gemäß § 6 der Betrag dieser Forderung der Streitwert der einstweiligen Verfügung. RG. 35, 394, JW. 99, 138[1]. — Es kommt nicht darauf an, ob es sich um eine Leistungs- oder um eine Feststellungsklage handelt. Daher gilt bei Klagen auf Feststellung einer Bürgschaftsverpflichtung der Betrag der Hauptforderung als der Streitwert. RG. 25, 367, JW. 98, 3[4]. — Bei Sicherstellung anderer Vermögensrechte als Geldforderungen (z. B. eines Nießbrauchs, eines fideikommissarischen Erbfolgerechts) ist § 6 analog anzuwenden. JW. 91, 329[2], Gr. 35, 1177, OLG. 13, 72. — Gleichzeitige Geltendmachung der Forderung und ihrer Sicherstellung: Anm. 1 zu § 5 ZPO. (nur der einfache Betrag der Forderung).

[4] Wenn also die Klage ein bereits bestehendes Pfandrecht, sei es ein vertragsmäßiges oder ein gesetzliches oder ein Pfändungspfandrecht, sei es ein Pfandrecht an beweglichen Sachen oder eine Hypothek, Grundschuld, Rentenschuld, zum Gegenstande hat, gleichviel ob sie auf Durchführung des Pfandrechts

(§§ 1147 ff., 1227 BGB.) oder auf Aufhebung (Löschung) oder auf Feststellung des Bestehens gerichtet ist. Daher ist auch bei einer Widerspruchsklage gemäß § 771 Abs. 1 ZPO. der Streitwert nach dem Betrage der der Pfändung zugrunde liegenden Forderung zu bemessen, falls diese nicht etwa den Wert der gepfändeten Gegenstände übersteigt. RG. **10**, 394, JW. **88** 269[1], **90**, 333[7], **93**, 381[2], **99**, 423[2], **02**, 358[2], **06**, 769[41]. Desgleichen wenn im Konkursverfahren ein Gläubiger aus dem Erlöse von Pfandstücken abgesonderte Befriedigung gegenüber der Konkursmasse beansprucht. RG. **22**, 383, JW. **96**, 281[1]. — Ferner bei Klagen auf Löschung einer Hypothek, auch wenn die Forderung, für welche sie bestellt ist, unstreitig ganz oder zum Teil getilgt ist. JW. **93**, 125[3], **96**, 170[1], **98**, 348[2], 433[1], **00**, 827[2], Gr. **42**, 1166, auch RG. **34**, 173, JW. **01**, 649[1]. Bei Kautionshypotheken entscheidet der eingetragene Höchstbetrag. JW. **92**, 330[2], Gr. **36**, 1195. — Auf die Geltendmachung eines Zurückbehaltungsrechts (§ 273 BGB.) ist § 6 nicht anwendbar. RG. **12**, 155, JW. **93**, 382[3], **99**, 424[3], **01**, 120[1]. Andererseits bestimmt sich bei Klagen auf Herausgabe einer Sache der Streitwert auch dann nach § 6, wenn diese Klage durch einen Retentionsanspruch des Beklagten veranlaßt worden ist. JW. **94** 260[2], **99**, 424[3].

[5] Wenn der Wert des Pfandgegenstandes maßgebend sein soll, sind vorhergehende auf dem Pfandobjekte ruhende Pfandforderungen nicht in Abzug zu bringen. RG. **22**, 388, JW. **96**, 281[1]. Dagegen ist bei Klagen auf Eintragung eines fideikommissarischen Erbrechts in das Grundbuch der Wert der voreingetragenen Lasten abzuziehen. JW. **91**, 329[20], Gr. **35**, 1177.

[6] In Anfechtungsstreitigkeiten aus dem Anfechtungsgesetz v. 21./7. 79 (neue Fass. v. 20./5. 98) ist der Streitwert an sich nach § 3 ZPO. zu schätzen, jedoch § 6 dahin entsprechend anzuwenden, daß die Schätzung nach oben durch die Höhe der Forderung, zu deren Befriedigung die Anfechtung dienen soll, begrenzt wird, und daß, wenn der Wert des Gegenstandes, dessen Rückgewähr verlangt wird, geringer, dieser für

den Streitwert maßgebend ist. RG. 7, 394, 47, 375 (anders JW. 00, 520[2]). Daher ist bei einer Anfechtungsklage auf Gestattung der Zwangsvollstreckung in ein Grundstück der Wert des Grundstücks nach Abzug der Hypotheken maßgebend, wenn er geringer ist als die Forderung. JW. 08, 180[26]. Wird eine Hypothek angefochten und fällt diese bei der Zwangsversteigerung teilweise aus, so bildet der zur Hebung gelangte Betrag den Streitwert. JW. 97, 105[1]. — Bei Anfechtungsklagen des Konkursverwalters ist der Streitwert nicht gemäß § 6 ZPO. nach dem Wert der zurückzugewährenden Sache zu bemessen, sondern gemäß § 3 ZPO. nach dem Interesse, das die Konkursmasse an der Beseitigung der aus der angefochtenen Handlung ihr entstandenen Nachteile hat. RG. 34, 405, JW. 02, 391[3]. — Bei Vorrechtsstreitigkeiten in der Zwangsvollstreckung entscheidet der Betrag der geringeren unter den konkurrierenden Forderungen bis zur Höhe des Wertes der Pfandsache. RG. 4, 366, JW. 00, 292[1], OLG. 13, 70.

V. § 7 ZPO.

Der Werth einer Grunddienstbarkeit[1] wird durch den Werth, welchen dieselbe für das herrschende Grundstück hat, und wenn der Betrag, um welchen sich der Werth des dienenden Grundstücks durch die Dienstbarkeit mindert, grösser ist, durch diesen Betrag bestimmt.

[1] §§ 1018 ff. BGB. — Analog bei persönlichen Rechten ähnlichen Inhalts. RG. 29, 406 (vgl. jedoch JW. 94, 180[7], 420[2]). Auch bei Ansprüchen auf Unterlassung von Immissionen auf ein benachbartes Grundstück. JW. 98, 153[1], vgl. jedoch 02, 391[4] (bei einer Klage auf Verbot der Einwirkung einer Drahtseilbahn auf das Grundstück des Klägers § 7 nicht anwendbar, sondern das nach freiem Ermessen gemäß § 3 ZPO. zu bestimmende Interesse des Klägers an der Eigentumsfreiheit maßgebend). — Bei der Negatorienklage (§ 1004 BGB.) gilt § 7 nur, wenn nach dem Inhalte der Klage die Störungen sich als Ausübung einer Servitut darstellen; sonst § 3. RG. 3, 394, JW. 95, 143[1], 99, 482[3], auch 02, 391[4]. — Soll Beklagter als Dritter eine Grundlast zufolge vertraglicher Verpflichtung be-

seitigen, so ist weder § 7 noch § 6 ZPO. anwendbar, vielmehr ist der Streitwert nach dem Betrage der zur Befreiung des Grundstücks von der Last notwendigen Ausgaben gemäß § 3 ZPO. zu bemessen. JW. 95, 181 [2]. Dabei ist, auch wenn die Last noch auf anderen Grundstücken zur Mithaft eingetragen ist, doch die ganze Last, nicht bloß ein verhältnismäßiger Anteil davon, in Betracht zu ziehen. JW. 98, 385 [2], 603 [1]. — In der Revisionsinstanz ist auch bei Anwendung des § 7 ZPO. das Interesse des Revisionsklägers an dem Bestehen oder Nichtbestehen der Grunddienstbarkeit maßgebend. RG. 68, 98, JW. 88, 408 [9], 97, 109 [14]. Ist daher der Revisionskläger Eigentümer des dienenden Grundstücks, so kommt hinsichtlich der Berechnung der Beschwerdesumme stets die Wertminderung des dienenden Grundstücks in Betracht. RG. 16, 343, 68, 98, JW. 97, 6 [20], 98, 640 [9]. Auch wenn das Interesse der auf Anerkennung der Grunddienstbarkeit klagenden Gegenpartei niedriger ist und die Revisionssumme nicht erreicht, kann sich ein solcher Revisionskläger auf sein höheres Interesse berufen. RG. 68, 100. Andererseits kann er, wenn das Interesse der Gegenpartei höher ist, zur Erreichung der Revisionssumme nicht dieses höhere Interesse für sich in Anspruch nehmen. RG. 68, 100. Vgl. auch Anm. 1 zu § 3 ZPO. — Über den Streitwert einer Wegegerechtigkeit vgl. JW. 02, 587 [1], 603 [1].

VI. § 8 ZPO.

Ist das Bestehen oder die Dauer eines Pacht- oder Miethverhältnisses streitig, so ist der Betrag des auf die gesammte streitige Zeit fallenden Zinses und, wenn der fünfundzwanzigfache Betrag des einjährigen Zinses geringer ist, dieser Betrag für die Werthsberechnung entscheidend.[1]

[1] § 8 ist nur für den Fall, daß der Zins für die streitige Zeit geringer als der einjährige Zins ist, sowie für die zur Feststellung der sachlichen Zuständigkeit erforderliche Wertsberechnung maßgebend. Im übrigen gilt hinsichtlich der Gebührenberechnung bei Pacht- oder Mietsstreitigkeiten § 9a Abs. 1 GKG. Vgl. Anm. 1, 2, 3 dazu.

VII. § 9 ZPO.

Der Werth des Rechts auf wiederkehrende[1] Nutzungen oder Leistungen wird[2] nach dem Werthe des einjährigen Bezugs berechnet[3] und zwar:

auf den zwölfundeinhalbfachen Betrag, wenn der künftige Wegfall des Bezugsrechts gewiss, die Zeit des Wegfalls aber ungewiss ist;[4]

auf den fünfundzwanzigfachen Betrag, bei unbeschränkter oder bestimmter Dauer des Bezugsrechts. Bei bestimmter Dauer des Bezugsrechts ist der Gesammtbetrag der künftigen Bezüge massgebend, wenn er der geringere ist.[5]

[1] Vgl. BGB. § 520 (schenkweise Unterstützungen), § 759 (Leibrente), § 912 (Überbaurente), § 917 (Notwegrente), § 1105 (Reallasten); Art. 15 preuß. AG. z. BGB. v. 20./9. 99 (Altenteil). — Ferner Rentenforderungen auf Grund der Unfallversicherungsgesetze v. 5./7. 00 (RGB. 573). Bei diesen sind Beträge, die der Beklagte von einem Dritten ersetzt verlangen kann, nicht in Abzug zu bringen. JW. **02**, 161[1]. — Wegen der Alimentations- und Rentenansprüche, auf die § 9a GKG. Anwendung findet, vgl. Anm. 5. — § 9 setzt „wiederkehrende", d. h. gleichbleibende Leistungen voraus. Bei wechselnden Beträgen erfolgt die Festsetzung des Streitwertes nach freiem Ermessen gemäß § 3 ZPO. JW. **00**, 48[4], **04**, 473[15]. Vgl. jedoch RG. **36**, 416, JW. **96**, 583[2]. — Wenn ein Wohnungsrecht lediglich als solches, nicht als Teil eines Rechts auf wiederkehrende Leistungen geltend gemacht wird, kommt nicht § 9, sondern § 3 ZPO. zur Anwendung. JW. **99**, 1[1]. Vgl. jedoch JW. **97**, 305[12].

[2] Soweit es sich um die zur Zeit der Klagerhebung noch nicht fälligen Bezüge handelt; Rückstände werden besonders berechnet. RG. (VZS.) **19**, 416, **58**, 294, JW. 87, 432[4], **04**, 473[15]. Jedoch sind die nach der Klagerhebung fällig werdenden Bezüge neben dem nach § 9 für das Bezugsrecht selbst zu berechnenden Kapital selbständig zu berechnen. RG. **23**, 359, JW. **91**, 221[1], **94**, 117[2], 420[1].

[3] Sowohl bei Leistungs- als auch bei Feststellungsklagen,

JW. **84**, 169[3]. Handelt es sich aber um Feststellung bedingter Ansprüche, so kommt nicht § 9, sondern § 3 ZPO. zur Anwendung. JW. **90**, 177[2], **98**, 197[1]. Desgleichen bei jährlichen Leistungen, welche erst nach einer Reihe von Jahren beginnen sollen. RG. **26**, 409, JW. **90**, 235[2], **94**, 117[2]. — Wenn die Leistungen im Laufe der Zeit höher werden, ist gemäß § 3 ZPO. der Streitwert zwischen dem 12½fachen Betrage der niedrigsten und dem 12½fachen Betrage der höchsten Leistung festzusetzen. RG. **36**, 416, JW. **99**, 1[3], **00**, 48[4].

[4] Betrifft nicht Rechte, von denen es gewiß ist, daß sie weniger als 12½ Jahre dauern werden. Hier gilt § 3 ZPO. RG. (VZS.) **24**, 375, **37**, 382, JW. **92**, 237[8], **93**, 265[1], **95**, 477[1], 537[2], **96**, 69[3], 300[3], vgl. auch JW. **00**, 180[2]. Ist dagegen zwar der Wegfall des Rechts gewiß, aber unbestimmt, ob er vor oder nach Ablauf der 12½ Jahre eintreten wird, so kommt § 9 Abs. 1 zur Anwendung. JW. **93**, 196[1], **94**, 117[2], **97**, 342[2]. Dies gilt namentlich von Rechten, welche auf Lebenszeit währen. JW. **94**, 117[2]. § 9 ist aber auch dann anwendbar, wenn der Wegfall oder die Minderung des Rechts auch durch andere Umstände als Eintritt des Todes, z. B. durch Veränderung in den Vermögens- und Erwerbsverhältnissen der Beteiligten, herbeigeführt werden kann. RG. **44**, 370.

[5] Bezüglich gewisser Alimentations- und Geldrentenansprüche gilt hinsichtlich der Gebührenberechnung § 9a Abs. 2, 3 GKG., so daß § 9 ZPO. in dieser Beziehung nur hinsichtlich der Frage der sachlichen Zuständigkeit maßgebend ist. — Bei Berechnung der Revisionssumme aber kommt auch in diesen Fällen § 9 ZPO., nicht § 9a GKG. zur Anwendung. JW. **00**, 413[7], **03**, 27[26].

** **§ 148** (früher 136) **KO. lautet:**

Der Werth des Streitgegenstandes eines Prozesses über die Richtigkeit oder das Vorrecht einer Forderung[1] ist mit Rücksicht auf das Verhältnis der Theilungs- zur Schuldenmasse[2] von dem Prozessgerichte nach freiem Ermessen festzusetzen.[3]

[1] D. i. Konkursforderung (§§ 61 ff. KO.). Nicht hierher gehören Masseforderungen (§§ 57 ff.), Aussonderungsansprüche

(§§ 43 ff.), Ansprüche auf abgesonderte Befriedigung (§§ 47 ff. KO.). Im letzteren Falle kommt, wenn der Kläger abgesonderte Befriedigung aus dem Erlöse der ihm verpfändeten Gegenstände beansprucht, § 6 ZPO. zur Anwendung. JW. 96, 281[1]. Auch Ansprüche gegen den bestreitenden Gemeinschuldner (§ 144 Abs. 2 KO.) fallen nicht unter § 148 KO., vielmehr bildet hier der ganze Betrag der Forderung den Streitwert. RG. 24, 405.

[2] Auch im Rechtsstreite befangene sowie sonstige bestrittene, noch nicht zur Feststellung gebrachte oder noch gar nicht mit der Feststellungsklage verfolgte Konkursforderungen sind in die Berechnung einzustellen, und zwar mit einer der Wahrscheinlichkeit entsprechenden Quote. JW. 96, 602[22], 99, 228[17].

[3] Gemäß den §§ 3, 4 ZPO. bestimmt sich der Streitwert für nicht bevorrechtigte Konkursforderungen nach der zur Zeit der Klagerhebung vorhanden gewesenen Masse, so daß durch eine spätere damals nicht vorauszusehende Steigerung der Dividende der Streitwert nicht erhöht wird. Gr. 43, 1217 (VI. ZS.), anders (Zeitpunkt der Festsetzung maßgebend) Gr. 38, 1180 (IV. ZS.). — Ist der Rechtsstreit zur Zeit der Konkurseröffnung anhängig, so ist von dem Zeitpunkte der Fortsetzung des Rechtsstreits ab die Forderung als Konkursforderung gemäß § 148 KO. bei der Festsetzung des Streitwerts in Betracht zu ziehen, JW. 94, 114[7], sofern an die Stelle des bisherigen Klagantrags nunmehr ein Antrag auf Feststellung der im Konkurse bestrittenen Forderung getreten ist, JW. 93, 126[8].

9a. Ist das Bestehen oder die Dauer eines Pacht- oder Miethverhältnisses [1] für einen längeren als einjährigen Zeitraum [2] streitig [3], so wird der Werth auf den Betrag des einjährigen Zinses berechnet.

Bei Ansprüchen auf Alimente, welche auf gesetzlicher Vorschrift [4] beruhen, wird der Werth des Rechts auf die wiederkehrenden Leistungen, falls nicht der Gesammtbetrag der geforderten Leistungen geringer ist, auf den fünffachen Betrag des einjährigen Bezugs berechnet.[5] Das Gleiche gilt bei Ansprüchen auf Entrichtung einer Geldrente, welche nach den §§. 843, 844 des Bürgerlichen Gesetzbuchs oder nach den §§. 3, 3a, 7 des Gesetzes, betreffend die Verbindlichkeit zum Schadenersatze für die bei dem Betriebe von Eisenbahnen, Bergwerken u. s. w. herbeigeführten Tödtungen und Körperverletzungen, vom 7. Juni 1871 erhoben werden.[6]

Ist für die Dauer des Rechtsstreits, welcher eine Ehesache[7] betrifft, über die Unterhaltspflicht der Ehegatten[4] zu entscheiden,[8] so wird der Wert des Rechts auf Entrichtung einer Geldrente auf den einjährigen Betrag derselben berechnet.[9]

[1] Ansprüche aus Dienstmietsverträgen gehören nicht hierher. RG. 4, 399, vgl. RG. 30, 372 (Räumung einer Dienstwohnung), JW. 99, 1[1] (unentgeltliches Wohnungsrecht). — Es muß sich um Klagen zwischen Mieter und Vermieter handeln; auf Streitigkeiten zwischen anderen Personen zufolge eines Mietsverhältnisses (z. B. über den Eintritt des Erben eines Mitpächters in das Rechtsverhältnis des Erblassers zu den anderen Pächtern) ist § 9a nicht anwendbar. RG. 8, 424. Vgl. jedoch OLG. 13, 71 (Klage gegen einen Bürgen des Mieters).

[2] Erstreckt sich der Streit auf einen geringeren Zeitraum als ein Jahr, so ist nach dem dann zur Anwendung kommenden § 8 ZPO. (s. Anm. 1 dort unter § 9 GKG.) der Betrag des auf die gesamte streitige Zeit fallenden Zinses entscheidend. — Ist nicht ein auf bestimmte Zeit geschlossener Mietsvertrag behauptet, so ist der Streitwert nach § 3 ZPO. zu bemessen und dabei die gesetzliche Mindestdauer sowie die gesetzliche Kündigungsbefugnis für die Bemessung des Streitwerts in Betracht zu ziehen. RG. 17, 376, JW. 95, 537[3]. Verlangt der Mieter

Auflösung eines auf unbestimmte Zeit, aber unter Festsetzung einer Kündigungsfrist geschlossenen Mietsvertrages ohne Einhaltung der Kündigungsfrist, so ist der Mietspreis für die Dauer der vertragsmäßigen Kündigungszeit maßgebend. JW. 98, 500[8], auch OLG. 13, 70.

[3] Nicht bloß im Falle der Feststellungsklage (§§ 256, 280 ZPO.). Auch bei der Räumungsklage, wenn die mit dem Klagantrage begehrte Verurteilung zugleich eine Entscheidung über das streitige Bestehen oder die streitige Fortdauer des Pacht- oder Mietsverhältnisses in sich schließt und die Negierung der Fortdauer des Vertragsverhältnisses über den Zeitpunkt der verlangten Räumung hinaus den Klagegrund bildet. RG. 17, 376, (VZS.) 33, 3, JW. 96, 685[2], 98, 348[1], 99, 1[2], 00, 526[19] (entgegen: RG. 26, 431, Gr. 35, 1176). Dagegen nicht, wenn sich der Streit nur auf die Gründe und Folgen der unstreitigen Auflösung des Mietsverhältnisses bezieht, JW. 95, 322[2], oder nur auf die Zulässigkeit einer gewissen Aufkündigung des Mietsverhältnisses, JW. 91, 4[1]. — Betrifft der Streit die Frage, ob ein Grundstücksteil mitvermietet ist, so ist der Mietwert dieses Teiles maßgebend. OLG. 4, 261.

[4] Vgl. BGB. § 528 (Unterhaltspflicht gegenüber dem bedürftigen Schenker), §§ 1360, 1361, 1386, 1389, 1608 (Unterhaltspflicht der Ehegatten während Bestehens der Ehe), §§ 1578 ff., 1585 (Unterhaltspflicht der Ehegatten nach erfolgter Scheidung), §§ 1601 ff., 1703, 1739 (Unterhaltspflicht der Verwandten in gerader Linie), §§ 1708 ff. (Unterhaltspflicht des unehelichen Vaters). Vgl. ferner Anm. 9.

[5] Auch wenn auf Grund eines geschlossenen Vergleichs (z. B. des unehelichen Kindes mit seinem Vater) geklagt wird. OLG. 7, 217. — Wegen besonderer Berechnung der zur Zeit der Klagerhebung bereits rückständigen Beträge vgl. Anm. 2 zu § 9 ZPO. (§ 9 GKG.), RG. 58, 294, auch JW. 03, 205, OLG. 4, 262. — Wegen Berechnung des Streitwerts bei Klagen des unehelichen Kindes auf Anerkennung der Vaterschaft neben dem Anspruch auf Zahlung von Alimenten vgl. Anm. 1 zu § 3 ZPO. (zweite Klaganträge) unter § 9 GKG.

[6] Hinsichtlich der im Abs. 2 bezeichneten Alimentations- und

Geldrentenansprüche kommt für die Gebührenberechnung § 9 ZPO. nicht zur Anwendung. Anm. 5 zu § 9 ZPO. unter § 9 GKG. — Bezüglich der Anwendung des Abs. 2 auf die in Satz 2 bezeichneten Rentenansprüche macht es keinen Unterschied, ob der Anspruch auf eine unerlaubte Handlung oder auf Verletzung einer vertragsmäßigen Sorgfaltspflicht sich gründet. OLG. **13**, 71, 252. — Jedoch bezieht sich die Vorschrift nicht auf Regreßansprüche gegen einen Dritten wegen der an den Verletzten zu zahlenden Renten (z. B. einer Berufsgenossenschaft wegen Unfallrenten). OLG. **11**, 168. Auch nicht auf solche Geldrentenansprüche, die in den seit dem 1./1. 00, dem Inkrafttreten der Nov. z. GKG., durch welche § 9a eingefügt ist, nicht mehr geltenden Rechten ihre Begründung finden. JW. **01**, 458[6], 724[18], 833[2], Gr. **45**, 383. — Beträge, die der Beklagte von einem Dritten ersetzt verlangen kann, sind nicht in Abzug zu bringen. JW. **02**, 161[1], Anm. 1 zu § 9 ZPO.

[7] § 606 ZPO. [8] Vgl. § 627 ZPO. (einstweilige Verfügung), auch JW. **00**, 826[1].

[9] Vor der Nov. z. GKG., durch welche der § 9a eingefügt worden ist, war bei Alimentationsklagen einer Ehefrau während der Dauer des Ehescheidungsprozesses der Streitwert nach § 3 zu bemessen (RG. [VZS.] **24**, 375, **37**, 382, JW. **92**, 237[8], **93**, 265[1], **95**, 477[1], 537[2]), während, wenn Alimentationsansprüche von der Ehefrau ohne zeitliche Endbeschränkung und ohne Rücksicht auf einen von ihr etwa bereits angestellten oder noch anzustellenden Ehescheidungsprozeß geltend gemacht wurden, § 9 ZPO. maßgebend war (JW. **91**, 509, **92**, 213, **94**, 572[2], **97**, 341[1], Gr. **38**, 1193). Jetzt bestimmt sich der Streitwert für die Gebührenberechnung im ersteren Falle nach Abs. 3 (einjährige Rente), im letzteren Falle nach Abs. 2 § 9a GKG. (fünffacher Betrag der einjährigen Rente). Letztere Vorschrift (Abs. 2 § 9a GKG.) kommt auch zur Anwendung, wenn Alimente bis zur Erlangung eines eigenen Gewerbes oder wirtschaftlicher Selbständigkeit eines Kindes verlangt werden (JW. **92**, 330[3], **97**, 228[2]), sowie bei Klagen auf Alimentation eines unehelichen Kindes bis zu einem bestimmten Lebensalter, das aber nur äußerster Endtermin ist (JW. **93**, 196[1]). — Bei Prozessen, die bereits vor dem 1./1. 00 anhängig gemacht worden sind, findet aber § 9a hinsichtlich der Berechnung

der Gebühren für die Teile des Verfahrens, die vor dem bezeichneten Zeitpunkte liegen, keine Anwendung. JW. 00, 345[14], 526[19].

10. Bei nicht vermögensrechtlichen Ansprüchen [1] wird der Werth des Streitgegenstandes zu 2000 Mark, ausnahmsweise niedriger oder höher, jedoch nicht unter 200 Mark und nicht über 50000 Mark angenommen.[2]

Ist mit einem nicht vermögensrechtlichen Anspruch ein aus ihm hergeleiteter vermögensrechtlicher verbunden,[3] so ist nur Ein Anspruch, und zwar der höhere maßgebend.

[1] „Nicht vermögensrechtliche Ansprüche" sind solche, die nicht auf eine Leistung in Geld oder Geldeswert hinauslaufen, namentlich Personenstand, Familien- und Standesverhältnisse, Ehesachen (§§ 606 ff. ZPO.), Entmündigungen (§§ 645 ZPO.), Todeserklärungen (§§ 960 ff. ZPO.), Rechtsverhältnisse zwischen Eltern und Kindern (§§ 640—644 ZPO.), sowie Ehrenrechte betreffen. RG. **40**, 412, JW. **00**, 997. — Vermögensrechtliche Ansprüche sind zunächst alle Ansprüche, die aus Vermögensrechten abgeleitet werden; sodann aber auch die Ansprüche aus nicht vermögensrechtlichen Verhältnissen, sofern sie eine vermögenswerte Leistung zum Gegenstande haben. JW. **00**, 853[5]. Dazu gehören auch Ansprüche: des Schriftstellers aus einem Verlagsvertrage gegen den Verleger, JW. **04**, 391[20]; auf Unterhalt aus einem Familien- oder Eheverhältnisse, JW. **00**, 853[5]; gegen den Ehemann auf Leistung eines Prozeßkostenvorschusses für die Ehefrau im Laufe des Ehescheidungsprozesses, JW. **00**, 853[5]; eines Kaufmanns auf den ungestörten Gebrauch seiner Firma, JW. **01**, 652[7]; auf Grund des § 1 oder des § 6 RGes. z. Bekämpfung des unlauteren Wettbewerbes v. 27./5. 96 (RGB. 145), RG. **40**, 412, JW. **99**, 311[28]; auf Grund widerrechtlichen Eingriffs in einen Gewerbebetrieb, RG. **61**, 89; auf Rückgängigmachung eines vom Konkursverwalter abgeschlossenen Rechtsgeschäfts, JW. **99**, 701[16]; eines Gewerbe-

gehilfen auf Erteilung eines Führungszeugnisses, JW. **02**, 362[16]; auf eine bestimmte angeblich gekaufte Grabstelle, JW. **90**, 150[2], vgl. Gr. **32**, 885 (s. jedoch RG. **12**, 280). — Dagegen liegen nicht vermögensrechtliche Ansprüche vor, wenn es sich z. B. handelt: um Geltendmachung eines Namensrechtes (§ 12 BGB.), JW. **99**, 574[8]; um die Anfechtung eines Beschlusses auf Ausschließung eines Mitgliedes aus einem Vereine, JW. **97**, 134[15], 531[9], **00**, 417[19]; um Gestattung des Getrenntlebens einer Ehefrau von ihrem Ehemanne während des Ehescheidungsprozesses, RG. **46**, 382, JW. **00**, 797; um Feststellung der Ungültigkeit einer polizeilichen Verfügung, JW. **97**, 167[11]; um Gewährung eines ehrlichen Begräbnisses, JW. **02**, 93[19].

[2] Bei Beurteilung der Frage, ob ein anderer Betrag als der regelmäßige von 2000 Mk. als Streitwert festzusetzen sei, sind die Standes- und Vermögensverhältnisse der Parteien nicht außer Betracht zu lassen. JW. **93**, 488[12], **96**, 373[19], OLG. **13**, 72. So ist bei einem Streit über die Überweisung der minderjährigen Kinder während eines Ehescheidungsprozesses einerseits auf die beschränkte Dauer des Verfahrens, anderseits auf die Vermögensverhältnisse der Parteien Rücksicht zu nehmen. JW. **95**, 537[2]. Auch in Ehesachen ist die Vermögenslage der Parteien in Betracht zu ziehen; es kann mit Rücksicht hierauf und auf den gesamten Inhalt des Rechtsstreits der Wert auch auf den Mindestbetrag von 200 Mk. festgesetzt werden. JW. **90**, 332[2], **93**, 488[12]. — Auf vermögensrechtliche Ansprüche ist die Bestimmung des Abs. 1 auch nicht analog anzuwenden. RG. **10**, 322, JW. **99**, 701[16], auch **91**, 311[21], **98**, 120[19].

[3] Z. B. mit einem Anspruche der Ehefrau auf Getrenntleben von ihrem Ehemanne während des Scheidungsprozesses Ansprüche auf Zahlung von Alimenten und Herausgabe von Sachen. RG. **46**, 382, JW. **00**, 797. — Ist die Verbindung eine unzulässige (z. B. in Ehe-, Kindschafts-Entmündigungssachen den Vorschriften der §§ 615, 633, 638 bzw. § 640 Abs. 2 bezw. § 667 ZPO. zuwider erfolgt), so findet nicht § 10 Abs. 2 Anwendung, sondern sind die Werte der mehreren Ansprüche stets gemäß § 5 ZPO. zusammenzurechnen. — Über Wertsbemessung bei einer Klage des unehelichen Kindes auf Anerkennung der

Vaterschaft neben dem Anspruch auf Zahlung von Alimenten vgl. Anm. 1 zu § 3 ZPO. (zweite Klaganträge) unter § 9 GKG.

10a. Im Falle des §. 254 der Civilprozeßordnung ist für die Werthsberechnung nur einer der verbundenen Ansprüche, und zwar der höhere maßgebend. [1]

[1] D. i. wenn mit der Klage auf Rechnungslegung oder auf Vorlegung eines Vermögensverzeichnisses oder auf Leistung des Offenbarungseides (vgl. §§ 259, 260, 1890 ff., 2027, 2028 BGB.) die Klage auf Herausgabe desjenigen verbunden ist, was der Beklagte aus dem zugrunde liegenden Rechtsverhältnisse schuldet (vgl. §§ 581, 666, 681, 713, 1035, 1048, 1055, 1214, 1421, 1546, 1681, 1890, 1915, 1978, 1990 ff., 2027, 2028, 2130, 2218 BGB.), sollen die mehreren Ansprüche nicht gemäß § 5 ZPO. zusammengerechnet werden, sondern für die Wertsberechnung nur der höhere Anspruch maßgebend sein. Diese Vorschrift der Novelle v. 17./5. 98 beruht darauf, daß die ersteren Ansprüche nur vorbereitender Natur sind und das Interesse des Klägers an dem ganzen Prozesse sich in der Regel auf den Wert der Leistungen beschränkt, die er als Ergebnis jener Feststellungen beansprucht. Begr. 208. Vgl. Anm. 1 zu § 3 ZPO. (zweite Klaganträge) unter § 9 GKG. — Hinsichtlich des Streitwerts bei Klagen auf Rechnungslegung oder auf Vorlegung eines Vermögensverzeichnisses vgl. Anm. 2 zu § 3 ZPO. unter § 9 GKG., OLG. 18, 67.

11.[1] Soweit Klage und Widerklage, [2] welche nicht in getrennten Prozessen verhandelt werden, [3] denselben Streitgegenstand [4] betreffen, sind die Gebühren nach dem einfachen Werthe dieses Gegenstandes zu berechnen. Soweit beide Klagen nicht denselben Streitgegenstand betreffen, sind die Gegenstände zusammenzurechnen. [5]

Das Gleiche gilt für wechselseitig eingelegte Rechtsmittel, [2] welche nicht in getrennten Prozessen verhandelt [6] werden. [7]

[1] § 11 enthält eine Abweichung von der Vorschrift des § 5 Satz 2 ZPO. Letzterer ist nur für die sachliche Zuständigkeit des Gerichts maßgebend.

[2] Die Widerklage wird gemäß § 281 ZPO. in der mündlichen Verhandlung vor dem erkennenden Gericht oder gemäß § 348 ZPO. in dem vorbereitenden Verfahren vor dem beauftragten Richter erhoben. Der Wert des Gegenstandes der Widerklage richtet sich daher ausschließlich nach dem Umfange des in diesen Verfahrensabschnitten mit der Widerklage geltend gemachten Anspruchs. Ein in einem vorbereitenden Schriftsatz angekündigter Widerklagantrag kommt, auch hinsichtlich der Kostenberechnung, nicht in Betracht, wenn die Widerklage demnächst nicht in der obigen Weise erhoben wird. JW. **99**, 339[11], Gr. **48**, 1236. Wird aber die Widerklage erhoben, so ist der angekündigte Widerklagantrag insofern von Belang, als, wenn die erhobene Widerklage einen geringeren Umfang hat, von dem Betrage der Differenz die Gebühr aus § 46 GKG. (Zurücknahme vor gebührenpflichtigem Akt) zu erheben ist. JW. **02**, 631[4], 633[10]. — Dasselbe gilt gemäß §§ 521, 556 ZPO. von der Anschließung an ein Rechtsmittel (Berufung, Revision). JW. **02**, 633[10], auch JW. **99**, 339[11], Gr. **48**, 1236. — Werden zwei Prozesse, in denen von beiden Parteien Ansprüche gegeneinander erhoben sind, durch Gerichtsbeschluß gemäß § 147 ZPO. zum Zwecke gleichzeitiger Verhandlung und Entscheidung verbunden, und verbleiben sie bis zur Beendigung der Instanz in dieser Verbindung, so sind die Prozesse als Klage und Widerklage im Sinne des § 11 aufzufassen, so daß ihre Gegenstände, wenn sie nicht denselben Streitgegenstand betreffen, zusammenzurechnen sind. RG. 5, 354, **6**, 416.

[3] Die Verhandlung in „getrennten Prozessen" kann gemäß § 145 Abs. 1, 2 ZPO. durch Beschluß angeordnet werden, wenn der Gegenanspruch mit dem in der Klage geltend gemachten Anspruche nicht in rechtlichem Zusammenhange steht. Dann bilden für die Gebührenberechnung der Klaganspruch und der Widerklagegegenanspruch zwei gesonderte Streitwerte. — Eine Verhandlung in „getrennten Prozessen" liegt auch vor, wenn

zunächst durch Teilurteil (§ 301 ZPO.) über die Klageforderung entschieden wurde und dann über die Widerklage in einem besonderen Verfahren verhandelt und entschieden worden ist. JW. **90**, 203[5]. Wird aber über Klage und Widerklage nur in demselben Prozesse getrennt „verhandelt" (§ 146 ZPO.), so ist § 11 Abs. 1 auch dann anwendbar, wenn zunächst über die Klage oder die Widerklage ein Teilurteil (§ 301 ZPO.) erlassen wird. — Ferner wird die Anwendung des § 11 Abs. 1 nicht dadurch ausgeschlossen, daß die erhobene Widerklage auf Grund des § 33 ZPO. (wegen Mangels des Zusammenhangs mit der Klage) oder sonst (z. B. weil sie nur eventuell erhoben ist, RG. **40**, 331, auch JW. **87**, 115[19], **88**, 341[1], **92**, 214[3]) als unstatthaft abgewiesen wird. Reichsgericht v. 11./6. 84 (Braun u. Blum **10**, 423), JW. **84**, 197[14], **92**, 214[3].

[4] Für die Beurteilung der Frage, ob Identität des Streitgegenstandes vorliegt, ist die Verschiedenheit des Rechtsgrundes oder die Verschiedenheit der vom Beklagten gestellten Anträge (z. B. Abweisung der Klage und Verurteilung auf die Widerklage) nicht entscheidend. JW. **96**, 358[21], **97**, 205[1], **98**, 433[1]. Können insbesondere die beiderseitigen Ansprüche nebeneinander bestehen, so betreffen sie nicht denselben Streitgegenstand, sei es auch, daß sie dasselbe Rechtsverhältnis zu ihrer Grundlage haben. JW. **97**, 190[15]. Identität liegt z. B. vor: soweit gegen den Klaganspruch nur das Zurückbehaltungsrecht (§ 273 BGB.) wegen der Widerklageforderung geltend gemacht wird, RG. **5**, 410; wenn der Kläger einen Teilbetrag einer Forderung einklagt und der Beklagte Widerklage auf Feststellung des Nichtbestehens der ganzen Forderung erhebt, JW. **86**, 38[3], **89**, 401[1]; wenn der Kläger eine Forderung aus einem Schuldschein geltend macht und der Beklagte mit der Widerklage Herausgabe des Schuldscheins verlangt, sei es auch, daß nach dem Schuldschein der (ursprüngliche) Betrag der Forderung ein höherer ist, JW. **91**, 305[1]; wenn der Kläger auf Löschung einer Hypothek klagt, weil der persönliche Schuldgrund seine Erledigung gefunden habe, und umgekehrt der Beklagte widerklagend den Anspruch auf Zahlung erhebt, JW. **91**, 297[1]; wenn der Kläger auf Fest-

stellung klagt, daß ihm an einem ihm übergebenen Grundschuldbrief ein Pfandrecht zustehe, während der Beklagte widerklagend Herausgabe des Grundschuldbriefs verlangt, OLG. 7, 218; wenn der Kläger Leistung aus einem Vertrage geltend macht und der Beklagte zum Zwecke der Verteidigung mit der Widerklage Nichtigerklärung des Vertrages beantragt, JW. **86**, 38[3], **92**, 213[2], **98**, 433[1]; wenn der Kläger auf Herausgabe einer Kaution klagt und der Beklagte mit der Widerklage Gegenansprüche geltend macht, für welche die Kaution bestellt ist, RG. **31**, 386, JW. **94**, 260[1]; wenn mit der Klage Herstellung der häuslichen Gemeinschaft und mit der Widerklage Trennung der Ehe verlangt wird, OLG. **4**, 265. — Identität z. B. nicht: wenn Abweisung der Klage und Verurteilung zum vollen Betrage der Widerklageforderung verlangt wird, RG. **5**, 408, JW. **88**, 341[1], **90**, 369[1]; wenn der Kläger auf Auflassung des gekauften Grundstücks klagt und der Beklagte Widerklage auf Zahlung des Kaufpreises erhebt, JW. **97**, 190[15]; wenn Kläger auf Aufhebung des Kaufvertrages und Rückzahlung der Anzahlung und der Beklagte widerklagend Zahlung des Kaufgeldrestes verlangt, OLG. **2**, 432; wenn der Beklagte, gegen den zugleich dinglicher Arrest beantragt war, widerklagend Zurückzahlung des zur Abwendung des Arrestes hinterlegten Betrages verlangt, JW. **00**, 11[3]; wenn der Kläger bestimmte Schadensersatzforderungen aus einem Unfall auf Grund des Haftpflichtgesetzes v. 7./6. 71 geltend macht, die Widerklage aber zum Gegenstande hat, ob der Kläger noch weitere Ansprüche aus dem Unfall erheben kann, JW. **99**, 256[2]; wenn die Klage einen Teil der Früchte, die Widerklage aber die Substanz des Familienfideikommisses betrifft, JW. **02**, 212[1].

[5] Vgl. Anm. 2 a. E. — Es ist unzulässig, die Kosten im Urteil zu scheiden, je nachdem sie sich auf die Klage oder auf die Widerklage beziehen; daher kann in einem gemäß § 301 ZPO. über die Klage allein erlassenen Teilurteil eine Entscheidung über die Kosten überhaupt noch nicht getroffen werden. JW. **97**, 106[5].

[6] „Wechselseitig eingelegte Rechtsmittel“ liegen auch dann

vor, wenn nur die eine Partei das Rechtsmittel eingelegt, die andere Partei aber sich dem Rechtsmittel angeschlossen hat. RG. 29, 351. — Eine „Verhandlung der Rechtsmittel in getrennten Prozessen" setzt einen ausdrücklichen Trennungsbeschluß gemäß § 145 ZPO. voraus. RG. 29, 350, JW. 92, 97[13], 219[20]. Der Umstand, daß gegen ein und dasselbe Urteil beide Parteien ein Rechtsmittel einlegen, hat für sich allein nicht die Folge, daß zwei „getrennte Prozesse" entstehen. RG. 29, 350, JW. 92, 97[13], 219[20], auch OLG. 5, 228, 7, 222. — Identität des Streitgegenstandes der Rechtsmittel z. B.: wenn der Kläger, der das seitens des Beklagten mit Berufung angefochtene Urteil gegen Sicherheitsleistung hat vollstrecken lassen, im Wege der Anschließung Rückgabe der Sicherheit beansprucht. RG. 31, 380, auch Anm. 1 zu § 3 ZPO. (zweite Klaganträge) unter § 9 GKG. — Wegen Anwendbarkeit der Vorschrift des § 4 ZPO. (Nichtberücksichtigung von Nebenforderungen), wenn die eine Partei wegen der Hauptsumme, die andere wegen Nebenforderungen (Zinsen, Schäden, Kosten) Rechtsmittel einlegt, vgl. JW. 97, 301[1].

[7] Ausnahmen von dem Grundsatz des § 11 sind: § 81 Abs. 2, wonach der von jedem Antragsteller zu zahlende Gebührenvorschuß sowohl von dem Kläger als auch von dem Widerkläger bzw. von beiden Rechtsmittelklägern unter getrennter Berechnung der Streitwerte zu erheben ist, und § 94 Ziff. 2, wonach in den Fällen einer Widerklage oder wechselseitig eingelegter Rechtsmittel jede Partei bei Zurücknahme des von ihr beantragten Verfahrens getrennte Berechnung ihrer Gebühren und Auslagen verlangen kann. Vgl. hierüber JW. 92, 97[13], 219[20], auch RG. 52, 197.

12. Für Akte,[1] welche einen Theil des Streitgegenstandes betreffen, sind die Gebühren nur nach dem Werthe dieses Theils zu berechnen.[2]

Sind von einzelnen Werthstheilen in derselben Instanz[3] für gleiche Akte[4] Gebühren zu berechnen, so darf nicht mehr erhoben werden, als wenn die Gebühr von dem Gesammtbetrage der Werthstheile zu berechnen wäre;[5] treten für die Akte verschiedene Gebührensätze ein, so ist der höchste Satz maßgebend.[6]

[1] D. i. die im § 18 bezeichneten: kontradiktorische mündliche Verhandlung, Beweisaufnahme, Entscheidung (Vergleich).

[2] Z. B. ist, wenn die kontradiktorische Verhandlung oder die Beweisaufnahme sich nur auf einen Teil des Streitgegenstandes oder nur auf die Prozeßkosten erstreckt hat, die Verhandlungs- oder die Beweisgebühr nur nach dem Werte dieses Teils bzw. der Prozeßkosten zu berechnen. JW. 99, 44[42].

[3] Begriff und Umfang der „Instanz": Anm. 1 zu § 28.

[4] Die Aufnahme eines Vergleichs ist ein der Entscheidung gleicher Akt: § 23. RG. 29, 336.

[5] Z. B. darf für zwei Teilurteile, deren jedes die Hälfte des Streitgegenstandes erledigt, zusammen nicht mehr als die Gebühr für Entscheidung über den ganzen Streitgegenstand erhoben werden. — Für jeden gebührenpflichtigen Akt ist der Wert des betreffenden Teils des Streitgegenstandes gesondert festzustellen und danach die Gebühr zu berechnen. Sind die Akte hinsichtlich der einzelnen Streitgegenstandsteile gleicher Art (s. Anm. 1), so darf der Gesamtbetrag der Gebühren nicht die Gebühr übersteigen, welche hinsichtlich des ganzen Streitgegenstandes für einen solchen Akt zu berechnen wäre. Mot. 55. — Die Gebührenerhebung für ungleiche Akte hinsichtlich verschiedener Wertsteile unterliegt einer Maximalbeschränkung nicht. Vgl. JW. 02, 120. Ausnahme: § 46 Abs. 3 (wenn die Zurücknahme der Klage oder eines Antrags oder Rechtsmittels sich nur auf einen Teil des Streitgegenstandes bezieht). — Betreffen gleiche Akte mehrmals nacheinander ein und denselben Teil des Streitgegenstandes, so wird hinsichtlich dieses Teils gemäß § 28 nur eine einmalige Gebühr für die Akte erhoben. — Hinsichtlich der Gebührenberechnung bei Verbindung mehrerer Prozesse, wenn vor der Verbindung bereits gebührenpflichtige Akte stattgefunden haben, vgl. Anm. 1 zu § 5 ZPO. unter § 9 GKG.

[6] „Höchster Satz" bedeutet: wenn hinsichtlich verschiedener Teile des Streitgegenstandes für die gleichen Akte (s. Anm. 1) verschiedene Gebührensätze eintreten, soll der nicht zu überschreitende Gesamtbetrag nach dem höchsten Gebührensatz, welcher für den Gesamtbetrag der Wertsteile gelten würde, berechnet werden. KommBer. 73. Reichsgericht v. 8./2. 83; (Braun u. Blum 7, 293, JW. 83, 142). Z. B. darf, wenn über einen Teil des Streitgegenstandes nach kontradiktorischer Verhandlung zur Hauptsache, über einen anderen Teil nach kontradiktorischer Verhandlung über eine prozeßhindernde Einrede erkannt ist, die zu berechnende Gebührensumme den Satz nicht überschreiten, der in Ansatz käme, wenn über den ganzen Streitgegenstand zur Hauptsache verhandelt wäre. Reichsgericht a. a. O. Ebenso darf bei gleichzeitiger Verhandlung über die Rechtmäßigkeit einer einstweiligen Verfügung und über eine Widerklage der Gesamtbetrag der für beide Akte an sich gesondert zu berechnenden Gebühren nicht die Gebühr überschreiten, die bei einer die Summe beider Streitwerte betreffenden Widerklage in Ansatz zu bringen wäre. JW. 94, 264[13].

13. Für Akte, welche Früchte, Nutzungen, Zinsen, Schäden oder Kosten als Nebenforderungen ohne den Hauptanspruch betreffen,[1] ist der Werth der Nebenforderungen insoweit maßgebend, als er den Werth des Hauptanspruchs nicht übersteigt.

Für Akte der Zwangsvollstreckung wegen einer Geldforderung[2] werden die einzuziehenden Zinsen mitberechnet.[3]

Für Akte, welche die Kosten des Rechtsstreits ohne den Hauptanspruch betreffen, ist der Betrag der Kosten maßgebend.[4]

[1] Wegen des Begriffs der „Früchte", „Nutzungen", „Zinsen", „Schäden", „Kosten", „Nebenforderungen" sowie darüber, daß letztere in Verbindung mit dem Hauptanspruch oder einem

Teil desselben außer Berechnung bleiben, andererseits bei Erledigung des Hauptanspruchs sie selbst zur Hauptforderung werden, s. Anm. 2, 3 zu § 4 ZPO. unter § 9 GKG. — Im § 13 Abs. 1 wird nur der Fall behandelt, daß Nebenforderungen „ohne den Hauptanspruch", also ohne ihre Eigenschaft als Nebenforderungen zu verlieren, Gegenstand besonderer Akte (§ 18) werden (wenn z. B. nur über die Zinsen kontradiktorische Verhandlung oder Beweisaufnahme stattfindet, während der Hauptanspruch unstreitig ist). JW. **94**, 504[1].

[2] „Akte der Zwangsvollstreckung" sind nicht diejenigen Verfahren und Entscheidungen, welche nur zur Vorbereitung des Vollstreckungsverfahrens dienen, z. B. nicht diejenigen, die betreffen die Erteilung: von Attesten der Rechtskraft (§ 706 ZPO.), RG. **25**, 290, **31**, 410, (VZS.) **42**, 421, JW. **92**, 575[10], **01**, 38[2]; von vollstreckbaren Ausfertigungen (§§ 724, 730 ZPO.), RG. **31**, 410, JW. **97**, 84[20]; einer weiteren vollstreckbaren Ausfertigung (§ 733 ZPO.), RG. **31**, 410, (VZS.) **42**, 421, JW. **99**, 575[10], **00**, 605[8]. Ferner sind nicht Akte der Zwangsvollstreckung: das die Anordnung oder Aufhebung eines Arrestes oder einer einstweiligen Verfügung betreffende Verfahren, RG. **26**, 412; Einwendungen gemäß § 767 ZPO. (gegen den Urteilsanspruch), selbst wenn gleichzeitig Aufhebung der erwirkten Zwangsvollstreckung beantragt wird, RG. **28**, 429; Klagen aus § 771 ZPO. (Widerspruch eines Dritten), RG. **10**, 393. In diesen Fällen werden also gemäß § 4 ZPO., § 9 GKG. die Zinsen nicht mitberechnet. — Vgl. hinsichtlich der hier in Betracht kommenden Zwangsvollstreckungsakte § 35 Nr. 1, 2, §§ 42, 43, 47 Nr. 12, 13, 14 GKG. Handelt es sich nur um die Art und Weise der Zwangsvollstreckung (§ 35 Nr. 4 GKG., §§ 766, 825 ZPO.), so kann der Wert nach Maßgabe des Interesses geringer festgesetzt werden.

[3] Ist der Wert der gepfändeten Sache geringer, so ist dieser maßgebend. Analog § 6 ZPO. Mot. 44. — Abs. 2 findet auch in der Beschwerdeinstanz Anwendung, wenn mit der Beschwerde eine Entscheidung, betreffend „Akte der Zwangsvollstreckung" im Sinne des Abs. 2 (s. Anm. 2 a. E.) angefochten wird.

[4] Abs. 3 bezieht sich auf die Kosten, die erst im Laufe und infolge des Rechtsstreits erwachsen, nicht auf „Kosten", die im

Sinne des Abs. 1 als Nebenforderungen schon in der Klage neben dem Hauptanspruch geltend gemacht werden (Anm. 1). Auf die Prozeßkosten findet sonach die beschränkende Vorschrift des Abs. 1 nicht Anwendung; sofern dieselben ausschließlich den Gegenstand eines Akts (§ 18) bilden, ist ihr Gesamtbetrag maßgebend, auch wenn er den Wert des Hauptanspruchs übersteigt. JW. 85, 93, OLG. 9, 161. Voraussetzung für die Anwendung des Abs. 3 ist, daß der betreffende Akt lediglich die Kosten des Rechtsstreits betrifft. RG. 39, 388, JW. 94, 366[22], 97, 210[22], 234[3], 99, 540[30]. Daher gelten z. B. zwar, wenn die Hauptsache (z. B. durch Verzicht, Zurücknahme der Klage oder des Rechtsmittels, Anerkenntnis) erledigt wird, die bis zu dieser Erledigung erwachsenen Kosten als der demnächstige Streitwert (während die durch das Weiterprozessieren entstandenen Kosten sich als gemäß § 4 ZPO., § 9 GKG. nicht zu berücksichtigende Nebenforderungen darstellen), JW. 90, 24[2], 97, 3[4]; auch bilden, wenn zur Zeit der Einlegung der Berufung seitens des abgewiesenen Klägers die Hauptsache in der Zwischenzeit bereits erledigt war, die Kosten den Streitgegenstand, JW. 97, 132[4]. Für Akte aber, welche außer den Prozeßkosten noch einen Restteil des im übrigen erledigten Hauptanspruchs betreffen, ist dieser Restteil allein, ohne Zusammenrechnung der Kosten, der Streitwert, JW. 94, 366[22], Gr. 38, 1132; ebenso bildet, wenn nach Erledigung des Hauptanspruchs im übrigen nur noch ein Zinsanspruch geltend gemacht wird, dieser allein den Streitwert, und die Kosten bleiben, auch soweit sie durch Einklagung des Kapitals entstanden sind, außer Betracht, RG. 39, 388, JW. 94, 430[31], 504[1]. — Wenn der prinzipale Antrag des Rechtsmittelklägers nur auf die Prozeßkosten gerichtet ist, ein eventueller Antrag aber den Hauptanspruch betrifft, so ist dieser, nicht der Betrag der Kosten für die Berechnung des Streitwerts maßgebend. JW. 99, 540[30]. — Ein Akt, der nur die Kosten des Rechtsstreits ohne den Hauptanspruch betrifft, ist (insbesondere für den Fall der Beschwerde) auch die gemäß § 16 lediglich zum Zwecke der Kostenberechnung erfolgende Festsetzung des Streitwerts. JW. 97, 136[21], Gr. 41, 1137, vgl. Anm. 7 zu § 16.

Wertsfestsetzung.

14. Bei jedem Antrag ist der Werth des Streitgegenstandes, sofern derselbe nicht in einer bestimmten Geldsumme besteht oder aus früheren Anträgen erhellt, und auf Erfordern auch der Werth eines Theils desselben schriftlich oder zum Protokolle des Gerichtsschreibers anzugeben.[1]

Die Angabe kann jederzeit berichtigt werden.[2]

[1] Verallgemeinerung der Vorschrift des § 253 Abs. 3 ZPO. (Angabe des Streitwerts in der Klage, wenn davon die Zuständigkeit des Gerichts abhängt). — Für einen Zwangsvollstreckungsantrag ist der Streitwert besonders anzugeben. Gr. **30**, 1103, JW. **86**, 147[13].

[2] Auch für das Gericht ist weder eine stillschweigende Billigung der seitens des Klägers gemachten Wertsangabe durch den Beklagten noch eine übereinstimmende Angabe des Werts durch beide Parteien bindend. RG. **8**, 94, JW. **92**, 38[1], **95**, 480[16], **97**, 57[27].

15. Die zum Zwecke der Entscheidung über die Zuständigkeit des Prozeßgerichts[1] oder die Zulässigkeit des Rechtsmittels[2] erfolgte Festsetzung des Werthes ist, unbeschadet der Vorschrift des §. 9a,[3] für die Berechnung der Gebühren maßgebend.[4]

[1] § 23 Nr. 1, § 70 Abs. 1 GVG.

[2] Durch die Novelle vom 17./5. 98 an die Stelle von „der Revision" gesetzt, weil durch die Novelle zur ZPO. v. 17./5. 98 auch für gewisse Beschwerden in betreff der Prozeßkosten das Erfordernis einer Beschwerdesumme eingeführt wurde. Nach der ferneren Novelle zur ZPO. v. 5./6. 05 kommt außer der Beschwerdesumme für die Revision von mehr als 2500 Mk. (§ 546 ZPO.) nur noch die Beschwerdesumme des § 568 Abs. 3 ZPO. (mehr als

50 Mk. für die weitere Beschwerde gegen Entscheidungen der Landgerichte in betreff der Prozeßkosten) in Betracht.

[3] Zusatz der Novelle v. 17./5. 98 mit Rücksicht auf die für gewisse Mietsstreitigkeiten und Alimentationsansprüche die Bestimmung des Streitwerts hinsichtlich der Gebührenberechnung anders als hinsichtlich der sachlichen Zuständigkeit des Gerichts regelnde Vorschrift des § 9a. Vgl. Anm. 1—8 das. In diesem Ausnahmefall ist also die hinsichtlich der sachlichen Zuständigkeit getroffene Wertsfestsetzung nicht für die Gebührenberechnung maßgebend, so daß hinsichtlich dieser eine andere Festsetzung erfolgen kann.

[4] Desgleichen die auf Beschwerde des Rechtsanwalts gemäß § 12 D. GO. f. RA. erfolgte Festsetzung. RG. **31**, 395, auch Anm. 4 zu § 16. — Die Festsetzung des § 15 erfolgt, wenn das Prozeßgericht auf Grund der von Amts wegen vorzunehmenden Prüfung seiner sachlichen Zuständigkeit oder der Zulässigkeit eines Rechtsmittels hinsichtlich des Erfordernisses einer Beschwerdesumme (Revision, weitere Beschwerde in betreff der Prozeßkosten s. Anm. 2) oder auf die Einrede der sachlichen Unzuständigkeit oder der Unzulässigkeit des Rechtsmittels seitens des Beklagten bzw. Rechtsmittelbeklagten sich für unzuständig erklärt bzw. das Rechtsmittel als unzulässig verwirft bzw. über die Einrede des Beklagten Entscheidung trifft. Sie geschieht (abgesehen von dem Falle der weiteren Beschwerde gegen Entscheidungen des Landgerichts in betreff der Prozeßkosten, § 568 Abs. 3 ZPO., s. unten) durch Urteil und kann nicht auf Grund des § 16 von Amts wegen oder auf Beschwerde geändert, vielmehr nur mit dem ordentlichen Rechtsmittel gegen die Sachentscheidung angefochten werden. JW. **98**, 236[14]. Ist die Einrede der sachlichen Unzuständigkeit des Landgerichts verworfen, weil der Streitwert 300 Mk. übersteige, so kann bei einer demnächstigen Festsetzung des Streitwerts nicht auf eine niedrigere Stufe als 200 Mk. heruntergegangen werden. JW. **98**, 279[10]. Vgl. auch Anm. 1 zu § 16 (bei Zulassung der Revision seitens des Reichsgerichts Streitwert mindestens die Revisionssumme). — Entsprechend gelten diese Grundsätze auch dann, wenn auf eine

weitere Beschwerde gegen eine Entscheidung des Landgerichts in betreff der Prozeßkosten das Beschwerdegericht durch Beschluß gemäß § 568 Abs. 3 ZPO. über das Vorhandensein der Beschwerdesumme entschieden hat. — Eine Ausnahme kann sich im Falle der Widerklage ergeben mit Rücksicht darauf, daß hinsichtlich der sachlichen Zuständigkeit gemäß § 5 ZPO. eine Zusammenrechnung der Klage- und Widerklagegegenstände nicht stattfindet, während hinsichtlich der Gebührenberechnung nach § 11 GKG. die Gegenstände, sofern sie nicht denselben Streitgegenstand betreffen, zusammenzurechnen sind. Jedoch ist bei Feststellung der Revisionssumme (s. Anm. 2), wenn nur eine Partei (nicht, wenn beide) Revision eingelegt hat, ebenfalls der Gegenstand der Klage und der Widerklage, sofern sie nicht etwa denselben Streitgegenstand betreffen, zusammenzurechnen. RG. (BZS.) 7, 383, JW. 91, 305[1].

16. Soweit eine Entscheidung in Gemäßheit des §. 15 nicht stattfindet,[1] und nach der Natur des Streitgegenstandes oder durch den Antrag einer Partei die Festsetzung des Werthes erforderlich wird,[2] erfolgt dieselbe gebührenfrei[3] durch Beschluß des Prozeßgerichts,[4] bei der Zwangsvollstreckung, falls der Werth noch nicht festgesetzt ist, durch Beschluß des Vollstreckungsgerichts.[5] Die Festsetzung kann von dem Gerichte, welches dieselbe getroffen hat, sowie von dem Gerichte der höheren Instanz im Laufe des Verfahrens von Amts wegen geändert werden.[6]

Gegen den Beschluß findet Beschwerde nach Maßgabe des §. 567 Abs. 2 und der §§. 568 bis 575 der Civilprozeßordnung[7] sowie des §. 4 Abs. 3 dieses Gesetzes[8] statt.[9]

[1] Hat das Reichsgericht die Revision zugelassen, so ist, auch wenn eine ausdrückliche Entscheidung über die Höhe des Streit-

werts der Revisionsinstanz nicht vorliegt, doch aus der Zulassung des Rechtsmittels zu schließen, daß ein Streitwert von mehr als 2500 Mk. angenommen worden ist, und ist dies bei der Festsetzung des Streitwerts der unteren Instanzen zu berücksichtigen. JW. **94**, 316[15], auch Anm. 4 zu § 15.

[2] Erforderlich nach der Natur des Streitgegenstandes ist die Festsetzung, wenn der Wert durch den Betrag einer Geldforderung nicht so bestimmt wird, daß für das freie Ermessen des Gerichts kein Raum mehr bleibt. JW. **97**, 400[1], **98**, 385[1]. — Die Festsetzung (welche zweckmäßigerweise durch besonderen Beschluß, nicht etwa im Zusammenhange mit anderen Entscheidungen zu treffen ist, JW. **97**, 240[48]) kann, sofern dies nach der Natur des Streitgegenstandes erforderlich ist, jederzeit von Amts wegen erfolgen, ohne daß ein Streit darüber unter den Parteien zu bestehen braucht. JW. **97**, 57[27]. Anderseits muß jedes Instanzgericht auf Antrag einer Partei den Streitwert für seine Instanz festsetzen, und zwar gleichviel, ob diese beendet ist oder nicht, Gr. **35**, 1168, JW. **91**, 11[3], 336[14], **95**, 382[15], 480[14], **96**, 671[8], **97**, 57[27], und unabhängig davon, daß das Verfahren in der Instanz bis zu einem gewissen Grade vorgeschritten ist, JW. **02**, 391[2]. Auch wenn der Gegner des armen Klägers die Festsetzung beantragt. Gr. **48**, 1163, JW. **04**, 149[22]. Der Partei kann auch nicht verwehrt werden, wegen eingetretener Änderung die Festsetzung in jeder Instanz von neuem zu beantragen, so auch in der zweiten Instanz, vor welcher die Sache anhängig ist, selbst wenn diese Instanz auf Beschwerde bereits über den Streitwert der ersten Instanz entschieden hat. JW. **98**, 418[11], Gr. **42**, 1164. Jedoch kann für einen über den Streitgegenstand hinausgehenden Vergleich eine Wertsfestsetzung nicht verlangt werden. OLG. **2**, 427. — Die Entscheidung über die Höhe des Streitwerts ist nach den in der mündlichen Verhandlung verlesenen Anträgen zu treffen. Nicht verlesene Anträge in den Schriftsätzen sind für die Festsetzung nicht maßgebend. JW. **95**, 10[28]. Vgl. hinsichtlich der Widerklage und der Rechtsmittel in dieser Beziehung Anm. 2 zu § 11 sowie Anm. 6 zu § 81 (Höhe des Vorschusses in Rücksicht auf angekündigte Rechtsmittelanträge) und hinsichtlich des Falles, daß es nach An-

ündigung erweiterter Klag- oder Rechtsmittelanträge zum Vergleich kommt, JW. 00, 46[1]. Die, sei es auch übereinstimmenden Angaben der Parteien über den Wert sind für das Gericht nicht bindend. JW. 92, 38[1], 95, 480[17], 97, 57[27], 171[22], auch Anm. 2 zu § 14. — Der Frage, ob den prozeßbevollmächtigten Rechtsanwälten für einzelne Akte ihrer Tätigkeit eine von einem höheren als dem festgesetzten Streitwerte zu berechnende Gebühr zusteht, kann bei der von dem Prozeßgericht in Gemäßheit des § 16 zu treffenden Wertsbestimmung nicht zur Erörterung gezogen werden; sie ist zwischen den Beteiligten im Wege des Kostenfestsetzungsverfahrens oder in einem besonderen Rechtsstreit zum Austrag zu bringen. JW. 95, 10[28], 98, 348[2], 99, 540[30], 03, 9[21], Gr. 42, 1166. Überhaupt erfolgt die Wertsfestsetzung nicht für einzelne zu berechnende Gebühren, sondern für das Verfahren der Instanz als solches, wobei es allerdings vorkommen kann, daß für einzelne Abschnitte des Verfahrens ein verschiedener Wert anzusetzen ist. JW. 00, 46[1].

[3] Auch keine Schreibgebühren: § 80a GKG. — Auf Beschwerden über eine Wertsfestsetzung bezieht sich die Vorschrift der Gebührenfreiheit nicht. JW. 95, 521[15]. Vgl. § 45.

[4] D. i. das Gericht der Instanz, für welche der Streitgegenstand festgesetzt werden soll (auch das Berufungsgericht oder Revisionsgericht), selbst wenn das Verfahren in dieser Instanz bereits geschlossen ist. Gr. 35, 1168, JW. 91, 336[14], 95, 382[15], 480[14], 96, 671[8], 97, 57[27], 98, 576[18]. — Erfolgt die Festsetzung durch das Gericht der höheren Instanz, so äußert sie bei gleichem Streitgegenstand auch für die untere Instanz Wirkung. RG. 35, 395. — Die auf die Beschwerde eines prozeßbevollmächtigten Rechtsanwalts gemäß § 12 D. GO. f. RA. erfolgte Festsetzung des Streitwerts ist auch für die Berechnung der Gerichtsgebühren und der Gebühren des Gegenanwalts maßgebend. RG. 31, 395, auch Anm. 4 zu § 15. Anderseits ist, wenn der Wert des Streitgegenstandes durch gerichtlichen Beschluß erfolgt ist, derselbe gemäß § 11 D. GO. f. RA. auch für die Berechnung der Gebühren der Rechtsanwälte maßgebend, sowie auch für die Festsetzung der von dem Gegner der obsiegenden Partei zu erstattenden Kosten

des Rechtsstreits, insbesondere der Anwaltsgebühren. JW. 93, 233[2], 98, 419[13].

[5] § 764 ZPO.

[6] Die Befugnis der höheren Instanz zur Abänderung (Minderung oder Erhöhung) der von keiner Seite angefochtenen Festsetzung des Streitwerts setzt voraus, daß die Sache selbst infolge eines Rechtsmittels an die höhere Instanz gelangt ist. Diese Voraussetzung ist nicht gegeben, wenn die höhere Instanz nur mit einer Beschwerde über die Festsetzung des Streitwerts selbst befaßt ist. RG. 14, 352, JW. 93, 488[11], 96, 693[22], 97, 466[28], 02, 133[45]. Dagegen ist die Abänderung zulässig, wenn die Sache infolge einer Beschwerde über einen Kostenfestsetzungsbeschluß an die höhere Instanz gelangt ist. RG. (VZS.) 44, 403, Gr. 38, 1166, JW. 94, 182[13], 99, 3[8] (entgegen RG. 14, 352, JW. 97, 608[25], 98, 419[13]). Hat die höhere Instanz bereits ein Urteil erlassen, so kann sie den Streitwert der Vorinstanzen nur auf Beschwerde einer Partei, nicht mehr von Amts wegen, anderweitig festsetzen. JW. 95, 382[15], 96, 74[28]. — Wenn die höhere Instanz auf Beschwerde einer Partei den Streitwert festgesetzt hat, kann die untere Instanz diese Festsetzung nicht ändern. RG. 37, 383. Wohl aber kann die höhere Instanz die von ihr früher im Beschwerdewege hinsichtlich des Streitwerts der Vorinstanz getroffene Festsetzung, auch von Amts wegen wiederum ändern. RG. 33, 377, 37, 383, JW. 96, 301[8], 98, 418[11], Gr. 42, 1164. — Satz 2 setzt voraus, daß das Gericht der Vorinstanz den Streitwert durch einen Beschluß gemäß § 16 festgesetzt hat. Ist ein solcher Beschluß in der Vorinstanz nicht erfolgt, so kann das Gericht höherer Instanz nicht von sich aus den Streitwert der Vorinstanz festsetzen. JW. 98, 576[18]. — Über Unzulässigkeit der Änderung von Amts wegen, wenn eine Festsetzung des Streitwerts gemäß § 15 erfolgt ist, vgl. Anm. 4 zu § 15.

[7] Gegen die erstinstanzlichen Wertsfestsetzungen des Amtsgerichts oder des Landgerichts findet ohne Beschränkung Beschwerde statt. Dagegen ist nach den durch die Novellen v. 17./5. 98 und 5./6. 05 eingefügten §§ 567 Abs. 2, 568 Abs. 3 ZPO. die weitere Beschwerde gegen die in der Beschwerdeinstanz ge=

troffenen Festsetzungsentscheidungen des Landgerichts an die Beschwerdesumme von 50 Mk. gebunden und eine Beschwerde oder weitere Beschwerde gegen Festsetzungsentscheidungen des Oberlandesgerichts in erster, zweiter oder dritter Instanz unzulässig. RG. **61**, 417, Gr. **50**, 1100. — Die Beschwerdesumme im Falle der weiteren Beschwerde gegen die zweitinstanzlichen Festsetzungsentscheidungen des Landgerichts richtet sich nach dem Streitwerte der Beschwerde. Dieser besteht, wenn seitens einer Partei Herabsetzung des festgesetzten Streitwerts verlangt wird, nicht in der Differenz zwischen dem festgesetzten und dem von dem Beschwerdeführer für angemessen erachteten Wertbetrage, sondern in dem Unterschied zwischen denjenigen beiden Kostenbeträgen, welche sich ergeben, je nachdem die Kosten (Gerichtskosten und Anwaltsgebühren) nach Maßgabe des vom Beschwerdeführer in Antrag gebrachten oder des festgesetzten Streitwerts berechnet werden. JW. **97**, 186[21], Gr. **41**, 1135. Wenn dagegen ein Rechtsanwalt mit der gemäß § 12 D. GO. f. RA. eingelegten Beschwerde Erhöhung des Streitwerts beantragt, besteht der Wert des Streitgegenstandes der Beschwerde in dem Unterschied zwischen den Gebühren, welche dem beschwerdeführenden Anwalt bei Zugrundelegung der von ihm angefochtenen Wertsfestsetzung, und denjenigen, die ihm nach der von ihm beanspruchten Festsetzung zustehen würden. RG. (VZS.) **45**, 402, JW. **00**, 146, 147. Jedoch kommen nur die Gebühren einer Instanz in Betracht, auch wenn der Anwalt in mehreren Instanzen Prozeßbevollmächtigter gewesen ist. RG. **46**, 365. Wenn die Anwälte beider Parteien Beschwerde einlegen, findet eine Zusammenrechnung der Beschwerdesummen nicht statt. RG. **51**, 173. — Die Beschwerde muß derart begründet sein, daß aus ihr zu erkennen ist, inwieweit die Abänderung der Festsetzung des Streitwerts verlangt wird, und daß die Prüfung, ob die Beschwerdesumme (im Falle der weiteren Beschwerde gegen die Entscheidung des Landgerichts) gegeben, möglich ist. JW. **04**, 491[16]. — Für die Beschwerde sind auch die nach den §§ 568 ff. ZPO. bezüglich der Beschwerden allgemein geltenden Grundsätze maßgebend. Deshalb ist eine Abänderung der Vorentscheidung zum Nachteil des Beschwerdeführers nicht statthaft. JW. **97**, 171[22],

466[26]. — Ferner ist gemäß § 568 Abs. 2 ZPO. Voraussetzung für die weitere Beschwerde (gegen die Festsetzungsentscheidung des Landgerichts), daß in der Entscheidung des Beschwerdegerichts ein neuer selbständiger Beschwerdegrund enthalten ist. RG. 6, 409, JW. 97, 466[26]. Jedoch ist das Gericht der Beschwerde nicht behindert, der in der weiteren Beschwerde enthaltenen Gegenvorstellung einer Partei gegen seine Entscheidung von Amts wegen zu entsprechen. RG. 37, 383. — Die Beschwerde findet ferner nur gegen den Beschluß statt, durch welchen die Festsetzung des Streitwerts erfolgt ist, und gegen den, durch welchen diese Festsetzung im Laufe des Verfahrens von Amts wegen geändert wird. JW. 95, 480[15], 01, 226[2]. Deshalb ist die Beschwerde gegen einen Beschluß, durch welchen die Anregung einer Partei, die erfolgte Festsetzung des Streitwerts im Laufe des Verfahrens von Amts wegen zu ändern, abgelehnt wird, nicht zulässig. JW. 95, 480[15], 96, 57[6]. — Über Unzulässigkeit der Beschwerde, wenn eine Festsetzung des Streitwerts gemäß § 15 erfolgt ist, vgl. Anm. 4 zu § 15.

[8] Danach kann die Einlegung der Beschwerde seitens einer Partei oder eines Anwalts in ihrem Namen auch im Anwaltsprozesse durch Erklärung zum Protokolle des Gerichtsschreibers oder schriftlich ohne Mitwirkung eines Anwalts erfolgen. Demgemäß kann gegen die Festsetzung des Streitwerts der höheren Instanz auch der bei diesem Gerichte nicht zugelassene Anwalt der unteren Instanz Beschwerde einlegen. JW. 95, 480[15]. Wird dagegen die Beschwerde von dem Anwalt im eigenen Namen gemäß § 12 D. GO. f. RA. eingelegt, so besteht, wenn der Rechtsstreit nicht bei einem Amtsgericht anhängig war, Anwaltszwang im Sinne der §§ 78, 569 Abs. 2 ZPO. RG. 10, 374, JW. 94, 514[3], 02, 610[19]. Der Anwalt muß also, wenn er die Beschwerde bei einem Gericht einlegt, bei dem er nicht zugelassen ist, sich eines zugelassenen Anwalts bedienen. JW. 89, 528[5], 96, 584[5], 02, 610[19].

[9] Die Beschwerde steht auch der Staatskasse zu. Gr. 28, 1178, JW. 91, 305[2]. Dagegen nicht dem ohne Kostenpflicht aus dem Prozesse tretenden Teil. Reichsgericht v. 9./6. 85 (Blum 3, 44). —

Die Beschwerde einer Partei selbst oder des Anwalts im Namen und Auftrage seiner Partei ist nur auf Herabsetzung, nicht auf Erhöhung des festgesetzten Streitwerts zulässig, weil die Partei durch die zu niedrige Festsetzung nicht beschwert wird, RG. **22**, 425, JW. **94**, 55[3], 514[3], 544[11], **95**, 102[6], **97**, 268[5], **98**, 576[20], **99**, 439[23], auch nicht, wenn sie Revision einzulegen beabsichtigt und sich zuvor aus einem Beschlusse des Reichsgerichts als Beschwerdegericht vergewissern will, ob das Reichsgericht die Revisionssumme als vorhanden annehmen werde, JW. **92**, 213[1], **94**, 55[3], **95**, 102[6], **97**, 268[5], ferner nicht, wenn die Partei Sicherheit für Prozeßkosten zu verlangen berechtigt ist (§ 110 ZPO.), da die Festsetzung des Streitwerts auch für die Gebühren der Anwälte gemäß § 11 D. GO. f. RA. maßgebend und danach die Sicherheit zu berechnen ist, JW. **96**, 150[28]. Dagegen kann der Anwalt der Partei aus eigenem Recht gemäß § 12 D. GO. f. RA. Beschwerde auf Erhöhung, nicht auf Herabsetzung des Streitwerts einlegen. RG. **22**, 425. Die Beschwerde steht nur demjenigen Anwalt zu, der an der Erhöhung des Streitwerts in Ansehung seiner Gebührenforderung ein Interesse hat. Daher nicht dem prozeßbevollmächtigten Anwalt zweiter Instenz gegen die Wertsfestsetzung für die erste Instanz. JW. **99**, 335[2]. Auch kann der prozeßbevollmächtigte Anwalt erster Instanz die für die zweite Instanz erfolgte Festsetzung des Streitwerts nur bei Nachweis eines besonderen Interesses anfechten. JW. **97**, 572[33], **98**, 576[19], **01**, 226[2]. Ein solches Interesse liegt vor, wenn die vom Berufungsgericht erlassene Festsetzung bei gleichem Streitgegenstand auch für die erste Instanz Wirkung äußert. JW. **97**, 572[33]. — Voraussetzung für die Beschwerde ist Vorliegen eines besonderen Beschlusses bezüglich des Streitwerts. Dies ist nicht der Fall, wenn in einem Kostenfestsetzungsbeschlusse zur Begründung dargelegt wird, daß der Streitwert auf einen geringeren Betrag, als er der Gebührenberechnung des Anwalts zugrunde gelegt worden, anzunehmen sei. JW. **98**, 563[25], **97**, 240[48]. — Die Partei selbst dagegen kann einen ergangenen Kostenfestsetzungsbeschluß wegen zu niedriger Festsetzung der ihr von dem Gegner zu erstattenden Anwaltskosten gemäß § 105 Abs. 3 ZPO.

anfechten, JW. 98, 344[6]; jedoch nur, wenn eine Wertsfestsetzung durch besonderen Beschluß nicht stattgefunden hat, JW. 96, 599[15], 98, 419[13]. Vgl. auch § 107 ZPO. (jede nachträgliche Änderung der Streitwertsfestsetzung berechtigt zum Antrag auf entsprechende Änderung des Kostenfestsetzungsbeschlusses). Ferner ist die Partei, deren Anwalt in eigenem Namen eine Erhöhung des festgesetzten Streitwerts beantragt und erwirkt hat, dadurch nicht behindert, ihr eigenes entgegengesetztes Interesse zu verfolgen und die Wiederherabsetzung des Streitwerts in Antrag zu bringen. RG. 37, 384. Ist umgekehrt auf Beschwerde der Partei der Streitwert herabgesetzt, so steht dem Anwalt nur in Höhe des Mehrbetrags des erstinstanzlichen Beschlusses die Beschwerde zu. JW. 96, 693[22]. — Es muß aus der Fassung der Beschwerde hervorgehen, daß der Anwalt in eigenem Namen, nicht im Namen der Partei Beschwerde einlegt. JW. 98, 279[10]; vgl. RG. 17, 377, 22, 426, JW. 86, 42[18], 87, 328[6], 94, 514[8]. Im Zweifel ist ersteres anzunehmen; so, wenn nicht erwähnt ist, in wessen Namen Beschwerde eingelegt werde. JW. 99, 439[21]. Jedoch soll das Gericht, wenn Zweifel bestehen, den Anwalt zunächst befragen. JW. 99, 163[10]; 00, 124[3]. — Die gegnerische Partei ist nicht Beschwerdegegnerin des Anwalts. Daher treffen die Kosten der Beschwerde des Anwalts, auch wenn zu seinen Gunsten entschieden wird, weder ganz noch zum Teil die gegnerische Partei. RG. 12, 361, JW. 97, 466[26], 98, 153[1]. Die Kosten der zurückgewiesenen Beschwerde (§ 97 ZPO., §§ 13 Abs. 3, 45 GKG.) hat der Anwalt, nicht seine Partei zu tragen. JW. 91, 311[18], 98, 279[10].

17. Wird eine Abschätzung durch Sachverständige erforderlich, so ist in dem Beschlusse, durch welchen der Werth festgesetzt wird (§. 16), über die Kosten der Abschätzung zu entscheiden. Dieselben können ganz oder theilweise der Partei zur Last gelegt werden, welche durch Unterlassung der ihr obliegenden Werthsangabe oder durch unrichtige

Werthsangabe, unbegründetes Bestreiten der Werthsabgabe oder unbegründete Beschwerde die Abschätzung veranlaßt hat.[1]

[1] Wenn das Gericht gemäß § 3 ZPO. bezüglich der Frage der Zuständigkeit behufs Ermittlung des Werts des Streitgegenstands eine beantragte Beweisaufnahme oder von Amts wegen die Einnahme des Augenscheins oder die Begutachtung durch Sachverständige anordnet (vgl. Anm. 4 zu § 3 ZPO. unter § 9 GKG.), so gehören die hierdurch entstehenden Kosten zu den allgemeinen Kosten des Rechtsstreits, welche von der unterliegenden Partei zu tragen sind. Erachtet das Gericht dagegen zwecks Festsetzung des Streitwerts für die Gebührenberechnung (§ 16) die Abschätzung durch Sachverständige für erforderlich, so kommt § 17 GKG. zur Anwendung. Danach fallen die hierdurch entstehenden Kosten, wenn keiner der in Satz 2 aufgeführten Gründe zur Auferlegung an eine Partei vorliegen, der Staatskasse zur Last, gleichviel, ob die Abschätzung von Amts wegen oder auf Antrag angeordnet wird. Mot. 46, JW. 00, 894[5]. – Beschwerde gegen die auf Grund der Abschätzung erfolgende Wertsfestsetzung nach § 16 Abs. 2; dagegen gemäß § 99 Abs. 1 ZPO. nicht wegen etwaiger Auferlegung der Abschätzungskosten allein, JW. 00, 894[5]. Die Parteien haben auch kein Beschwerderecht darüber, daß den Sachverständigen zu hohe Gebühren gezahlt seien. JW. 99, 492[28].

Tarifsystem.

a. Verhandlungs-, Beweis-, Entscheidungsgebühr.

18. Die volle Gebühr (§. 8) wird erhoben:[1]

1. für die kontradiktorische mündliche Verhandlung[2] (Verhandlungsgebühr);
2. für die Anordnung einer Beweisaufnahme[3] (Beweisgebühr);

3. für eine andere Entscheidung[4] (Entscheidungsgebühr).

[1] Nur für die im § 18 aufgeführten Prozeßhandlungen, „Akte" (vgl. §§ 12, 13, 25, 26, 27, 28, 46), werden Gebühren erhoben. — Mehrmalige Akte gleicher Art in derselben Instanz: betreffend denselben Streitgegenstand: § 28 (nur eine einmalige Gebühr); betreffend verschiedene Teile eines Streitgegenstandes: § 12 Abs. 2 (Höchstbetrag: Gebühr von dem Gesamtbetrage der Wertsteile). — Abweichungen hinsichtlich der vollen Gebühr (§ 8): §§ 21, 22, 23, 25, 26, 49. Die Verhandlung und Entscheidung sind gebührenfrei in den Fällen der Ziff. 1—16 des § 47.

[2] Ausnahmen: § 20 (Gebühr für eine nicht kontradiktorische Verhandlung in Ehesachen usw., für die Verhandlung im vorbereitenden Verfahren) und § 21 (Gebühr nicht zu erheben bei Vergleich, Anerkenntnis, Verzicht). — Begriff der „kontradiktorischen Verhandlung": § 19 und Anm. 1 dazu.

[3] Nur für die Anordnung, nicht auch noch außerdem für die Beweisaufnahme selbst, und überhaupt keine Gebühr für eine Beweisaufnahme, welche ohne eine erkennbar auf Beweiserhebung gerichtete Anordnung des Gerichts erfolgt. Mot. 51. Jedoch hat die Beweisgebühr nicht zur Voraussetzung, daß die Anordnung der Beweisaufnahme durch einen dem § 359 ZPO. entsprechenden Beschluß erfolgt ist. Vielmehr genügt es, daß die Absicht, eine Beweisaufnahme anzuordnen, deutlich erkennbar ist. JW. **89**, 403[12], **95**, 10[26], **96**, 35[27], 151[30], **97**, 532[11], **99**, 6[20] (entgegen: RG. **10**, 371, JW. **88**, 100[13], **91**, 274[13]). Auch ist nicht notwendig, daß die Beweisaufnahme in einem von dem Verhandlungstermine zeitlich getrennten Beweistermin erfolgt (z. B. ist die Beweisgebühr zu erheben, wenn nach Erlassung eines Beweisbeschlusses in demselben Termine die Vernehmung von Zeugen oder die Abnahme des auferlegten Eides stattfindet). RG. **32**, 410, **36**, 336 (entgegen: RG. **14**, 394, JW. **88**, 100[13], **90**, 333[8], **92**, 421[3]). Bei Vorlegung von Akten insbesondere ist es zum Ansatze der Gebühr genügend, wenn ersichtlich ist, daß die Vorlegung zwecks Beweiserhebung über eine streitige Be-

hauptung, nicht bloß zur Information des Gerichts angeordnet ist. JW. **90**, 180[9], **95**, 10[26], 242[15], **96**, 35[27], 176[32], **97**, 532[11], **99**, 6[20], **03**, 124[5], OLG. **11**, 150, 151, auch 339. Unerheblich ist es, ob die Akten sich in Verwahrung des Prozeßgerichts selbst befanden oder nicht. JW. **97**, 532[11]. Auch durch die Anordnung der Vorlegung von Akten über ein vorangegangenes Verfahren zur Sicherung des Beweises wird die Gebühr begründet. JW. **90**, 180[9], 374[12]. Ist aber ungewiß, ob die Einforderung von Akten zum Zwecke der Beweiserhebung oder nur zur Information erfolgt ist, so kommt die Gebühr nicht zum Ansatz. JW. **91**, 274[13], **95**, 242[15], **97**, 532[10]. — Eine Einnahme des Augenscheins, die auf Grund einer von Amts wegen gemäß § 144 ZPO. getroffenen Anordnung erfolgt, ist ebenfalls eine Beweisaufnahme. JW. **96**, 151[30]. — Auch für Beweisanordnungen zum Zwecke der Feststellung der formellen Voraussetzungen der prozessualen Geltendmachung, insbesondere der Rechtzeitigkeit der Einlegung eines Rechtsmittels, ist die Beweisgebühr zu erheben. JW. **84**, 138[13]. — Findet die angeordnete Beweisaufnahme nicht statt: § 22 Abs. 1 (Gebühr nur zur Hälfte). — Fernere Ausnahme: § 22 Abs. 2 (Gebühr nur zur Hälfte bei Vergleich, Anerkenntnis, Verzicht nach erfolgter Beweisanordnung). — Als Beweisanordnung gilt auch ein Urteil, durch welches auf Leistung eines Eides erkannt worden ist (bedingtes Endurteil, § 460 ZPO.), während das Läuterungsurteil (§ 462 Abs. 2 ZPO.) als Entscheidung im Sinne der Ziff. 3 gilt: § 24. — Ob die Beweisanordnung den ganzen Streitgegenstand oder nur einen Teil betrifft, ist, wenn der Beweisbeschluß nicht bestimmten Anhalt dafür gibt, nach der ganzen Sachlage zu beurteilen. RG. **42**, 309, JW. **96**, 685[1].

[4] Die Vorschrift betrifft Entscheidungen aller Art (einschließlich der des Gerichtsschreibers nach §§ 576, 706, 724 ZPO.), auch Beschlüsse, sowie solche Entscheidungen, welche sich nicht auf die Sache selbst, d. h. auf das Bestehen des vom Kläger erhobenen Anspruchs, sondern auf prozessuale Vorfragen beziehen, es sei denn, daß im Gesetz besondere Gebühren dafür vorgesehen sind (s. §§ 26, 27, 34—38, 44, 45) oder ausdrücklich bestimmt ist, daß Gebühren nicht zu erheben seien (§ 47). RG. **40**, 380. Ein

Beschluß, für den die Gebühr der Ziff. 3 zu erheben, ist z. B.: der gemäß § 506 ZPO. (Verweisung einer Sache zufolge einer Widerklage, einer Erweiterung des Klagantrags oder einer Inzidenzfeststellungswiderklage von dem Amtsgericht an das Landgericht), RG. 30, 330 (vgl. § 30 Abs. 1); der Beschluß gemäß § 554a ZPO., durch den die Revision als unzulässig verworfen wird; der Beschluß, durch den der Antrag auf Erlassung eines Versäumnisurteils auf Grund von § 335 ZPO. zurückgewiesen wird, RG. 40, 381. Hinsichtlich der Urteile macht es für die Gebührenerhebung keinen Unterschied, ob es sich um End- oder Teil- oder Zwischenurteile handelt (vgl. jedoch hinsichtlich der bedingten Endurteile Anm. 3 und § 24, sowie hinsichtlich der Zwischenurteile für den Fall, daß ein Endurteil ergeht, § 28), noch ob die Urteile auf Versäumnis oder auf Grund einer kontradiktorischen Verhandlung erlassen worden sind. Vgl. JW. 01, 189[6], auch RG. 27, 392, 30, 332, 333. Dem Urteil steht der Vergleich mit der Maßgabe gleich, daß für diesen hinsichtlich der Höhe der Gebühr besondere Vorschriften gelten (vgl. §§ 21, 23 Abs. 2). — Eine andere Ausnahme bezüglich der Höhe der Gebühr: § 23 Abs. 1 (3/10 bei Anerkenntnis oder Verzicht).

19. Die Verhandlung gilt als kontradiktorisch im Sinne des §. 18 Nr. 1, soweit in derselben von beiden Parteien einander widersprechende Anträge gestellt werden.[1]

[1] Danach kommt es darauf an, ob und inwieweit die von den Parteien in der mündlichen Verhandlung vorgetragenen Anträge sich widersprechen, Reichsgericht v. 30./6. 85 (Blum 8, 200), JW. 94, 430[31], mag dies auch nur bei ihren eventuellen Anträgen der Fall sein, JW. 94, 515[5], 95, 127[10]. Zum Vorliegen einer kontradiktorischen Verhandlung im Sinne der §§ 18 Nr. 1, 19 GKG. ist nicht erforderlich, daß außer der Verlesung widersprechender Anträge noch eine weitere Verhandlung zur Sache stattgefunden hat oder sonst im Sinne der Zivilprozeßordnung (§ 137) kontradiktorisch verhandelt worden ist. JW. 94, 515[5], 98, 607[34], OLG. 9, 367, auch RG. 18, 66. — Die im

Termin abgegebene Erklärung, die Klage zurückzunehmen, oder, zu vertagen, ist überhaupt kein Verhandeln zur Sache, auch kein „nichtkontradiktorisches". JW. 82, 95, 97, 136[22], OLG. 11, 19. Dagegen macht der Antrag auf Klagabweisung die Verhandlung auch dann zu einer kontradiktorischen, wenn in der Verhandlung die Verpflichtung an sich zugestanden wird, Reichsgericht v. 14./11. 82 (Braun u. Blum 7, 86), JW. 82, 83[5], ebenso der Antrag, den Klaganspruch für erledigt zu erachten, wenn der Gegner die Erledigung bestreitet, JW. 86, 317[13], auch 92, 481[14], 94, 81[7]. Eine kontradiktorische Verhandlung liegt auch schon vor, wenn der Beklagte vor dem Amtsgericht Widerklage erhebt und Verweisung an das Landgericht beantragt und der Kläger den Antrag auf Zurückweisung der Widerklage stellt, JW. 98, 418[12], oder wenn der Berufungsbeklagte für den Fall, daß die Berufung des Gegners nicht zurückgewiesen werden sollte, beantragt, der eventuell eingelegten Anschlußberufung stattzugeben, und der Berufungskläger Zurückweisung der Anschlußberufung beantragt, JW. 95, 127[10], oder wenn im Urkundenprozesse der Beklagte, ohne einen förmlichen Sachantrag zu stellen, lediglich beantragt, ihm die Ausführung seiner Rechte (im ordentlichen Verfahren) gemäß § 599 ZPO. vorzubehalten, OLG. 2, 269. — Stehen sich Antrag und Gegenantrag nur zum Teil gegenüber, so liegt eine kontradiktorische Verhandlung nur bezüglich dieses Teils vor: § 12 Abs. 1 (Gebühr nur nach dem Wert dieses Teils zu berechnen). Vgl. RG. 38, 403. Es kann auch über die Prozeßkosten allein kontradiktorisch verhandelt werden, während die Verhandlung zur Hauptsache eine nicht kontradiktorische ist. RG. 38, 403, JW. 86, 118[23], 91, 93[16], 92, 481[14], 93, 470[15]. Vgl. Anm. 4 zu § 13. — Eine kontradiktorische Verhandlung erfordert nicht, daß die widersprechenden Anträge in das Sitzungsprotokoll aufgenommen sind. Es genügt, daß der Tatbestand des Urteils die Anträge aufführt, auch, daß schon die ganze Sachlage ergibt, daß die Parteien Widersprechendes begehrt haben. RG. 10, 366, JW. 97, 86[29], 98, 418[12]. — Eine nicht kontradiktorische Verhandlung liegt im Falle des Versäumnisverfahrens vor. Jedoch ist dies nicht der einzige Fall. Vielmehr ist die Verhandlung auch dann nicht kontradiktorisch, wenn die Anträge der Parteien (ganz oder doch hinsichtlich eines Teils) übereinstimmen oder nur eine Partei allein zur Hauptsache verhandelt. RG. 23, 394, 33, 403. Über nicht kontradiktorische Verhandlung bezüglich des infolge Zurücknahme eingetretenen Verlustes eines Rechtsmittels (§§ 515, 566 ZPO.) vgl. JW. 04, 85[19]. — Hinsichtlich des Streitwerts der Verhandlung sind die Anträge maßgebend, auch wenn der Streit eigentlich ein geringeres Objekt betrifft. JW. 99, 575[12].

20. Die Verhandlungsgebühr kommt auch zur Erhebung:

1. für eine nicht kontradiktorische mündliche Verhandlung in Ehesachen,[1] in Rechtsstreitigkeiten, welche die Feststellung des Rechtsverhältnisses zwischen Eltern und Kindern zum Gegenstande haben,[2] in den vor die Landgerichte gehörigen Entmündigungssachen[3] und in dem Verfahren über die gegen eine Todeserklärung erhobene Anfechtungsklage,[2] sofern der Kläger verhandelt;[4]
2. für die Verhandlung im vorbereitenden Verfahren[5] (Civilprozeßordnung §§. 348 bis 354).[6]

[1] Ehesachen sind nach § 606 ZPO. Rechtsstreitigkeiten, welche die Scheidung (§ 1564 BGB.), sowie Aufhebung der ehelichen Gemeinschaft (§ 639 ZPO., § 1575 BGB.), Nichtigkeit (§§ 1324 ff. BGB.) oder Anfechtung einer Ehe (§§ 1331 ff., § 1350 BGB.) oder die Feststellung des Bestehens oder Nichtbestehens einer Ehe zwischen den Parteien (vgl. § 154 ZPO.) oder die Herstellung des ehelichen Lebens (§ 1353 BGB.) zum Gegenstande haben. Nicht „Ehesachen“ sind die Rechtsstreitigkeiten zwischen Eheleuten bezüglich ihrer güterrechtlichen Verhältnisse

(§§ 1418, 1425, 1468, 1469, 1542, 1547 BGB.), auch nicht die gemäß § 627 ZPO. während der Dauer des eine Ehesache betreffenden Rechtsstreits erlassenen einstweiligen Verfügungen (Getrenntleben, Unterhaltspflicht der Ehegatten, Erziehung der Kinder).

[2] Die Rechtsstreitigkeiten in Halbs. 2 u. 4 sind durch die Nov. v. 17./5. 98 eingefügt worden, um die früher nur für Ehe- und Entmündigungssachen gegebene Ausnahmevorschrift der Nr. 1 auf diejenigen Rechtsstreitigkeiten auszudehnen, für welche die Nov. z. ZPO. v. 17./5. 98 das Verfahren in Anlehnung an die für Ehe- und Entmündigungssachen geltenden Vorschriften ordnet, insbesondere die Erlassung eines Versäumnisurteils gegen den Beklagten ausschließt, nämlich auf Rechtsstreitigkeiten, betreffend Feststellung des Rechtsverhältnisses zwischen Eltern und Kindern (§§ 640—644 ZPO.) und betreffend die gegen eine Todeserklärung erhobene Anfechtungsklage (§§ 973—975 ZPO.). — Die ersteren sind nach § 640 ZPO. Rechtsstreitigkeiten, welche die Feststellung des Bestehens oder Nichtbestehens eines Eltern- und Kindesverhältnisses zwischen den Parteien (z. B. Gültigkeit: einer Annahme an Kindes Statt, §§ 1741 ff., 1755 BGB., oder der Legitimation eines unehelichen Kindes, §§ 1719 ff., 1731 BGB.), die Feststellung des Bestehens oder Nichtbestehens der elterlichen Gewalt der einen Partei über die andere (z. B. Gültigkeit einer Volljährigkeitserklärung, §§ 3 ff. BGB., oder Verlust der elterlichen Gewalt, §§ 1680, 1697, 1771 BGB.) zum Gegenstande haben, und nach § 641 ZPO. Anfechtungsklagen des Ehemanns der Mutter gegen die Ehelichkeit oder gegen die Anerkennung der Ehelichkeit eines Kindes (§§ 1593, 1596, 1599 BGB.). Nicht auch Rechtsstreitigkeiten, betreffend die Feststellung des Bestehens oder Nichtbestehens der unehelichen Vaterschaft (§ 644 ZPO.). — Die Anfechtungsklage gegen eine Todeserklärung richtet sich gegen das im Wege des Aufgebotsverfahrens (vgl. § 44 GKG.) erlassene Ausschlußurteil auf Todeserklärung (§§ 13 ff. BGB., §§ 960 ff., 970 ZPO.).

[3] Vor die Landgerichte gehörige Entmündigungssachen sind Anfechtungsklagen gegen den die Entmündigung (wegen Geistes-

krankheit, Geistesschwäche oder Trunksucht, § 6 BGB.) aussprechenden oder den die Wiederaufhebung der Entmündigung ablehnenden Beschluß des Amtsgerichts (§§ 664 ff., 679, 684, 686 ZPO.).

[4] Auch wenn der Beklagte nicht erscheint oder keine Anträge stellt. Ein Versäumnisurteil ist in diesen Fällen unzulässig (§§ 618 Abs. 5, 640, 641, 670, 679 Abs. 4, 684 Abs. 4 ZPO.). Dies gilt auch in höherer Instanz, wenn der verhandelnde Kläger Rechtsmittelkläger ist; nicht aber, wenn er Rechtsmittelbeklagter ist. Vgl. RG. 27, 362, 28, 394, 35, 347. — Der Begriff des „Verhandelns" aber erfordert, daß Anträge zur Hauptsache, zum mindesten seitens des Klägers, gestellt werden. Eine bloße Vertagung z. B. begründet die Verhandlungsgebühr nicht. Vgl. RG. 10, 389, JW. 95, 127[10], 97, 136[22].

[5] Auch wenn von den Parteien in dem Verfahren widersprechende Anträge nicht gestellt werden. — Für die mündliche Verhandlung in derselben Instanz wird gemäß dem Grundsatz des § 28 eine Gebühr nicht erhoben. Mot. zu § 20.

[6] Das Verfahren ist auch zulässig vor den Konsular- und Schutzgebietsgerichten: § 41 RGes. über die Konsulargerichtsbarkeit v. 7./4. 00 (RGB. 213), § 3 Schutzgebietsges. v. 19./3. 88 in d. Fass. v. 10./9. 00 (RGB. 812). Vgl. (wegen Anwendbarkeit des GKG. in diesem Verfahren) Anm. 1 zu § 1 GKG.

21. Die Verhandlungsgebühr wird nicht erhoben,[1] soweit ein zur Beilegung des Rechtsstreits abgeschlossener Vergleich aufgenommen[2] oder auf Grund eines Anerkenntnisses[3] oder Verzichts[4] eine Entscheidung erlassen wird[5], ohne daß die Anordnung einer Beweisaufnahme[6] oder eine andere gebührenpflichtige Entscheidung[7] vorhergegangen ist.[8]

[1] Die Verhandlungsgebühr soll außer Ansatz bleiben, wenn die kontradiktorische Verhandlung, sei es im ersten oder in einem folgenden Termine, mit der Aufnahme eines Vergleichs, einem Anerkenntnis oder Verzicht endet, ausgenommen, wenn eine nicht

bloß die Sachleituug betreffende Entscheidung erlassen worden ist. Mot. zu § 21.

[2] Begriff des „Vergleichs" und der „Aufnahme" desselben s. Anm. 4 zu § 23.

[3] Es muß ein Anerkenntnis im Sinne des § 307 ZPO. vorliegen, d. h. ein Anerkennen des geltend gemachten Anspruchs (ganz oder zum Teil) in der mündlichen Verhandlung. JW. **83**, 5. In der Ermäßigung der Klageforderung um den Betrag einer vom Beklagten zur Aufrechnung gestellten Gegenforderung liegt kein Anerkenntnis des Klägers. JW. **97**, 546[12].

[4] D. i. Verzicht des Klägers oder Widerklägers auf den geltend gemachten Anspruch. Nicht andere Verzichte, wie z. B. Verzicht auf die Leistung eines Eides, auf ein Rechtsmittel. Unter „Entscheidung auf Grund eines Verzichts" ist nur die Klagabweisung auf Grund des von dem Kläger erklärten Verzichts auf den Klaganspruch (§ 306 ZPO.) zu verstehen. RG. **18**, 403. Die Verzichterklärung muß die Absicht, den Anspruch selbst aufzugeben, nicht bloß von seiner Geltendmachung in dem Prozeß Abstand zu nehmen, deutlich erkennbar machen. Daher ist die Erklärung des Klägers, daß er seinen Anspruch „ermäßige", nicht als ein Verzicht im Sinne des § 306 ZPO., sondern als eine teilweise Zurücknahme der Klage aufzufassen. JW. **96**, 397[4], Gr. **41**, 701. Auch darin liegt ein Verzicht nicht, daß der Kläger die Klage für erledigt erklärt, weil er von anderer Seite befriedigt sei. Vgl. RG. **20**, 430, **27**, 355.

[5] § 23 Abs. 1 (Entscheidungsgebühr $^{3}/_{10}$).

[6] Vgl. Anm. 3 zu § 18 (Begriff der Beweisanordnung).

[7] Begriff der „Entscheidung" s. Anm. 4 zu § 18 (z. B. ein Zwischenurteil, § 303 ZPO.).

[8] Welche sich auf den durch Vergleich, Anerkenntnis, Verzicht erledigten Teil des Streitgegenstands bezogen hat. Wenn die Beweisanordnung oder die andere gebührenpflichtige Entscheidung sich nicht auf den ganzen Streitgegenstand, sondern lediglich auf einen Teil bezogen hat, so ist gemäß § 12 im Falle der Erledigung des ganzen Rechtsstreits durch Vergleich, Anerkenntnis oder Verzicht die Verhandlungsgebühr nur nach dem

Werte des Teils zu berechnen, auch wenn über den ganzen Streitgegenstand kontradiktorisch verhandelt worden ist. OLG. 7, 219.

***22.** Die Beweisgebühr (§. 18 Nr. 2) wird nur zur Hälfte erhoben,[1] wenn die angeordnete Beweisaufnahme weder ganz noch theilweise stattgefunden hat.[2]

Dasselbe findet statt, soweit bezüglich des durch die Beweisanordnung[3] betroffenen Gegenstandes ein zur Beilegung des Rechtsstreits abgeschlossener Vergleich aufgenommen[4] oder auf Grund eines Anerkenntnisses[5] oder Verzichts[6] eine Entscheidung erlassen wird.[7]

[1] Also im Urkunden- und Wechselprozeß nur 3/20 der vollen Gebühr: § 25; in den Fällen des § 26 nur 5/10, in den Fällen des § 27 nur 3/20 der vollen Gebühr. — Ist innerhalb des im § 94 Abs. 1 erwähnten Jahrs zwar eine Beweisanordnung ergangen, aber noch keinerlei Beweisaufnahme erfolgt, so darf nur die Hälfte der Beweisgebühr von demjenigen, der das Verfahren der Instanz beantragt hat, erhoben werden. RG. 36, 414.

[2] Die Aufnahme des Beweises setzt eine hierauf gerichtete Tätigkeit des Gerichts selbst voraus. Soll Beweisaufnahme durch Vorlegung von Urkunden (insbesondere Akten) erfolgen, so ist der Beweis erst dann aufgenommen, wenn die Urkunden (Akten) gemäß § 434 ZPO. in einem Termine dem Gericht vorgelegt und zum Gegenstande der Verhandlung gemacht worden sind. — Ist Beweisaufnahme durch Leistung eines Parteieides angeordnet, so ist die Beweisaufnahme auch dann erfolgt, wenn der Schwurpflichtige die Leistung des Eides vor dem Gericht verweigert. RG. 18, 403. Das Gleiche gilt von der vor dem Gericht erfolgenden Erlassung des Eides seitens des Beweispflichtigen. JW. 90, 40[6].

[3] Dazu gehört nicht zufolge § 24 Abs. 2 ein bedingtes Endurteil. Vgl. Anm. 4 § 24.

⁴ Begriff des „Vergleichs“ und der „Aufnahme“ desselben s. Anm. 4 zu § 23.

⁵ Begriff des „Anerkenntnisses“ s. Anm. 3 zu § 21.

⁶ Begriff des „Verzichts“ und einer „Entscheidung auf Grund eines Verzichts“ s. Anm. 4 zu § 21. — Ein Fall der Reduktion der Beweisgebühr wegen Verzichts liegt nicht vor, wenn nach erfolgter Beweisaufnahme die Klage zurückgenommen und der Kläger seinem Antrage gemäß zur Tragung der Kosten verurteilt ist. JW. 97, 467[27].

⁷ Beziehen sich Vergleich, Anerkenntnis oder Verzicht nur auf einen Teil des Streitgegenstandes, über den die Beweisanordnung erfolgt ist, so tritt die Reduktion der Beweisgebühr nur bezüglich dieses Teils ein. Vgl. JW. 97, 467[27]. — Der Umstand, daß zwischen der Beweisanordnung und dem Vergleich usw. eine andere gebührenpflichtige Entscheidung (z. B. ein Zwischenurteil) ergangen ist, schließt die Anwendung des § 22 Abs. 2 (anders wie bei der Verhandlungsgebühr nach § 21) nicht aus. OLG. 7, 220. Wenn eine Reduktion der Beweisgebühr bereits gemäß Abs. 1 wegen Nichtaufnahme des Beweises eintritt, findet eine nochmalige Reduktion auf Grund des Abs. 2 wegen Vergleichs, Verzichts oder Anerkenntnisses nicht statt.

***23.** Nur drei Zehntheile der Entscheidungsgebühr werden erhoben für die auf Grund eines Anerkenntnisses ¹ oder Verzichts ² erlassene Entscheidung.

Die Entscheidungsgebühr wird zu drei Zehntheilen ³ auch für die Aufnahme eines zur Beilegung des Rechtsstreits abgeschlossenen Vergleichs ⁴ erhoben. ⁵

¹ Begriff des „Anerkenntnisses“ s. Anm. 3 zu § 21.

² Begriff des „Verzichts“ und einer „Entscheidung auf Grund des Verzichts“ s. Anm. 4 zu § 21, Anm. 6 zu § 22.

³ Also im Urkunden- und Wechselprozeß nur $^{9}/_{50}$ der vollen Gebühr: § 25; in den Fällen des § 26 nur $^{3}/_{20}$; in den Fällen

des § 27 nur $^{3}/_{100}$ der vollen Gebühr. — Objekt für die Gebührenberechnung ist nicht die Vergleichssumme, sondern der Wert des Streitgegenstandes. RG. 36, 407, KGJ. 27 B 14.

4 Ein „Vergleich" liegt vor, wenn unter gegenseitigem Nachgeben der Parteien die zwischen ihnen bestehende Streitigkeit durch Vertrag erledigt wird (§ 779 BGB.); die Bezeichnung des Abkommens durch die Parteien ist nicht maßgebend. RG. 20, 414, JW. 95, 481[19], 98, 75[31], auch Gr. 45, 363, JW. 01, 138. — Der Begriff der „Aufnahme" des Vergleichs erfordert, daß der Vergleich entweder vor dem Gericht abgeschlossen oder gemäß § 160 Abs. 2 Nr. 3 ZPO. von dem Gericht im Sitzungsprotokoll beurkundet oder daß eine den Vergleich enthaltende Schrift gemäß § 160 Abs. 3 ZPO. dem Protokoll als Anlage beigefügt und in demselben als solche bezeichnet worden ist. JW. 91, 393[25], Gr. 35, 1169. Daher begründet die vor der mündlichen Verhandlung des Beklagten mit dessen Zustimmung erklärte Klagezurücknahme unter Übernahme der Kosten nicht den Ansatz der Vergleichsgebühr, RG. 20, 414, ebensowenig die Zurücknahme des Rechtsmittels seitens des Rechtsmittelklägers unter Übernahme der Kosten der Rechtsmittelinstanz, JW. 95, 481[15], ferner nicht die Anzeige der Parteien, daß der Rechtsstreit in der Hauptsache erledigt sei und Beklagter die Kosten übernommen habe, JW. 98, 75[31], oder daß außergerichtlich ein Vergleich geschlossen worden sei, Gr. 35, 1169, JW. 98, 261[18]. — Wird nur ein Teil des Streitgegenstands durch Vergleich erledigt, so ist die Gebühr nach dem Werte dieses Teils zu berechnen: § 12 Abs. 1, JW. 99, 815[10]. — Erstreckt sich der Vergleich zugleich auf andere zwischen den Parteien streitige Forderungen, welche nicht Gegenstand des schwebenden Rechtsstreits sind, so ist der Vergleich über die zu diesem Rechtsstreit nicht gehörenden Gegenstände, auch wenn darüber andere Prozesse, jedoch nicht vor dem den Vergleich aufnehmenden Prozeßgericht, anhängig sind, hinsichtlich der Gebührenberechnung als ein Akt der freiwilligen Gerichtsbarkeit zu behandeln. RG. 36, 404. Die außerhalb des Rechtsstreits liegenden Ansprüche sind bei Berechnung des Werts des Streitgegenstandes des Vergleichs außer Betracht zu lassen, weil die

Vergleichsgebühr als Quote der Entscheidungsgebühr normiert ist und der Wert des Vergleichsobjekts niemals den Wert des im Rechtsstreit geltend gemachten Anspruchs übersteigen kann. RG. 36, 404, JW. 01, 514[2]. — Sind durch den Vergleich die Hauptsache und die Arrestsache gleichzeitig erledigt, so kann eine besondere Gebühr für den Arrestprozeß neben der für den Hauptprozeß nicht in Ansatz gebracht werden, selbst wenn beide Sachen getrennt verhandelt worden sind. §§ 28, 26, JW. 92, 372[10]. — Durch einen den ganzen Streitgegenstand umfassenden gerichtlichen Vergleich wird der Rechtsstreit wie durch ein rechtskräftiges Urteil erledigt. Das Gericht hat weitere Anträge der Parteien nicht entgegenzunehmen. Geschieht letzteres gleichwohl, oder wird über einen Antrag auf Fortsetzung der Verhandlung durch Urteil entschieden, so ist dies ein unzulässiges Verfahren, welches weder zur Erhebung von Gerichtsgebühren Anlaß gibt, noch den Parteien ein Kostenerstattungsrecht, noch den Anwälten der Parteien einen Anspruch auf Vergütung gewährt. JW. 95, 359[4] (II. ZS.). Vgl. jedoch RG. 39, 393 (VI. ZS.), wonach das Gericht trotz Vorliegens eines Vergleichs über die auf Fortsetzung des Rechtsstreits gerichteten Anträge einer Partei durch Urteil zu entscheiden verpflichtet sein soll.

[5] Ist in derselben Instanz über den später durch Anerkenntnis, Verzicht, Vergleich erledigten Teil des Streitgegenstandes früher eine gebührenpflichtige Entscheidung im Sinne des § 18 Nr. 3 (s. Anm. 4 zu § 18; z. B. ein Urteil über den Grund des Anspruchs gemäß § 304 ZPO., ein Zwischenurteil gemäß § 303 ZPO., eine Entscheidung über prozeßhindernde Einreden gemäß § 275 ZPO.) ergangen, so kommt für diesen Teil gemäß § 28 nur einmal die volle Gebühr in Ansatz. RG. 29, 336, JW. 92, 372[10], OLG. 7, 220. Ausnahme: § 32 Abs. 2 (durch die Gebühr für ein durch Einspruch angefochtenes Versäumnisurteil wird die Erhebung einer anderen Entscheidungsgebühr derselben Instanz nicht ausgeschlossen). Vgl. auch Anm. 3 zu § 26 (Urteil über prozeßhindernde Einreden). — Wird ein Teil durch Anerkenntnis, Verzicht, Vergleich, ein Teil durch kontradiktorische Entscheidung erledigt: § 12 Abs. 2 (Gesamtbetrag der Gebühren

nicht höher als der höchste Gebührensatz von dem Gesamtbetrage der Wertsteile). Vgl. JW. **99**, 815[10]. — Vgl. auch § 41 (Vergleich im Sühnetermin), § 101 (höhere landesgesetzliche Gebühr).

24. Ein bedingtes Urtheil (Civilprozeßordnung §. 460) gilt für die Gebührenerhebung als Beweisanordnung;[1] das Urtheil, durch welches das bedingte Urtheil erledigt wird (Civilprozeßordnung §. 462 Abs. 2), als Entscheidung im Sinne des §. 18 Nr. 3.[2]

Ist jedoch das bedingte Urtheil in der Instanz, in welcher es ergangen ist, bis zum Eintritt der Fälligkeit der Gebühren[3] nicht erledigt,[4] so wird für dasselbe die Entscheidungsgebühr erhoben,[5] vorbehaltlich der Berichtigung des Gebührenansatzes nach Maßgabe der Vorschriften des ersten Absatzes für den Fall einer nachträglichen Erledigung des Urtheils in derselben Instanz.

[1] Wenn also bezüglich desselben Teils des Streitgegenstands in derselben Instanz auch ein Beweisbeschluß ergangen ist, wird nur einmal die Beweisgebühr erhoben: § 28; wenn bezüglich eines anderen Teils: § 12 Abs. 2 (Gesamtsumme der Beweisgebühren nicht höher als eine Gebühr von dem Gesamtbetrage der Wertsteile).

[2] Vorschußpflicht für das Läuterungsverfahren: Anm. 1 zu § 84.

[3] §§ 93, 94 Nr. 1 (Fälligkeit mit Beendigung des Verfahrens oder der Instanz bzw. schon vor der Beendigung mit dem Ablauf eines Jahres seit Bestimmung des ersten Termins). Vgl. hinsichtlich Anwendbarkeit nicht nur des § 94 Nr. 1, sondern auch des § 93 RG. **11**, 384.

[4] Gemeint ist eine Erledigung in derselben Instanz und lediglich durch Läuterungsurteil nach Maßgabe des § 462

Abs. 2 ZPO. Vgl. RG. **11**, 381. Erfolgt daher nach Erlassung eines bedingten Urteils der Wegfall desselben auf andere Weise (z. B. durch Zurücknahme der Klage, Vergleich, Verzicht, Anerkenntnis, Tod des Schwurpflichtigen [§ 471 ZPO.], Aufhebung des Urteils durch die höhere Instanz), so ist für das bedingte Urteil die Entscheidungsgebühr anzusetzen. Im Falle der Beilegung des Rechtsstreits durch Vergleich, Verzicht, Anerkenntnis absorbiert diese Entscheidungsgebühr für das bedingte Urteil gemäß § 28 die Gebühr, welche nach § 23 für den Vergleich usw. anzusetzen wäre; § 22 Abs. 2 (Erhebung der Beweisgebühr nur zur Hälfte) kommt nicht zur Anwendung, weil das bedingte Urteil, wenn es anders als durch Läuterungsurteil erledigt wird, für die Gebührenberechnung nicht als Beweisanordnung (§ 18 Nr. 2, § 22 Abs. 1, 2), sondern als Entscheidung (§ 18 Nr. 3) gilt. Vgl. RG. **11**, 382.

[5] Für eine etwaige anderweite Beweisanordnung wird dann stets die Beweisgebühr erhoben, und zwar im Falle der Erledigung des Rechtsstreits in derselben Instanz durch Vergleich, Verzicht, Anerkenntnis (s. Anm. 4) gemäß § 22 Abs. 2 die halbe Beweisgebühr. Falls bezüglich eines anderen Teils des Streitgegenstands eine andere Entscheidung ergeht, findet § 12 Abs. 2 Anwendung (Gesamtsumme der Entscheidungsgebühren nicht höher als eine Gebühr von dem Gesamtbetrage der Wertsteile).

25. Sechs Zehntheile der Gebühr (§§. 18 bis 24) werden erhoben, wenn der Akt im Urkunden- oder Wechselprozesse (Civilprozeßordnung §§. 592 bis 605)[1] erfolgt.[2]

[1] Gemäß § 593 ZPO. muß die Erklärung, daß im Urkundenprozeß geklagt werde, in der Klage enthalten sein; eine Nachholung in der mündlichen Verhandlung ist nicht statthaft. Vgl. JW. **01**, 159[7]. Enthält die Klagschrift diese Erklärung nicht, so findet § 25 keine Anwendung, auch wenn die sonstigen Erfordernisse des Urkundenprozesses vorliegen. — Anderseits erfordert die Abstandnahme vom Urkundenprozeß (§ 596 ZPO.)

eine bestimmt und vorbehaltlos abgegebene Erklärung. RG. 4, 350, JW. 97, 532[11].

[2] Vgl. Anm. 1 zu § 19 (kontradiktorische Verhandlung im Urkundenprozeß), Anm. 1 zu § 22 und Anm. 3 zu § 23 (Gebührenberechnung bei Vergleich, Anerkenntnis, Verzicht) sowie Anm. 1 zu § 26 u. § 27 und Anm. 5 zu § 28 (Gebührenberechnung für die in den §§ 26 u. 27 bezeichneten Akte).

26. Fünf Zehntheile der Gebühr[1] (§§. 18 bis 24) werden erhoben, wenn der Akt ausschließlich[2] betrifft:

1. prozeßhindernde Einreden (Civilprozeßordnung §. 274);[3]
2.[4] die Unzuständigkeit des Gerichts,[5] die Unzulässigkeit des Rechtsweges, den Mangel der Parteifähigkeit, der Prozeßfähigkeit, der Legitimation eines gesetzlichen Vertreters oder der erforderlichen Ermächtigung zur Prozeßführung, sofern dieselben von Amts wegen berücksichtigt sind (Gerichtsverfassungsgesetz §. 17 Abs. 1, Civilprozeßordnung §§. 40, 56);
3. die Entlassung des Beklagten aus dem Rechtsstreite (Civilprozeßordnung §§. 75 bis 77),[6] oder die Uebernahme des Rechtsstreits durch den Rechtsnachfolger (Civilprozeßordnung §. 266);[7]
4. die Aufnahme eines unterbrochenen oder ausgesetzten Verfahrens (Civilprozeßordnung §§. 239 bis 250);[8]

5.[9] die Zulässigkeit der Wiedereinsetzung in den vorigen Stand, der Berufung,[10] Revision oder der Wiederaufnahme des Verfahrens[11] oder die Zurücknahme eines Rechtsmittels[12] (Civilprozeßordnung §§. 238, 515 Abs. 3, §§. 535, 566, 589);

6. den Einspruch (Civilprozeßordnung §§. 341, 345, 346, 700),[13] sowie die gegen ein Versäumnisurtheil eingelegten Rechtsmittel[14] (Civilprozeßordnung §. 513 Abs. 2, §. 566);

7. die vorläufige Vollstreckbarkeit eines Urtheils;[15]

8. die Ertheilung der Vollstreckungsklausel,[16] sofern sie im Wege der Klage[17] beantragt oder angefochten wird[18] (Civilprozeßordnung §§. 731, 738, 742, 744, 745 Abs. 2, §§. 749, 768), oder Einwendungen gegen die Zwangsvollstreckung, welche den Anspruch selbst betreffen, sofern der §. 767 Abs. 2 oder §. 796 Abs. 2 der Civilprozeßordnung Anwendung findet,[19] oder die Zulassung der Zwangsvollstreckung aus dem Urtheil eines ausländischen Gerichts[20] oder aus einem Schiedsspruche[21] (Civilprozeßordnung §§. 722, 1042);

9. die Anordnung, Abänderung oder Aufhebung eines Arrestes oder einer einstweiligen Verfügung,[22] sofern die Entscheidung durch Endurtheil zu treffen ist[23]

(Civilprozeßordnung §. 922 Abs. 1, §§. 925, 926 Abs. 2, §§. 927, 936);

10.[24] die Unzulässigkeit des schiedsrichterlichen Verfahrens oder die Aufhebung eines Schiedsspruchs (Civilprozeßordnung §. 1046).[25]

Ist in den Fällen der Nr. 1, 2 der Kläger abgewiesen, oder in den Fällen der Nr. 5, 6 die Wiedereinsetzung, Berufung, Revision, Wiederaufnahme oder der Einspruch als unzulässig verworfen, so werden auch für eine Verhandlung zur Hauptsache nur fünf Zehntheile der Gebühr erhoben, sofern die Entscheidung auf diese Verhandlung ergangen ist.[26]

[1] Im Urkunden- und Wechselprozeß werden 5/10 der vollen Gebühr (§ 18), vgl. JW. 00, 472[14], bzw. der Gebühren der §§ 22, 23 (Beweisgebühr bei Unterbleiben der Beweisaufnahme oder bei Vergleich, Anerkenntnis, Verzicht nur zu 5/10, Entscheidungsgebühr bei Vergleich, Anerkenntnis, Verzicht nur zu 3/10; hiervon hier wieder 5/10, also 25/100 bzw. 15/100 der vollen Gebühr), nicht der Gebühr des § 25 (6/10) erhoben, JW. 87, 273[14]. Vgl. jedoch Anm. 5 zu § 28 (bei Zusammentreffen der Gebühr aus § 25 mit der aus § 26 wird nur die erstere erhoben). — Wenn mehrere Fälle des § 26 konkurrieren, findet nicht eine mehrfache Herabsetzung statt, JW. 87, 273[14], aber auch nicht eine Vervielfältigung der Gebühr, JW. 83, 269[14]; vielmehr bewendet es nach beiden Richtungen bei der Erhebung von 5/10.

[2] Die kontradiktorische Verhandlung, die Beweisanordnung, die Entscheidung oder der Vergleich (§§ 18, 23 Abs. 2) müssen lediglich die im § 26 Ziff. 1—10 aufgeführten Nebenstreitigkeiten zum Gegenstande haben; es darf nicht in derselben Instanz zugleich die Hauptsache, der geltend gemachte Anspruch selbst, Gegenstand desselben oder eines gleichartigen Akts sein. Beim Zusammentreffen einer oder mehrerer

Streitigkeiten des § 26 Nr. 1—10 mit der vollen Gebühr für den gleichen Akt hinsichtlich des gesamten Streitgegenstands oder eines Teils: § 28 Satz 2 (nur die volle Gebühr kommt zur Hebung). Vgl. hierüber: JW. **86**, 318[14], **89**, 307[16], **95**, 226[17], **98**, 114[5], OLG. **7**, 220. Wenn nachträglich eine Verbindung der Hauptsache mit den Nebenstreitigkeiten stattfindet, wenn z. B. zu der Berufung gegen ein nur über prozeßhindernde Einreden (§ 26 Nr. 1) entscheidendes Urteil im Laufe der zweiten Instanz die Berufung in der Hauptsache hinzutritt, darf nicht neben der vollen Gebühr für die Hauptsache (§ 18) auch noch die Gebühr des § 26 gefordert werden. JW. **84**, 9. Ist gleichzeitig über Nebenstreitigkeiten und über die Hauptsache hinsichtlich verschiedener Teile des Streitgegenstands verhandelt worden, z. B. über die Gültigkeit einer einstweiligen Verfügung (§ 26 Nr. 9) und gleichzeitig über eine Widerklage, so sind an sich für erstere die Gebühren aus § 26 und zugleich für letztere die Gebühren aus § 18 begründet. Jedoch tritt nach § 12 Abs. 2 an Stelle beider Beträge der nach dem Gesamtbetrage beider Streitwerte zu berechnende höchste Gebührensatz. JW. 94, 264[13]. Hat ein Teil des Prozeßverfahrens, z. B. die Beweisaufnahme, ausschließlich einen der im § 26 bezeichneten Gegenstände betroffen, so sind für diesen Akt die Gebühren aus § 26 neben den vollen Gebühren für das Verfahren in der Hauptsache zu erheben. JW. **83**, 157[22]. Ausnahmsweise Ermäßigung auch der Verhandlungsgebühr für die Hauptsache: Abs. 2, s. Anm. 26. — Wird eine prozeßhindernde Einrede durch Zwischenurteil verworfen und dann nach weiterer Verhandlung der Rechtsstreit durch Vergleich erledigt, so ist sowohl die Entscheidungsgebühr gemäß § 26 Nr. 1 als auch die für den Vergleich nach § 23 Abs. 2 (3/10) zu erheben, da beide Gebühren zusammen nicht die volle Entscheidungsgebühr des § 18 (10/10) erreichen. JW. **99**, 541[32], Gr. **44**, 1231. — Hinsichtlich des Streitwerts eines Zwischenstreits vgl. Anm. 1 zu § 3 ZPO. unter § 9 GKG.

[3] Zu den prozeßhindernden Einreden gehören nur die im § 274 ZPO. aufgeführten (Einrede der sachlichen oder örtlichen

Unzuständigkeit des Gerichts [§§ 1, 10–40 ZPO.], der Unzulässigkeit des Rechtswegs [§ 11 EinfGes. z. GVG., §§ 13, 17 GVG.], des Schiedsvertrags [§§ 1025, 1048 ZPO.], der Rechtshängigkeit [§ 263 Nr. 1 ZPO.], der mangelnden Sicherheit für die Prozeßkosten [§§ 110–113 ZPO.], der Nichterstattung der Kosten eines früheren Prozesses [§ 271 Abs. 4 ZPO., vgl. RG. **15**, 382, JW. **99**, 741[8]], der mangelnden Parteifähigkeit, Prozeßfähigkeit, gesetzlichen Vertretung [§§ 50–56 ZPO.]). Nicht auch andere als prozeßhindernd geltend gemachte Einreden, auch wenn sie das Gericht irrtümlich als prozeßhindernde behandelt hat. So ist die Einrede der Unzulässigkeit des Rechtswegs nur dann eine prozeßhindernde, wenn behauptet wird, daß der Rechtsstreit gemäß gesetzlicher Vorschrift nicht vor die ordentlichen Gerichte gehöre; nicht aber, wenn geltend gemacht wird, daß durch Vertrag der Rechtsweg ausgeschlossen worden sei. JW. **96**, 147[10], **00**, 14[13], Gr. **40**, 1057, auch RG. **42**, 307, JW. **99**, 39[3]. Deshalb gehörte auch früher die Einrede des Schiedsvertrags nicht zu den prozeßhindernden Einreden. RG. **8**, 348, 398, **10**, 367, **16**, 336, 370, JW. **96**, 283[10], Gr. **41**, 706. Durch die Nov. z. ZPO. v. 17./5. 98 ist sie jedoch unter die prozeßhindernden Einreden aufgenommen. — Eine prozeßhindernde Einrede liegt ferner nicht vor: wenn das Fehlen anderer Prozeßvoraussetzungen (z. B. Mangel der Klagerhebung, der Vollmacht des Vertreters) gerügt wird, RG. **34**, 396, **44**, 350, JW. **00**, 312[7]; wenn Unzulässigkeit der Widerklage wegen mangelnder Konnexität mit der Klage, JW. 88, 22[32], oder wenn Unzulässigkeit der Klage auf Erstattung der Kosten eines schiedsrichterlichen Verfahrens eingewendet wird, JW. **95**, 238[5]; wenn bei einer Anfechtungsklage aus § 271 HGB. die Aktiengesellschaft gemäß § 272 Abs. 3 HGB. Sicherheit wegen der ihr drohenden Nachteile verlangt (anders nach Art. 190a d. alt. HGB.), JW. **03**, 289[4]. — Die Gebührenvorschrift hat zunächst den Fall im Auge, daß die prozeßhindernde Einrede vor der Verhandlung zur Hauptsache erhoben und durch das über sie ergehende Urteil zur Erledigung gebracht wird. Sie ist jedoch analog auch dann anzuwenden, wenn im Urkunden- oder Wechselprozeß die Ausführung der Parteirechte in betreff einer prozeßhindernden Einrede dem Nachverfahren vorbehalten ist und in diesem demnächst über die Einrede (ausschließlich) verhandelt und entschieden wird. JW. **00**, 472[14], Gr. **44**, 1226, vgl. § 33. — Hinsichtlich des Streitwerts bei prozeßhindernden Einreden s. Anm. 1 zu § 3 ZPO. unter § 9 GKG. — Wegen der Gebührenberechnung beim Zusammentreffen gleicher Akte bezüglich einer prozeßhindernden Einrede und bezüglich der Hauptsache vgl. Anm. 2 hier.

[4] Die Fälle der Nr. 1 und 2 unterscheiden sich voneinander nur insofern, als, wenn die in Nr. 2 aufgeführten Einreden als prozeßhindernde (d. h. vor der Verhandlung des Beklagten zur Hauptsache, § 274 Abs. 1 ZPO.) geltend gemacht werden (Nr. 1), das (Zwischen-)Urteil, durch welches die Einrede verworfen wird, in betreff der Rechtsmittel als Endurteil anzusehen ist (§ 275 Abs. 2 ZPO.), während bei Berücksichtigung dieser Tatbestände von Amts wegen (Nr. 2) das die Einrede verwerfende Urteil ein nur zugleich mit dem Endurteil anfechtbares Zwischenurteil gemäß § 303 ZPO. ist. RG. **11**, 390, **15**, 399, Gr. **32**, 1184, **46**, 666, JW. **95**, 238[4], **00**, 132[8], **02**, 165[14].

[5] Danach beträgt, wenn wegen Unzuständigkeit die Klage abgewiesen wird, die Entscheidungsgebühr nur 5/10. OLG. **4**, 394. Eine höhere Gebühr ist auch dann nicht zu erfordern, wenn bei Ausspruch der sachlichen Unzuständigkeit des Landgerichts die Sache gemäß § 276 ZPO. auf Antrag des Klägers an ein Amtsgericht verwiesen wird, da die gesamte Entscheidung die Unzuständigkeit des Gerichts betrifft. Letzteres findet entsprechend auch auf den Fall des § 505 ZPO. (Verhandlung und Entscheidung durch Urteil über Unzuständigkeit des Amtsgerichts und Verweisung an das Landgericht) Anwendung. Sie ist ferner analog auf den Fall des § 506 ZPO. (Verhandlung und Entscheidung durch Beschluß über Verweisung der Sache vom Amtsgericht an das Landgericht zufolge Erweiterung der Klage oder Erhebung einer Widerklage) anzuwenden, so daß auch in diesem Falle die Entscheidungsgebühr nur zu 5/10 in Ansatz zu bringen ist. RG. **30**, 330, JW. **89**, 171[16]. Vgl. Anm. 1 zu § 30.

[6] Eintritt eines in den §§ 75—77 ZPO. bezeichneten Dritten,

dem der Beklagte den Streit verkündet hat, in den Prozeß und infolgedessen Ausscheiden des Beklagten aus dem Prozeß. — Über analoge Anwendung des § 26 Nr. 3 auf den Fall der Hauptintervention (§ 64 ZPO.) vgl. JW. **95**, 226[27].

[7] Bei Streitigkeiten über das Bestehen oder Nichtbestehen eines Rechts, welches für ein Grundstück in Anspruch genommen wird, oder einer Verpflichtung, welche auf einem Grundstück ruhen soll, im Falle der Veräußerung des Grundstücks. — Die Feststellung der Verpflichtung des Rechtsnachfolgers zur Übernahme des Rechtsstreits kann durch Zwischenurteil erfolgen. RG. **11**, 317, **21**, 397.

[8] Für die Verhandlung und die Entscheidung über die Unterbrechung oder die Aussetzung selbst werden Gebühren nicht erhoben; ebensowenig für die ohne kontradiktorische Verhandlung und Entscheidung erfolgende Aufnahme, gegen welche von der Gegenpartei ein Widerspruch nicht erfolgt: § 47 Nr. 1. — Eine allein die Berechtigung zur Aufnahme aussprechende Entscheidung ist ein Zwischenurteil (§ 303 ZPO.), das nur zugleich mit dem Urteil in der Hauptsache anfechtbar ist. RG. **27**, 350, **34**, 381, **40**, 369. Eine die Aufnahme verneinende bzw. ablehnende Entscheidung dagegen ist ein selbständig mit Rechtsmitteln anfechtbares Endurteil. RG. **11**, 317, **32**, 428, **34**, 427, **45**, 362, Gr. **42**, 974, JW. **96**, 147[9]. Hat sich die Verhandlung nicht auf die Aufnahme des unterbrochenen Verfahrens beschränkt, so sind die vollen Gebühren des § 18 zu erheben. JW. **92**, 39[6, 7], vgl. JW. **91**, 4[6], 528[10], auch Anm. 2.

[9] Da die Zulässigkeit der Wiedereinsetzung, Berufung, Revision, Wiederaufnahme von Amts wegen zu prüfen ist, kommt neben der Entscheidungsgebühr eine Gebühr für kontradiktorische Verhandlung und Beweisanordnung in der Regel nur dann in Frage, wenn der Gegner die Unzulässigkeit ausdrücklich geltend macht. Wenn in diesem Falle zugleich eine Verhandlung zur Hauptsache stattfindet, kommt Abs. 2 zur Anwendung. — Unter Nr. 5 fällt auch ein Beschluß gemäß § 554a ZPO., durch den die Revision (ohne vorgängige mündliche Verhandlung) als unzulässig verworfen wird.

[10] Auch wenn in der Revisionsinstanz lediglich über die Zulässigkeit der Berufung gestritten wird. Fenner u. Mecke 3, 350 (3./3. 82), JW. 94, 85[19].

[11] Auf das Wiederaufnahmeverfahren (§§ 585 ff. ZPO.) findet § 26 Nr. 5 nur dann und so weit Anwendung, als über die Zulässigkeit der Wiederaufnahme vorab verhandelt wird (§§ 589, 590 Abs. 2 ZPO.).

[12] Im Falle der Verhandlung und Entscheidung über den Antrag, den Gegner gemäß den §§ 515 Abs. 3, 566 ZPO. des zurückgenommenen Rechtsmittels für verlustig zu erklären, kommt eine Gebühr für kontradiktorische Verhandlung nur dann in Frage, wenn der Rechtsmittelkläger die Zurücknahme bestreitet oder widerruft. Vgl. JW. 83, 269[14], 94, 85[19]. Der Streitwert bemißt sich nach dem ganzen Streitgegenstand der Hauptsache. JW. 94, 85[19]. — § 26 Nr. 5 findet auch Anwendung, wenn sich der Rechtsmittelbeklagte darauf beschränkt, die Verurteilung des Rechtsmittelklägers zu den Kosten der Rechtsmittelinstanz zu beantragen (also Gebühren nur zu $^5/_{10}$ nach dem Objekt der Kosten). RG. 44, 414. Wird ein in dem Rechtsmittelschriftsatz angekündigter Antrag in der mündlichen Verhandlung nur dem Gegenstande nach beschränkt, so findet nicht § 26 Nr. 5, sondern § 46 (Gebühr für Zurücknahme) Anwendung. JW. 02, 633[19], auch Anm. 13 zu § 46. — Bezüglich des Rechtsmittels der Beschwerde s. die besonderen Vorschriften in § 45.

[13] Verhandlung lediglich über die Zulässigkeit (§ 341 ZPO.) oder Zurücknahme (§ 346 ZPO.) eines Einspruchs gegen ein Versäumnisurteil oder einen Vollstreckungsbefehl. Vgl. auch § 30 Abs. 2 (das amtsgerichtliche Verfahren über die Zulässigkeit des Einspruchs gegen einen Vollstreckungsbefehl und das demnächstige Verfahren vor dem Landgericht bilden eine Instanz) und § 32 (das Verfahren infolge des Einspruchs gilt als neue Instanz, insoweit der Einspruch verworfen, zurückgenommen oder nicht verhandelt wird). — Ist nach erhobenem Einspruch über die Hauptsache verhandelt und erst in einem folgenden Termin ein weiteres Versäumnisurteil erlassen, so ist nicht gemäß § 345 ZPO. der Einspruch zu verwerfen, sondern gemäß § 343 ZPO.

die Entscheidung des ersten Versäumnisurteils aufrecht zu erhalten; es findet daher auf das weitere Versäumnisurteil § 26 Nr. 6 nicht Anwendung (Entscheidungsgebühr nicht 5/10, sondern 10/10). Vgl. Anm. 3 zu § 32.

14 Betreffend ausschließlich die Frage, ob der Fall der Versäumnis vorgelegen habe und demgemäß die Berufung bzw. Revision zulässig sei.

15 Wenn in der Berufungsinstanz über die vorläufige Vollstreckbarkeit gemäß § 718 Abs. 1 ZPO. verhandelt und entschieden ist und gleichzeitig eine Verhandlung zur Hauptsache nicht stattfindet (vgl. Anm. 2) oder wenn nur wegen der vorläufigen Vollstreckbarkeit ein Rechtsmittel oder ein Einspruch eingelegt oder wenn es sich um Ergänzung des Urteils hinsichtlich der vorläufigen Vollstreckbarkeit handelt (§§ 321, 716 ZPO.). Vgl. Anm. 3 zu § 28. — Sonstige Verfahren betreffend die Vollstreckbarkeit fallen unter §§ 35 Nr. 1, 47 Nr. 11 GKG.

16 Wertsberechnung: § 13 Abs. 2 (einzuziehende Zinsen werden mitberechnet).

17 Wenn also das Vorhandensein der nach §§ 726—729 ZPO. für die Erteilung der betreffenden Vollstreckungsklausel erforderlichen Voraussetzungen weder vom Gläubiger durch öffentliche Urkunden nachgewiesen noch offenkundig ist, oder wenn der Schuldner gegen die Erteilung der Vollstreckungsklausel die Einwendungen aus § 768 ZPO. im Wege der Klage erhebt. Sonst: wenn die Erteilung auf Anordnung des Vorsitzenden zu erfolgen hat (§§ 726 Abs. 1, 727—730, 738, 742, 744, 745 Abs. 2, 749 ZPO.), 1/10: § 38 Nr. 2; andernfalls keine Gebühr: § 47 Nr. 15.

18 Bei der im Wege der Klage beantragten oder angefochtenen Erteilung der Vollstreckungsklausel findet § 26 ebensowohl auf die Fälle Anwendung, in welchen die Vollstreckungsklausel bezüglich eines Urteils verlangt wird, wie auf diejenigen, in denen es sich um einen anderen Vollstreckungstitel, insbesondere eine vollstreckbare gerichtliche oder notarielle Urkunde im Sinne des § 797 ZPO., handelt. JW. 96, 175[31].

19 Der Anspruch muß durch ein gerichtliches Urteil, einen

Vollstreckungsbefehl, einen Arrest, eine einstweilige Verfügung oder einen sonstigen dem Urteil gleichstehenden Schuldtitel (z. B. §§ 164, 194, 206 KO., §§ 93, 132, 133 ZVG., §§ 122, 483, 495 StPO., §§ 94, 97 RAO., §§ 109, 113, 114, 129 GenossGes., § 91b GewOrdn., § 57 GewerbegerGes.) festgestellt sein. § 26 ist nicht anwendbar und die volle Gebühr in Ansatz zu bringen, wenn Einwendungen gegen die Zwangsvollstreckung einen Anspruch betreffen, der auf einer vollstreckbaren Urkunde im Sinne des § 794 ZPO. (gerichtliche Vergleiche, gerichtliche und notarielle Urkunden) beruht; die gerichtlichen Vergleiche der Nr. 1 u. 2 § 794 ZPO. machen hiervon keine Ausnahme, da nach § 797 Abs. 4 ZPO. auch auf sie die beschränkende Vorschrift des § 767 Abs. 2 ZPO. keine Anwendung findet. JW. **97**, 110[18], **99**, 97[35], vgl. RG. **21**, 345, **35**, 398, **37**, 416, JW. **04**, 70[43]. — Ist die Klage als eine solche aus § 767 ZPO. ausdrücklich bezeichnet oder sonst nach dem Klagevorbringen erkennbar, so findet § 26 Anwendung, selbst wenn eine solche Klage nicht zulässig war (z. B. weil die Zwangsvollstreckung noch nicht begonnen hatte), JW. **95**, 330[25] (vgl. auch RG. **38**, 428, **45**, 344, JW. **99**, 744[14], wonach Beginn der Zwangsvollstreckung nicht Voraussetzung für die Zulässigkeit der Klage ist), und auch, wenn das Gericht die Klage noch aus einem anderen Gesichtspunkte für begründet erklärt, JW. **91**, 572[5]. Einwendungen gegen den Anspruch selbst gemäß § 767 Abs. 2 ZPO. (erst nach der letzten mündlichen Verhandlung entstanden), z. B.: Zahlung oder anderweite Tilgung (RG. **21**, 331, JW. **02**, 589[10]), Hinterlegung (RG. **30**, 197, JW. **92**, 397[17]), Stundung, Erlaß, Vergleich (Gr. **31**, 319, **45**, 1157, JW. **02**, 589[10]), Aufrechnung (RG. **40**, 364, JW. **94**, 427[23], **02**, 531[8], **04**, 96[28]). — Auf Klagen aus § 771 ZPO. (Widerspruch eines Dritten gegen die Zwangsvollstreckung, z. B. auch eines Miterben, der in dem gegen ihn vollstreckten Urteil nicht mitverurteilt ist) ist § 26 nicht anwendbar. JW. **94**, 142[15]. Ebensowenig auf Klagen: mit einem selbständigen materiellrechtlichen Feststellungsantrag, OLG. **11**, 148; aus §§ 781—786 ZPO., mit denen ein Erbe Beschränkung seiner Haftung geltend macht, JW. **88**, 244[9]. — Einwendungen gegen die Art und Weise der Zwangsvollstreckung: § 35 Nr. 4.

[20] Klage auf Erlassung des Vollstreckungsurteils gemäß §§ 722, 723 ZPO. — Handelt es sich um eine Ehesache, so kommt § 20 Nr. 1 zur Anwendung (Verhandlungsgebühr auch für eine nicht kontradiktorische Verhandlung).

[21] Klage auf Erlassung des Vollstreckungsurteils gemäß § 1042 ZPO.

[22] Einerlei, ob dem Gesuch stattgegeben wird oder nicht. KomBer. 73, RG. **26**, 414. — Vollziehung des Arrestbefehls: § 35 Nr. 2 (2/10).

[23] Die Entscheidung ist durch Endurteil zu treffen, wenn mündliche Verhandlung der Anordnung vorhergegangen (§§ 922, 936 ZPO.) oder wenn gegen den Arrestbeschluß Widerspruch erhoben (§§ 924, 925, 936 ZPO.) oder wenn wegen veränderter Umstände oder wegen Nichterhebung der Klage in der Hauptsache die Aufhebung des Arrestes beantragt ist (§§ 926, 927, 936 ZPO.). — Der Arrest ist auch dann „durch Endurteil angeordnet", wenn der durch Beschluß erlassene Arrest auf Widerspruch bestätigt wird. JW. **84**, 9[10]. Desgleichen wird das Verfahren auf Ergänzung, Erläuterung oder Änderung eines Arrestes oder einer einstweiligen Verfügung durch die Gebühr für das Verfahren auf Anordnung des Arrestes oder der einstweiligen Verfügung gemäß § 28 mitabgegolten. JW. **87**, 42[33]. — Dagegen ist für die Vollziehung des Arrestes die Gebühr aus § 35 Nr. 2 (2/10) noch besonders in Ansatz zu bringen. Vgl. RG. **8**, 402. Anderseits sind, auch wenn mit dem im Wege des Widerspruchs geltend gemachten Antrag auf Aufhebung des Arrestes der Antrag auf Aufhebung der bereits erfolgten Vollziehungshandlungen verbunden wird, doch die Gebühren nach § 26 Nr. 9 nur zu 5/10 zu berechnen. RG. **26**, 412. — Unter „Aufhebung" des Arrestes ist nur diejenige zu verstehen, die von dem Schuldner beantragt wird. Die von einem Dritten auf Grund des § 771 ZPO. erhobene Widerspruchsklage gehört nicht hierher. JW. **92**, 481[13]. Ebensowenig die Anfechtung eines Arrestpfandrechts. JW. **86**, 147[12]. — In dem Falle des § 942 ZPO. ist für das Verfahren vor dem Gericht der Hauptsache, betreffend die Rechtmäßigkeit der vom Amtsgericht (in dringenden Fällen als Gericht des belegenen Streitgegenstands) provisorisch

erlassenen einstweiligen Verfügung, ebenfalls die Gebühr aus § 26 Nr. 9 anzusetzen, RG. **8**, 338, **18**, 322, JW. **88**, 81, dagegen für das Verfahren auf die beim Amtsgericht gestellten Anträge auf Anordnung (Abs. 1 § 942 ZPO.) oder Aufhebung (Abs. 3) der einstweiligen Verfügung die Gebühr aus § 35 Nr. 3, JW. **85**, 126; letztere Gebühr auch für den beim Vollstreckungsgerichte gestellten Antrag auf Aufhebung eines vollzogenen Arrestes gegen Hinterlegung (§ 934 ZPO.). — Erfolgt die Anordnung oder Aufhebung des Arrestes oder der einstweiligen Verfügung nicht durch Endurteil, sondern durch Beschluß: § 35 Nr. 3 (3/10). Die Gebühr hierfür wird, wenn demnächst ein der Gebührenberechnung nach § 26 Nr. 9 unterliegendes Verfahren erfolgt (infolge Widerspruchs, Richterhebung der Klage in der Hauptsache, veränderter Umstände oder Ladung zur Verhandlung über die Rechtmäßigkeit gemäß § 942 ZPO.), auf die Gebühren aus § 26 Nr. 9 zur Anrechnung gebracht. Ist die Gebühr aus § 35 Nr. 3 höher (z. B. im Falle des Vergleichs, Anerkenntnisses, Verzichts [§§ 21, 22 Abs. 2, 23]), so verbleibt es bei dieser Gebühr. JW. **84**, 9[10], **92**, 371[9]. Ist das Verfahren über den Arrest oder die einstweilige Verfügung mit der Hauptsache verbunden: § 28 (nur Gebühren für die Hauptsache), RG. **8**, 428, vgl. Anm. 2. Maßgebend für die Frage, ob eine solche Verbindung vorliegt, ist, ob der Arrestantrag und das Verfahren über denselben gleichzeitig mit der Verhandlung über die Hauptsache stattfindet, oder ob der Antrag in besonderen Schriftsätzen gestellt und in besonderen Terminen verhandelt wird. Vgl. RG. **8**, 428, **13**, 322, JW. **95**, 209[22]. Wenn einzelne Abschnitte des Verfahrens getrennt behandelt werden, so können für diese besondere Gebühren in Ansatz gebracht werden. JW. **85**, 194[6], Gr. **29**, 1029.

[34] Der Antrag auf Erklärung der Unzulässigkeit des Schiedsgerichtsverfahrens oder auf Aufhebung des Schiedsspruchs muß gemäß § 1046 ZPO. im Wege der Klagerhebung gestellt werden. — Von der Nov. v. 17./5. 98 sind die Ernennung oder Ablehnung eines Schiedsrichters, das Erlöschen eines Schiedsvertrags hier ausgeschieden, weil bezüglich dieser Angelegenheiten durch die

Nov. z. ZPO. v. 17./5. 98 die Erledigung im Beschlußverfahren zugelassen worden ist (§ 1045 ZPO.). Die Gebühr hierfür bestimmt sich jetzt nach § 34 Nr. 2 (3/20).

[25] Zulassung der Zwangsvollstreckung aus einem Schiedsspruch: § 26 Nr. 8; Ernennung oder Ablehnung eines Schiedsrichters, Erlöschen eines Schiedsvertrags, Anordnung der von Schiedsrichtern für erforderlich erachteten richterlichen Handlungen: § 34 Nr. 2.

[26] Es wird so angesehen, als sei nur über die prozeßhindernde Einrede, die Zulässigkeit der Wiedereinsetzung usw. verhandelt. Voraussetzung für die Anwendung des Abs. 2 ist, daß zwischen der Verhandlung (über eine der in Nr. 1, 2, 5, 6 aufgeführten Prozeßhandlungen und zugleich die Hauptsache) und der die Klage abweisenden bzw. die Wiedereinsetzung, Berufung, Revision, Wiederaufnahme oder den Einspruch verwerfenden Entscheidung nicht eine andere gebührenpflichtige Beweisanordnung oder sonstige Entscheidung (§ 18 Nr. 2, 3) ergangen ist. — Wird gemäß § 506 ZPO. auf die Widerklage des Beklagten, deren Abweisung der Kläger beantragt hat, die Sache an das Landgericht verwiesen, so ist für diese Verhandlung (nicht wie im Falle des § 505 ZPO. gemäß § 26 Abs. 2 GKG. nur eine Gebühr von 5/10, s. Anm. 5, sondern) eine nach dem Werte des Gegenstandes der Klage und der Widerklage zu berechnende volle Verhandlungsgebühr (§ 18 Nr. 1) anzusetzen mit der Maßgabe, daß diese Gebühr demnächst gemäß § 30 als ein Teil der für das Verfahren vor dem Landgericht zu berechnenden Kosten zu behandeln ist. JW. 98, 418[12].

27. Drei Zehntheile der Gebühr[1] (§§. 18 bis 24) werden erhoben, wenn der Akt betrifft:[2]

1. die Zulässigkeit einer Nebenintervention[3] (Civilprozeßordnung §. 71);
2. die Zwangsvollstreckung zur Erwirkung von Handlungen oder Unterlassungen[4] (Civilprozeßordnung §§. 887 bis 891).

[1] Im Urkunden- und Wechselprozeß 3/10 der vollen Gebühr (§ 18) bzw. der Gebühren §§ 22, 23 (Beweisgebühr bei Unterbleiben der Beweisaufnahme oder bei Vergleich, Anerkenntnis, Verzicht nur zu 5/10, Entscheidungsgebühr bei Vergleich, Anerkenntnis, Verzicht nur zu 3/10; hiervon hier wieder 3/10, also 15/100 bzw. 9/100 der vollen Gebühr), nicht der Gebühr des § 25 (6/10).

[2] § 28 findet hierauf nicht Anwendung: § 39 (jede der in § 27 bezeichneten Streitigkeiten gilt als besonderer Rechtsstreit). — Die besondere Erhebung findet daher im Falle der Nr. 1 auch dann statt, wenn über die Zulässigkeit der Nebenintervention zugleich mit der Entscheidung der Hauptsache erkannt wird. RG. **10**, 339.

[3] Nur wenn Widerspruch gegen die Zulässigkeit seitens einer Partei erhoben und über diesen Zwischenstreit durch Zwischenurteil entschieden wird (§ 71 Abs. 1, 2 ZPO.). Vgl. aber auch Anm. 2. — Im übrigen werden für die Nebeninterventionen Gebühren nicht erhoben.

[4] Eine Verhandlungsgebühr kann nur dann in Frage kommen, wenn das Gericht über den Antrag des Gläubigers mündliche Verhandlung angeordnet hat und in dieser Verhandlung widersprechende Anträge gestellt werden. — Finden nacheinander gleichartige Akte statt, wird insbesondere der Antrag auf Erwirkung der betreffenden Handlung oder Unterlassung wiederholt, so ist nur eine einmalige Gebühr zu erheben. JW. **83**, 5[11]. — Auch die Strafandrohung gemäß § 890 Abs. 2 ZPO. (vor der Verurteilung zur Strafe wegen Vornahme einer im Urteil untersagten Handlung) ist bereits Beginn der Zwangsvollstreckung. RG. (VZS.) **42**, 419 (anders RG. **20**, 385, **37**, 409, JW. **97**, 110[19], Gr. **41**, 427). Sie gehört daher nicht zur Instanz der Hauptsache, und für sie sind Gebühren nach § 27 Nr. 2 zu erheben (anders RG. **20**, 385, **37**, 409). — Streitwert: Objektiver Wert der zu erzwingenden bzw. zu unterlassenden Handlung. JW. **86**, 147[13], Gr. **30**, 1103. Die Höhe der angedrohten Strafen kommt nicht in Betracht. JW. **89**, 429[1].

28. Jede der im §. 18 bezeichneten Gebühren wird in jeder Instanz[1] rücksichtlich eines jeden Theils des Streitgegenstandes[2] nur einmal[3] erhoben.[4] Treffen für gleiche Akte die volle Gebühr und die Gebühr des §. 26 rücksichtlich desselben Streitgegenstandes zusammen, so kommt nur die volle Gebühr[5] zur Erhebung.[6]

[1] „Instanz" ist die Gesamtheit der Tätigkeit, welche das Gericht einer bestimmten im Rechtsmittelzuge geordneten Stufe vorzunehmen hat, um den ganzen zum Prozesse gehörigen Stoff zu erledigen. RG. 57, 302. — Ein neuer Rechtsstreit beginnt regelmäßig mit Zustellung einer Klageschrift, auch dann, wenn er einen schon früher geltend gemachten Anspruch betrifft. Daher gilt für die Gebührenerhebung als neuer Rechtsstreit z. B.: die Wiederaufnahme des Verfahrens gegenüber dem durch rechtskräftiges Endurteil geschlossenen Rechtsstreite (§ 578 ZPO.), das landgerichtliche gegenüber dem amtsgerichtlichen Verfahren in Entmündigungssachen (§§ 664, 679, 684, 686 ZPO.), die Geltendmachung von Einwendungen in der Zwangsvollstreckung, die den Anspruch selbst betreffen (§ 767 ZPO.), die Anfechtung eines im Aufgebotsverfahren erlassenen Ausschlußurteils (§ 957 ZPO.). Mot. zu § 28. — Eine neue Instanz beginnt, wenn in demselben Rechtsstreit ein Gericht höherer Ordnung mit dem weiteren Verfahren befaßt wird. RG. 52, 198. Daher tritt eine neue Instanz nicht ein, wenn ein anhängiger Rechtsstreit infolge der Verweisung an eine andere Kammer desselben Gerichts gelangt (§§ 103 ff. GVG.), auch nicht, wenn an Stelle des an sich zuständigen ein anderes Gericht bestimmt wird, weil ersteres an der weiteren Ausübung des Richteramts verhindert war (§ 36 Nr. 1, §§ 41 ff. ZPO.). Das gleiche gilt von den übrigen Fällen des § 36 ZPO. Mot. zu § 28. Ferner bilden im Falle der Fortsetzung des Verfahrens nach erfolgter Trennung (§§ 145, 302 ZPO.) oder nach Erlassung eines Urteils unter Vorbehalt der Verteidigungsmittel (§ 541 ZPO.) beide Verfahren nur eine Instanz. Vgl. dagegen

bezüglich des Verfahrens nach Erlassung eines Vorbehaltsurteils im Urkundenprozeß § 33 GKG. — Wird eine Widerklage zurückgenommen und dann in demselben Rechtsstreit von neuem erhoben, so bildet das Verfahren auf die erneute Widerklage eine neue Instanz. RG. **28**, 404. Neue Instanz ist ferner das Verfahren in der höheren Instanz: auf ein Rechtsmittel, welches nach einer zufolge eines früheren Rechtsmittels erfolgten Zurückverweisung der Sache in die untere Instanz eingelegt ist, RG. **10**, 425; auf ein Rechtsmittel zur Hauptsache, nachdem auf ein prozeßhindernde Einreden betreffendes früheres Rechtsmittel die Sache unter Verwerfung der Einreden gemäß § 538 Nr. 2 ZPO. in die untere Instanz zurückverwiesen war, RG. **8**, 434, JW. **86**, 318; auf ein den Betrag des Anspruchs betreffendes Rechtsmittel, nachdem auf ein den Grund des Anspruchs (§ 304 ZPO.) betreffendes früheres Rechtsmittel die Sache gemäß § 538 Nr. 3 ZPO. in die untere Instanz zurückverwiesen war, JW. **93**, 563[25], **96**, 152[33]; auf das eine Gegenforderung oder Widerklage betreffende Rechtsmittel, nachdem auf das ein Teilurteil über die Klage (§§ 301, 302 ZPO.) betreffende frühere Rechtsmittel entschieden war, vgl. JW. **98**, 471[16], OLG. **7**, 222. Dagegen ist in allen diesen Fällen für die mehrmalige Verhandlung in der unteren Instanz nur eine einmalige Gebühr in Ansatz zu bringen: § 31 und die zit. Entsch. — Dieselbe Instanz liegt vor, wenn gegen ein und dasselbe Urteil von beiden Parteien Rechtsmittel eingelegt werden, RG. **14**, 351, JW. **92**, 97[13], 219[20], oder, wenn zwar der Zeit nach auseinanderfallende Rechtsmittel gegen verschiedene Urteile der Vorinstanz (z. B. Urteile über den Grund und über den Betrag des Anspruchs, Teilurteil und Schlußurteil) eingelegt worden sind, über die Rechtsmittel aber zusammen verhandelt wird, Mot. zu § 28, vgl. RG. **8**, 434, JW. **93**, 563[23], **96**, 152[33], 596[2], **98**, 385[1]. Der Regel nach gehört zur Instanz das gesamte Verfahren bis zu dem mit der Zustellung des Urteils eintretenden Schlusse desselben. JW. **92**, 397.

[2] Derselbe Streitgegenstand liegt nicht vor, wenn wegen der Hauptsache im Versäumnisverfahren und wegen der Kosten kontradiktorisch verhandelt wird. RG. **33**, 403, JW. **91**, 93[16].

[3] Daher darf z. B. für die Entscheidung über die vorläufige Vollstreckbarkeit eine Gebühr (§ 26 Nr. 7: 5/10) nicht erhoben werden, wenn in derselben Instanz über die Forderung selbst entschieden wird, einerlei, ob erstere Entscheidung mit der letzteren gleichzeitig ergeht (§ 714 ZPO.), ihr vorangeht (§ 718 ZPO., in der Berufungsinstanz) oder ihr nachfolgt (§ 716 ZPO., im Urteil übergangen). Mot. 44. Vgl. Anm. 15 zu § 26. — Ausnahme: § 32 Abs. 2 (wenn der Einspruch gegen ein Versäumnisurteil zugelassen ist, wird durch die Gebühr für das Versäumnisurteil eine andere Entscheidungsgebühr derselben Instanz nicht ausgeschlossen).

[4] Ausnahmen: § 32 Abs. 1 (das Verfahren infol e Einspruchs gegen ein Versäumnisurteil gilt als neue Instanz, insoweit der Einspruch verworfen, zurückgenommen oder nicht verhandelt wird) und §§ 33, 39 (das ordentliche Verfahren nach einem Urkunden- oder Wechselprozeß und das nach einem Vorbehaltsurteil, bzw. jedes Verfahren in den in den §§ 27, 34—38 bezeichneten Streitigkeiten gilt als besonderer Rechtsstreit).

[5] Treffen die Gebühr des § 25 (6/10 im Urkunden- und Wechselprozeß) und die des § 26 (5/10 für die dort bezeichneten Akte) zusammen, so wird nur die des § 25 erhoben. Vgl. Anm. 1, 2 zu § 26.

[6] Vgl. über einzelne Fälle des Zusammentreffens Anm. 2 zu § 26.

29. Wird die Ergänzung eines Urtheils beantragt [1] (Civilprozeßordnung §. 321), [2] so findet, soweit der Antrag nicht zurückgewiesen wird, die Bestimmung des §. 12 Anwendung; [3] soweit der Antrag zurückgewiesen wird, kommen fünf Zehntheile der Gebühr (§§. 18 bis 24) [4] zur Erhebung.

[1] Im Falle der Zurücknahme: § 46 (Gebühren 1/10, jedoch nur insoweit zu erheben, als sie sich erhöht haben würden, wenn von vornherein über den übergangenen Teil mit verhandelt und entschieden worden wäre).

[2] D. i. wenn ein Haupt- oder Nebenanspruch, oder wenn der Kostenpunkt ganz oder teilweise übergangen ist. — Die Ent-

scheidung erfolgt, auch bei Ablehnung des Antrags, durch Urteil. RG. 28, 422, 30, 342. — Das Verfahren, betreffend Berichtigung eines Urteils gemäß § 319 ZPO., gehört nicht hierher. Dasselbe ist gemäß § 47 Nr. 10 gebührenfrei.

[3] In betreff des übergangenen Teils wird im Falle der Ergänzung auch die Verhandlungs- und Beweisgebühr berechnet. KomBer. 73. Jedoch sind, indem die ergänzende Entscheidung und das ursprüngliche Urteil wie Teilurteile zu behandeln sind, gemäß § 12, nur insoweit Gebühren zum Ansatz zu bringen, als nicht schon zufolge der früheren Verhandlung für gleiche Akte bezüglich desselben Streitgegenstands Gebühren erhoben sind. Hätten diese Gebühren bei Berücksichtigung des Übergangenen keine Erhöhung erfahren (z. B. bei Übergehen des Kostenpunkts, des Antrags auf Ausspruch der vorläufigen Vollstreckbarkeit des Urteils, der in den §§ 540, 599 ZPO. vorgeschriebenen Vorbehalte), so kommen weitere Gebühren nicht zum Ansatz. Anderenfalls sind die Gebühren nach dem Werte des übergangenen Teils zu berechnen bzw. die früheren Gebühren mit Rücksicht auf diesen Wert zu erhöhen.

[4] In diesem Falle werden die Gebühren nach dem Werte des Ergänzungs-Streitgegenstands wie für das Verfahren in einer besonderen Instanz berechnet. Sie bleiben bestehen, auch wenn das Urteil, dessen Ergänzung erfolglos beantragt war, in höherer Instanz aufgehoben wird. — Auch im Urkunden- und Wechselprozeß werden $^5/_{10}$ der vollen Gebühr (§ 18), nicht der Gebühr des § 25 ($^6/_{10}$) erhoben. Vgl. Anm. 1 zu § 26.

30. Verweist das Amtsgericht einen Rechtsstreit vor das Landgericht, weil durch Widerklage oder durch Erweiterung des Klagantrags ein Anspruch erhoben ist, welcher zur Zuständigkeit der Landgerichte gehört, oder die Feststellung eines Rechtsverhältnisses beantragt worden ist, für welches die Landgerichte zuständig sind (Civilprozeßordnung §. 506),[1] so bildet das weitere Verfahren[2] vor dem Landgerichte mit dem Verfahren vor dem Amtsgericht im Sinne des §. 28 Eine Instanz.[3]

Das Gleiche gilt, wenn der Einspruch gegen einen Vollstreckungsbefehl von dem Amtsgerichte für zulässig befunden und die Klage während der Rechtshängigkeit des Anspruchs bei dem Landgericht erhoben ist (Civilprozeßordnung §. 700),[4] für das amtsgerichtliche Verfahren über die Zulässigkeit des Einspruchs[5] und das Verfahren vor dem Landgerichte.

[1] Im Falle des § 505 ZPO. (Verweisung an das Landgericht wegen sachlicher Unzuständigkeit des Amtsgerichts), in welchem die Verweisung nicht, wie im Falle des § 506 ZPO., durch Beschluß, sondern durch Urteil erfolgt, findet § 30 keine Anwendung, sei es auch, daß das Amtsgericht die in dem Verfahren vor ihm entstandenen Kosten in dem Urteil als einen Teil der landgerichtlichen Kosten erachtet hat. RG. **30**, 332, Gr. **44**, 201, JW. **98**, 97[17]. Es sind also hier die Gebühren für das Verfahren vor dem Amtsgericht besonders zu erheben. Gr. **44**, 201, JW. **99**, 488[19]. Jedoch bestimmt sich die Höhe dieser Gebühren ebenso wie im Falle des § 506 ZPO. nach § 26 Nr. 2 (5/10). Vgl. hierüber Anm. 5 zu § 26. Die Kosten, über die in dem amtsgerichtlichen Urteil zu entscheiden ist, sind, auch im Falle der Verweisung an das Landgericht, dem Kläger aufzuerlegen, weil er bei einem von vornherein unzuständigen Gerichte geklagt hat. RG. **30**, 332 (anders im Falle des § 506, s. Anm. 2). — Entsprechendes gilt auch für den umgekehrten Fall der Verweisung vom sachlich unzuständigen Landgericht an das Amtsgericht gemäß § 276 ZPO.

[2] Für die Verweisung von seiten des Amtsgerichts ist die Entscheidungsgebühr gemäß § 26 Nr. 2 (5/10) zu erheben, und zwar wenn das Landgericht die Verbindung mehrerer vom Amtsgericht überwiesener Prozesse angeordnet hat, unter Zugrundelegung ihres Gesamtwerts. RG. **30**, 335, **44**, 421, Gr. **44**, 1230.

Ergeht jedoch beim Landgericht demnächst eine Entscheidung: § 28 (nur die volle Gebühr für das Verfahren vor dem Landgericht kommt zur Erhebung). Hinsichtlich der Verhandlungsgebühr für die Verhandlung vor dem Amtsgericht vgl. Anm. 1 zu § 19. — Über die Kosten ist in dem Verweisungsbeschlusse nicht zu entscheiden. JW. **96**, 69[4]. Schuldner der Kosten ist gemäß § 89 der Kläger. Anders im Falle des § 505 ZPO. Vgl. Anm. 1. Fälligkeit der Kosten, wenn das Verfahren bei dem Landgericht nicht fortgesetzt wird: § 94 Nr. 1. — Kein neuer Vorschuß: § 81. — Vgl. auch §§ 112, 114 GenossGes. in d. Fass. v. 20./5. 98 (Verweisung von Klagen auf Anfechtung für vollstreckbar erklärter Vorschuß- oder Nachschußberechnungen im Konkurse von Genossenschaften durch Beschluß vom Amtsgericht an das Landgericht).

[3] Es werden also für gleichartige Akte vor dem Amtsgericht und vor dem Landgericht nur einmalige Gebühren erhoben. — Hat derselbe Kläger mehrere Ansprüche unter 300 Mk. vor dem Amtsgericht anhängig gemacht und darauf das Amtsgericht nach Verbindung der mehreren Prozesse auf Antrag des Beklagten die Sache (unzulässigerweise, da weder ein Fall des § 505 noch ein solcher des § 506 ZPO. vorliegt) an das Landgericht verwiesen, so sind in analoger Anwendung des § 30 das Verfahren vor dem Amtsgericht und das vor dem Landgericht als Eine Instanz zu erachten. Gr. **44**, 196, JW. **99**, 488[19].

[4] Nach § 700 ZPO. hat das Amtsgericht, wenn der Anspruch zur Zuständigkeit des Landgerichts gehört, nur darüber zu entscheiden, ob der Einspruch in der gesetzlichen Form und Frist eingelegt ist. Wird der Einspruch für zulässig erklärt, so ist der Vollstreckungsbefehl aufzuheben; Kläger muß binnen 6 Monaten Klage bei dem Landgericht erheben. Gr. **32**, 739, JW. **86**, 270.

[5] § 26 Nr. 6 (5/10). Vgl. Anm. 13 zu § 26 und Anm. 3 hier.

31. Wird eine Sache zur anderweiten Verhandlung an das Gericht unterer Instanz zurückverwiesen (Civilprozeßordnung §§. 538, 539, 565),[1] so bildet das weitere Verfahren[2] mit dem früheren

Verfahren vor diesem Gericht im Sinne des §. 28 Eine Instanz.[3]

[1] Zurückverweisung: vom Berufungsgericht in den Fällen des § 538, insofern eine weitere Verhandlung erforderlich ist; wegen wesentlicher Mängel des Verfahrens: § 539; vom Revisionsgericht: § 565.

[2] Kein neuer Vorschuß: § 81.

[3] Gelangt die Sache durch erneute Einlegung eines Rechtsmittels abermals an das Gericht, von welchem es zurückverwiesen ist, so bildet das frühere und das neue Verfahren vor diesem Gericht je eine Instanz für sich. RG. 10, 426. Vgl. hierüber und über ähnliche Fälle das Nähere Anm. 1 zu § 28. — Wenn ein Urteil des Berufungsgerichts vom Reichsgericht aufgehoben und die Sache zur anderweiten Verhandlung und Entscheidung an das Berufungsgericht zurückverwiesen ist, kann der Wert des Streitgegenstands für die weitere Verhandlung vor dem Berufungsgericht nicht anders bemessen werden als der für die frühere Verhandlung, sofern nicht etwa inzwischen hinsichtlich der Höhe des Anspruchs eine Änderung eingetreten ist. JW. 97, 77[2]. — § 31 findet im Falle des § 538 Nr. 4 ZPO., also wenn die Sache vom Berufungsgericht, das die Berufung gegen das dem Beklagten die Ausführung seiner Rechte vorbehaltende Urteil im Urkundenprozeß zurückweist, an die erste Instanz zurückverwiesen wird (JW. 97, 82[17]), keine Anwendung, weil das Nachverfahren gemäß § 33 GKG. als besonderer Rechtsstreit gilt.

32. Das Verfahren in Folge des Einspruchs gegen ein Versäumnißurtheil gilt im Sinne des §. 28 als neue Instanz, insoweit der Einspruch verworfen, zurückgenommen oder nicht verhandelt wird[1] (Civilprozeßordnung §§. 341, 345, 346).[2]

Gilt das Verfahren als Fortsetzung der Instanz, so wird durch die Gebühr für das Versäumnißurtheil eine andere Entscheidungsgebühr derselben Instanz nicht ausgeschlossen.[3]

[1] Gemäß § 26 Nr. 6 sind also in diesen Fällen für das Einspruchsverfahren 5/10 der in den §§ 18—24 bestimmten Gebühren besonders zu erheben. — Wird der Einspruch für zulässig befunden, so kommt Abs. 2 zur Anwendung. — Solange auf den Einspruch des Beklagten ein Urteil nicht ergangen, ist der Kläger für den etwa zu zahlenden Gebührenvorschuß und die etwa gemäß § 94 Nr. 1 fällig werdenden Kosten gemäß § 89 Schuldner. Vgl. RG. 52, 197, JW. 03, 182[33].

[2] Dasselbe gilt gemäß § 700 ZPO. hinsichtlich des Einspruchs gegen einen Vollstreckungsbefehl.

[3] Ausnahme von § 28. Sie besteht darin, daß, wenn ein Versäumnisurteil mit Gebührenansatz ergangen ist, infolge zulässigen Einspruchs aber das Verfahren in der Instanz fortgesetzt und späterhin ein materielles Urteil erlassen wird, auch noch für letzteres die durch § 18 vorgeschriebene Entscheidungsgebühr zu berechnen ist. RG. 27, 392. Wird, nachdem auf zugelassenen Einspruch zur Hauptsache verhandelt worden ist, in einem späteren Termin zur Fortsetzung der mündlichen Verhandlung ein weiteres Versäumnisurteil gegen den Beklagten erlassen, so ist auch für dieses Urteil, im Falle eines wiederum zugelassenen Einspruchs, eine besondere Entscheidungsgebühr gemäß Abs. 2 zu erheben. JW. 88, 179[10]. Vgl. Anm. 13 zu § 26.

33. Das ordentliche Verfahren, welches nach der Abstandnahme[1] vom Urkunden- oder Wechselprozesse, sowie nach dem mit Vorbehalt[2] in demselben erlassenen Urtheil anhängig bleibt (Civilprozeßordnung §§. 596, 600), gilt für die Gebührenerhebung[2] als besonderer Rechtsstreit.[3]

[1] Hat zur Zeit der Abstandnahme ein gebührenpflichtiger Akt noch nicht stattgefunden, so ist nur die Zurücknahmegebühr gemäß § 46 (1/10 von 6/10) vom Kläger zu erheben. Diese sowie die Gebühren für etwaige gebührenpflichtige Akte sind gemäß § 93

sofort fällig. Kläger ist auch Schuldner der letzteren (§ 89). Desgleichen ist er gemäß § 81 für das weitere ordentliche Verfahren (zu 10/10) vorschußpflichtig.

[2] In diesem Falle hat die ladende Partei Vorschuß (zu 10/10) für das ordentliche Verfahren zu zahlen: § 81. Mot. 103.

[3] Im übrigen wird der Beginn eines besonderen Rechtsstreits durch Anstellung der neuen Klage gekennzeichnet. Vgl. Anm. 1 zu § 28. Ausnahme: § 39 (jedes Verfahren über Anträge usw. in den in den §§ 27, 34—38 bezeichneten Streitigkeiten gilt als besonderer Rechtsstreit). — Gegenstand des Rechtsstreits im ordentlichen Verfahren ist der Betrag, bezüglich dessen dem Beklagten die Ausführung der Rechte vorbehalten war, insoweit in bezug auf diesen Gegenstand der demnächst seine Rechte im ordentlichen Verfahren ausführende Beklagte die Aufhebung des mit jenem Vorbehalt erlassenen Urteils beantragt. Der Betrag der ganz oder teilweise zu erstattenden Kosten bildet keinen für die Berechnung der Gerichtskosten und Rechtsanwaltsgebühren in Betracht kommenden Gegenstand des anhängigen Rechtsstreits, sondern den Gegenstand einer aus dem Prozeßverhältnis entspringenden Nebenforderung. RG. 28, 350. — Neben der Beweisgebühr im Urkundenprozeß kann eine solche im ordentlichen Verfahren in Ansatz gebracht werden. JW. 97, 421[21]. — Hinsichtlich der Gebührenberechnung bei Geltendmachung prozeßhindernder Einreden im Nachverfahren s. Anm. 3 zu § 26.

b. Besondere Gebühren.

***34.** Drei Zehntheile der Gebühr (§. 8) werden erhoben für die Entscheidung [1] einschließlich des Verfahrens: [2]

1. über Anträge auf Entmündigung oder Wiederaufhebung einer Entmündigung, soweit die Amtsgerichte zuständig sind [3] (Civilprozeßordnung §§. 645 bis 662, 675 bis 678, 680 bis 683, 685); [4]

2. über die Ernennung oder Ablehnung eines Schiedsrichters, das Erlöschen eines Schiedsvertrags[5] oder die Anordnung der von Schiedsrichtern für erforderlich erachteten richterlichen Handlungen[6] (Civilprozeßordnung §. 1045).

[1] Eine mündliche Verhandlung ist in diesen Fällen teils ausgeschlossen, teils von untergeordneter Bedeutung; eine Beweiserhebung ist selten. Deshalb soll durch die eine Bauschgebühr das ganze Verfahren bis zur Entscheidung (einschließlich einer etwaigen mündlichen Verhandlung und Beweiserhebung) abgegolten werden. Mot. zu § 34. — Gemeint ist diejenige „Entscheidung", durch die über den Antrag sachlich entschieden wird. Mit ihrem Erlaß erst wird die Gebühr fällig. Vorbereitende Verfügungen oder Entscheidungen (z. B. die Überweisung einer Entmündigung an ein anderes Amtsgericht gemäß §§ 650, 651 ZPO.) kommen nicht in Betracht. Ob die Entscheidung dem Antrage stattgibt oder ihn ablehnt, ist für den Gebührenansatz belanglos. — Zurücknahme des Antrags vor der Entscheidung: § 46 (1/10 von 3/10). Bedarf die Entscheidung einer Zustellung von Amts wegen (gemäß § 329 Abs. 1, 3 ZPO., wenn sie ohne zuvorige mündliche Verhandlung erlassen ist), so ist sie erst in dem Zeitpunkte der Zustellung als erlassen anzusehen, so daß bei einer Zurücknahme bis zu diesem Zeitpunkte nur die Gebühr aus § 46 zu erheben ist. JW. 92, 94[5].

[2] § 28 (nur eine Gebühr für gleichartige Akte in derselben Instanz) findet in diesen Fällen keine Anwendung: § 39 (das Verfahren gilt für die Gebührenerhebung als besonderer Rechtsstreit). Vgl. jedoch Anm. 1 zu § 39. — Auch § 23 (bei Anerkenntnis, Verzicht, Vergleich Entscheidungsgebühr nur zu 5/10) findet keine Anwendung, da es sich nicht um eine Entscheidungsgebühr im Sinne des § 18 Nr. 3, sondern um eine Bauschgebühr für das ganze Verfahren handelt.

[3] Anfechtungs- und Wiederaufhebungsklagen vor dem Land-

gericht (vgl. Anm. 3 zu § 20) werden wie jeder ordentliche Prozeß besteuert, abgesehen von der Sondervorschrift des § 20 Nr. 1 (Verhandlungsgebühr auch für eine nicht kontradiktorische Verhandlung). — Bestellung eines Vertreters für den Entmündigten gemäß §§ 668, 679, 686 ZPO.: § 47 Nr. 9 (gebührenfrei).

4 Wertsberechnung: § 10 Abs. 1 (2000 Mk., ausnahmsweise niedriger oder höher, bis zu 200 bzw. 50000 Mk.). — Kostenpflicht bei Erlaß einer Entscheidung: §§ 658, 682 ZPO. (im Falle der Entmündigung ist der Entmündigte, anderenfalls, wenn es sich um Entmündigung wegen Verschwendung oder Trunksucht handelt, der Antragsteller kostenpflichtig, während im Entmündigungsverfahren wegen Geisteskrankheit oder Geistesschwäche die Staatskasse die Kosten zu tragen hat, sofern nicht dem Antragsteller ein Verschulden zur Last fällt). Ergeht eine Entscheidung nicht, weil der Antragsteller seinen Antrag zurücknimmt, so hat nach dem Grundsatze des § 89 GKG. der Antragsteller die Kosten zu tragen. — Zu den Kosten gehören auch die durch die Mitwirkung der Staatsanwaltschaft veranlaßten baren Auslagen. PrVerf. v. 31./3. 94 (PrJMBl. 87).

5 Früher wurde für die Entscheidung in diesen Angelegenheiten die Gebühr nach § 26 Nr. 10 (5/10) erhoben. Durch die Novelle v. 17./5. 98 ist die Gebühr auf 3/10 herabgesetzt; deshalb ist der Gebührensatz nunmehr hier bestimmt. Vgl. hierüber Anm. 24 zu § 26. — Unter „Ernennung" eines Schiedsrichters ist sowohl die Bezeichnung seitens des Richters als auch die seitens der Parteien in dem Schiedsvertrage (§§ 1028, 1029 ZPO.) zu verstehen (daher fällt z. B. unter § 1045 ZPO. und gehört hierher ein Streit darüber, ob ein Schiedsrichter die im Schiedsvertrag ausbedungenen Eigenschaften besitzt); unter „Ablehnung" ist die Ablehnung aus einem der in den §§ 41, 42, 1032 ZPO. aufgeführten Gründe gemeint. RG. 47, 401. Ist aber in einem Schiedsvertrage bestimmt, daß der Vorsitzende eines besonders bezeichneten Gerichts einen Schiedsrichter ernennen soll, so ist, wenn der Vorsitzende einen Schiedsrichter bestimmt, hierin nicht eine unter § 34 Nr. 2 fallende „Ernennung" zu finden, da der Vorsitzende hierbei als Privatperson handelt. RG. 53, 1.

[9] Auch wenn die angeordnete Handlung demnächst nicht erfolgt. — Auf den Schiedsspruch selbst findet das GKG. keine Anwendung. RG. 30, 225. — Streitwert: Anm. 1 zu § 3 ZPO. unter § 9 GKG.

***35.** Zwei Zehntheile der Gebühr (§. 8) werden erhoben für die Entscheidung, einschließlich des vorangegangenen Verfahrens,[1] über Anträge:[2]

1. auf vorläufige Einstellung, Beschränkung oder Aufhebung einer Zwangsvollstreckung[3] (Civilprozeßordnung §§. 707, 719, 769, 771 Abs. 3, §§. 785, 786, 805 Abs. 4, §. 810 Abs. 2);[4]
2. auf gerichtliche Handlungen[5] der Zwangsvollstreckung (Civilprozeßordnung §§. 764, 791, 822, 823, 825, 828, 829 Abs. 1, §§. 835, 839, 844, 846 bis 848, 857, 858, 885 Abs. 4, §§. 886, 900 Abs. 3, §§. 901, 930 Abs. 3);[6]
3. auf Anordnung oder Aufhebung eines Arrestes oder einer einstweiligen Verfügung (Civilprozeßordnung §§. 921, 922, 934, 936 bis 944),[7] soweit nicht nachträglich eine Gebühr des §. 26 Nr. 9 zur Erhebung kommt;[8]

sowie

4. über Anträge, Einwendungen oder Erinnerungen,[9] welche die Art und Weise der Zwangsvollstreckung oder das bei derselben vom Gerichtsvollzieher zu beobachtende Ver-

fahren oder die von ihm in Ansatz gebrachten Kosten oder die Weigerung desselben betreffen, einen Vollstreckungsauftrag zu übernehmen oder eine Vollstreckungshandlung dem Auftrage gemäß auszuführen[10] (Civilprozeßordnung §. 766).

[1] Durch die eine Bauschgebühr wird in den Fällen der Nr. 1, 2, 4 (nicht auch Nr. 3, da dann § 26 Nr. 9 zur Anwendung kommt, s. Anm. 7) insbesondere auch eine etwaige mündliche Verhandlung oder Beweiserhebung mitabgegolten. Vgl. über den Begriff der „Entscheidung" und Fälligwerden der Gebühr Anm. 1 zu § 34. — Die Gebühr ist in allen Prozeßarten, auch im Urkunden- und Wechselprozeß (§ 25: sonst 6/10) und in den Prozessen des § 26 (sonst 5/10), aus der vollen Gebühr des § 8 zu berechnen. — Zurücknahme vor der Entscheidung: § 46 (1/10 von 2/10). Vgl. Anm. 1 zu § 34 über Zulässigkeit der Zurücknahme bis zur Zustellung der Entscheidung.

[2] § 28 (nur eine Gebühr für gleichartige Akte in derselben Instanz) findet in diesen Fällen keine Anwendung; vielmehr gilt nach § 39 jedes (durch eine Entscheidung erledigte) Verfahren über jeden dieser Anträge für die Gebührenerhebung nach § 35 als besonderer Rechtsstreit. Auch wenn mehrere unter verschiedene Nummern des § 35 fallende Anträge in einem Schriftsatze gestellt und durch eine Entscheidung gemeinschaftlich zur Erledigung gebracht werden, ist für das Verfahren über jeden Antrag eine besondere Gebühr zum Ansatze zu bringen. Wird aber über gleichartige unter dieselbe Nummer fallende Anträge durch einen Bescheid gemeinschaftlich entschieden, so liegt nur ein Verfahren und ist nur eine Gebühr zu erheben. Vgl. Anm. 1 zu § 39. — Auch § 23 (bei Anerkenntnisurteil, Verzichturteil, Vergleich Entscheidungsgebühr nur zu 3/10) findet keine Anwendung, da es sich nicht um eine Entscheidungsgebühr im Sinne des § 18 Nr. 3, sondern um eine Bauschgebühr für das ganze Verfahren handelt. Im Falle des Vergleichs vor der

Entscheidung ist die Zurücknahmegebühr (s. Anm. 1) zu erheben. — Erfolgt die Anordnung nicht auf Antrag, sondern von Amts wegen (z. B. Aussetzung der Vollziehung bei Beschwerde [§ 572 ZPO.], Einstellung der Zwangsvollstreckung bei Einwendungen gegen Zulässigkeit der Vollstreckungsklausel (§ 732 ZPO.]), so wird die Gebühr aus § 35 nicht geschuldet.

[3] Bei wiederholten Anträgen ist die Gebühr für jeden Antrag zu erheben: § 39 Abs. 1 (Abs. 2 § 39 findet auf Nr. 1 keine Anwendung). — Wertsberechnung: § 13 Abs. 2 (die einzuziehenden Zinsen werden mitberechnet). — Über den Kostenpunkt wird in der Anordnung der Einstellung usw. nicht entschieden. Ergeht aber demnächst in der Hauptsache ein Urteil, so betrifft die darin enthaltene Kostenentscheidung auch die Kosten der Anordnung. RG. 50, 358, OLG. 9, 58.

[4] § 707: Wiedereinsetzung in den vorigen Stand; § 719: Einlegung des Einspruchs oder eines Rechtsmittels gegen ein für vorläufig vollstreckbar erklärtes Urteil; § 769: Einwendungen gegen den Urteilsanspruch oder gegen die Zulässigkeit der Vollstreckungsklausel im Wege der Klage; § 771 Abs. 3: Widerspruchsklage Dritter; §§ 785, 786: Geltendmachung der Beschränkung der Haftung seitens der Erben, Ehegatten, Übernehmer eines Vermögens, Abkömmlinge, Vermächtnisnehmer; § 805: Geltendmachung des Anspruchs auf vorzugsweise Befriedigung; § 810: Widerspruch gegen Pfändung von Früchten auf dem Halm. — Für die im Urteile des Prozeßgerichts gemäß § 770 ZPO. getroffene Anordnung, betr. Einstellung der Zwangsvollstreckung usw., ist eine Gebühr nicht zu erheben, da die Anordnung nur eine Folge der Entscheidung in der Hauptsache ist. Dagegen ist für die Vorabentscheidung über die vorläufige Vollstreckbarkeit in der Berufungsinstanz gemäß § 718 Abs. 1 ZPO. die Gebühr aus § 35 Nr. 1 (mit den höheren Sätzen des § 49) in Ansatz zu bringen.

[5] Mehrheit von Handlungen (z. B. Pfändung und Überweisung einer Geldforderung, §§ 829, 835 ZPO.): § 39 Abs. 2 (die Gebühr kommt nur einmal zur Erhebung, wenn die mehreren gerichtlichen Vollstreckungshandlungen wegen desselben Anspruchs

und in denselben Gegenstand erfolgen). Beim Zusammentreffen eines der Verfahren des § 35 Nr. 2 mit Verfahren anderer Art: § 39 Abs. 1 (für jedes Verfahren eine besondere Gebühr) und Anm. 1 dazu.

6 § 764: Vollstreckungsgericht; § 791: Zwangsvollstreckung im Ausland; § 822: Umschreibung eines Wertpapiers auf den Namen des Käufers; § 823: Wiederinkurssetzung eines Inhaberpapiers; § 825: Anordnung besonderer Verwertung einer gepfändeten Sache; § 828: Vollstreckungsgericht bei Zwangsvollstreckung in Forderungen und andere Vermögensrechte; § 829 Abs. 1: Pfändung von Geldforderungen; §§ 835, 839: Überweisung von Geldforderungen; § 844: Anderweite Verwertung gepfändeter Forderungen; §§ 846—848: Zwangsvollstreckung in Ansprüche auf Herausgabe oder Leistung körperlicher Sachen; § 857: Zwangsvollstreckung in andere Vermögensrechte; § 858: Zwangsvollstreckung in einen Schiffspart; § 885 Abs. 4: Verkauf zugehöriger beweglicher Sachen bei Zwangsvollstreckung auf Herausgabe einer unbeweglichen Sache; § 886: Zwangsvollstreckung in einen Anspruch auf Herausgabe einer im Gewahrsam eines Dritten befindlichen unbeweglichen Sache, zu deren Herausgabe der Schuldner verpflichtet ist; § 900 Abs. 3: Widerspruch des Schuldners gegen seine Verpflichtung zur Leistung des Offenbarungseides; § 901: Anordnung der Haft zur Erzwingung der Leistung des Offenbarungseides; § 930 Abs. 3: Versteigerung einer beweglichen Sache bei Vollziehung eines Arrestes. — Bezüglich der Leistung des Offenbarungseides (§ 900 Abs. 3, § 901) s. jedoch § 43 und Anm. 2, 3 dazu. — Gerichtliche Handlungen der Zwangsvollstreckung, welche nicht unter § 35 Nr. 2 fallen, sondern gebührenfrei sind: § 47 Nr. 3, 9, 12, 13. — Für die Anordnung der Zwangsversteigerung oder Zwangsverwaltung eines Grundstücks bestimmt sich die Gebühr nach Landesrecht. Preußen: PrGKG. in d. Fass. v. 6./10. 99 § 124.

7 § 35 Nr. 3 findet nur dann Anwendung, wenn über den Arrestantrag ohne zuvorige mündliche Verhandlung gemäß § 922 Abs. 2 ZPO. durch Beschluß entschieden wird. JW. **92**, 371[9]. Erfolgt die Anordnung des Arrestes (der einstweiligen Verfügung)

durch Endurteil: § 26 Nr. 9 (5/10). Wird der durch Beschluß angeordnete Arrest (einstweilige Verfügung) auf erhobenen Widerspruch durch Endurteil bestätigt oder aufgehoben, so ist die für die Anordnung des Arrestes nach § 35 Nr. 3 erhobene Gebühr auf die nach § 26 Nr. 9 zur Erhebung kommende Gebühr anzurechnen. Hierüber, sowie über die Gebühr für das Verfahren vor dem Amtsgericht (Vollstreckungsgericht) gemäß §§ 934, 942 ZPO. vgl. Anm. 23 zu § 26. Im übrigen aber ist gemäß § 39 die Gebühr für die Anordnung aus § 35 Nr. 3 besonders zu erheben, namentlich auch dann, wenn das Verfahren von dem über die Hauptsache nicht (durch besondere mündliche Verhandlung) getrennt ist (anders hinsichtlich der Gebühren der Rechtsanwälte: § 29 Nr. 4, § 30 Nr. 2 GO. f. RA., RG. 8, 428, 13, 322). Vgl. Anm. 2 hier. Desgleichen wird für gerichtliche Handlungen der Vollstreckung eines Arrestbefehls (z. B. Pfändung einer Forderung) neben der auf Grund von § 26 Nr. 9 oder § 35 Nr. 3 für die Anordnung des Arrestes zu berechnenden Gebühr die Gebühr des § 35 Nr. 2 besonders erhoben. JW. 96, 338[32], PrVerf. v. 25./9. 95 (PrJMBl. 308). Vgl. RG. 8, 402 und Anm. 5 hier, sowie Anm. 23 zu § 26, Anm. 1 zu § 39. — Wird auf Beschwerde über Zurückweisung des Arrestantrages der Arrest (einstweilige Verfügung) vom Beschwerdegericht angeordnet, so ist, weil die Anordnung als noch zum erstinstanzlichen Verfahren gehörig zu behandeln ist, nur eine Gebühr aus § 35 Nr. 2 zu erheben. Kosten der Beschwerde: § 45 Abs. 1 Satz 1, 2 (keine Gebühr). — Auch für bedingte Arrestanordnung gegen zuvorige Sicherheitsleistung ist die Gebühr aus § 35 Nr. 3 zu erheben. OLG. 11, 143.

[8] § 39 Abs. 2 kommt nicht zur Anwendung. Daher ist gemäß § 39 Abs. 1 für die Anordnung und für die Aufhebung des Arrestes je eine besondere Gebühr zu erheben. Vgl. Anm. 2, 7.

[9] Des Gläubigers, des Schuldners oder eines an der Zwangsvollstreckung interessierten Dritten. RG. 34, 378, 37, 399. Erinnerungen: des Gläubigers z. B. wegen Ablehnung eines Vollstreckungsauftrages oder wegen Einstellung der Zwangsvollstreckung gemäß § 775 ZPO.; des Schuldners z. B. wegen: Verstoßes gegen §§ 750—752 ZPO. bei Beginn der Zwangsvollstreckung (RG. 25, 371), Überpfändung (§ 803 ZPO.), ver-

frühter Pfändung in den Fällen des § 810 ZPO. (JW. 94, 590[5]), Pfändung von (nach §§ 811, 812, 850 ZPO.) unpfändbaren Sachen und Forderungen (RG. 16, 319, 25, 335, JW. 03, 50[19]); eines Dritten, wenn seine Rechte durch Vornahme einer unrechtmäßigen Zwangsvollstreckung (z. B. im Falle des § 809 ZPO. trotz seines Widerspruchs) verletzt werden (RG. 34, 378, 50, 71, JW. 02, 192 B). — Die Geltendmachung der Einwendungen usw. im Wege der Klage ist unzulässig. RG. 16, 348, 34, 380, 40, 365. Wird doch Klage erhoben, so sind die vollen Gebühren nach § 8 zu erheben.

[10] Vgl. jedoch § 47 Nr. 14 (keine Gebühr, wenn die Anträge usw. für begründet befunden werden und die Kosten dem Gerichtsvollzieher zur Last fallen). — Abweichend von der Gerichtsgebührenerhebung steht den Rechtsanwälten für diese Erinnerungen gegen das Verfahren des Gerichtsvollziehers eine besondere Gebühr aus § 23 GO. f. RA. nicht zu. JW. 98, 481[19], Gr. 42, 1163.

***36. Für die Entscheidung, einschließlich des Verfahrens,[1] über Anträge auf Sicherung des Beweises (Civilprozeßordnung §§. 485 bis 494)[2] werden drei Zehntheile der Gebühr (§. 8) und, wenn eine Beweisaufnahme stattfindet, fünf Zehntheile der Gebühr erhoben.[3]**

[1] Durch eine Bauschgebühr wird das gesamte Verfahren, einschließlich des angeordneten Beweises, mit der Maßgabe abgegolten, daß, wenn die Beweisaufnahme nicht stattfindet, die geringere Gebühr von $^3/_{10}$ anzusetzen ist. Vgl. Anm. 1 zu § 34, Anm. 1 zu § 35. — Zurücknahme vor der Entscheidung: § 46 ($^1/_{10}$ von $^3/_{10}$). Über Zulässigkeit der Zurücknahme bis zur Zustellung der Entscheidung vgl. Anm. 1 zu § 34. — Bestellung eines Vertreters für den unbekannten Gegner gemäß § 494 ZPO.: § 47 Nr. 9 (gebührenfrei). — Werden mehrere Beweissicherungsanträge nacheinander von der einen oder der anderen Partei gestellt und durch verschiedene Entscheidungen zur Erledigung

gebracht, so ist gemäß § 39 für jeden entschiedenen Antrag eine besondere Gebühr aus § 36 zu erheben, auch wenn die Anträge den gleichen Streitpunkt betreffen. Ergeht aber für alle Anträge eine gemeinschaftliche Entscheidung, so ist nur eine Gebühr nach dem Gesamtwert der Anträge anzusetzen. Vgl. OLG. 11, 341, Anm. 1 zu § 39.

[2] Gleichviel, ob das Gesuch gemäß § 486 Abs. 1 ZPO. bei dem Prozeßgericht oder gemäß Abs. 2 (in Fällen dringender Gefahr) bei dem örtlich zuständigen Amtsgericht angebracht wird. — Erfolgt die Anordnung in der Berufungsinstanz: § 49 (Gebühr um 1/4 höher).

[3] Ist der Rechtsstreit anhängig, so wird für eine in demselben stattfindende anderweite Beweisaufnahme die Beweisgebühr auch dann erhoben, wenn bereits wegen einer Beweisaufnahme im Sicherungsverfahren die Gebühr zu 5/10 erhoben ist, da nach § 39 dieses Verfahren als ein besonderer Rechtsstreit gilt. RG. 15, 417, JW. 90, 374[12]. Anders bezüglich der Gebühren der Rechtsanwälte: § 29 Nr. 3, § 30 Nr. 1 GO. f. RA. (Sicherungsverfahren bei Anhängigkeit der Hauptsache zu deren Instanz gehörig). — Vorschlußpflicht des Antragstellers: § 81, RG. 15, 417. — Anderweite Anwendung des § 36 für Beweisaufnahmen bei Unfällen: § 14 BinnenschiffGes. v. 15./6. 95 in d. Fass. v. 20./5. 98 (RGB. 868), § 11 Flößereiges. v. 15./6. 95 (RGB. 341).

***37.** Im Mahnverfahren werden erhoben:[1]

1. zwei Zehntheile der Gebühr (§. 8) für die Entscheidung[2] über das Gesuch um Erlassung des Zahlungsbefehls (Civilprozeßordnung §§. 691, 692);
2. ein Zehntheil der Gebühr (§. 8) für die Entscheidung[2] über das Gesuch um Erlassung des Vollstreckungsbefehls (Civilprozeßordnung §. 699).[3]

Wird ein Gesuch um Erlassung des Zahlungsbefehls[4] zurückgewiesen, weil der Zahlungsbefehl in Ansehung eines Theils des Anspruchs nicht erlassen werden kann (Civilprozeßordnung §. 691 Abs. 2), so ist die Gebühr nur nach dem Werthe dieses Theils zu berechnen.[5]

Soweit die Kosten des Mahnverfahrens als Theil der Kosten eines entstehenden Rechtsstreits anzusehen sind (Civilprozeßordnung §. 698),[6] wird die im Falle der Nr. 1[7] erhobene Gebühr auf die Gebühr des entstehenden Rechtsstreits angerechnet.[8]

[1] § 28 (nur eine Gebühr für gleichartige Akte in derselben Instanz) findet hier keine Anwendung: § 39 (jedes Verfahren über einen der Anträge gilt für die Gebührenerhebung als besonderer Rechtsstreit). Es ist daher in demselben Verfahren die Gebühr für den Vollstreckungsbefehl (Nr. 2) neben der Gebühr für den Zahlungsbefehl (Nr. 1) zu erheben. — Zahlungspflichtig für die Gebühren des Zahlungs- und des Vollstreckungsbefehls ist der Staatskasse gegenüber nur der Gläubiger. Ist diesem das Armenrecht bewilligt, so findet die Erhebung der Gebühr nicht statt.

[2] Die Gebühr wird fällig mit der Entscheidung, gleichviel ob der Antrag abgelehnt oder der Zahlungsbefehl erlassen wird. — Zurücknahme vor der Entscheidung: § 46 (1/10 von 2/10 bzw. 1/10).

[3] Für den Zahlungsbefehl sind auch Schreibgebühren zu erheben; dagegen nicht für die Benachrichtigung von dem Widerspruch und auch nicht für den Vollstreckungsbefehl: § 80a Nr. 2, 3.

[4] Nicht anwendbar, wenn ein Gesuch um Erlassung des Vollstreckungsbefehls zurückgewiesen wird. Hier Berechnung der Gebühr Nr. 2 immer nach dem ganzen Wert des Anspruchs, es sei denn, daß nur für einen Teil Vollstreckungsbefehl beantragt ist.

[5] Weil das Gesuch demnächst unter Beschränkung auf das zulässige Maß wiederholt werden und dann die Gebühr aus Abs. 1 Nr. 1 zur Hebung gelangen kann. Mot. zu § 37. — Abs. 2 nicht anwendbar, wenn wegen mehrerer selbständiger Ansprüche Zahlungsbefehl beantragt ist und der Antrag nur hinsichtlich eines Anspruchs zurückgewiesen wird; hier ist die Gebühr (für die Zurückweisung hinsichtlich des einen Anspruchs und zugleich für den Erlaß des Zahlungsbefehls hinsichtlich des anderen Anspruchs) nach dem Gesamtbetrage der Ansprüche zu erheben. Dem Beklagten ist dann allerdings im Zahlungsbefehle nur der verhältnismäßige Teil der Gebühr zur Erstattung aufzugeben.

[6] Gehört der Anspruch vor das Amtsgericht, so ist zur Anwendung des Abs. 3 (Anrechnung der Gebühr für den Zahlungsbefehl auf die demnächstigen Rechtsstreitkosten) erforderlich, daß nach rechtzeitig erhobenem Widerspruch seitens einer der Parteien vor dasselbe Amtsgericht zur Verhandlung über den Anspruch geladen wird (§ 696 ZPO.). Erhebt der Antragsteller (z. B. weil der Beklagte inzwischen seinen Wohnsitz gewechselt hat) wegen des Anspruchs eine Klage vor einem anderen Amtsgericht, so findet Abs. 3 keine Anwendung. Gehört der Anspruch vor das Landgericht, so muß der Kläger vor dem zuständigen Landgericht Klage erheben, und zwar binnen sechs Monaten; diese Frist läuft vom Tage der Benachrichtigung von dem Widerspruch bzw., wenn bereits ein Vollstreckungsbefehl erlassen und Einspruch dagegen eingelegt war, von der Rechtskraft des den Einspruch für zulässig erklärenden Urteils. Vgl. §§ 697, 700 ZPO., Gr. 32, 739, JW. 86, 270. Nach der Ladung bzw. (rechtzeitigen) Klagerhebung ist gemäß § 81 Vorschuß von der ladenden Partei zu erfordern. Von diesem Vorschuß ist nicht sogleich die Gebühr für den Zahlungsbefehl in Abzug zu bringen, da die Anrechnung der Gebühr auf die Rechtsstreitkosten erst erfolgen kann, wenn diese (am Schlusse des Rechtsstreits) zur Einziehung gelangen. OLG. 7, 221.

[7] Die Gebühr für den Vollstreckungsbefehl (Nr. 2) bleibt immer besonders bestehen.

[8] Abs. 3 findet auch dann Anwendung, wenn nach Über-

leitung des Mahnverfahrens in das ordentliche Verfahren die Kosten dieses (z. B. zufolge Zurücknahme der Klage: § 46) geringer sind als die des Mahnverfahrens. Es ist in diesem Falle die Gebühr für das ordentliche Verfahren außer Ansatz zu lassen. Eine Zurückzahlung findet aber nicht statt. RG. 34, 373. — Betrifft das ordentliche Verfahren nur einen Teil des im Mahnverfahren geltend gemachten Anspruchs, so ist die Gebühr für den Zahlungsbefehl nur zu einem verhältnismäßigen Teil auf die Rechtsstreitkosten anzurechnen, da nur dieser Teil als „Kosten des Mahnverfahrens" in bezug auf den im ordentlichen Verfahren verfolgten (Teil-) Anspruch anzusehen ist.

***38.** Ein Zehntheil der Gebühr (§. 8) wird erhoben für die Entscheidung, einschließlich des vorangegangenen Verfahrens,[1] über Anträge:[2]

1. auf Festsetzung der vom Gegner zu erstattenden Prozeßkosten, sofern dieselbe im besonderen Verfahren erfolgt (Civilprozeßordnung §. 105),[3] oder auf Abänderung der Kostenfestsetzung (Civilprozeßordnung §. 107);[4]
2. auf Bestimmung einer Frist zur Rückgabe und auf Anordnung der Rückgabe einer Sicherheit in den Fällen des §. 109 Abs. 1, 2 der Civilprozeßordnung;[5]
3. auf Ertheilung der Vollstreckungsklausel[6] in den Fällen,[7] in welchen dieselbe auf Anordnung des Vorsitzenden zu erfolgen hat, oder auf Zurücknahme der Vollstreckungsklausel, sofern diese Anträge nicht im Wege der Klage[8] gestellt werden (Civilprozeßordnung §§. 726 bis 730, 732, 738, 742,

744, 745 Abs. 2, §§. 749, 795, 796 Abs. 1, §. 797 Abs. 3, §. 929),[9] oder auf Ertheilung einer weiteren vollstreckbaren Ausfertigung (Civilprozeßordnung §. 733).[10]

[1] Durch die Bauschgebühr wird das gesamte, durch den Antrag veranlaßte Verfahren, einschließlich einer etwaigen mündlichen Verhandlung und Beweisaufnahme, abgegolten. Vgl. Anm. 1 zu §§ 34, 35, 36. — Zurücknahme vor der Entscheidung: § 46 (1/10 von 1/10). Vgl. über Zulässigkeit der Zurücknahme bis zur Zustellung der Entscheidung Anm. 1 zu § 34.

[2] § 28 (nur eine Gebühr für gleichartige Akte in derselben Instanz) findet hier keine Anwendung; vielmehr gilt nach § 39 jedes Verfahren über jeden dieser Anträge für die Gebührenerhebung als besonderer Rechtsstreit. Auch wenn mehrere Anträge gleicher Art nacheinander gestellt werden (z. B. mehrere Anträge auf Kostenfestsetzung nacheinander), ist die Gebühr für jeden Antrag besonders zu erheben. Ausnahmen: § 39 Abs. 3 (die Verfahren über die in Nr. 1 und die über die in Nr. 2 bezeichneten Anträge gelten je unter sich als ein Rechtsstreit). Vgl. auch Anm. 1 zu § 39 (gleichzeitige Entscheidung über mehrere Anträge). — Die Gebühr aus § 38 ist in allen Prozeßarten, insbesondere auch im Urkunden- und Wechselprozeß und in den Verfahren des § 26, nach der vollen Gebühr des § 8 zu berechnen. Vgl. Anm. 1 zu § 35.

[3] Zusatz der Novelle v. 17. 5. 98 mit Rücksicht auf die neue Vorschrift des § 103 ZPO. Erfolgt die Festsetzung gemäß dieser Vorschrift sogleich im Urteil, nicht durch besonderen Beschluß (§ 105 ZPO.), so kommt die Gebühr nicht zum Ansatz, vielmehr ist die Festsetzung gebührenfrei. — Auch Kosten der Zwangsvollstreckung sind, soweit ihre gleichzeitige Beitreibung (§ 788 ZPO.) nach der Natur der Vollstreckungshandlung ausgeschlossen oder sonst nicht möglich war, von dem Prozeßgericht besonders festzusetzen. Gr. **30**, 1168, **38**, 503, JW. **99**, 41[37]. — Der Streitwert des Festsetzungsverfahrens bestimmt sich nach demjenigen Kostenbetrag, dessen Festsetzung der Antragsteller

verlangt. Sind die Prozeßkosten unter den Parteien nach Quoten verteilt, so ist Objekt derjenige Betrag, der sich als vom Gegner zu erstatten ergibt, wenn unter Zugrundelegung der Aufstellung des Antragstellers und der Gegenrechnung des Gegners (ohne Berücksichtigung der etwaigen Abstriche des Gerichts) die Kostenausgleichung vorgenommen wird. Vgl. **Gr. 41**, 1141, JW. **97**, 240[46].

[4] Zusatz der Novelle v. 17./5. 98 mit Rücksicht auf den durch die Novelle z. ZPO. v. 17./5. 98 eingeführten § 107, wonach wegen nachträglicher abweichender Festsetzung des Streitwerts die Festsetzung der Kosten auf Antrag entsprechend abzuändern ist. Wenn jedoch die Festsetzung der Kosten durch besonderen Beschluß (§ 105 ZPO., Gegensatz: in dem Urteile des Amtsgerichts, § 103 Abs. 1 ZPO.) erfolgt ist, gelten diese und ihre spätere Abänderung als ein Rechtsstreit (s. Anm. 2 und § 39 Abs. 3). Demnach wird in diesem Falle, wenn demnächst die zu erstattenden Kosten herabgesetzt werden, hierfür eine weitere Gebühr überhaupt nicht erhoben, während im Falle der Erhöhung nur der etwaige hieraus sich ergebende Mehrbetrag der nach den Gesamtkosten zu berechnenden Gebühr noch weiter in Ansatz zu bringen ist. Begr. 209. Im Falle der Kostenfestsetzung in dem Urteile des Amtsgerichts, welche nicht gebührenpflichtig ist (s. Anm. 3), wird dagegen die hier bestimmte Gebühr nach dem Betrage, um welchen Abänderung der Festsetzung beantragt ist, erhoben.

[5] Zusatz der Novelle v. 17./5. 98 mit Rücksicht auf die neue Vorschrift des § 109 ZPO. (Fristbestimmung zur Einwilligung in die Rückgabe und nötigenfalls Anordnung der Rückgabe einer Sicherheit, für welche die Veranlassung weggefallen ist). Diese Vorschrift betrifft alle Fälle einer prozessualen Sicherheitsleistung zur Deckung eines durch die betreffende prozessuale Maßregel möglicherweise entstehenden Schadens. RG. **50**, 376. — Für Fristbestimmung und etwaige demnächstige Anordnung der Rückgabe nur eine Gebühr: Anm. 2, § 39 Abs. 3. — Anordnung der Rückgabe einer vom Gläubiger behufs Erklärung der vorläufigen Vollstreckbarkeit eines Urteils geleisteten Sicherheit ge-

mäß § 715 ZPO. ohne vorherige Fristbestimmung: § 47 Nr. 16 (gebührenfrei).

[6] Wertsberechnung: § 13 Abs. 2 (einzuziehende Zinsen werden mitberechnet). — Keine Schreibgebühr: § 80a Nr. 4.

[7] In den anderen Fällen, in denen der Gerichtsschreiber die Vollstreckungsklausel ohne weiteres erteilt: § 47 Nr. 15 (gebührenfrei).

[8] Wenn im Wege der Klage: § 26 Nr. 8 (5/10).

[9] § 726: Abhängigkeit der Vollstreckung von Eintritt einer Tatsache; § 727: Vollstreckbare Ausfertigung für und gegen den Rechtsnachfolger des Gläubigers bezw. Schuldners; § 728: Vollstreckbare Ausfertigung für und gegen den Nacherben bezw. den durch Einsetzung eines Testamentsvollstreckers beschränkten Erben; § 729: Vollstreckbare Ausfertigung gegen den Vermögensübernehmer; § 730: In den Fällen der §§ 726—729 Erteilung der vollstreckbaren Ausfertigung nur auf Anordnung des Vorsitzenden; § 732: Einwendungen gegen Zulässigkeit der Vollstreckungsklausel; § 738: Vollstreckbare Ausfertigung gegen den Nießbraucher; § 742: Vollstreckbare Ausfertigung in das eingebrachte Gut der Ehefrau; § 744, § 745 Abs. 2: Vollstreckbare Ausfertigung in das Gesamtgut nach Beendigung der allgemeinen und der fortgesetzten Gütergemeinschaft; § 749: Vollstreckbare Ausfertigung für und gegen den Testamentsvollstrecker; §§ 795, 796 Abs. 1, 797 Abs. 3, 929: Vollstreckbare Ausfertigung von vollstreckbaren Urkunden, Vollstreckungs- und Arrestbefehlen.

[10] Die Erteilung einer weiteren vollstreckbaren Ausfertigung von einer notariellen Urkunde erfolgt nicht, wie sonst in allen Fällen, auch in denen der §§ 726 ff. ZPO. (bei denen der Gerichtsschreiber der Anordnung des Vorsitzenden bedarf), durch den Notar (§ 797 Abs. 2 ZPO.), sondern gemäß § 797 Abs. 3 ZPO. durch das Amtsgericht. Hierfür ist die Gebühr des § 38 zu erheben. Die Gebühr für den Notar in den anderen Fällen der Vollstreckungsklausel-Erteilung bestimmt sich nach Landesrecht (Preußen: § 7 GebO. f. Notare v. 25./6. 95 in d. Fass. v. 6./10. 99). Letztere Gebühr ist in Preußen auch zum Ansatze zu bringen, wenn das Gericht an Stelle des (z. B. verstorbenen)

Notars gemäß § 797 Abs. 2 Satz 2 ZPO. in diesen Fällen als verwahrende Behörde die Vollstreckungsklausel erteilt. KGJ. 26 B 50.

39. Jede der im §. 27 bezeichneten Streitigkeiten, sowie jedes Verfahren[1] über die in den §§. 34 bis 38 bezeichneten Anträge, Einwendungen oder Erinnerungen gilt für die Gebührenerhebung als besonderer Rechtsstreit.[2]

* Betreffen mehrere gerichtliche Handlungen der Zwangsvollstreckung (§. 35 Nr. 2) wegen desselben Anspruchs denselben Gegenstand, so kommt die Gebühr nur einmal zur Erhebung.[3]

Die im besonderen Verfahren erfolgte Festsetzung der Kosten und die Abänderung der Kostenfestsetzung (§. 38 Nr. 1) gelten als Ein Rechtsstreit. Das Gleiche gilt von dem Verfahren über die im §. 38 Nr. 2 bezeichneten Anträge.[4]

[1] Es ist nur ein Verfahren, wenn mehrere Anträge der in den §§ 34—38 bezeichneten Art durch eine Entscheidung erledigt werden, sofern sie gleichartig sind und unter dieselbe Gebührenvorschrift (§ oder Nr. des §) fallen (z. B. mehrere Anträge auf vorläufige Einstellung der Zwangsvollstreckung, mehrere Arrestanträge). Es ist dann nur eine Gebühr nach dem Gesamtwerte der mehreren Anträge zu erheben. KomBer. 78, JW. 96, 338[32]. Sind aber die mehreren Anträge verschiedenartig und fallen sie unter verschiedene Gebührenvorschriften (einen anderen § oder eine andere Nr. des §), so unterliegen sie, selbst wenn sie gleichzeitig gestellt sind und über sie gemeinschaftlich entschieden ist, dem mehrfachen Gebührenansatz (z. B. Anträge auf Anordnung eines Arrestes und zugleich Sicherung des Beweises oder zugleich Bewirkung einer Forderungspfändung). JW. 96, 338[32], PrVerf. v. 25./9. 95. (Pr. JMBl. 308). Vgl.

Anm. 2 zu § 34, Anm. 2 zu § 35, Anm. 1 zu § 37. — Im Falle mehrerer der im § 27 bezeichneten Streitigkeiten (z. B. beim Auftreten mehrerer Nebeninterventienten mit verschiedenen Interessen oder bei mehreren Anträgen des Gläubigers auf Straffestsetzungen gemäß § 890 ZPO.) ist stets, auch wenn sie gleichzeitig verhandelt und entschieden werden, für jede eine besondere Gebühr in Ansatz zu bringen. Vgl. OLG. 14, 189.

² Weder § 12 (Höchstbetrag sämtlicher Gebühren für gleiche Akte von einzelnen Wertsteilen) noch § 28 (nur eine Gebühr für gleichartige Akte in derselben Instanz) sind anwendbar. — Die antragende, im Falle der §§ 925 Abs. 1, 936 ZPO. (Widerspruch gegen einen Arrest, gegen eine einstweilige Verfügung) die widersprechende Partei ist vorschußpflichtig. §§ 81, 26 Nr. 9. Mot. 103. — Der Streitwert in den im Abs. 1 bezeichneten Verfahren fällt nicht immer mit dem Streitwerte der Hauptsache zusammen, ist vielmehr grundsätzlich unabhängig von dem Streitwerte der Hauptsache zu bemessen. JW. 86, 147[13].

³ Gleichviel ob die mehreren denselben Gegenstand betreffenden Zwangsvollstreckungshandlungen (z. B. Pfändung und Überweisung einer Geldforderung, §§ 829, 835 ZPO.) gleichzeitig oder nacheinander beantragt werden. — Die Vorschrift ist nicht anwendbar auf andere Fälle des § 35. Vgl. Anm. 3, 8 zu § 35 u. JW. 96, 338[32].

⁴ Abs. 3 ist von der Novelle v. 17./5. 98 hinzugefügt. Vgl. Anm. 2, 3, 4 zu § 38.

40. Für das durch den Gerichtsschreiber an die Post gerichtete Ersuchen um Bewirkung einer Zustellung (Civilprozeßordnung §. 196) ist die einem Gerichtsvollzieher für den gleichen Akt zustehende Gebühr¹ als Gerichtsgebühr zu erheben,² sofern nicht die Zustellung von Amtswegen³ bewirkt wird.⁴

¹ §§ 2, 3 GebOrd. f. Gerichtsvollz., unten IV (in den amtsgerichtlichen und den schöffengerichtlichen Sachen, soweit diese Sachen nicht durch Einlegung eines Rechtsmittels an ein höheres Gericht gebracht sind, 0,25 Mk., in den anderen Sachen 0,40 Mk.).

[2] Die Beglaubigung des zuzustellenden Schriftstücks durch den Gerichtsschreiber (§§ 196, 210 ZPO.) ist gebührenfrei.

[3] §§ 208—213 ZPO. in d. Fass. der Novelle v. 17./5. 98 (die Zustellung von Amts wegen wird lediglich durch den Gerichtsschreiber ohne Beauftragung eines Gerichtsvollziehers bewirkt). Diese Zustellungen von Amts wegen sind gebührenfrei.

[4] § 80 b (außer Schreibgebühren keine baren Auslagen). — Gebührenfrei ist die Übermittelung des Auftrags zu einer vom Gerichtsvollzieher zu bewirkenden Zustellung seitens des Gerichtsschreibers (§ 166 Abs. 2 ZPO., § 162 GVG.).

41. Für einen in Gemäßheit des §. 510 [1] der Civilprozeßordnung stattgehabten Sühnetermin, [2] einschließlich des in demselben etwa aufgenommenen Vergleichs, [3] werden drei Zehntheile der Gebühr (§. 8) erhoben. [4]

Die Gebühr wird, wenn der Gegner desjenigen, welcher zum Sühnetermin geladen hat, nicht erschienen [5] oder der Sühneversuch erfolglos geblieben ist, auf die Gebühren eines entstehenden Rechtsstreits angerechnet. [6]

[1] D. i. nach Ladung vor das Amtsgericht des allgemeinen Gerichtsstandes zum Zwecke eines Sühneversuchs. — Auf die während eines Rechtsstreits durch das Gericht gemäß § 296 ZPO. vorgenommenen Sühneversuche sowie auf Sühnetermine in Ehesachen (§§ 609, 610 ZPO.) findet § 41 keine Anwendung. Gebühren für solche erfolglos gebliebenen Sühneversuche kommen nicht zum Ansatz, da eine Gebührenvorschrift dafür nicht gegeben ist. Vgl. Mot. zu § 47.

[2] Im Falle der Zurücknahme des Antrags vor dem Termin werden Gebühren nicht erhoben. Mot. 59. — Eine Vorschußpflicht des Antragstellers besteht (wegen Möglichkeit der Rücknahme) daher nicht; die Gebühr wird aber nach Stattfinden des Termins sofort fällig.

[3] Für den etwa aufgenommenen Vergleich wird also nicht

noch eine besondere Gebühr erhoben. Vgl. aber § 101 (höhere Gebühr für einen Vergleich nach Landesgesetz).

[4] Auch wenn kein Teil erscheint. Mot. 59. — Streitwert ist der Wert aller der Ansprüche, welche zum Gegenstand des Vergleichs gemacht sind, gleichviel, ob sie in der Ladung genannt worden sind oder nicht (anders beim Prozeßvergleich s. Anm. 4 zu § 23).

[5] Ist der Antragsteller nicht erschienen, so kann er Ersatz der nach Abs. 1 zu zahlenden Gebühr in dem späteren Rechtsstreite nicht verlangen.

[6] Soweit der Gegenstand des Sühneversuchs identisch ist mit dem Gegenstand des Rechtsstreites. Anderenfalls Anrechnung der Gebühr nur zu einem verhältnismäßigen Teil.

42. Für das Vertheilungsverfahren [1] (Civilprozeßordnung §. 858 Abs. 6, §§. 872 bis 877, 882) werden fünf Zehntheile und, wenn das Verfahren vor dem Termine zur Ausführung der Vertheilung erledigt wird, drei Zehntheile der Gebühr (§. 8) erhoben. [2]

[1] Das Anfechtungsverfahren auf die Klage des widersprechenden Gläubigers (§§ 878—881 ZPO.) bildet einen besonderen Rechtsstreit, dessen Gebühren unabhängig von der Gebühr für das Verteilungsverfahren in Ansatz zu bringen sind. — Beschwerde gegen eine einen Widerspruch gegen den Teilungsplan (§ 876 ZPO. [z. B. wegen Verspätung]) als unzulässig zurückweisende (gebührenfreie) Entscheidung: § 45.

[2] Streitwert ist der hinterlegte Geldbetrag ohne Abzug der Kosten des Verfahrens, wennschon nach § 874 Abs. 2 ZPO. die Kosten vorweg in Abzug zu bringen sind. — Keine Vorschußpflicht, da das Verfahren von Amts wegen stattfindet.

43. Für die Verhandlung [1] in dem zur Abnahme des Offenbarungseides bestimmten Termine [2] werden im Falle des §. 889 der Civilprozeßordnung zwei Zehntheile der Gebühr (§. 8) erhoben. [3]

Das Gleiche gilt für die Fälle der §§. 900, 901 der Civilprozeßordnung,[4] sofern nicht[5] über einen Widerspruch des Schuldners[6] oder über einen spätestens im Termine[7] gestellten Antrag auf Erzwingung der Eidesleistung zu entscheiden ist.[8]

[1] Anwesenheit des Antragstellers in dem Termin ist nicht erforderlich: § 900 Abs. 2 ZPO. Eine „Verhandlung" im Sinne des § 43 liegt auch schon dann vor, wenn der allein erschienene Schuldner in dem Termin Erklärungen hinsichtlich des zu leistenden Eides abgegeben hat. Erscheinen beide Teile nicht, so ist mangels einer „Verhandlung" die Gebühr nicht zu erheben. Erscheint der Antragsteller allein: Anm. 3. — Zurücknahme vor der Verhandlung: § 46 (1/10).

[2] Früher folgten die Worte:

> (Zivilprozeßordnung §§ 780, 782) werden zwei Zehnteile der Gebühr (§ 8) erhoben, sofern nicht über einen spätestens im Termine gestellten Antrag auf Erzwingung der Eidesleistung oder Verurteilung des Schuldners zur Eidesleistung zu entscheiden ist.

Durch die Novelle v. 17./5. 98 ist der Fall des durch die Novelle z. ZPO. v. 17./5. 98 dort eingefügten § 889, welcher die Vollstreckung eines auf Grund des bürgerlichen Rechts (§§ 259, 260, 2028, 2057 BGB.) ergangenen Urteils auf Leistung des Offenbarungseides betrifft, hinzugefügt worden. Im übrigen ist § 43 mit der durch die Novelle z. ZPO. geänderten Fassung des § 900 (früher § 781) Abs. 3, wonach über einen Widerspruch des Schuldners gegen seine Verpflichtung zur Leistung des Eides nicht mehr durch Urteil, sondern durch Beschluß zu entscheiden ist, in Einklang gebracht worden.

[3] Verweigert der Schuldner in dem Termine die Eidesleistung: §§ 889 Abs. 2, 888 Abs. 1 ZPO. (durch Geldstrafe oder Haft zur Eidesleistung anzuhalten). Gebühr für diesen Beschluß neben der Gebühr aus § 43 Abs. 1: § 27 Nr. 2 (3/10). Letztere Gebühr wird, wenn der Schuldner in dem Termine nicht erscheint und

der Gläubiger das Verfahren nach § 888 Abs. 1 ZPO. beantragt, allein erhoben, da eine „Verhandlung" im Sinne des § 43 Abs. 1 dann nicht stattfindet. Vgl. OLG. **11**, 152.

[4] D. i. wenn es sich um Abnahme des Offenbarungseides in den Fällen der §§ 807, 883 ZPO. handelt (fruchtlose Pfändung, herauszugebende Sache von dem Gerichtsvollzieher nicht vorgefunden).

[5] Anderenfalls (wenn also über den Widerspruch des Schuldners gegen die Eidespflicht durch Beschluß entschieden oder gegen den ausgebliebenen oder die Eidesleistung ohne Grundangabe verweigernden Schuldner auf mündlichen oder schriftlichen Antrag des Gläubigers die Haft angeordnet wird) findet § 35 Nr. 2 Anwendung, wonach für die Entscheidung, einschließlich des vorangegangenen Verfahrens, nur eine Gebühr von $^{2}/_{10}$ zu erheben ist. Die Verhandlungsgebühr aus § 43 (mit ebenfalls $^{2}/_{10}$) kommt also in diesen Fällen nicht zum Ansatz.

[6] Beschwerde gegen den über den Widerspruch entscheidenden Beschluß: § 45.

[7] Wird der Antrag nicht in dem Termine gestellt, so ist die Gebühr nach § 43 zu erheben; dem Gläubiger bleibt überlassen, ein neues Verfahren zu beantragen, das wiederum der Gebührenvorschrift des § 43 bzw. (s. Anm. 5) des § 35 Nr. 2 unterliegt.

[8] § 902 ZPO. ist nicht zitiert. Wenn daher der Schuldner, gegen den gemäß § 901 ZPO. (s. Anm. 5) die Haft angeordnet ist, nachträglich die Abnahme des Offenbarungseides beantragt, so ist nicht (neben der Gebühr des § 35 Nr. 2 noch) die Gebühr des § 43 für die Abnahme des Offenbarungseides in Ansatz zu bringen. Pr. Verf. v. 26./1. 01 (JMBl. 30). — Das auf Antrag von Berufsgenossenschaften behufs Beitreibung rückständiger Unfallversicherungsbeiträge stattfindende Offenbarungseidverfahren ist gebührenfrei, weil es sich um Rechtshilfe zum Vollzuge der Unfallversicherungsgesetze handelt. Reichsger. v. 28./9. 96 (Pr. JMBl. 47).

***44.** Im Aufgebotsverfahren[1] (Civilprozeßordnung §§. 946 bis 956, 959 bis 972, 977 bis 1024)[2] wird ein Zehntheil der Gebühr (§. 8) erhoben:

1. für die Entscheidung über die Zulässigkeit des Antrags auf Erlassung des Aufgebots;
2. für die vor der Einleitung des Aufgebotsverfahrens erfolgende Entscheidung über den Antrag auf Anordnung der Zahlungssperre;[3]
3. für die Verhandlung[4] im Aufgebotstermine;
4. für die Endentscheidung.[5]

[1] Nach den Bestimmungen der ZPO. Wenn für ein Aufgebotsverfahren auf Grund des § 11 EG. z. ZPO. die Vorschriften der ZPO. ausgeschlossen oder durch andere Bestimmungen ersetzt sind, findet § 44 keine Anwendung. Vgl. Anm. 3, 5 zu 1. — Das Anfechtungsverfahren gegen ein Ausschlußurteil (§§ 957, 958 ZPO.) bildet einen besonderen Rechtsstreit. Vgl. hinsichtlich der Todeserklärung § 20 Nr. 1.

[2] D. i. Todeserklärungen (§ 13 BGB., §§ 960—972 ZPO.); Aufgebote zum Zwecke der Ausschließung: eines Grundstückseigentümers (§ 927 BGB., §§ 977—981 ZPO.), eines Hypotheken-, Grundschuld- oder Rentenschuldgläubigers (§§ 1170, 1171 BGB., §§ 982—987 ZPO.), eines Berechtigten bei der Vormerkung, dem Vorkaufsrecht, der Reallast und dem Pfandrecht an Schiffen (§§ 887, 1104, 1112, 1269 BGB., § 988 ZPO.), von Nachlaßgläubigern (§ 1970 BGB., §§ 989—1000 ZPO.), von Gesamtgutsgläubigern (§ 1001 ZPO.), von Schiffsgläubigern (§ 1002 ZPO.); Aufgebote zum Zwecke der Kraftloserklärung von Urkunden und Wertpapieren (§§ 1003—1023 ZPO.).

[3] Nr. 2 ist von der Novelle v. 17./5. 98 hinzugefügt. — Nach § 1020 ZPO. in d. Fass. der Novelle v. 17./5. 98 erfolgt diese Entscheidung, wenn die sofortige Einleitung des Aufgebotsverfahrens nach § 1015 Satz 2 unzulässig ist, weil der Aufgebotstermin über ein Jahr hinaus bestimmt werden müßte. Erfolgt

die Anordnung erst bei oder nach Zulassung des Aufgebotsantrages (§ 1019 ZPO.), so wird keine besondere Gebühr erhoben.

[4] Daß ein Gegner erschienen ist und einen Widerspruch gegen Erlaß des Ausschlußurteils erklärt hat, ist nicht erforderlich. Wenn aber auch der Antragsteller weder erschienen ist noch vor dem Termin den Antrag auf Erlaß des Ausschlußurteils gestellt hat, so liegt eine „Verhandlung" im Sinne der Nr. 3 nicht vor.

[5] Im Falle der Verbindung mehrerer Aufgebotssachen (§ 959 ZPO.) ist die Gebühr der Nr. 1 für jede Sache besonders zu erheben, während die Gebühren der Nr. 3 und 4, wenn die Verbindung zum Zwecke der gleichzeitigen Verhandlung und Entscheidung erfolgt ist, von dem Gesamtwert der verbundenen Sachen zu berechnen sind.

45. Drei Zehntheile der Gebühr (§. 8) [1] werden erhoben für die Entscheidung, einschließlich des vorangegangenen Verfahrens, [2] in der Beschwerdeinstanz, [3] soweit die Beschwerde als unzulässig verworfen [4] oder zurückgewiesen [5] wird oder die Kosten des Verfahrens einem Gegner zur Last fallen. [6] Insoweit dies nicht der Fall ist, werden Gebühren nicht [7] erhoben. [8]

Diese Vorschrift kommt bei Anträgen auf Aenderung einer Entscheidung des beauftragten oder ersuchten Richters oder des Gerichtsschreibers (Civilprozeßordnung §. 576) zur entsprechenden Anwendung. [9]

[1] In allen Prozeßarten, auch im Urkunden- und Wechselprozeß (§ 25: sonst 6/10) und in den Verfahren des § 26 (sonst 5/10) 3/10 der vollen Gebühr. Mot. 60. Ferner auch, wenn für die angefochtene Entscheidung nach GKG. Gebühren nicht zu erheben waren (z. B. nach § 4 Abs. 1, § 16 Abs. 1, § 47). JW. 95, 521[15], vgl. Anm. 8.

[2] Bauschgebühr für das ganze Verfahren, einschließlich einer etwaigen mündlichen Verhandlung und Beweisaufnahme. Vgl. Anm. 1 zu §§ 34, 35, 36, 38. Insbesondere wird, wenn auf die Beschwerde gegen den ein Arrestgesuch zurückweisenden Beschluß mündliche Verhandlung angeordnet und demnächst gemäß § 922 Abs. 1 ZPO. durch Urteil über die Beschwerde entschieden wird, für das ganze Verfahren (einschließlich Verhandlung und Urteil) nur die Gebühr aus § 45 erhoben. Vgl. JW. **98**, 142[12].

[3] § 45 findet in allen, den Vorschriften der ZPO. unterliegenden Verfahren einschließlich der Zwangsvollstreckung Anwendung. Daher auch auf Beschwerden aus §§ 95, 96 ZVG. Ferner auf die Beschwerden nach den Vorschriften: des GKG. (§§ 4, 16, 17, 47, 48), § 17 Abs. 3 GebO. f. Z. u. S. (unten V), §§ 35, 36 RAO. — Hierbei kommt es auf das Vorhandensein der objektiven Voraussetzungen für die Anwendung des § 45 nicht an, sondern darauf, ob nach den Behauptungen der Beteiligten diese Voraussetzungen vorliegen. RG. **22**, 415, **52**, 248. Deshalb ist, wenn gegen eine Entscheidung, die von einem Oberlandesgericht auf weitere Beschwerde in einer Angelegenheit der freiwilligen Gerichtsbarkeit erlassen worden ist, unzulässigerweise noch weitere Beschwerde bei dem Reichsgericht eingelegt wird, für die Gebührenberechnung § 45 maßgebend, weil der Beschwerdeführer zum Ausdruck bringt, daß er im zivilprozessualisch geordneten Verfahren eine Entscheidung herbeiführen wolle. RG. **52**, 248. — Als Streitwert kommt nicht der Wert des Streitgegenstandes der Hauptsache, sondern desjenigen Antrages in Betracht, über welchen die Entscheidung in der Beschwerdeinstanz ergangen ist. JW. **89**, 480[10], **94**, 173[9]. Betrifft daher die Beschwerde nur Nebenforderungen (Früchte, Nutzungen, Zinsen, Schäden oder Kosten), nicht auch den Hauptanspruch, so ist der Wert der Nebenforderungen für die Berechnung des Streitwerts allein maßgebend, jedoch nach § 13 nur insoweit, als er den Wert des Hauptanspruchs nicht übersteigt. JW. **94**, 173[9]. — § 45 ist nicht anwendbar auf Beschwerden gegen: Verurteilung zu Ordnungsstrafen in Zivil-

sachen oder Strafsachen (§§ 178, 179 180 GVG.), vielmehr kommt § 68 zur Anwendung; die Entscheidung eines Oberlandesgerichts, durch welche die Rechtshilfe für unzulässig erklärt worden ist (§ 160 GVG.).

[4] Auch wenn eine Beschwerde um deswillen als unzulässig verworfen wird, weil die Zuständigkeit der Gerichte überhaupt nicht begründet ist, werden diese Gebühren erhoben, vorausgesetzt nämlich, daß solche Kosten im Falle der Zuständigkeit der Gerichte zur Erhebung kommen würden; dagegen bleiben sie außer Ansatz, wenn das Verfahren selbst unter Voraussetzung der Gerichtszuständigkeit gebührenfrei wäre. RG. **22**, 415.

[5] Ist Beschwerde auf Herabsetzung des festgesetzten Wertes des Streitgegenstandes eingelegt, vom Beschwerdeführer aber ein bestimmter Antrag nicht gestellt worden, so ist, wenn eine Herabsetzung erfolgt, die Gebühr aus § 45 nicht in Ansatz zu bringen, auch wenn der Beschwerdeführer nach der Begründung der Beschwerde eine noch weitere Herabsetzung zu erreichen gesucht hat; denn „zurückgewiesen" ist die Beschwerde nicht. JW. **97**, 450[13].

[6] Dem Beschwerdeführer wird z. B. ein Gegner fehlen, wenn kein Teil die angegriffene Entscheidung beantragt hat. Mot. zu § 45. Ferner wenn der prozeßbevollmächtigte Anwalt gemäß § 12 GO. f. RA. Beschwerde in eigenem Namen auf Erhöhung des festgesetzten Streitwerts erhebt. RG. **12**, 362, OLG. **4**, 262. Dafür, ob im Sinne des § 45 die Kosten einem Gegner zur Last fallen, ist die Entscheidung des Beschwerdegerichts über den Kostenpunkt maßgebend. Diese aber hat sich auf die §§ 91, 92, 97 ZPO. zu stützen. Ergibt die Entscheidung hierüber nichts, so findet gemäß § 45 Abs. 1 Satz 2 GKG. ein Gebührenansatz nicht statt, sofern nicht einer der beiden anderen Fälle des Gebührenansatzes (Verwerfung oder Zurückweisung der Beschwerde) vorliegt.

[7] Auch nicht Schreibgebühren: § 80a. — Dagegen sonstige Auslagen (z. B. Porto) auf Grund von § 89 Satz 1, wonach, wenn Auslagen nicht als Kosten durch gerichtliche Entscheidung einer anderen Person auferlegt oder von dieser übernommen sind, deren Schuldner derjenige ist, welcher das Verfahren der Instanz beantragt hat. JW. 88, 70[15]. — Im Falle der Zurück-

nahme der Beschwerde vor der Entscheidung: § 46 (1/10 von 3/10). Satz 2 schließt diese Gebühr nicht aus. KomBer. 74, JW. 92, 94[5]. Vgl. über Zulässigkeit der Zurücknahme bis zur Zustellung der Entscheidung Anm. 1 zu § 34, Anm. 2 zu § 46. — Vgl. hinsichtlich des Falls, daß einer gegen den ein Arrestgesuch zurückweisenden Beschluß eingelegten Beschwerde stattgegeben und der Arrest angeordnet wird, Anm. 7 zu § 35.

[8] Auf die weitere Beschwerde findet § 45 entsprechend Anwendung. Wird der weiteren Beschwerde stattgegeben, so ist zu unterscheiden, ob der Antragsteller gegen die zurückweisende oder ein Gegner gegen die für begründet erachtete erste Beschwerde weitere Beschwerde eingelegt hat. Im ersteren Falle sind beide Beschwerden gebührenfrei, wenn die Kosten nicht einem Gegner zur Last fallen; im letzteren Falle, sowie beim Vorhandensein eines Gegners auch im ersteren Falle, sind für beide Beschwerden die Gebühren aus § 45 zu erheben. — § 28 (nur e i n e Gebühr für gleichartige Akte in derselben Instanz) kommt, wenn eine der Voraussetzungen des Satz 1 für die Gebührenerhebung mehrmals vorliegt, nicht zur Anwendung. Für jedes von mehreren Beschwerdeverfahren, auch wenn diese sich auf denselben Gegenstand beziehen, oder wenn die nacheinander angegriffenen Entscheidungen in erster Instanz als e i n e n Rechtsstreit betreffend gelten (z. B. die Anordnungen behufs Rückgabe einer Sicherheit, Abs. 1, 2 § 109 ZPO., §§ 38 Nr. 2, 39 Abs. 3 GKG.), ist die Gebühr besonders zu erheben. Nur dann, wenn mehrere Beschwerden durch e i n e Entscheidung gemeinschaftlich erledigt werden, ist lediglich e i n e Gebühr nach dem Gesamtwert der Beschwerdegegenstände in Ansatz zu bringen. Vgl. Anm. 1 zu § 39. — Im Falle der Beschwerde gegen eine Entscheidung des Oberlandesgerichts ist, wenn das Oberlandesgericht die Beschwerde gemäß § 574 Abs. 1, Abs. 2 Satz 1 ZPO. als unzulässig verworfen und dann auf nachgesuchte Entscheidung des Beschwerdegerichts (Reichsgerichts) dieses gemäß § 574 Abs. 2 Satz 2 ZPO. die Entscheidung des Oberlandesgerichts aufrecht erhalten hat, nur e i n e Gebühr zu erheben, da es sich nur um e i n e Beschwerde handelt, und zwar ist die Gebühr für die Entscheidung

des Oberlandesgerichts zu erfordern. JW. 06, 68[22], Gr. 50, 1116.

[9] Auch wenn die Entscheidung, gegen welche sich der Antrag auf Änderung richtet, nach § 47 (z. B. die Entscheidung des Gerichtsschreibers auf Gesuche betr. Erteilung von Rechtskraft- oder Notfristattesten gemäß § 47 Nr. 16) gebührenfrei erfolgte. JW. 87, 353[18]. Auf die Beschwerde gegen die Entscheidung betr. den Änderungsantrag kommt wiederum die Gebührenvorschrift des Abs. 1 zur Anwendung.

***46.** Wird eine Klage, ein Antrag, ein Einspruch oder ein Rechtsmittel zurückgenommen,[1] bevor ein gebührenpflichtiger Akt stattgefunden hat,[2] so wird ein Zehntheil der Gebühr erhoben, welche für die beantragte Entscheidung oder im Falle des §. 43 für die beantragte Verhandlung zu erheben sein würde.[3]

Diese Gebühr wird nicht erhoben, wenn ein zur Terminsbestimmung eingereichter Schriftsatz vor Bestimmung des Termins zurückgezogen ist.

Betrifft die Zurücknahme nur einen Theil des Streitgegenstandes, während über einen anderen Theil verhandelt, entschieden oder ein Vergleich aufgenommen wird, so ist die Gebühr für die Zurücknahme nur insoweit zu erheben, als die Verhandlungsgebühr oder die Entscheidungsgebühr sich erhöht haben würde, wenn die Verhandlung, die Entscheidung oder der Vergleich auf den zurückgenommenen Theil erstreckt worden wäre.[4]

[1] Für die Zurücknahme kommt es hier nicht auf die Erfüllung der nach der ZPO. erforderlichen formellen Voraussetzungen

dieses Aktes an. Es genügt jede Erklärung, aus der erhellt, daß eine vollständige oder teilweise Beendigung der Streitsache oder der Rechtsmittelinstanz eintreten soll. RG. 25, 380, JW. 96, 397[5], 398[6], 99, 161[5]. Wenn daher der in der Rechtsmittelschrift formulierte Antrag in einem späteren vorbereitenden Schriftsatz oder in der mündlichen Verhandlung eingeschränkt wird, liegt im Sinne der Gebührenerhebung Zurücknahme für diesen Teil vor. RG. 25, 380. Ferner gilt, wenn in der Rechtsmittelschrift kein bestimmter Antrag gestellt und danach anzunehmen ist, daß das in Frage stehende Urteil in vollem Umfang angefochten werden sollte, die später erfolgte Beschränkung der Anfechtung als teilweise Zurücknahme des Rechtsmittels. JW. 99, 97[34], 02, 633[10]. In dieser Hinsicht stehen den selbständig eingelegten Rechtsmitteln diejenigen Anschließungen gleich, welche innerhalb der Rechtsmittelfrist erfolgt sind (§ 522 Abs. 2 ZPO.). JW. 99, 97[34]. Hinsichtlich Zurücknahme der Widerklage vgl. Anm. 2 zu § 11.

[2] So auch, wenn eine Beschwerde nach der Beschlußfassung des Gerichts, aber vor deren Zustellung zurückgenommen wird und die letztere infolgedessen unterbleibt. JW. 92, 94[5], auch Anm. 7 zu § 45. — Die Vorschrift des § 46 soll die Erhebung einer Gebühr für den Fall sichern, daß das Gericht mit einem Rechtsstreite befaßt wird, ohne daß es in der Instanz zu einem gebührenpflichtigen Akte kommt. Mot. zu § 46. Ist daher z. B. über den ganzen Streitgegenstand bereits kontradiktorisch verhandelt, so findet im Falle der Zurücknahme der Klage in derselben Instanz § 46 nicht Anwendung.

[3] Die Höhe der Gebühr richtet sich nach der Prozeßart. 1/10: von 10/10 bei gewöhnlichen Prozessen; von 6/10 im Urkundenprozeß (§ 25); von 5/10 in den Fällen § 26 Nr. 4—10, § 29, § 36; von 3/10 in den Fällen der §§ 27, 34, 45; von 2/10 in den Fällen der §§ 35, 37 Nr. 1, 43; von 1/10 in den Fällen der §§ 37 Nr. 2, 38, 44. Vgl. Anm. 1 zu §§ 34, 35, 36, Anm. 2 zu § 37, Anm. 1 zu § 38, Anm. 2 zu §§ 41, 43, Anm. 7 zu § 45. In der Berufungs- und der Revisionsinstanz: § 49 (Erhöhung um 1/4 bzw. 1/2). — Wird im Falle der Zurücknahme der Klage (§ 271 Abs. 3 ZPO.) noch über die Kostenpflicht verhandelt und entschieden, so kommen

neben der Zurücknahmegebühr nach dem Objekt der Hauptsache noch die vollen Gebühren gemäß § 8 nach dem Objekt der Kosten zum Ansatz. Vgl. JW. 97, 3[4]. Wird über die Zurücknahme eines Rechtsmittels (Einspruchs) eine Entscheidung nötig (Ausspruch des Verlustes des Einspruchs, der Berufung, der Revision gemäß §§ 346, 515 Abs. 3, 566 ZPO.), so kommt § 46 nicht zur Anwendung, sondern § 26 Nr. 5, 6 (5/10). JW. 88, 269[4]. Vgl. Anm. 12 zu § 26.

[4] Erfolgt die Zurücknahme hinsichtlich eines Teils des Streitgegenstands, so ist für diesen Teil die Zurücknahmegebühr nur dann zu erheben, wenn der Teil weder für sich allein, noch im Zusammenhang mit dem anderen unerledigten Teil Gegenstand eines gebührenpflichtigen Aktes gewesen ist. Z. B. ist, wenn über nur 1000 Mk. von den eingeklagten 1500 Mk. kontradiktorisch verhandelt ist und demnächst hinsichtlich der weiteren 5 0 Mk. die Klage zurückgenommen wird, neben der Verhandlungsgebühr aus den 1000 Mk. eine Zurücknahmegebühr aus den 500 Mk. zu erheben. — Erfolgt die Zurücknahme nur hinsichtlich einer Nebenforderung (z. B. Zinsen), so kommt eine Gebühr aus § 46 nicht in Ansatz: § 4 ZPO., § 9 GKG. — Ist die beantragte Entscheidung gebührenfrei (z. B. §§ 4, 16, 47), so ist auch für die Zurücknahme des Antrags eine Gebühr nicht zu erheben.

c. Gebührenfreie Akte.

47. Gebühren werden nicht erhoben [1] für die Verhandlung und Entscheidung:

1. über die Prozeß- oder Sachleitung, [2] einschließlich der Bestimmung oder Aenderung von Terminen und Fristen;
2. über die Bewilligung oder Entziehung des Armenrechts, sowie die Verpflichtung zur Nachzahlung von Kosten (Civilprozeßordnung §. 126); [3]

3. über die Zuständigkeit des obersten Landesgerichts (§. 7 des Einführungsgesetzes zur Civilprozeßordnung) oder der Kammer für Handelssachen (Gerichtsverfassungsgesetz §§. 103 bis 106),[4] über die Bestimmung des zuständigen Gerichts (Civilprozeßordnung §. 36),[4] die Uebernahme eines Entmündigungsverfahrens (Civilprozeßordnung §. 650 Abs. 3, §. 651 Abs. 2),[5] die Bestimmung eines Gerichtsvollziehers[6] (Civilprozeßordnung §. 827 Abs. 1, §. 854 Abs. 1) oder eines Sequesters[7] (Civilprozeßordnung §§. 848, 855);
4. über die Ablehnung eines Richters, eines Gerichtsschreibers oder eines Sachverständigen (Civilprozeßordnung §§. 42 bis 49, 406);[8]
5. über die Verpflichtung eines Gerichtsschreibers, gesetzlichen Vertreters, Rechtsanwalts oder anderen Bevollmächtigten, sowie eines Gerichtsvollziehers zur Tragung der durch Verschulden derselben veranlaßten Kosten (Civilprozeßordnung §. 102);
6. über die Verpflichtung eines Rechtsanwalts zur Zurückgabe einer vom Gegner ihm mitgetheilten Urkunde (Civilprozeßordnung §. 135);
7. über die Verpflichtung zur Abgabe eines

Zeugnisses oder Gutachtens (Civilprozeßordnung §§. 386 bis 389, 408);

8. über die Zwangsmaßregeln gegen einen Zeugen oder Sachverständigen, sowie die Verurtheilung derselben zu Kosten und Strafe (Civilprozeßordnung §§. 380, 381, 390, 409);

9. über die Bestellung eines Vertreters für eine nicht prozeßfähige oder unbekannte Partei, für ein von dem Eigenthümer aufgegebenes Grundstück oder für einen Erben, der die Erbschaft noch nicht angenommen hat[9] (Civilprozeßordnung §§. 57, 58, 494, 668, 679, 686, 779, 787);[10]

10. über die Berichtigung eines Urtheils oder des Thatbestandes desselben (Civilprozeßordnung §§. 319, 320);[11]

11. über die Vollstreckbarkeit der durch Rechtsmittelanträge nicht angefochtenen Theile eines Urtheils (Civilprozeßordnung §§. 534, 560);[12]

12. über die Zulassung einer Zustellung oder eines Aktes der Zwangsvollstreckung zur Nachtzeit oder an einem Sonntag oder allgemeinen Feiertage (Civilprozeßordnung §§. 188, 761);[13]

13. über die Mitwirkung des Gerichts bei Handlungen der Zwangsvollstreckung in den Fällen des §. 758 Abs. 3, der §§. 789,

790 Abs. 1, §. 912 der Civilprozeßordnung;[14]

*14. über die in §. 35 Nr. 4 bezeichneten Anträge, Einwendungen oder Erinnerungen,[15] soweit dieselben für begründet befunden werden und die Kosten des Verfahrens nicht dem Gegner, sondern dem Gerichtsvollzieher zur Last fallen;

*15. über Anträge auf Ertheilung der Vollstreckungsklausel (Civilprozeßordnung §§. 724, 725, 795, 797 Abs. 1),[16] sofern nicht Gebühren nach den Vorschriften des §. 26 Nr. 8 oder des §. 38 zu erheben sind;[17]

*16. über Anträge auf Anordnung der Rückgabe einer Sicherheit im Falle des §. 715 der Civilprozeßordnung,[18] sowie über Gesuche um Ertheilung des Zeugnisses der Rechtskraft oder um Ertheilung des Zeugnisses, daß innerhalb der Nothfrist ein Schriftsatz zum Zwecke der Terminsbestimmung nicht eingereicht sei, oder um Bestimmung einer Frist zum Nachweise der Zustellung eines Schriftsatzes[19] (Civilprozeßordnung §. 706).

Ist in den Fällen der Nr. 2, 4, 5, 6, 7, 10 das Verfahren nach freier richterlicher Ueberzeugung muthwillig veranlaßt, so hat das Gericht von Amtswegen die besondere Erhebung von drei Zehntheilen der Gebühr (§. 8) zu beschließen.[20] Gegen den Beschluß findet Beschwerde nach Maßgabe des §. 567 Abs. 2 und der §§. 568 bis 575 der Civilprozeßordnung sowie des §. 4 Abs. 3 dieses Gesetzes statt.[21]

In der Beschwerdeinstanz findet die Bestimmung des ersten Absatzes keine Anwendung,[22] wenn die Beschwerde als unzulässig verworfen oder zurückgewiesen wird.

[1] Auch keine Schreibgebühren: § 80a Nr. 1. Wohl aber andere der in § 79 Nr. 2 bis 8 aufgeführten Auslagen, z. B. Porto.

[2] Auf die Prozeß- oder Sachleitung beziehen sich alle Entscheidungen, welche lediglich den Gang des Verfahrens betreffen, an dem Streitverhältnisse selbst dagegen nichts ändern. RG. 40, 380. Hierher gehören außer den auf die Sachleitung bezüglichen Anordnungen, z. B. denjenigen, welche auf Grund der §§ 140, 141, 619 Abs. 1 ZPO. (Entscheidung über die Zulässigkeit einer Anordnung des Vorsitzenden oder einer Fragestellung, Anordnung des persönlichen Erscheinens der Parteien) erfolgen, die Entscheidungen: über die Unterbrechung und Aussetzung des Verfahrens (§§ 239 ff. ZPO.), über die Art der Zustellung (Anordnung der Bestellung eines Zustellungsbevollmächtigten: § 174 ZPO.; wenn der Aufenthalt eines Prozeßbevollmächtigten unbekannt ist: §§ 177, 179 Abs. 3 ZPO.; öffentliche Zustellung: § 204 ZPO.). Ferner: die Verbindung mehrerer Prozesse oder deren Wiederaufhebung (§§ 147, 150 ZPO., vgl. auch bezüglich mehrerer: Berufungen § 517, Klagen in Ehesachen §§ 615, 633, Klagen in Entmündigungssachen § 667, Aufgebote § 976), sowie die Anordnung einer getrennten Verhandlung (über: mehrere Klagansprüche, Klage und Widerklage, Klage und Aufrechnung einer Gegenforderung: §§ 145, 302 ZPO.; über Grund und Betrag: § 304 ZPO.; über prozeßhindernde Einreden: §§ 275, 504, 594 ZPO., RG. **40**, 380). Mot. zu § 47. Weiterhin auch solche Beschlüsse, durch welche lediglich eine von einer Partei beantragte sachliche Entscheidung abgelehnt wird, weil die Voraussetzungen

hierfür zurzeit nicht gegeben seien; so die Ablehnung des Erlasses eines Teilurteils, JW. 87, 111[3], 98, 53[28], oder die Zurückweisung des Antrags auf Erlaß eines Versäumnisurteils aus einem Grunde des § 335 ZPO., RG. 40, 380. Dagegen ist die gemäß § 506 ZPO. ergehende Entscheidung des Amtsgerichts, durch welche dieses zufolge Erweiterung der Klage oder Erhebung einer Widerklage seine Unzuständigkeit ausspricht und den Rechtsstreit an das Landgericht verweist, keine prozeß- oder sachleitende Entscheidung; vielmehr kommt § 26 Nr. 2 (5/10) zur Anwendung. RG. 30, 330, Anm. 5 zu § 26, Anm. 1 zu § 30.

[3] Die baren Auslagen mit Ausnahme der Schreibgebühren kommen für zurückweisende Entscheidungen auch hier zum Ansatz. Anm. 1. Wird aber das Armenrecht bewilligt, so sind auch Auslagen nicht zu erheben. [4] Vgl. Anm. 1 zu § 28.

[5] Durch die Nov. v. 17./5. 98 mit Rücksicht auf die neuen Vorschriften der Nov. z. ZPO. v. 17./5. 98 §§ 650, 651 (Übertragung des Entmündigungsverfahrens an das Amtsgericht des Aufenthaltsorts des zu Entmündigenden) hinzugefügt.

[6] Welcher mit den Verrichtungen des erstpfändenden Gerichtsvollziehers von dem Vollstreckungsgericht auf Antrag eines der beteiligten Gläubiger oder des Schuldners beauftragt wird.

[7] Die Anordnung des Vollstreckungsgerichts, daß die unbewegliche Sache, welche Gegenstand des gepfändeten Anspruchs ist, an den Sequester herauszugeben sei (§ 848 Abs. 1 ZPO.), fällt unter § 35 Nr. 2 (2/10).

[8] Wenn für das Ablehnungsverfahren nach Abs. 2 oder 3 eine Gebühr erhoben wird, so ist der Wert des Streitgegenstandes dieses Verfahrens nicht gleich dem der Hauptsache, sondern regelmäßig niedriger, niemals aber höher. JW. 89, 480[10], 97, 348[22].

[9] Durch die Nov. v. 17./5. 98 sind die Worte „für eine nicht usw." an die Stelle der früheren:

> einer nicht prozeßfähigen oder unbekannten Partei, eines Nachlasses oder eines dem Aufenthalte nach unbekannten Erben

gesetzt, um die Fassung des Gesetzes mit den durch die Nov. z.

ZPO. v. 17./5. 98 erfolgten Abänderungen der hier in Rede stehenden Vorschriften der Zivilprozeßordnung in Übereinstimmung zu bringen.

[10] Bestellung eines Vertreters: für eine nichtprozeßfähige Partei: § 57; für ein aufgegebenes Grundstück: §§ 58, 787; für einen unbekannten Gegner in dem Verfahren zur Sicherung des Beweises: § 494; für einen Entmündigten zwecks Anfechtung oder Wiederaufhebung der Entmündigung: §§ 668, 679, 686; für einen Erben, der die Erbschaft noch nicht angenommen hat: § 779.

[11] Dagegen Ergänzung des Urteils wegen Übergehens eines Anspruchs oder des Kostenpunkts (§ 321): § 29.

[12] Verhandlung und Entscheidung über andere Fälle der Vollstreckbarkeit: § 26 Nr. 7 (5/10) und Anm. 15 dazu.

[13] Durch die Nov. v. 17./5. 98 ist die Fassung des Gesetzes mit den durch die Nov. z. ZPO. v. 17./5. 98 erfolgten Abänderungen der §§ 188, 761 (früher: §§ 171, 681) ZPO. in Übereinstimmung gebracht.

[14] Es handelt sich um folgende Fälle: Mitwirkung des Vollstreckungsgerichts: wenn der Gerichtsvollzieher zur Durchführung der Zwangsvollstreckung militärischer Hilfe bedarf, § 758 Abs. 3; wenn zum Zwecke der Vollstreckung das Einschreiten einer Behörde erforderlich ist, § 789; wenn die Zwangsvollstreckung oder die Vollstreckung einer Haft wegen Verweigerung des Offenbarungseides gegen eine Person des Soldatenstandes erfolgen soll, § 790 Abs. 1, § 912.

[15] Nämlich: welche die Art und Weise der Zwangsvollstreckung oder das bei derselben vom Gerichtsvollzieher zu beobachtende Verfahren oder die von ihm in Ansatz gebrachten Kosten oder die Weigerung desselben betreffen, einen Vollstreckungsauftrag zu übernehmen oder eine Vollstreckungshandlung dem Auftrage gemäß auszuführen (§ 766 ZPO.). — Werden die Anträge usw. zurückgewiesen, oder fallen, wenn sie für begründet befunden werden, die Kosten des Verfahrens dem Gegner des Antragstellers zur Last, so kommt § 35 Nr. 4 (2/10) zur Anwendung.

[16] §§ 724, 725: Vollstreckungsklausel für Urteile; §§ 795, 797 Abs. 1: für andere Schuldtitel.

[17] § 26 Nr. 8 (5/10): Antrag auf Erteilung im Wege der Klage: ZPO. §§ 731 (Nachweis durch öffentliche Urkunden nicht geführt), 738 (gegen den Nießbraucher), 742 (für oder gegen den Ehemann), 744 (gegen das Gesamtgut), 745 Abs. 2 (gegen den überlebenden Ehegatten), 749 (für oder gegen den Testamentsvollstrecker); § 38 Nr. 3 (1/10): Erteilung auf Anordnung des Vorsitzenden ohne Klage: §§ 726 bis 730, 738, 742, 744, 745 Abs. 2, 749 ZPO. Vgl. Anm. 16, 17, 18 zu § 26.

[18] Zusatz der Nov. v. 17./5. 98 mit Rücksicht auf die von der Nov. z. ZPO. v. 17./5. 98 dort eingefügte neue Vorschrift des § 715 (Anordnung der Rückgabe der von dem Gläubiger geleisteten Sicherheit auf Antrag bei Vorlegung eines Zeugnisses über die Rechtskraft des für vorläufig vollstreckbar erklärten Urteils ohne vorherige Fristbestimmung). — Anordnung der Rückgabe einer Sicherheit mit vorheriger Fristbestimmung gemäß § 109 ZPO.: § 38 Nr. 1 (1/10).

[19] Zusatz der Nov. v. 17./5. 98 mit Rücksicht auf den durch die Nov. z. ZPO. v. 17./5. 98 dem § 706 hinzugefügten Abs. 3 (auf Antrag Bestimmung einer Frist zum Nachweise der Zustellung seitens des Gerichtsschreibers, wenn ein Schriftsatz behufs Einlegung eines Rechtsmittels zur Terminsbestimmung eingereicht ist).

[20] In allen Verfahren, auch im Urkundenprozeß (§ 25: sonst 6/10) und in den Verfahren des § 26 (sonst 5/10), sowie in den in §§ 27—45 bezeichneten Angelegenheiten 3/10 der vollen Gebühr des § 8. — Zeitpunkt der Erhebung: § 94 Nr. 3 (sofort nach dem Beschluß fällig).

[21] Erfordernisse der Beschwerde und der weiteren Beschwerde: Anm. 8, 10 zu § 4. Gebühr für die Beschwerde: § 45.

[22] Sondern § 45 (3/10). Die Beschwerde ist also nur dann gebührenfrei, wenn sie für zulässig und begründet befunden wird. — In den Fällen der Gebührenerhebung ist der Streitwert der Beschwerde gemäß § 16 besonders festzusetzen, und zwar

unabhängig von dem Gegenstande des Hauptstreits. JW. 89, 480[10]. — Wird die Beschwerde vor der Entscheidung zurückgenommen: § 46 (1/10).

d. **Verzögerungsgebühr.**

48. Ist außer dem Falle des §. 335 der Civilprozeßordnung[1] durch Verschulden[2] einer Partei oder eines Vertreters derselben die Vertagung einer mündlichen Verhandlung oder die Anberaumung eines Termins zur Fortsetzung der mündlichen Verhandlung veranlaßt,[3] oder ist durch nachträgliches[4] Vorbringen von Angriffs- oder Vertheidigungsmitteln, Beweismitteln oder Beweiseinreden, welches zeitiger erfolgen konnte,[5] die Erledigung des Rechtsstreits verzögert worden,[6] so kann das Gericht[7] von Amtswegen die besondere Erhebung einer Gebühr für die verursachte weitere Verhandlung, sowie einer Gebühr für die durch das neue Vorbringen veranlaßte nochmalige Beweisanordnung beschließen.[8] Die Gebühr besteht in der vollen Gebühr (§. 8); sie kann jedoch bis zu zwei Zehntheilen herabgesetzt werden.[9]

Gegen den Beschluß findet Beschwerde nach Maßgabe des §. 567 Abs. 2 und der §§. 568 bis 575 der Civilprozeßordnung sowie des §. 4 Abs. 3 dieses Gesetzes statt.[10]

[1] Vertagung zur besseren Vorbereitung des Antrags auf Erlaß eines Versäumnisurteils.

[2] Gleichviel, ob das Verschulden auf Rechtsirrtum oder auf tatsächlichen Umständen beruht. JW. 87, 274[15], 411.

[3] Nicht auch, wenn das Verfahren ruht (§ 251 ZPO.), oder

im vorbereitenden Verfahren (§ 351 ZPO.). Mot. 65. Vgl. Gr. 28, 1179. — Eine kontradiktorische Verhandlung ist nicht erforderlich. JW. 84, 174[23], auch RG. 22, 430. In der Kom. des Reichstags war als Gegenstand des Einverständnisses bezeichnet worden, daß die Gebühr nicht erhoben werden dürfe, wenn die Vertagung ohne Eingehen auf die Verhandlung der Sache (§ 137 ZPO.) erfolgt (KomBer. 74). Das Reichsgericht hat dagegen nur für erforderlich erklärt, daß entweder die Sachverhandlung begonnen hat, oder daß dem Vertagungsantrag widersprochen ist, JW. 93, 21[23], und daß im letzteren Falle das Verschulden der Partei und dessen Kausalität für die Vertagung im Termin konstatiert wird, RG. 32, 429. Verlangen daher die Parteien vor Beginn der Verhandlung übereinstimmend die Anberaumung eines neuen Termins (Terminsverlegung), so kann eine Prozeßstrafe nicht festgesetzt werden. JW. 88, 21[2] (vgl. RG. 23, 369). Ist aber in die Verhandlung eingetreten und wird vertagt, weil ein eine neue Tatsache enthaltender Schriftsatz nicht (gemäß § 132 ZPO.) rechtzeitig mitgeteilt ist, so ist die Auferlegung einer Verzögerungsgebühr zulässig. Gr. 40, 1136. — Ist ein Schriftsatz mit neuem Vorbringen gemäß § 132 Abs. 1 ZPO. mindestens eine Woche vor der mündlichen Verhandlung dem Gegner zugestellt, so kann ein Verschulden im Sinne des § 48 niemals angenommen werden, auch wenn wegen großen Umfangs des neuen Vorbringens Vertagung erfolgt. JW. 05, 381[11]. Dies gilt auch bezüglich des zur Begründung der Berufung dienenden neuen Vorbringens (§ 519 ZPO.). RG. 31, 388, JW. 95, 381[11] (vgl. jedoch JW. 88, 120[8]). Auch darin liegt kein Verschulden, daß erst in der mündlichen Verhandlung ohne zuvorige Zustellung eines Schriftsatzes eine Replik vorgebracht wird, mag dies auch in der Berufungsinstanz geschehen. JW. 95, 507[14]. Dagegen kann ein Verschulden als vorliegend erachtet werden, wenn eine Partei, der seitens des Gegners innerhalb der im § 132 Abs. 1 ZPO. bestimmten einwöchigen Frist ein Schriftsatz vor dem Verhandlungstermin zugegangen ist, ihre Gegenerklärung nicht gemäß § 132 Abs. 2 ZPO. mindestens 3 Tage vor dem Termin dem Gegner zustellen läßt, es sei denn, daß ein wesentlicher Hinderungsgrund vorlag. JW. 96, 572[6]. — Die Erhebung der Verzögerungsgebühr kann auch dann angeordnet werden, wenn beide Parteien verhandeln wollen, das Gericht aber mit Rücksicht auf die verspätete Einreichung der Schriftsätze die Vertagung von Amts wegen beschließt. JW. 99, 674[12].

[4] Ob etwas als nachträglich vorgebracht anzusehen ist, steht im freien Ermessen des Gerichts. Bei Benennung neuer Beweismittel kann ein nachträgliches Vorbringen auch dann angenommen werden, wenn sich die Beweismittel auf einen bereits erlassenen Beweisbeschluß beziehen. JW. 94, 241[9].

[5] Die Voraussetzung zur Anwendung des § 48, daß das nachträgliche Vorbringen oder die nachträgliche Angabe neuer Beweismittel zeitiger hätte erfolgen können, trifft nicht bloß dann zu, wenn die Partei die neu behaupteten Tatsachen schon früher gekannt hat, sondern auch, wenn sie dieselben bei Anwendung gehöriger Sorgfalt schon früher hätte in Erfahrung bringen können. Das Gericht kann Aufklärung von der Partei verlangen, weshalb die Tatsachen nicht schon früher vorgebracht sind. Nötigenfalls ist über die zur Entschuldigung aufgestellten Behauptungen Beweis zu erheben. JW. 94, 264[14], auch 241[9].

[6] Andere Nachteile der schuldhaften Verzögerung des Rechtsstreits: ZPO. § 95 (die Partei, welche einen Termin oder eine Frist versäumt, oder die Verlegung eines Termins, die Vertagung einer Verhandlung, die Anberaumung eines Termins zur Fortsetzung der Verhandlung oder die Verlängerung einer Frist durch ihr Verschulden veranlaßt, hat die dadurch verursachten Kosten zu tragen), §§ 278 Abs. 2, 283 Abs. 2 (wenn durch Angriffs- oder Verteidigungsmittel bzw. Beweismittel oder Beweiseinreden die Erledigung des Rechtsstreits verzögert wird, können der dieselben nachträglich vorbringenden Partei trotz Obsiegens die Prozeßkosten ganz oder teilweise auferlegt werden), § 279 (Zurückweisung der vom Beklagten nachträglich vorgebrachten Verteidigungsmittel); jedoch §§ 540, 541 ZPO. (die Geltendmachung der in der Berufungsinstanz zurückgewiesenen Verteidigungsmittel ist dem Beklagten im Urteil vorzubehalten).

[7] Bei wiederholter Verzögerung wiederholt. Mot. 67.

[8] Der Beschluß richtet sich immer gegen die Partei, nicht gegen den Bevollmächtigten (Rechtsanwalt) oder gesetzlichen Vertreter, auch wenn diese das Verschulden trifft. OLG. 9, 161. — Erstattung durch den Gegner findet nicht statt: §§ 91, 95 ZPO.

[9] In allen Verfahren, auch im Urkundenprozeß (§ 25, sonst 8/10) und in den Verfahren des § 26 (sonst 5/10), bestimmt sich der Mindestbetrag von 2/10 und der Höchstbetrag von 10/10 nach der vollen Gebühr des § 8. — Innerhalb dieser Grenzen kann das Gericht die Gebühr nach freiem Ermessen festsetzen; sie braucht nicht notwendig nach Zehnteilen bemessen zu sein. JW. 87, 274[15], 411. — In der Berufungs- oder Revisionsinstanz Erhöhung um 1/4 bzw. 1/2: § 49. — Zeitpunkt der Erhebung: § 94 Nr. 3 (sofort nach dem Beschlusse).

[10] Erfordernisse der Beschwerde und der weiteren Beschwerde: Anm. 8 zu § 4. Kein Anwaltszwang (§ 78 Abs. 1 ZPO.). JW. 87, 208[17]. — Die Beschwerde ist nur gegen den die Strafgebühr anordnenden Beschluß zulässig, nicht auch gegen die Ablehnung des Antrags einer Partei, dem Gegner eine Strafgebühr aufzuerlegen. RG. 32, 392. Nur die bestrafte Partei hat das Beschwerderecht, nicht die Gegenpartei (z. B. nicht gegen einen Beschluß, welcher die festgesetzte Strafe wieder aufhebt). JW. 92, 164[23]. — Gebühr für die Beschwerde: § 45.

e. Rechtsmittelinstanz.

49. In der Berufungsinstanz erhöhen sich die Gebührensätze um ein Viertheil, in der Revisionsinstanz um die Hälfte.[1]

Für eine Beweisanordnung sowie Beweisaufnahme in der Berufungsinstanz, welche nur auf Grund der in der ersten Instanz vorgebrachten Thatsachen und Beweismittel erfolgt, kommt eine Beweisgebühr nicht zur Erhebung, soweit eine solche rücksichtlich desselben Streitgegenstandes schon in der ersten Instanz zu erheben war.[2]

[1] Die Erhöhung findet bei allen gebührenpflichtigen Akten und Verfahren der Berufungs- oder der Revisionsinstanz statt, auch in denjenigen der §§ 26, 27, 29 und den Angelegenheiten der §§ 35, 36, 38 Nr. 2, 3, 43, 46, 47 Abs 2, 48. — Die Nichtigkeitsklage (§ 579 ZPO.) sowie die Restitutionsklage (§ 580 ZPO.) gehört, wenn sie sich gegen ein Berufungsurteil richtet, zur Berufungsinstanz, und wenn ein Revisionsurteil angefochten wird, gemäß § 584 ZPO. entweder zur Berufungs- oder zur Revisionsinstanz. Daher ist in diesen Fällen für ihre Verhandlung und Entscheidung auch die erhöhte Gebühr von 1/4 bzw. 1/2 zu erheben. RG. 57, 231. — Beschwerdeinstanz: § 45 (3/10). — Die erhöhte Gebühr kommt auch bei Berufungen gegen Entscheidungen der Gewerbegerichte und der Kaufmannsgerichte zur Anwendung: § 60 GewGerGes. v. 29./9. 01 (RGB. 353), § 16 KaufmGerGes. v. 6./7. 04 (RGB. 266).

[2] Die Beweisanordnung muß, wenn die Gebührenbefreiung eintreten soll, ausschließlich auf die vorgebrachten Beweistatsachen und Beweismittel erster Instanz beschränkt sein. Abs. 2 findet daher keine Anwendung, wenn in der Berufungsinstanz für die in erster Instanz behaupteten Tatsachen neue Beweise (z. B. andere Zeugen als die bei der erstinstanzlichen Beweisantretung benannten) vorgebracht und diese erhoben werden. JW. 97, 111[24]. Aber auch im ersteren Fall ist für die Beweisanordnung in der Berufungsinstanz nicht jede Beweisgebühr ausgeschlossen, vielmehr ist der Mehrbetrag der Erhöhung der Gebühr nach Abs. 1 (1/4) in Ansatz zu bringen, wenn bereits in erster Instanz dieselben Beweise aufgenommen worden sind. Es ist also auch in diesem Fall in der Berufungsinstanz an sich die Beweisgebühr gemäß § 18 Nr. 2, § 49 Abs. 1 zu berechnen, davon aber die (erhobene) Beweisgebühr erster Instanz abzuziehen und nur noch der Rest (die Erhöhung von 1/4) zu erfordern. RG. 59, 3, JW. 86, 13[17], OLG. 4, 391. — Soweit die Voraussetzungen des § 24 Abs. 1 vorliegen, ist auch ein in der Berufungsinstanz erlassenes bedingtes Endurteil eine Beweisanordnung, auf welche Abs. 2 Anwendung findet, wenn das Urteil auf Grund der in erster Instanz vorgebrachten Tatsachen und Beweismittel erlassen und hierüber eine erstinstanzliche Beweisgebühr zu erheben ist.

Dritter Abschnitt.

Gebühren im Konkursverfahren.

Vgl. die angehängte Tabelle B.

Die Gebühren der §§ 51, 58 Abs. 1 (für das Konkursverfahren bzw. dessen Wiederaufnahme) sind Massekosten im Sinne des § 58 Nr. 1 KO.; die des § 55 (Zwangsversteigerung eines Gegenstandes) nur, soweit sie dem Verwalter zur Last fallen und nicht aus dem Erlöse des versteigerten Gegenstandes gedeckt werden; die des § 57 (Beschwerde) ebenfalls nur, wenn sie dem Verwalter zur Last fallen; ebenso die entsprechenden Auslagen. Mot. zu § 52 GKG. — Keine Massekosten sind die Gebühren aus § 53 (erfolgloser Konkursantrag), § 54 (besonderer Prüfungstermin). Dagegen gehören zu den Massekosten auch die Kosten eines über ein Absonderungsrecht (§§ 47 ff. KO.) geführten, zuungunsten des Konkursverwalters entschiedenen Prozesses. JW. **90**, 151[5]. — Wenn in einem anhängigen Rechtsstreit zunächst zwar nur der Gemeinschuldner ein Rechtsmittel eingelegt, der Konkursverwalter aber demnächst die Prozeßführung durch Aufnahme des Verfahrens genehmigt hat, so hat bei Zurückweisung des Rechtsmittels die Konkursmasse die Kosten des Rechtsmittels als Massekosten zu tragen. JW. **96**, 103[8]. Die dem Konkursverwalter nach § 85 KO. gebührende Vergütung gehört zu den im § 58 Nr. 2 KO. aufgeführten Massekosten (Ausgaben für die Verwaltung, Verwertung und Verteilung der Masse), nicht zu denen des § 58 Nr. 1 (gerichtliche Kosten für das gemeinschaftliche Verfahren). Daher haftet der Staat dem Verwalter für diese Vergütung nicht. RG. **48**, 62.

Vgl. auch Anm. 7 zu § 79.

Wertsklassen. Gebührensatz. Wertsfestsetzung.

50. Auf die Gebühren im Konkursverfahren finden die Vorschriften des §. 8 über die Werthsklassen und den Gebührensatz, sowie der §§. 14,

16, 17 dieses Gesetzes und des §. 3[1] der Civilprozeßordnung über die Werthsfestsetzung entsprechende Anwendung.

[1] Nicht auch der §§ 4—9 der ZPO. wie im § 9 GKG. Daher kommt § 4 ZPO. (s. unter § 9 GKG.) nicht zur Anwendung und sind die darin bezeichneten Nebenforderungen (Früchte, Nutzungen, Zinsen, Schäden und Kosten) bis zum Tage der Konkurseröffnung (§ 62 Nr. 1, 3 KO.) bei der Wertsberechnung (z. B. des angemeldeten Gläubigeranspruchs, der Aktivmasse) mit in Anschlag zu bringen.

Tarifsystem.

a. Allgemeine Gebühr.

51. Für das Konkursverfahren, einschließlich des der Eröffnung vorangegangenen Verfahrens,[1] werden erhoben:[2]

1. wenn auf Grund der Schlußvertheilung die Aufhebung des Konkursverfahrens erfolgt,[3] mit Einschluß von Nachtragsvertheilungen,[4] das Zweifache der Gebühr (§. 8);
2. wenn auf Grund eines Zwangsvergleichs die Aufhebung erfolgt,[5] die volle Gebühr (§. 8) und acht Zehntheile derselben;
3. wenn nach dem Beginne des Vollzugs einer Abschlagsvertheilung (Konkursordnung §. 159 Abs. 2)[6] oder nach dem Beginn eines Vergleichstermins[7] eine Einstellung des Verfahrens (Konkursordnung §§. 202, 204)[8] erfolgt, die volle Gebühr (§. 8) und fünf Zehntheile derselben;

4. wenn nach dem Ablaufe der Anmeldefrist[9] und vor den unter Nr. 3 bezeichneten Zeitpunkten eine Einstellung erfolgt, die volle Gebühr (§. 8) und drei Zehntheile derselben;
5. wenn vor dem Ablaufe der Anmeldefrist[9] eine Einstellung[8] erfolgt, acht Zehntheile der Gebühr (§. 8).

[1] Einschließlich der Maßregeln der KO. §§: 104 (Prüfung der Erfordernisse des Eröffnungsantrags des Gemeinschuldners), 105 (Prüfung der Voraussetzungen des Antrags eines Gläubigers, Anhörung des Gemeinschuldners), 106 (vorläufige Sicherheitsmaßregeln), 110 (Ernennung des Konkursverwalters, Anberaumung eines Termins zur Wahl eines anderen Verwalters und Bestellung eines Gläubigerausschusses, Erlassung eines offenen Arrestes, Anberaumung des Prüfungstermins). Ferner werden auch die nach der Eröffnung bis zur Beendigung des Konkursverfahrens erfolgenden gerichtlichen Handlungen und Entscheidungen mitabgegolten. Ausnahmen: §§ 54, 55, 57 (Gebühren für den besonderen Prüfungstermin, die Zwangsverwaltung oder Zwangsversteigerung eines Konkursobjekts, die Beschwerde). — Durch diese Gebühren wurden früher zwar die von dem Konkursgericht ausgehenden Ersuchen um Eintragung des Konkursvermerks in das Grundbuch des dem Gemeinschuldner gehörigen Grundstücks, nicht aber die Eintragung selbst mitabgegolten, so daß in Preußen hierfür nach § 59 Pr. GKG. v. 25./6. 95 eine besondere Gebühr in Ansatz zu bringen war. KGJ. 16, 231. Nach § 112 KO. in d. Fass. d. Nov. v. 17./5. 98 geschieht jetzt die Eintragung und Löschung des Vermerks gebührenfrei.

[2] Wertsberechnung: § 52 (nach dem Betrage der Aktivmasse). — Gebührenvorschuß: § 82; Auslagenvorschuß: § 84.

[3] § 163 KO. (nach Abhaltung des Schlußtermins).

[4] § 166 KO. (wenn nach der Schlußverteilung zurückbehaltene

Beträge für die Masse frei werden, oder wenn gezahlte Beträge zur Masse zurückfließen).

[5] § 190 KO. (Aufhebung nach Rechtskraft des Zwangsvergleichs).

[6] Der Vollzug der Abschlagsverteilung beginnt, wenn der Verwalter den berücksichtigten Gläubigern den Prozentsatz mitteilt. [7] § 179 KO.

[8] Einstellung nach Ablauf der Anmeldebefrist bei Zustimmung aller Konkursgläubiger, bzw. wegen Nichtvorhandenseins einer die Kosten deckenden Masse.

[9] § 138 KO. (Frist zur Anmeldung der Konkursforderungen zwei Wochen bis drei Monate).

Wertsberechnung.

52. Die im §. 51 bestimmte Gebühr wird nach dem Betrage der Aktivmasse erhoben. Massekosten,[1] mit Ausnahme der Gebühren des Konkursgerichts,[2] des Konkursverwalters[3] und des Gläubigerausschusses,[4] sowie Masseschulden[5] werden abgesetzt. Gegenstände, welche zur abgesonderten Befriedigung dienen,[6] werden nur in Höhe des für diese nicht erforderlichen Betrags angesetzt.

Ist die Aktivmasse höher als die Schuldenmasse, so wird die Gebühr nach dem Betrage der letzteren erhoben.

Für die Berechnung der Masse ist die Zeit der Beendigung des Verfahrens[7] maßgebend.[8]

[1] Die Massekosten werden, soweit nicht die folgenden Ausnahmen hinsichtlich der Gebühren gelten, bei Berechnung der Aktivmasse (vgl. Anm. 1 zu § 50) deshalb abgesetzt, weil das Konkursverfahren die Befriedigung der Konkursgläubiger zum Zwecke hat und daher die Gerichtsgebühren für das Verfahren nur von dem Aktivvermögen des Gemeinschuldners zu berechnen

ist, das zur Befriedigung der Konkursgläubiger verwendbar bleibt. Mot. zu § 52. Die danach abzuziehenden Massekosten sind von den in § 58 Nr. 1 KO. bezeichneten (s. Anm. 2) die Auslagen und ferner die in § 58 Nr. 2, 3 KO. genannten Kosten (Ausgabe für die Verwaltung, Verwertung, Verteilung der Masse und die dem Gemeinschuldner und dessen Familie bewilligte Unterstützung). Die baren Auslagen des Konkursverwalters und des Gläubigerausschusses gehören zu den Ausgaben für die Verwaltung und sind daher ebenfalls abzuziehen. Vgl. Vorbem. vor § 50 a. E.

[2] § 58 Nr. 1 KO. (gerichtliche Kosten für das gemeinschaftliche Verfahren). Zu diesen von der Aktivmasse nicht abzusetzenden Gebühren des Konkursgerichts gehören die in der Vorbem. vor § 50 bezeichneten. Die Auslagen dagegen sind abzuziehen. Vgl. Anm. 1.

[3] § 85 KO. (bare Auslagen des Verwalters und Vergütung für seine Geschäftsführung). Vgl. jedoch hinsichtlich der Auslagen Anm. 1.

[4] § 91 KO. (bare Auslagen der Mitglieder des Gläubigerausschusses und Vergütung für ihre Geschäftsführung). Vgl. jedoch hinsichtlich der Auslagen Anm. 1.

[5] § 59 Nr. 1, 2, 3 KO. (Ansprüche aus Geschäften des Konkursverwalters, aus zu erfüllenden zweiseitigen Verträgen, aus rechtloser Bereicherung der Masse). Ferner im Falle des Nachlaßkonkurses die in § 224 KO. bezeichneten Verbindlichkeiten.

[6] KO. §§: 47 (Gegenstände, welche der Zwangsvollstreckung in das unbewegliche Vermögen unterliegen), 48, 49 (Gegenstände, an welchen ein durch Rechtsgeschäft bestelltes Pfandrecht bzw. ein diesem gleichgestelltes Recht besteht), 50 (Gegenstände, an welchen ihr im Auslande wohnender Inhaber wegen einer ihm abgetretenen Konkursforderung ein Absonderungsrecht ausübt), 51 (Anteil des Gemeinschuldners an einer Gemeinschaft), 52 (Lehen, Stammgut, Familienfideikommisse).

[7] KO. §§: 163 (Aufhebung nach Schlußverteilung), 190 (Aufhebung zufolge rechtskräftigen Zwangsvergleichs), 202 (Einstellung mit Zustimmung aller Konkursgläubiger), 204 (Einstellung wegen Mangels einer den Kosten entsprechenden Masse).

[8] Schon vorher können je nach dem Fortgange des Verfahrens Abschlagszahlungen auf die im § 51 bestimmte Gebühr erhoben werden: § 95 Abs. 1.

b. **Besondere Gebühren.**

***53.** Für den Beschluß, durch welchen der Antrag auf Eröffnung des Konkursverfahrens abgewiesen wird,[1] einschließlich des vorangegangenen Verfahrens,[2] werden drei Zehntheile der Gebühr (§. 8) erhoben.

Wird das Verfahren durch Versagung der Zulassung des Antrags (Konkursordnung §. 105 Abs. 1, §. 208 Abs. 2, §. 210 Abs. 2, §§. 213, 217 Abs. 2, §. 218 Abs. 2, §. 236, Gesetz, betr. die Erwerbs- und Wirthschaftsgenossenschaften, §. 100 Abs. 2)[3] oder durch Zurücknahme des zugelassenen Antrags[4] erledigt, so wird nur ein Zehntheil der Gebühr (§. 8) erhoben.

Die Vorschrift des §. 52 findet Anwendung;[5] sofern jedoch der Antrag von einem Gläubiger gestellt wird und die Forderung desselben nicht höher ist, als der Betrag der Aktivmasse, wird die Gebühr nach dem Betrage dieser Forderung erhoben.[6]

[1] Auch im Falle des § 107 KO. (Abweisung wegen Mangels einer den Kosten entsprechenden Masse). — Sind gleichzeitig mehrere Anträge von verschiedenen Gläubigern gestellt, so wird immer nur eine Gebühr erhoben, gleichviel welchen Erfolg die einzelnen Anträge haben, und zwar ist derjenige Antrag maßgebend, der als für die Frage der Eröffnung des Verfahrens entscheidend schließlich allein übrigbleibt. Ist z. B. ein Antrag von vornherein abgewiesen, ein anderer aber zugelassen, so wird, wenn letzterer Antrag demnächst zurückgenommen wird, nur die

Gebühr des § 53 Abs. 2 (1/10) erhoben; wird ein Antrag zurückgenommen oder abgewiesen, auf den anderen Antrag aber das Verfahren eröffnet, so kommt nur die Gebühr des § 51 zum Ansatze. Vgl. Mot. zu § 53.

[2] Z. B. der Anordnung vorläufiger Sicherheitsmaßregeln: § 106 Abs. 1, 2 KO.

[3] Der Antrag des Gemeinschuldners auf Konkurseröffnung bedarf im allgemeinen einer Zulassung nicht. Wird sein Antrag zurückgewiesen, so ist die Gebühr des Abs. 1 zu erheben. Dagegen findet nach den im Abs. 2 zitierten Vorschriften die Versagung der Zulassung statt bei Stellung des Eröffnungsantrags: durch einen Gläubiger, wenn seine Forderung oder die Zahlungsunfähigkeit des Gemeinschuldners nicht glaubhaft gemacht ist, § 105 Abs. 1 KO.; nur von einzelnen (nicht allen) Vorstandsmitgliedern oder Liquidatoren einer Aktiengesellschaft, wenn die Zahlungsunfähigkeit oder die Überschuldung der Gesellschaft nicht glaubhaft gemacht ist, § 208 Abs. 2 KO.; nur von einzelnen (nicht allen) persönlich haftenden Gesellschaftern oder Liquidatoren einer offenen Handelsgesellschaft oder einer Kommanditgesellschaft oder einer Kommanditgesellschaft auf Aktien, wenn die Zahlungsunfähigkeit dieser Gesellschaften, und bezüglich der letztgenannten auch eine Überschuldung, nicht glaubhaft gemacht wird, § 210 Abs. 2 KO.; entsprechend bei juristischen Personen und Vereinen, § 213 KO.; nur von einzelnen (nicht allen) Erben, bzw. nur von der erbenden Ehefrau (nicht von beiden Ehegatten), wenn die Überschuldung des Nachlasses nicht glaubhaft gemacht wird, § 217 Abs. 2, § 218 Abs. 2 KO.; entsprechend bezüglich des Gesamtguts bei fortgesetzter Gütergemeinschaft, § 236 KO.; nur von einzelnen (nicht allen) Mitgliedern des Vorstandes einer Genossenschaft, wenn die Zahlungsunfähigkeit der Genossenschaft oder nach deren Auflösung auch die Überschuldung nicht glaubhaft gemacht wird, oder wenn nach erfolgter Auflösung die Verteilung des Vermögens bereits vollzogen ist, § 100 Abs. 2, § 98 Ges., betr. die Erwerbs- und Wirtschaftsgenossenschaften, v. 1./5. 89 in d. Fass. v. 20./5. 98 (RGB. 810). — Die §§ 218, 236 sind von der Novelle z. KO. v. 17./5. 98

dort neu eingefügt. Durch § 100 des Genossenschaftsgesetzes in der neuen Fassung ist der frühere § 195 Abs. 2 KO. ersetzt. Darauf beruhen die Änderungen der Novelle z. GKG. v. 17./5. 98.

[4] Erfolgt die Zurücknahme vor der Zulassung, so werden Gebühren nicht erhoben. Mot. zu § 53. — Ist nach der Zulassung auch der Eröffnungsbeschluß erlassen, so kann der Eröffnungsantrag nicht mehr zurückgenommen werden mit der Wirkung, daß das Verfahren wieder aufzuheben wäre; die Zurücknahme ist vielmehr wirkungslos.

[5] Die im Antrag bezeichnete bzw. in der Verhandlung berichtigte Höhe der Aktivmasse ist maßgebend, vorbehaltlich der Erledigung von Einwendungen, welche nach § 4 und § 16 dagegen erhoben werden. KomBer. 74.

[6] Dies gilt nicht für die Beschwerdeinstanz: § 57 Abs. 2 u. dort Anm. 6.

54. Für jeden besonderen Prüfungstermin[1] (Konkursordnung §. 142) werden nach dem Betrage der einzelnen Forderungen, zu deren Prüfung der Termin dient, die volle Gebühr (§. 8) und, soweit Anmeldungen vor der Prüfung zurückgenommen werden,[2] drei Zehntheile der Gebühr (§. 8) erhoben.[3] Auf die Werthsberechnung findet die Vorschrift des §. 148 der Konkursordnung entsprechende Anwendung.[4]

[1] D. i. für die erst nach dem Ablaufe der Anmeldefrist angemeldeten Forderungen. — Die Kosten des Prüfungstermins hat der säumige Gläubiger zu tragen: § 142 Abs. 3 KO.

[2] Ob eine Prüfung in dem Termine stattgefunden hat, ist aus den Eintragungen in die Tabelle zu ersehen. — Erfolgt die Zurücknahme bereits vor der Anberaumung des Termins, so werden Gebühren nicht erhoben. Mot. zu § 54.

[3] Vorschußpflicht: § 82 Nr. 2 (nach dem Ablaufe der Anmeldefrist). — Zeitpunkt der Erhebung: § 95 Abs. 2 (sofort nach

Abhaltung des Prüfungstermins oder Zurücknahme der Anmeldung).

[4] Es ist also nicht der Nennbetrag der Forderung (nebst Nebenforderungen, s. Anm. 1 zu § 50) maßgebend, sondern der aus dem Verhältnisse der Schulden- zu der Teilungsmasse sich ergebende Wert der Forderung. Vgl. § 148 KO. unter § 9 GKG. und Anm. 1, 2, 3 dazu. Diese Konkursdividende ist auch dann von der ganzen Forderung als Wert zu nehmen, wenn ein Absonderungsberechtigter seine Forderung gemäß § 64 KO. wegen des möglichen Ausfalls anmeldet, da Gegenstand der Prüfung der ganze Betrag, nicht bloß der (mögliche) Ausfallbetrag der Forderung ist. Vgl. JW. 88, 425[8].

55. Für die auf Betreiben des Konkursverwalters erfolgende Zwangsverwaltung oder Zwangsversteigerung [1] eines zur Konkursmasse gehörigen Gegenstandes [2] (Konkursordnung §§. 126, 127) wird die Gebühr nach den Vorschriften über die Gebührenerhebung für Zwangsvollstreckungen [3] besonders erhoben.

[1] § 172 RGes. über die Zwangsverst. und Zwangsverw. v. 24./3. 97 in d. Fass. v. 20./5. 98 (RGB. 713), wonach die Vorschriften über die Zwangsversteigerung im Wege der Zwangsvollstreckung (Abschn. I, II zit. Ges.) entsprechende Anwendung finden.

[2] Eines unbeweglichen Gegenstands gemäß §§ 864, 865 ZPO., § 126 KO., nämlich: eines Grundstücks oder seiner Bestandteile und Zubehörstücke (§§ 94 ff., 1120 BGB.), oder einer Berechtigung, welche den Grundstücken gleichsteht und ein Blatt im Grundbuch hat (Erbbaurecht: § 1017 BGB.; Erbpacht, Abbaurecht: Art. 63 Abs. 2, 68 Abs. 2 EinfGes. z. BGB.; Bergwerkseigentum, Fischereiberechtigung, vererbliches Nutzungsrecht: Art. 67, 69, 196 EinfGes. z. BGB.; vgl. auch §§ 7, 84 GrundbOrdn. v. 24./3. 97 in d. Fass. v. 20 /5. 98 [RGB. 754]), oder eines im Schiffsregister eingetragenen Schiffes. Ferner gemäß § 127 KO.: eines beweglichen Gegen-

stands, an welchem ein Gläubiger ein durch Rechtsgeschäft bestelltes Pfandrecht oder ein diesem gleichstehendes Recht beansprucht.

[3] Zwangsvollstreckung in bewegliche Sachen (§ 127 KO., s. Anm. 2): § 35 Nr. 2, 4 (2/10). Für die Zwangsvollstreckung in unbewegliche Gegenstände (§ 126 KO., s. Anm. 2) bestimmt sich der Gebührenansatz nach Landesrecht. Preußen: §§ 119 ff. Pr. GKG. v. 25./6. 95 in d. Fass. v. 6./10. 99.

56. Für die in Gemäßheit des §. 125 der Konkursordnung [1] erfolgende Abhaltung des zur Abnahme des Offenbarungseides bestimmten Termins (§. 43), [2] sowie für das Verfahren und die Entscheidung über Anträge auf Erzwingung der Eidesleistung (Civilprozeßordnung §. 901) werden Gebühren nicht erhoben. [3]

[1] Danach kann der Verwalter oder ein Konkursgläubiger den Gemeinschuldner in eine Sitzung des Konkursgerichts zur Leistung des Offenbarungseides laden.

[2] § 43: Gebühr hierfür außerhalb des Konkursverfahrens 2/10.

[3] Auch nicht für eine Beschwerde des Gemeinschuldners über den seinen Widerspruch verwerfenden Beschluß.

57. Für die Beschwerdeinstanz [1] wird die in den §§. 45, 46 bestimmte Gebühr [2] besonders erhoben. [3]

Im Falle der Beschwerde gegen den Beschluß über Eröffnung des Konkursverfahrens (Konkursordnung §. 109) [4] oder den Beschluß über Bestätigung eines Zwangsvergleichs (Konkursordnung §§. 189, 230 Abs. 2, §. 236) [5] finden die Vorschriften des §. 52 Anwendung. [6]

[1] § 73 Abs. 3 KO. (sofortige Beschwerde: § 577 ZPO.).

[2] § 45: für die Entscheidung, einschließlich des vorangegangenen Verfahrens, 3/10; § 46: bei Zurücknahme eines Rechtsmittels vor Stattfinden eines gebührenpflichtigen Aktes 1/10. — Die Gebühr ist die gleiche, auch wenn die erstinstanzliche Entscheidung einem geringeren Gebührensatz unterlag oder gebührenfrei war. Vgl. Anm. 1 zu § 45.

[3] Keine Schreibgebühren: § 80a Nr. 1.

[4] Gegen den Eröffnungsbeschluß oder den Beschluß, durch den die Eröffnung abgelehnt ist.

[5] Die §§ 230 Abs. 2, 236 sind von der Novelle v. 17./5. 98 in die KO. und deshalb von der Novelle z. GKG. v. 17./5. 98 auch hier eingefügt. Danach steht einem Gläubiger beim Konkurse über einen Nachlaß, bzw. über das Gesamtgut bei fortgesetzter Gütergemeinschaft die Beschwerde gegen Bestätigung des Zwangsvergleichs zu.

[6] Danach Wertsberechnung in diesen Fällen nach dem Betrage der Aktivmasse, weil die Beschwerde immer zum Gegenstande hat die Entscheidung, ob der Konkurs eröffnet bzw. aufgehoben werden soll oder nicht. Mot. zu § 57. — Anders in erster Instanz, wenn der beschwerdeführende Gläubiger den zurückgewiesenen Antrag auf Eröffnung gestellt hat: § 53 Abs. 3 (Betrag der Forderung maßgebend, falls diese geringer als die Aktivmasse ist).

58. Für ein wiederaufgenommenes Konkursverfahren [1] wird einschließlich der Wiederaufnahme die volle Gebühr (§. 8) besonders erhoben. [2] Die Vorschriften der §§. 52, 54 bis 57 finden Anwendung. [3]

Wird vor der Wiederaufnahme die Anordnung von Sicherheitsmaßregeln beantragt (Konkursordnung §. 197 Abs. 2), [4] so wird die Gebühr in Gemäßheit des §. 35 [5] nach dem Werthe des

Gegenstandes, durch welchen die Sicherung erfolgen soll,[6] besonders erhoben.[7]

Die Gebühr für die Anordnung einer Sicherheitsmaßregel wird im Falle der Wiederaufnahme auf die im ersten Absatze bezeichnete Gebühr angerechnet.

[1] §§ 198–201 KO. (Wiederaufnahme eines durch Zwangsvergleich beendeten Verfahrens im Falle der Verurteilung des Gemeinschuldners wegen betrüglichen Bankerotts). — Für die Abweisung des Wiederaufnahmeantrags werden Gebühren nicht erhoben.

[2] Einerlei, ob dadurch das aufgenommene Verfahren seiu Ende erreicht.

[3] § 52: Wertsberechnung nach dem Betrage der Aktivmasse; § 54: für jeden Prüfungstermin die volle Gebühr und bei Zurücknahme einer Anmeldung vor Prüfung 3/10; § 55: für eine Zwangsverwaltung oder Zwangsversteigerung 2/10; § 56: für Offenbarungseid-Termine keine Gebühr; § 57: in der Beschwerdeinstanz 3/10, bei Zurücknahme der Beschwerde 1/10.

[4] Sicherheitsmaßregeln schon vor der rechtskräftigen Verurteilung des Gemeinschuldners wegen betrüglichen Bankerotts.

[5] Danach 2/10.

[6] Sofern der Gegenstand zur abgesonderten Befriedigung dient, nur in Höhe des für diese nicht erforderlichen Betrags. KomBer. 74.

[7] Vorschußpflicht: § 82 Nr. 3. — Zeitpunkt der Erhebung: § 95 Abs. 2 (sofort nach Erledigung des Antrags).

Vierter Abschnitt.

Gebühren in Strafsachen.

Vgl. die angehängte Tabelle C.

Öffentliche Klage.

59. In Strafsachen[1] giebt die rechtskräftig erkannte Strafe[2] den Maßstab für die Höhe der Gerichtsgebühren aller Instanzen.[3]

Ist neben einer Freiheitsstrafe auf Geldstrafe erkannt, so wird der ersteren die für den Fall, daß die Geldstrafe nicht beigetrieben werden kann, festgesetzte Freiheitsstrafe hinzugerechnet. Ist die bedingte Festsetzung der Freiheitsstrafe unterlassen worden, so wird für jeden angefangenen Betrag von zehn Mark der Geldstrafe ein Tag Freiheitsstrafe zugerechnet.

Ist nur auf Geldstrafe und für den Fall, daß dieselbe nicht beigetrieben werden kann, auf Freiheitsstrafe erkannt, so bestimmt sich die Gebühr nach der Höhe der ersteren. In diesem Falle, sowie wenn nur auf Geldstrafe erkannt ist, darf die Gebühr den Betrag der Geldstrafe nicht übersteigen.[4]

[1] Strafsachen sind nicht: Verfahren, betreffend Verurteilung zu Ordnungsstrafen in den Fällen der §§ 56, 96, 178, 179, 180 GVG. (unentschuldigtes Ausbleiben von Schöffen, Vertrauensmännern, Geschworenen; Ungebühr), §§ 50, 69, 77 StPO. (unentschuldigtes Ausbleiben von Zeugen, unbegründete Zeugnisverweigerung), § 84 KO. (Ordnungsstrafe gegen den Konkursverwalter); das ehrengerichtliche Verfahren gegen Rechtsanwälte

das Disziplinarverfahren gegen Beamte; das Verfahren gegen Standesbeamte nach § 11 RGes. v. 6./2. 75; das ehrengerichtliche Verfahren gegen Börsenbesucher nach § 10 RGes. v. 22./6. 96. — Ferner nicht Forststraffachen. KomBer. 74. Vgl. Preußen: Forstdiebstahlges. v. 15./4. 78 u. § 121 Pr. GKG. v. 25./6. 95 in d. Fass. v. 6./10. 99.

² Die Anrechnung der Untersuchungshaft auf die Strafe (§ 60 StGB., § 482 StPO.) bleibt für die Gebührenberechnung unberücksichtigt. Mot. zu § 59. Andererseits auch eine Buße, auf deren Erlegung (z. B. nach §§ 188, 231 StGB.) erkannt worden ist, da sie nicht die Eigenschaft einer Strafe, sondern die einer Entschädigung hat. RG. **15**, 352, **31**, 334. Ferner auch ein dem Angeklagten neben der Defraudationsstrafe an Stelle der nicht vollstreckbaren Einziehung auferlegter Werterfatz. RG. **22**, 103. Vgl. dagegen RG. **18**, 369, **20**, 290, **22**, 213 (die nach §§ 135, 154, 155 Vereinszollges. v. 1./7. 69 ausgesprochene Konfiskation der defraudierten Gegenstände sowie der Werterfatz im Falle der Unausführbarkeit ist bei der Gebührenberechnung zu berücksichtigen). — Wird der Angeklagte freigesprochen, so ist auch dann nicht eine Gebühr von ihm zu erheben, wenn er zu der Untersuchung schuldhaft Veranlassung gegeben hat. Das gleiche gilt, wenn im Verfahren auf öffentliche Klage bei wechselseitigen Beleidigungen oder Körperverletzungen (§§ 199, 233 StGB.) der Angeklagte freigesprochen ist, sei es auch, daß ihm die Kosten auferlegt sind (§ 500 StPO.) Mot. zu § 59.

³ Z. B. die in der Berufungsinstanz ausgesprochene Strafe auch für das mit Freisprechung geendigte Verfahren erster Instanz. — Maßgebend für alle Instanzen ist diejenige Strafe, die sich bei der definitiven Erledigung der Straffache als einheitliche Strafe in der Urteilsformel darstellt, mag sie Einzelstrafe, Gesamtstrafe oder Gesamtsumme mehrerer Einzelstrafen sein. RG. **26**, 172, JW. **91**, 295⁶. Dem Gebührenansatz für jede Instanz darf aber nur die Strafe für das oder die Delikte zugrunde gelegt werden, über welche in der betreffenden Instanz entschieden ist oder nach dem gestellten Antrag entschieden werden sollte. Handelt es sich um mehrere selbständige Straftaten, und wird die in erster Instanz

ausgesprochene Verurteilung nur bezüglich einzelner Straftaten angefochten, so sind für den Gebührenansatz in der Rechtsmittelinstanz nur die Strafen in denjenigen Straffällen maßgebend, welche in die höhere Instanz gelangt sind. Dabei ist die Einsatzstrafe für jede einzelne Tat, nicht bloß die Straferhöhung maßgebend. RG. (VStrS.) 27, 58, JW. 95, 289[5] (ebenso [I. StrS.] RG. 26, 172, JW. 95, 100[12]; anders [IV. StrS.] JW. 91, 295[6], wonach auch dann, wenn in der höheren Instanz nur einer der mehreren Straffälle Gegenstand der Verhandlung war, die erstinstanzliche Gesamtstrafe auch für den Gebührenansatz in der höheren Instanz maßgebend sein sollte). Wenn aber das Rechtsmittel eine für mehrere Straftaten festgesetzte Nebenstrafe betrifft, so ist die Rechtsmittelinstanz hinsichtlich des Gebührenansatzes als mit sämtlichen Straftaten befaßt anzusehen. RG. 18, 369.

[4] Der Angeklagte hat die Kosten der von ihm eingelegten Revision auch im Falle der Aufhebung des Vorderurteils und Zurückverweisung der Sache in die Vorinstanz zu tragen, wenn er erneut zur Strafe verurteilt wird. RG. 18, 347, JW. 94, 605[6]. — Fälligkeit erst mit der Rechtskraft der den Beschuldigten zur Strafe verurteilenden Entscheidung (Strafbefehl, Beschluß, Urteil): § 96.

60. Im Falle des §. 79 des Strafgesetzbuchs [1] bestimmt sich die Gebühr für das neue Verfahren durch den Betrag, um welchen die Gesammtstrafe die früher erkannte Strafe übersteigt. [2]

Im Falle des §. 492 der Strafprozeßordnung [3] ist eine besondere Gebühr nicht zu erheben.

[1] Danach ist, wenn vor Verbüßung oder Verjährung oder Erlassung einer erkannten Strafe die Verurteilung desselben Angeklagten wegen einer anderen, vor der früheren Verurteilung begangenen strafbaren Handlung erfolgt, auf eine Gesamtstrafe durch Erhöhung der verwirkten schwersten Strafe zu erkennen.

[2] Es ist also eine Gebühr für die Differenz zwischen der

früheren Strafe und der neuen Gesamtstrafe nach den Sätzen des § 62 zu erheben. RG. 26, 174, JW. 04, 479[10].

[3] D. i. Zurückführung mehrerer, durch verschiedene rechtskräftige Urteile erkannter Einzelstrafen auf eine Gesamtstrafe durch eine nachträgliche gerichtliche Entscheidung. Diese Entscheidung ergeht also gebührenfrei. — Die Entscheidung hat aber keinen Einfluß auf die für die rechtskräftig erkannten Einzelstrafen in Ansatz gebrachten Gebühren. Diese bleiben vielmehr trotz der nachträglichen Bildung einer Gesamtstrafe bestehen. RG. 37, 169, JW. 04, 479[10].

61. Betrifft eine Strafsache mehrere Angeschuldigte, so ist die Gebühr von jedem Verurtheilten besonders nach Maßgabe der gegen ihn erkannten Strafe[1] zu erheben.[2]

[1] Bei solidarischer Haftung für eine Gesamtgeldstrafe ist von jedem Verurteilten eine besondere Gebühr nach Maßgabe der Gesamtstrafe zu erheben. Der § 91 GKG. (Haftung nach Kopfteilen) findet keine Anwendung. RG. 21, 61, 32, 282.

[2] Nicht nur die Bauschgebühr nach §§ 62—65, sondern auch die Gebühren nach §§ 66, 67, 76, wenn durch den Antrag mehrerer Angeschuldigten das betreffende Verfahren veranlaßt ist. — Haftung für die Auslagen gemäß § 498 Abs. 2 StPO.: Mitangeklagte, welche in bezug auf „dieselbe Tat" zur Strafe verurteilt sind, haften dafür als Gesamtschuldner, auch wenn dies in dem Urteil nicht ausdrücklich ausgesprochen ist. RG. 1, 93. Der einzelne hat, wenn auch die Auslagen nur einmal eingefordert werden dürfen, doch wegen der Mitverurteilung der anderen Angeklagten nicht einen Rechtsanspruch auf Erleichterung. RG. 21, 164. Der Begriff „dieselbe Tat" ist dabei in weiterem Sinn als nach dem StGB. aufzufassen. Jeder Teilnehmer an der bestraften Tat haftet samtverbindlich, selbst wenn er bei den Handlungen der anderen Teilnehmer nicht mitgewirkt noch auch nur darum gewußt hat. JW. 86, 7[11]. Ferner erstreckt sich diese Gesamthaftbarkeit für Auslagen auf: Begünstiger und Hehler, RG. 12, 226, JW. 86, 107[19], den wegen aktiver und den wegen passiver Bestechung Verurteilten, JW. 87,

511. Jedoch hat jeder Verurteilte nur für solche Kosten und Auslagen (insbesondere auch Zeugengebühren) aufzukommen, die nach dem Gange der Untersuchung mit seiner Verurteilung im Zusammenhange stehen, nicht für solche, die sich lediglich auf Straftaten von Mitangeschuldigten beziehen. RG. 29, 145, 30, 287. Immer ausgeschlossen von der Samtverbindlichkeit sind die durch die Untersuchungshaft und die Strafvollstreckung entstandenen Kosten: § 498 Abs. 2 StPO. — Für die Gebühren des Gerichts besteht eine Samtverbindlichkeit mehrerer Verurteilten niemals. RG. 21, 61, 164.

62. Für das Verfahren in erster Instanz[1] werden erhoben:[2]

im Falle einer Geldstrafe[3] oder Freiheitsstrafe[4] von

1.	...... 1 bis 20 Mark einschl. oder 1 bis 10 Tage einschl. . .	5 M.
2.	mehr als 20 bis 30 Mark einschl. oder " " 10 Tage bis 14 Tage einschl.	10 "
3.	" " 30 bis 60 Mark einschl. oder " " 14 Tage bis 4 Wochen einschl.	20 "
4.	" " 60 bis 150 M. einschl. oder " " 4 Wochen bis 6 Wochen einschl.	30 "
5.	" " 150 bis 300 M. einschl. oder " " 6 Wochen bis 3 Monate einschl.	45 "
6.	" " 300 bis 500 M. einschl. oder " " 3 Monate bis 6 Monate einschl.	60 "
7.	" " 500 bis 1000 M. einschl. oder " " 6 Monate bis 1 Jahr einschl.	75 "
8.	" " 1000 bis 1500 M. einschl. oder " " 1 Jahr bis 2 Jahre einschl.	100 "

9. mehr als 1500 bis 3000 M. einschl. oder
" " 2 Jahre bis 3 Jahre einschl. 130 M.
10. " " 3000 Mark . . . . . . oder
" " 3 Jahre bis 10 Jahre einschl. 180 "
11. im Falle einer schwereren Strafe . . 300 "

Ist auf Verweis erkannt, so beträgt die Gebühr . . . . 5 "
und ist ausschließlich auf Verlust der bürgerlichen Ehrenrechte überhaupt oder einzelner bürgerlicher Ehrenrechte erkannt 45 "

[1] Alle Entscheidungen, für die in den §§ 60, 63, 66—72, 74—78 eine Gebühr nicht festgesetzt ist, werden durch die Gebühr aus § 62 mitabgegolten. So z. B. Entscheidungen über Anträge: auf Entlassung aus der Untersuchungshaft (§ 124 StPO.), auf Aufhebung einer Beschlagnahme (§ 94 StPO.), auf Aufschub der Strafvollstreckung (§ 490 StPO.). — Eine neue Instanz beginnt, wenn durch Einlegung von Rechtsmitteln die Sache vor das Berufungs- oder Revisionsgericht gebracht ist. — Wird von dem Gericht der höheren Instanz das erlassene Urteil aufgehoben und die Sache an die untere Instanz zurückverwiesen (§§ 369, 394, 395 StPO.), so bildet das weitere Verfahren mit dem früheren Verfahren vor diesem Gericht hinsichtlich der Gebührenberechnung nur eine Instanz. Das Gleiche gilt für das Verfahren in der höheren Instanz (§ 65), wenn die Sache auf nochmalige Einlegung von Rechtsmitteln gegen das zweite Urteil wiederum an diese Instanz gelangt ist.

[2] Gleichviel, ob die Hauptverhandlung in erster Instanz vor einem Gerichte höherer oder niederer Ordnung stattgefunden hat. — Ist der Angeklagte freigesprochen oder außer Verfolgung gesetzt oder (bei wechselseitigen Beleidigungen oder Körperverletzungen) für straffrei erklärt, so werden Gebühren auch nicht für die durch schuldhaft Versäumung des Angeklagten nötig gewordenen Prozeßhandlungen, für Wiedereinsetzung, unbegründete

Rechtsmittel, berechnet. Mot. 87, Anm. 2 zu § 59. Vgl. § 68 Abs. 2. Nur die dadurch verursachten Auslagen kommen in Ansatz: §§ 499, 500, 505 StPO.

[3] Darüber, daß Bußen und Wertersatzsummen nicht hinzuzurechnen sind, vgl. Anm. 2 zu § 59.

[4] Über Nichtberücksichtigung der Anrechnung der Untersuchungshaft vgl. Anm. 2 zu § 59. — Ist neben einer anderen Freiheitsstrafe auf Festungshaft oder Haft erkannt, so wird die Gebühr nach dem durch Zusammenrechnung der mehreren Strafen gefundenen Zeitmaß berechnet. KomBer. 74.

63. Zwei Zehntheile der Sätze des §. 62 werden erhoben in dem Verfahren bei amtsrichterlichen Strafbefehlen, wenn die Strafe ohne Hauptverhandlung rechtskräftig festgesetzt ist (Strafprozeßordnung §. 450).[1]

Wird der gegen einen Strafbefehl erhobene Einspruch wegen Ausbleibens des Angeklagten in der Hauptverhandlung durch Urtheil verworfen (Strafprozeßordnung §. 452), so sind für das ganze Verfahren vier Zehntheile der Sätze des §. 62 zu erheben.[2]

[1] Wenn also gegen den Strafbefehl nicht rechtzeitig Einspruch erhoben oder der Einspruch vor der Entscheidung zurückgenommen worden ist. Im letzteren Falle wird außerdem noch die Zurücknahmegebühr aus § 76 erhoben. — Vgl. ferner § 59 Abs. 3 (Gebühr nicht höher als eine im Strafbefehl ausschließlich auferlegte Geldstrafe) und § 66 Nr. 4 (noch eine besondere Gebühr von 1/10, wenn der Einspruch durch Beschluß oder Urteil als unzulässig verworfen wird).

[2] Hat dagegen eine mündliche Verhandlung stattgefunden, so sind die Gebühren nicht nach § 63, sondern nach § 62 zu berechnen, und es kommen für den Strafbefehl besondere Gebühren

nicht zum Ansatz. Mot. zu § 63. — Betrifft eine Berufung die Verwerfung des gegen einen Strafbefehl erhobenen Einspruchs (§ 452 StPO.): § 65 Abs. 3 (4/10 der Sätze des § 62).

64. Hat weder eine Voruntersuchung,[1] noch in dem Hauptverfahren[2] eine Beweisaufnahme[3] stattgefunden, so kann das Gericht die Sätze des §. 62 bis auf fünf Zehntheile ermäßigen.[4]

Das Gleiche gilt in den Fällen des §. 211 der Strafprozeßordnung[5]

[1] §§ 176—196 StPO.

[2] Beginn des Hauptverfahrens: § 201 StPO. (Eröffnungsbeschluß).

[3] Jede auf Feststellung der Schuld des Angeklagten hinzielende Tätigkeit des Gerichts im Hauptverfahren (nach §§ 222, 224 StPO. unter Umständen außerhalb der Hauptverhandlung), auch z. B. Verlesung von Schriftstücken, Schriftvergleichung des Gerichts.

[4] Die Ermäßigung muß als eine den Kostenpunkt (§ 496 Abs. 1 StPO.) betreffende Entscheidung in dem Urteil vom erkennenden Gericht ausgesprochen werden.

[5] D. i., wenn der Beschuldigte entweder sich freiwillig gestellt hat oder infolge einer vorläufigen Festnahme dem Gerichte vorgeführt oder nur wegen Übertretung verfolgt und das Schöffengericht ohne schriftlich erhobene Anklage und ohne eine Entscheidung über die Eröffnung des Hauptverfahrens zur Hauptverhandlung geschritten ist.

65. Die Sätze des §. 62 sind für die Berufungsinstanz, sowie für die Revisionsinstanz zu erheben, wenn in derselben eine Hauptverhandlung[1] stattgefunden hat[2] und das Rechtsmittel nicht als unzulässig verworfen wird.[3]

Hat eine Beweisaufnahme[4] in der Berufungsinstanz nicht stattgefunden, so kann das Gericht die Sätze bis auf fünf Zehntheile ermäßigen.[5]

Wird die Berufung wegen Ausbleibens des Angeklagten[6] in der Hauptverhandlung verworfen (Strafprozeßordnung §. 370), oder betrifft die Berufung die Verwerfung des gegen einen Strafbefehl erhobenen Einspruchs[7] (Strafprozeßordnung §. 452), so sind vier Zehntheile zu erheben.

[1] Beginn der Hauptverhandlung: StPO. § 242 (mit dem Aufrufe der Zeugen und Sachverständigen oder, wenn solche nicht geladen sind, mit der Vernehmung des Angeklagten über seine persönlichen Verhältnisse), § 278 (vor dem Schwurgericht mit der Bildung der Geschworenenbank), § 391 (in der Revisionsinstanz mit dem Vortrage des Berichterstatters).

[2] Wenn Zurücknahme des Rechtsmittels vor Beginn der Hauptverhandlung (s. Anm. 1) erfolgt: § 76 (3/10 der Gebühr des § 66, also 3/100); nach Beginn: § 65. Mot. zu § 76.

[3] Sondern der in erster Instanz verurteilte Angeklagte anderweitig auch in der Berufungs- bzw. Revisionsinstanz unterlegen ist. — Wegen des Gebührenansatzes für den Fall, daß durch die Rechtsmittelanträge nicht die Beseitigung der ganzen Strafe, sondern nur eines Teils derselben (namentlich bei mehreren Straftaten) oder neben der Hauptstrafe erkannter Nebenstrafen beansprucht war, s. Anm. 3 zu § 59, und für den Fall, daß nach Zurückverweisung in die Vorinstanz die Sache demnächst nochmals in die höhere Instanz gelangt, s. Anm. 1 zu § 62.

[4] Vgl. Anm. 3 zu § 64 (Begriff der Beweisaufnahme).

[5] Vgl. Anm. 4 zu § 64 (Anordnung im Urteil).

[6] Wenn der Angeklagte Berufung eingelegt hat.

[7] Vgl. Anm. 2 zu § 63.

66. Ein Zehntheil der Sätze des §. 62 wird besonders[1] erhoben:[2]

1. für Verwerfung eines Gesuchs um Wieder-

einsetzung in den vorigen Stand (Strafprozeßordnung §§. 46, 234, 370 Abs. 2);[3]

2. für die Entscheidung, durch welche eine Berufung oder Revision als unzulässig verworfen wird[4] (Strafprozeßordnung §§. 360, 363, 386, 389);
3. für die Entscheidung, durch welche ein Antrag auf Wiederaufnahme des Verfahrens als unzulässig verworfen[5] wird (Strafprozeßordnung §. 408);
4. für die Entscheidung, durch welche ein Einspruch gegen einen amtsrichterlichen Strafbefehl[6] (Strafprozeßordnung §. 449) oder ein Antrag auf gerichtliche Entscheidung[7] nach vorangegangener polizeilicher Strafverfügung (Strafprozeßordnung §. 454) oder nach Erlaß eines Strafbescheides einer Verwaltungsbehörde (Strafprozeßordnung §. 460) als unzulässig verworfen wird;
5. für Zurückweisung von Beschwerden[8] gegen die unter Nr. 1 bis 4 bezeichneten Entscheidungen.[9]

[1] D. i. neben den in den §§ 62, 63, 65 festgesetzten Bauschgebühren.

[2] Nur wenn der Beschuldigte rechtskräftig verurteilt ist. Im Falle der Freisprechung oder Einstellung in dem ersten Verfahren werden Gebühren aus § 66 nicht erhoben. Anm. 2 zu §§ 59 u. 62. — Wird den in § 66 bezeichneten Gesuchen, Anträgen und Beschwerden stattgegeben, so wird eine Gebühr für die Entscheidung nicht erhoben. — Auch wenn die Gesuche oder Rechtsmittel von mehreren (zu Strafe rechtskräftig verurteilten)

Angeklagten angebracht sind, wird die Gebühr von jedem besonders erhoben. Vgl. § 61. Hat ein Angeklagter verschiedene der im § 66 bezeichneten Gesuche oder Rechtsmittel gleichzeitig angebracht, so findet gegebenenfalls ein mehrfacher Ansatz der Gebühr statt; ebenso, wenn er nach Verwerfung seines Gesuchs usw. nochmals ein gleichartiges Gesuch anbringt.

[3] StPO. § 46: Versäumung einer Frist; § 234: Erlaß eines Urteils erster Instanz ohne Anwesenheit des Angeklagten in der Hauptverhandlung; § 370: Erlaß eines Urteils in der Berufungsinstanz ohne Anwesenheit des Angeklagten. Ferner findet Wiedereinsetzung statt in den Fällen der §§ 455, 461 StPO. (gerichtliche Entscheidung gegen: polizeiliche Strafverfügung, Strafbescheid einer Verwaltungsbehörde) sowie des § 431 StPO. (Terminversäumung des Privatklägers). — Vgl. § 505 Abs. 3 StPO. (die Kosten auch der antragsgemäß erfolgten Wiedereinsetzung fallen dem Antragsteller zur Last, soweit sie nicht durch einen unbegründeten Widerspruch des Gegners entstanden sind).

[4] Einerlei, ob durch Beschluß oder Urteil. Mot. 89.

[5] Verwerfung des Antrags als unbegründet: § 67 (2/10).

[6] Vgl. Anm. 1, 2 zu § 63.

[7] Im Falle der Zurückweisung als unbegründet findet § 62 Anwendung.

[8] Diese Gebühr für die Zurückweisung der Beschwerde wird neben der Gebühr für die unter Nr. 1—4 bezeichneten Entscheidungen erhoben. – Fernere Gebührenbestimmungen für Beschwerden: §§ 67 Abs. 2, 68, 78 Nr. 2c.

[9] Zurücknahme der in Nr. 1, 3, 4, 5 bezeichneten Gesuche, Anträge, Einsprüche und Beschwerden vor der Entscheidung, oder der in Nr. 2 bezeichneten Rechtsmittel vor Beginn der Hauptverhandlung (s. Anm. 1 zu § 65): § 76 (3/10 der Gebühr).

67. Wird ein Antrag auf Wiederaufnahme des Verfahrens als unbegründet verworfen [1] (Strafprozeßordnung §§. 410, 411 Abs. 1), so werden zwei Zehntheile und, wenn eine Beweisaufnahme [2] stattgefunden hat (Strafprozeßordnung §. 409), vier Zehntheile der Sätze des §. 62 erhoben.

Für Zurückweisung[3] von Beschwerden gegen die im vorstehenden Absatze bezeichneten Entscheidungen wird ein Zehntheil der Sätze des §. 62 erhoben.

[1] Verwerfung als unzulässig: § 66 Nr. 1 ($^1/_{10}$). Wird Wiederaufnahme angeordnet: § 77.

[2] Begriff der Beweisaufnahme: Anm. 3 zu § 64.

[3] Zurücknahme der Beschwerde vor der Entscheidung: § 76 ($^3/_{10}$ der Gebühr).

68. Für die Zurückweisung anderer, als der in §. 66 Nr. 5, §. 67 Abs. 2 bezeichneten Beschwerden[1] wird eine Gebühr von 1 Mark erhoben.

Die Gebühr ist von dem Beschuldigten nur zu erheben, wenn er zu Strafe rechtskräftig verurtheilt wird.[2]

[1] Des Beschuldigten z. B. über Verhaftung, Beschlagnahme, Berechnung der erkannten Strafen, oder dritter Personen, z. B. des Antragstellers oder Anzeigenden wegen Auferlegung von Kosten in den Fällen der §§ 174, 175, 501, 504 StPO.

[2] Es wird also eine endgültige Verpflichtung des mit seiner Beschwerde zurückgewiesenen Beschuldigten zur Tragung der Kosten der Beschwerde erst durch seine etwaige rechtskräftige Verurteilung zu Strafe begründet.

Unbegründete Anträge auf Strafverfolgung.

69. Werden in den Fällen der §§. 172 und 173 der Strafprozeßordnung nach Maßgabe der §§. 175[1] und 504[2] derselben dem Antragsteller[3] die Kosten[4] auferlegt, so beträgt die Gebühr:[5]

wenn es sich um eine Uebertretung handelt . 20 M.,
wenn es sich um ein Vergehen handelt . 50 =
wenn es sich um ein Verbrechen handelt . 100 = .

Das Gleiche gilt im Falle des §. 501 der Strafprozeßordnung.[6]

Im Falle des §. 174 Abs. 2 der Strafprozeßordnung[7] ist die Hälfte der vorstehenden Sätze zu erheben. Das Gleiche gilt, wenn nach eröffnetem Hauptverfahren[8] die Einstellung des Verfahrens wegen Zurücknahme desjenigen Antrags erfolgt, durch welchen dasselbe bedingt war.[9]

[1] D. i. wenn der Antragsteller und zugleich durch die Straftat Verletzte gemäß § 170 StPO. (bei dem Reichsgericht bzw. Oberlandesgericht) gerichtliche Entscheidung über Erhebung der öffentlichen Klage beantragt hat, dieser Antrag gemäß § 172 verworfen ist und dem Antragsteller die durch das Verfahren über den Antrag veranlaßten Kosten gemäß § 175 auferlegt sind.

[2] D. i. wenn im Falle des § 170 StPO. (s. Anm. 1) von dem Gericht gemäß § 173 die Erhebung der öffentlichen Klage beschlossen, trotzdem aber der Angeschuldigte demnächst außer Verfolgung gesetzt oder freigesprochen oder das Verfahren eingestellt ist und deshalb gemäß §§ 504, 503 Abs. 2 dem Antragsteller die Kosten des Verfahrens zur Last gelegt sind.

[3] Mehrere Antragsteller haften für Gebühren und Auslagen als Gesamtschuldner: §§ 504, 503 Abs. 4 StPO.; auch §§ 91, 92 dieses Gesetzes (die vorgeschriebene Haftung nach Kopfteilen findet in diesem Falle keine Anwendung).

[4] Wird ihm nur ein Teil der Kosten auferlegt, so ist nur der entsprechende Teil der Gebühr zu erheben. KomBer. 74.

[5] Auch wenn sich der Antrag auf mehrere strafbare Handlungen bezieht, wird nur eine Gebühr erhoben, und zwar nach Maßgabe des mit der schwersten Strafe bedrohten Delikts.

[6] D. i. wenn dem Anzeigenden die Kosten auferlegt sind, weil

die Anzeige wider besseres Wissen gemacht ist oder auf grober Fahrlässigkeit beruht.

[7] D. i. wenn im Falle des § 170 StPO. (s. Anm. 1) dem Antragsteller vor der Entscheidung über den Antrag auf Erhebung der öffentlichen Klage von dem Gericht gemäß § 174 Abs. 1 eine Sicherheitsleistung für die Kosten auferlegt und diese Sicherheit nicht binnen der bestimmten Frist geleistet ist.

[8] § 201 StPO. — Erfolgt sie vorher, so wird eine Gebühr nicht erhoben. Mot. 90. Die Auslagen aber hat der Antragsteller auch in diesem Falle zu tragen: § 502 StPO., § 89 GKG. Jedoch kommen immer nur solche Auslagen in Betracht, die durch den Antrag veranlaßt sind, nicht die ganzen bis zur Einstellung des Verfahrens entstandenen. RG. 7, 409.

[9] Von der Auferlegung der Kosten gemäß § 502 StPO. (s. Anm. 8) darf das Gericht nicht absehen. Auch, wenn die Beteiligten, der Verletzte und der Angeschuldigte, über den Kostenpunkt ein Übereinkommen getroffen haben, sind die Kosten dem den Strafantrag zurücknehmenden Antragsteller aufzuerlegen. RG. 23, 197, JW. 92, 419[19]. — Enthält die angezeigte Tat die gesetzlichen Merkmale nicht allein einer nur auf Antrag verfolgbaren Handlung, sondern auch eines Offizialdelikts, so findet § 69 keine Anwendung. Vgl. JW. 91, 55[17]. — Wird das Antragsdelikt (Beleidigung und Körperverletzung) nicht durch öffentliche Klage, wie § 69 voraussetzt, sondern durch Privatklage verfolgt: §§ 70—73.

Privatklage.

***70.** Für das Verfahren auf erhobene Privatklage[1] werden in erster Instanz erhoben:[2]

1. wenn nach Beginn der Hauptverhandlung Einstellung des Verfahrens[3] erfolgt . . . . . 5 Mark,
2. wenn außer dem Falle der Nr. 1 die Instanz ohne Beweisaufnahme[4] durch Urtheil beendigt wird 15 „

3. wenn außer dem Falle der Nr. 1 die Instanz nach stattgehabter Beweisaufnahme[4] durch Urtheil beendigt wird . . . . 20 Mark.

Dieselben Sätze sind für die Berufungsinstanz sowie für die Revisionsinstanz zu erheben.[5]

Für die Widerklage wird ein besonderer Satz nicht erhoben.

Die von der Verwaltungsbehörde erhobene Klage (Strafprozeßordnung §. 464) ist nicht als Privatklage im Sinne dieses Gesetzes zu erachten.[6]

[1] §§ 414—434 StPO. — Übernimmt gemäß § 417 StPO. die Staatsanwaltschaft die Strafsache, so kommen die §§ 70—73 fernerhin nicht zur Anwendung, vielmehr bestimmen sich fortan die Gebühren nach den für die öffentliche Klage gegebenen Gebührenvorschriften. Vgl. RG. **10**, 423. — Der dem Privatkläger auf Grund des gemäß § 431 Abs. 2 StPO. bewilligten Armenrechts zur unentgeltlichen Wahrnehmung seiner Rechte als dessen Vertreter beigeordnete Rechtsanwalt hat einen Anspruch auf Zahlung von Gebühren aus der Staatskasse nicht. RG. **25**, 360.

[2] Gleichviel, ob der Privatkläger oder der Beschuldigte die Kosten zu tragen hat. Auch kommt es hier nicht, wie nach den Vorschriften der §§ 62ff., auf die Höhe der erkannten Strafe an. Aus letzterem Grunde findet auch die im § 59 Abs. 3 Satz 2 vorgesehene Beschränkung der Gebühr mit Rücksicht auf die Höhe der erkannten Geldstrafe hier keine Anwendung. — Vorschußpflicht: § 84 Abs. 2, 3.

[3] Z. B. zufolge Zurücknahme der Privatklage oder zufolge des Todes des Beschuldigten oder des Privatklägers oder wenn die Parteien in der Hauptverhandlung sich vergleichen und deshalb Einstellung des Verfahrens erfolgt. Vgl. Anm. 2 zu § 72. — Die Kosten hat stets der Privatkläger bzw. sein Erbe zu tragen, selbst wenn die Einstellung erst nach Einlegung der Berufung oder Revision seitens des verurteilten Beschuldigten

erfolgt. Rechtspr. d. RG. 9, 705. — „Beginn der Hauptverhandlung": Anm. 1 zu § 65. Ob eine Beweisaufnahme stattgefunden hat oder nicht, ist von keinem Einfluß. Desgleichen nicht, ob die Einstellung durch Beschluß oder durch Urteil erfolgt ist. — Einstellung vor Beginn der Hauptverhandlung: §§ 72, 76.

[4] Begriff der Beweisaufnahme: Anm. 3 zu § 64.

[5] Wird die Berufung verworfen, weil der berufende Beschuldigte (§ 370 StPO.) oder weil der berufende Privatkläger (§ 431 Abs. 3 StPO.) ausgeblieben ist: Abs. 1 Nr. 2. Bleibt auf die Berufung des Beschuldigten der Privatkläger aus und gilt daher gemäß § 431 Abs. 2 StPO. die Privatklage als zurückgenommen: § 72 (vgl. Anm. 1 dort). — Zurücknahme der Berufung oder Revision: vor Beginn der Hauptverhandlung: § 76; nach Beginn: § 70 Nr. 1. — Wegen des Gebührenansatzes für den Fall, daß nach Zurückverweisung in die Vorinstanz die Sache demnächst nochmals an die höhere Instanz gelangt, vgl. Anm. 1 zu § 62.

[6] Die Gebühren hierfür bestimmen sich nach den §§ 59—68.

71. In dem Verfahren auf erhobene Privatklage sind:

1. in den Fällen des §. 66 Nr. 1, 2, 3, sowie bei Zurückweisung von Beschwerden gegen die ebendaselbst bezeichneten Entscheidungen . . . 2 Mark,
2. im Falle des §. 67 Abs. 1 . . 4 „ und, wenn eine Beweisaufnahme[1] stattgefunden hat . . . . . 8 „
3. im Falle des §. 67 Abs. 2 . . 2 „
4. in den Fällen des §. 68[2] . . 1 „
5. für Zurückweisung einer Privatklage[3] . . . . 3 „
6. für Verwerfung einer Beschwerde

über Zurückweisung einer Privatklage . . . . 3 Mark
zu erheben[4].

[1] Begriff der Beweisaufnahme: Anm. 3 zu § 64.

[2] Es kommen hier nur solche Beschwerden in Betracht, auf welche nicht die Nr. 1, 2, 6 Anwendung finden.

[3] Gleichviel, ob die Zurückweisung der Privatklage vor oder nach Mitteilung der Klage an den Beschuldigten (§§ 422, 423 StPO.), sowie aus welchem Grunde sie erfolgt (z. B. Unzuständigkeit des Gerichts, Mangel der gehörigen Form [§ 421 StPO.], nicht hinreichender Verdacht).

[4] Zurücknahme einer Beschwerde vor der Entscheidung oder eines Rechtsmittels vor Beginn der Hauptverhandlung: § 76 (3/10 der betreffenden Gebühren des § 71). Vgl. Anm. 9 zu § 66. — Für Entscheidungen, welche den Anträgen und Gesuchen stattgeben, sind keine Gebühren zu erheben. Vgl. Anm. 2 zu § 66. — Wegen Übernahme der Strafsache durch die Staatsanwaltschaft vgl. Anm. 1 zu § 70.

72. Bei Zurücknahme einer Privatklage[1] vor Beginn der Hauptverhandlung[2] werden 2 Mark erhoben.[3]

[1] Auch wenn die Zurücknahme der Klage erst in der Berufungsinstanz erfolgt. — Dagegen Zurücknahme einer Beschwerde oder eines Rechtsmittels: § 76 (3/10 der betreffenden Gebühren des § 71). — Vgl. § 431 StPO. (es gilt als Zurücknahme, wenn der Privatkläger im Verfahren erster Instanz oder, soweit der Angeklagte die Berufung eingelegt hatte, im Verfahren zweiter Instanz, in der Hauptverhandlung weder selbst noch durch einen Rechtsanwalt erscheint oder der Anordnung des persönlichen Erscheinens nicht nachkommt oder eine gestellte Frist nicht einhält). Vgl. Anm. 5 zu § 70.

[2] „Beginn der Hauptverhandlung": Anm. 1 zu § 65. — Erfolgt die Zurücknahme nach Beginn der Hauptverhandlung: § 70 Nr. 1 (5 Mk.) s. dort Anm. 3. — Letztere Gebühr, nicht die

des § 72, findet auch dann Anwendung, wenn die Parteien sich in der Hauptverhandlung vergleichen und daraufhin Einstellung des Verfahrens erfolgt, denn es hat dann die Hauptverhandlung bereits begonnen. Vgl. Anm. 3 zu § 70. Haben sich aber die Parteien bereits vor Beginn des Termins verglichen und nimmt Privatkläger demzufolge die Klage zurück, so kommt § 72 zur Anwendung. Für den Vergleich selbst werden in keinem Falle Gebühren erhoben.

[3] Für Zurücknahme einer Widerklage wird keine Gebühr erhoben. Vgl. § 70 Abs. 3.

73. Sind in einer Sache mehrere Personen als Privatkläger oder als Beschuldigte in derselben Instanz betheiligt, so wird ohne Rücksicht auf die Zahl der Personen das Doppelte der in den §§. 70 bis 72 bestimmten Gebühren erhoben.[1]

[1] Für jede einzelne Gebühr der §§ 70—72 tritt die Erhöhung ein; es muß daher gerade in dem betreffenden Teil des Verfahrens die Voraussetzung einer Mehrzahl von Privatklägern bzw. Beschuldigten vorliegen. — Keine Mehrzahl, wenn der Ehemann für sich und seine Ehefrau, der Vater für mehrere minderjährige Kinder die Privatklage erhebt oder wenn ein anderer dem Beschuldigten als Beistand (§ 149 StPO.) beitritt. Dagegen Mehrzahl von Privatklägern, wenn neben dem Verletzten andere Antragsberechtigte aus eigenem Rechte Privatklage erheben. — Haftung mehrerer Privatkläger und mehrerer Beschuldigter als Gesamtschuldner für die Gebühren und die Auslagen: § 503 Abs. 4 StPO., § 92 GKG. — Eine Erhöhung der Gebühr tritt nicht ein, wenn mehrere strafbare Handlungen Gegenstand der Privatklage sind. Auch wenn mehrere Privatklagen miteinander verbunden werden, ist nur die einfache Gebühr zu erheben.

Nebenklage.

74. Werden dem Nebenkläger[1] die Kosten[2] eines von ihm eingelegten Rechtsmittels auferlegt

(Strafprozeßordnung § 441), so sind[3] die Sätze zu erheben, welche nach Maßgabe der §§. 70, 71, 73 zu erheben sein würden, wenn er als Privatkläger das Rechtsmittel eingelegt hätte.[4]

[1] Als Nebenkläger kann sich einer öffentlichen Klage der Verletzte anschließen, der befugt ist, Strafantrag zu stellen und die Zuerkennung einer Buße (§§ 188, 231 StGB.) zu beantragen.

[2] Vorschußpflicht für Auslagen: § 84 Abs. 2, 3. Gebührenvorschuß im Falle der Einlegung eines Rechtsmittels: § 83.

[3] Gleichviel, ob der Nebenkläger selbständig oder nur neben dem Staatsanwalt das Rechtsmittel eingelegt hat. RG. **35**, 187, JW. **03**, 135[6].

[4] Sonst werden für den Anschluß, sowie für Zurückweisung und Zurücknahme des Anschlusses, Gebühren nicht berechnet. RG. **31**, 230.

Verfahren bei Einziehungen und Vermögensbeschlagnahmen.

75. Für das Verfahren in den Fällen der §§. 477 bis 479 der Strafprozeßordnung[1] beträgt die Gebühr in jeder Instanz 5 Mark.

[1] In der Regel fehlt es in diesem Verfahren, in welchem auf Einziehung, Vernichtung oder Unbrauchbarmachung von Gegenständen selbständig erkannt wird, an einem Kostenpflichtigen. Die Gebühr des § 75 kann daher nur dann zur Erhebung kommen, wenn einem der Beschlagnahme-Interessenten (§ 478 StPO.) die Kosten eines Rechtsmittels (§ 505 StPO.) oder auch Kosten erster Instanz zur Last gelegt sind. Eine Verpflichtung des Antragstellers, auch ohne ausdrückliche Verurteilung die Kosten zu tragen, besteht nicht. RG. **12**, 198, **13**, 19, **17**, 114.

Zurücknahme von Gesuchen usw.

76. Wird ein Gesuch, ein Antrag, ein Einspruch oder eine Beschwerde vor der Entscheidung über dieselben, oder wird eine Berufung oder eine

Revision vor Beginn der Hauptverhandlung [1] durch Zurücknahme oder Einstellung des Verfahrens [2] erledigt, so werden drei Zehntheile der Gebühr erhoben, welche nach Maßgabe der §§. 66 bis 68, 69 Abs. 1, §§. 71, 73 bis 75 für eine zurückweisende Entscheidung [3] zu erheben sein würde.

[1] „Beginn der Hauptverhandlung": Anm. 1 zu § 65. — Zurücknahme der Berufung oder Revision im öffentlichen Verfahren oder im Privatklageverfahren nach Beginn der Hauptverhandlung (§ 345 StPO.): §§ 65, 70 Nr. 1. Mot. zu § 76. Vgl. Anm. 2 zu § 65, Anm. 3 zu § 70.

[2] Ist in einem Verfahren auf erhobene Privatklage die Einstellung des Verfahrens vor Beginn der Hauptverhandlung infolge Todes des Privatklägers erfolgt, so sind 3/10 der Gebühr des § 71 Nr. 5 mit 0,90 M. zu erheben. Nach Beginn der Hauptverhandlung: § 70 Nr. 1.

[3] Nämlich sowohl in dem Verfahren auf öffentliche Klage als auch im Privatklageverfahren für Zurücknahme: eines Gesuchs um Wiedereinsetzung in den vorigen Stand (3/100 der Gebühr des § 62 bzw. 0,60 M), einer Berufung oder Revision vor Beginn der Hauptverhandlung (3/100 bzw. 0,60 M.), eines Antrags auf Wiederaufnahme des Verfahrens vor und nach stattgehabter Beweisaufnahme (3/100 und 12/100 bzw. 1,20 und 2,40 M.), einer Beschwerde in den vorbezeichneten Angelegenheiten (3/100 bzw. 0,60 M.), einer anderen Beschwerde nach § 68 (0,30 M.). Ferner: im öffentlichen Verfahren für die Zurücknahme des Einspruchs gegen einen Strafbefehl und für die Beschwerde hierbei (je 3/100); im Privatklageverfahren für die Zurücknahme einer Beschwerde gegen die Zurückweisung einer Privatklage (0,90 M.).

Wiederaufnahme.

77. Wird die Wiederaufnahme des Verfahrens angeordnet [1] (Strafprozeßordnung §. 410), so werden, wenn das frühere Urtheil aufrecht erhalten wird, die Gebühren für das neue Verfahren nach denselben Bestimmungen, wie für das erste Verfahren erhoben. Führt die Wiederaufnahme zu einer Aufhebung des früheren Urtheils, so gilt für die Gebührenerhebung das neue Verfahren mit dem früheren Verfahren zusammen als Ein Verfahren der Instanz.[2]

[1] Wird der Antrag auf Wiederaufnahme im öffentlichen oder im Privatklageverfahren als unzulässig verworfen: § 66 Nr. 1 ($^1/_{10}$), § 71 Nr. 1; als unbegründet: § 67 Abs. 1 ($^2/_{10}$ oder, wenn eine Beweisaufnahme vorher stattgefunden hat, $^4/_{10}$), § 71 Nr. 2.

[2] Wird der Angeklagte freigesprochen oder außer Verfolgung gesetzt, so treffen ihn nur die durch seine schuldhafte Versäumnis verursachten Auslagen. Anm. 2 zu § 62. Die in dem früheren Verfahren von dem Angeklagten erforderten Kosten müssen, soweit ihn nicht ein Verschulden trifft, ihm erstattet werden. RG. 27, 382, JW. 91, 38[14]. Erfolgt unter Aufhebung des früheren Urteils wiederum eine Verurteilung des Angeklagten zu Strafe, so werden die Gebühren auf Grund dieser neuen Strafe erhoben, und zwar für das frühere und das neue Verfahren nur einmal.

Besondere Gebühren.

78. Nach Maßgabe der Vorschriften des zweiten Abschnitts[1] werden besonders erhoben:

1. die Gebühren für Akte, welche die Verpflichtung eines Vertheidigers zur Tragung der durch Verschulden desselben veranlaßten Kosten (Strafprozeßordnung §. 145)[2] betreffen;[3]
2. die Gebühren für Entscheidungen, welche betreffen:
   a) Anträge auf Festsetzung der zu erstattenden Kosten (Strafprozeßordnung §. 496 Abs. 2);[4]

b) die Vollstreckung einer über eine Vermögensstrafe, eine Buße oder über Erstattung von Kosten ergangenen Entscheidung[5] (Strafprozeßordnung §§. 495, 496);

c) die Beschwerde gegen eine Entscheidung,[6] durch welche der Verfall einer zur Abwendung einer Untersuchungshaft oder zur Erlangung eines Strafaufschubs bestellten Sicherheit ausgesprochen wird[7] (Strafprozeßordnung §§. 122, 488).

[1] Also gemäß den für bürgerliche Rechtsstreitigkeiten gegebenen Gebührenvorschriften. Die §§ 61 und 73 bleiben außer Anwendung.

[2] Wenn durch Schuld eines notwendigen oder gemäß § 141 StPO. bestellten Verteidigers (Ausbleiben in der Hauptverhandlung, unzeitige Entfernung, unbegründete Weigerung, die Verteidigung zu führen) eine Aussetzung der Verhandlung erforderlich wird, sind ihm die hierdurch verursachten Kosten aufzuerlegen.

[3] Die Entscheidung über die Verpflichtung des Verteidigers erfolgt gebührenfrei: § 47 Nr. 5; wenn jedoch das Verfahren mutwillig veranlaßt worden ist: § 47 Abs. 2 (3/10 der Gebühren des § 8 nach dem Objekt der verschuldeten Kosten). — Beschwerdeinstanz: § 47 Abs. 3, § 45 (3/10 der Gebühr des § 8, wenn die Beschwerde als unzulässig verworfen oder zurückgewiesen wird).

[4] Nach § 496 Abs. 2 StPO. erfolgt, wenn über die Höhe der Kosten oder über die Notwendigkeit der Auslagen Streit entsteht, hierüber besondere Entscheidung. Dies findet insbesondere auch Anwendung auf die Festsetzung der im Privatklageverfahren der obsiegenden Partei von der unterliegenden und der in dem Verfahren auf Grund einer zufolge gerichtlicher Anordnung (§ 173 StPO.) erhobenen öffentlichen Klage dem außer

Verfolgung gesetzten oder freigesprochenen Angeschuldigten von dem Antragsteller zu erstattenden notwendigen Auslagen (§§ 503, 504 StPO.). Die in dem Falle der Verurteilung der unterliegenden Partei zu den Kosten der Entscheidung anzusetzende Gebühr bestimmt sich nach § 38 Nr. 1 (1/10 der Gebühr des § 8 nach dem Objekt des streitigen Kostenbetrags). Beschwerde gegen die Festsetzung: § 45 (3/10 der Gebühr des § 8, wenn die Beschwerde als unzulässig verworfen oder zurückgewiesen wird oder die Kosten des Verfahrens einem Gegner zur Last fallen; anderenfalls keine Gebühr). — Über die Art des Festsetzungsverfahrens in Preußen vgl. Verf., betr. die Festsetzung der dem Beschuldigten erwachsenen notwendigen Auslagen, falls dieselben der Staatskasse auferlegt worden sind, v. 15./3. 92 (JMBl. 109). — Auf die Festsetzung der einem zum Verteidiger bestellten Rechtsanwalt aus der Staatskasse zu bezahlenden Gebühren (§ 150 StPO.) findet § 78 Nr. 2a keine Anwendung. Vgl. Preußen Verf. v. 1./10. 84. Vgl. ferner Anm. 8 zu § 79.

5 Die Gebühr bestimmt sich nach § 35 (2/10 der Gebühr des § 8 nach dem Objekt des zur Vollstreckung stehenden Betrags). Ferner können bei sonstigen erforderlich werdenden Vollstreckungs- und Vorbereitungshandlungen die Gebührenvorschriften §§ 38 Nr. 3, 43, 46, 47 Nr. 12–16, Abs. 3 zur Anwendung kommen.

6 Die angefochtene Entscheidung ergeht gebührenfrei.

7 Die Gebühr bestimmt sich nach § 45 (3/10 der Gebühr des § 8 nach dem Objekt der streitigen Sicherheit, wenn die Beschwerde als unzulässig verworfen oder zurückgewiesen wird oder die Kosten des Verfahrens einem Gegner zur Last fallen; anderenfalls keine Gebühr).

Fünfter Abschnitt.

Auslagen.

Vgl. auch § 159 RGes., betr. die Erwerbs- u. Wirtsch.-Genoss. v. 1./5. 89 in d. Fass. vom 20./5. 98 (RGB. 810), wonach für Eintragungen und Vormerkungen im Genossenschaftsregister und für die hierauf bezüglichen Anträge zwar keine Gebühren, wohl aber Auslagen nach Maßgabe der §§ 79, 80, 80b GKG. erhoben werden. Über den Umfang der Erstattungspflicht kleinerer Genossenschaften hinsichtlich der durch Einrückung der Bekanntmachung einer Eintragung in öffentliche Blätter (§ 156) entstandenen Kosten vgl. KGJ. 23 B 42 (anders 15, 46). — Fernere Anwendung des § 79 im Verfahren vor den Gewerbe- und Kaufmannsgerichten: § 58 GewGerGes. v. 29./9. 01 (RGB. 353), § 16 KaufmGerGes. v. 6./7. 04 (RGB. 266).

79. An baaren Auslagen werden erhoben: [1]

1. die Schreibgebühren; [2]
2. die Post- und Telegraphengebühren; [3]
3. die durch Einrückung einer Bekanntmachung in öffentliche Blätter entstehenden Kosten;
4. die an Zeugen und Sachverständige zu zahlenden Gebühren; [4]
5. die bei Geschäften außerhalb der Gerichtsstelle den Gerichtsbeamten zustehenden [5] Tagegelder und Reisekosten;
6. die an andere Behörden [6] oder Beamte [7] oder an Rechtsanwälte [8] für deren Thätigkeit zu zahlenden Beträge;
7. die Kosten eines Transports von Personen; [9]
8. die Haftkosten [10] nach Maßgabe der für die Strafhaft geltenden landesgesetzlichen Vorschriften. [11]

[1] Sonstige Auslagen der Gerichte und der Staatsanwaltschaft (z. B. für Packmaterial, Heften der Akten u. dgl., für Ausgrabung von Leichen, Belohnung für Ermittelung des Täters) dürfen den Beteiligten nicht in Rechnung gestellt werden: § 1. — Niederschlagung der Auslagen ist unzulässig, auch wenn sie durch

Verschulden von Gerichtsbeamten oder durch unrichtige Behandlung der Sache seitens des Gerichts entstanden sind. Anm. 1 zu § 6, RG. 1, 334, JW. 86, 7[10], 95, 97[8], 96, 556[20]. So hat in Strafsachen der zu Strafe verurteilte Angeklagte auch zu tragen: die durch ungerechtfertigte Verweisung der Sache vor ein anderes Gericht entstandenen Kosten, JW. 86, 7[10]; die durch Ausbleiben von Zeugen entstandenen Kosten, falls diese nicht gemäß § 50 StPO. den Zeugen zur Last gelegt worden sind, JW. 95, 97[8], 96, 556[20]; alle Kosten der Voruntersuchung, auch wenn dieselbe wegen einer anderen Straftat, als der Eröffnungsbeschluß angenommen hat, eingeleitet und geführt worden war, JW. 88, 453, 94, 605[6]; bei der Anklage wegen eines fortgesetzten Delikts die Kosten der Untersuchung auch hinsichtlich solcher einzelner Tätigkeitsakte, bezüglich deren schließlich eine Bestrafung nicht erfolgt ist, RG. 29, 106. Wird aber der wegen mehrerer strafbarer Handlungen Angeklagte wegen einiger freigesprochen, so fallen ihm die auf letztere Straftaten allein bezüglichen Auslagen nicht zur Last. JW. 00, 233[8]. Vgl. auch Anm. 2 zu § 61 (Mithaftung mehrerer Angeklagten). Vgl. ferner bezüglich der Verpflichtung des Angeklagten zur Tragung der Kosten polizeilicher Untersuchung im Falle der Verurteilung zu Strafe: § 1 Ges. v. $\frac{14./5.\ 79}{29./6.\ 85}$ (Verkehr mit Nahrungsmitteln), Ges. v. 5./7. 87 (blei- und zinkhaltige Gegenstände), Ges. v. 15./6. 97 (Verkehr mit Butter usw.), Ges. v. 3./6. 00 (Vieh- und Fleischbeschau), Ges. v. 24./5. 01 (Verkehr mit Wein). — Die Auslagen kommen auch in den Fällen zur Erhebung, in denen Gebühren nicht zu berechnen sind (§§ 4, 16, 45, 47, 57, 98 sowie § 6). Ausnahme: § 80 a (Schreibgebühren).

² Das verwendete Papier wird nicht besonders berechnet. KomBer. 74. Vgl. bezüglich der Schreibgebühren im übrigen § 80 u. Anm. 1 dazu.

³ Postgebühren: §§ 25, 57 Nr. 3 Postges. v. 28./10. 71 (Brief- und Paketporto, Gebühren für Einschreiben, Eilbestellung, Postanweisungen, Bestellgeld). — Zu den Postgebühren gehören auch die Gebühren für Sendungen mit Zustellungsurkunde. Ausnahme: § 80b (für Zustellung von Amts wegen werden bare

Auslagen nicht erhoben). — Auch wenn, wie in Preußen, mit der Post eine Bauschsumme (Aversum) für die portopflichtigen Sendungen vereinbart ist, sind doch die tarifmäßigen Postgebühren, wie wenn die Aversionierung nicht stattgefunden hätte, als Auslagen in Ansatz zu bringen. § XXVI Pr. Verf. v. 4./3. 94 (JMBl. 59). — Sendungen an arme Parteien sind als portofrei zu behandeln. JW. 85, 321. Ebenso Sendungen an Armenanwälte. Vgl. Pr. Verf. v. 25./10. 83 (JMBl. 331). Gegenüber dem Kostenschuldner sind aber auch hier die tarifmäßigen Portogebühren in Ansatz zu bringen.

[4] Nach Maßgabe der GO. f. Z. u. S. v. 30./6. 78 in d. Fass. v. 20./5. 98. (RGB. 689), s. unten V. — Gemäß § 13 Abs. 2 a. a. O. fallen unter § 79 Nr. 4 auch die Kosten von Übersetzungen durch Dolmetscher. — Vgl. Anm. 5 zu § 4 (Erinnerung gegen die Höhe der Gebühren).

[5] Den Parteien sind nur diejenigen Tagegelder und Reisekosten in Rechnung zu stellen, welche an die Gerichtsbeamten wirklich zur Verausgabung gelangt sind. KGJ. 6, 157, 158 (anders 4, 230); vgl. auch KGJ. 14, 201, 17, 194. Vgl. für Preußen Verf. über die Reisekosten und Tagegelder der Gerichtsbeamten, welche bei Erledigung mehrerer auswärtiger Dienstgeschäfte auf einer Reise den Parteien als bare Auslagen in Rechnung zu stellen sind, v. 17./1. 01 (JMBl. 14).

[6] Z. B. §§ 199, 363 ZPO. (Gebühren an Konsuln oder ausländische Behörden für Zustellungen oder Beweisaufnahmen im Auslande), § 656 ZPO. (Kosten der Unterbringung eines zu Entmündigenden in einer Heilanstalt), §§ 81, 83 Abs. 3, 92 StPO. (Kosten, die zu zahlen sind an eine öffentliche Irrenanstalt für die Beobachtung eines Angeschuldigten auf seinen Geisteszustand, bzw. an eine Fachbehörde für Erstattung eines Gutachtens, bzw. an eine Münzbehörde für die Begutachtung einer Münzfälschung). — Vgl. über Kosten der Rechtshilfe: unter den Behörden verschiedener Bundesstaaten: §§ 165, 169 GVG., dazu Übereinkommen der Bundesstaaten Preuß. JMBl. 1885 S. 152, auch v. 26./4. 01 (PrJM.Bl. 99) und bezüglich der Sachverständigen-Gebühren Preuß. Verf. v. 10./7. 84 (JMBl.

161); unter Behörden desselben Bundesstaates: Preußen: Pr. GKG. v. 25./6. 95 in d. Fass. v. 6./10. 99 (GS. 326) § 14 (Ansatz der Gebühren und Auslagen bei dem ersuchenden Gericht); ausländischer Behörden: Art. 5 ff. des Abkommens zur Regelung von Fragen des internationalen Privatrechts v. 14./11. 96 (RGB. 1899 S. 285) und Preuß. Verf., betr. im Auslande zu erledigende Ersuchungsschreiben, v. 20./5. 87 (JMBl. 139), 9./3. 93 (JMBl. 70) und 22./4. 93 (JMBl. 124); der deutschen Konsuln: RGes. v. 1./7. 72 (RGB. 245), dazu hinsichtlich Erstattung der Zustellungskosten RG. (VZS.) **44**, 409; in den deutschen Schutzgebieten: Preuß. Verf. v. 20./2. 93 (JMBl. 59). — Die Notwendigkeit und die Höhe der infolge gerichtlichen Ersuchens ausländischen Behörden tatsächlich entstandenen Auslagen (z. B. an Zeugengebühren) ist vom ersuchenden Gericht nicht nachzuprüfen. JW. **99**, 492[28].

[7] Z. B. die Gebühren und Auslagen der Gerichtsvollzieher. § 19 GO. f. GerVollz., s. unten IV (bei von Amts wegen angeordneten Geschäften ist die Staatskasse Schuldnerin der Gebühren und Auslagen des GerVollz.). — Der Konkursverwalter gehört hinsichtlich der ihm gebührenden Vergütung nicht hierher. RG. **43**, 63. Vgl. Vorbem. vor § 50.

[8] Z. B. im Falle des § 150 StPO. (dem zum Verteidiger bestellten Rechtsanwalt sind die Gebühren aus der Staatskasse zu bezahlen). Vgl. jedoch RG. **22**, 354. Der einer Partei bestellte Armenanwalt hat keinen Anspruch auf Erstattung seiner Auslagen aus der Staatskasse. RG. **25**, 360, Gr. **40**, 1190, JW. **96**, 320[2]. Er kann aber aus der Staatskasse Ersatz der Schreibgebühren für die notwendigen Abschriften aus den Gerichtsakten fordern, sofern sie ihm das Gericht hätte kostenfrei liefern müssen, was bezüglich aller zur Rechtsverfolgung oder Rechtsverteidigung erforderlichen, bei den Gerichtsakten befindlichen Schriftstücken der Fall ist, soweit nicht eine Einsichtnahme genügt. RG. **7**, 342. Die von der Staatskasse erstatteten Beträge sind dann dem Kostenschuldner in Rechnung zu stellen.

[9] Z. B. Kosten des Transports von Untersuchungsgefangenen, sowie die Transportkosten, die durch Vorführung von Personen

entstehen in den Fällen der §§ 380, 619, 654, 656, 888 Abs. 1 ZPO. (Vorführung von Zeugen, einer Partei im Ehescheidungsprozeß, des zu Entmündigenden, Hinschaffung desselben nach einer Heilanstalt, Inhaftnahme einer Partei behufs Erzwingung einer Handlung), des § 50 StPO. (Vorführung von Zeugen), der §§ 101, 106 KO (Vorführung des Gemeinschuldners). Nicht auch Transportkosten zum Zwecke der Strafvollstreckung, hinsichtlich deren das GKG. eine Regelung überhaupt nicht enthält.

[10] Z. B. Kosten der Haft in den Fällen der ZPO. §§ 390 Abs. 2 (Haftanordnung wegen wiederholter Zeugnisverweigerung), 888, 889 (Anhaltung des Schuldners zur Vornahme einer ausschließlich von seinem Willen abhängigen Handlung bzw. zur Leistung eines Offenbarungseides nach bürgerlichem Recht durch Haft), 890 (Verurteilung zu Haft wegen Zuwiderhandlung gegen die im Urteil ausgesprochene Verpflichtung, eine Handlung zu unterlassen oder die Vornahme einer solchen zu dulden), 901 (Haftanordnung wegen Verweigerung der zufolge Nichtbefriedigung des Gläubigers obliegenden Leistung des Offenbarungseides), 918, 933 (persönlicher Sicherheitsarrest); StPO. § 69 (Haftanordnung wegen Zeugnisverweigerung); KO. § 101 Abs. 2 (Haftanordnung gegen den Gemeinschuldner wegen Nichterfüllung der gesetzlichen Pflichten oder zur Sicherung der Masse). Ferner Kosten der Untersuchungshaft. Nicht aber Haftkosten der Strafvollstreckung. Vgl. Anm. 9.

[11] Preußen: § 22 Ges. v. 10./3. 79 (GS. 145). Verf. v. 22./3. und 12./11. 83 (JMBl. 81 u. 339). Vgl. § 113 Nr. 9 Pr. GKG. v. 25./6. 95 in d. Fass. v. 6./10. 99 (GS. 326).

80. Die Schreibgebühren werden für Ausfertigungen und Abschriften [1] erhoben. Die Schreibgebühr beträgt für die Seite, welche mindestens zwanzig Zeilen von durchschnittlich zwölf Silben enthält, [2] zehn Pfennig, auch wenn die Herstellung auf mechanischem Wege stattgefunden hat.

Jede angefangene Seite wird voll berechnet.

[1] „Ausfertigungen" sind alle vom Richter oder Gerichtsschreiber unterzeichneten, zur Hinausgabe bestimmten Schriftstücke mit urkundlichem Charakter (z. B. Zahlungsbefehle, Urteilsausfertigungen, Bescheinigungen, auch Benachrichtigungen oder Ladungen der Parteien oder Dritter, Ersuchungsschreiben an andere Behörden). Vgl. Preuß. Verf. v. 8./5. 93 (JMBl. 134). „Abschriften" sind beglaubigte oder unbeglaubigte Wiedergaben von Schriftstücken. — Für das nicht unter die Begriffe „Ausfertigungen" oder „Abschriften" fallende Schreibwerk werden keine Schreibgebühren erhoben. Also nicht für Adressen auf Briefumschlägen. RG. **31**, 402, JW. **93**, 231. Auf die Art der Herstellung (handschriftlich oder mechanisch) sowie auf das Maß der Mühe und die Höhe der Herstellungskosten kommt es nicht an. Vgl. aber hinsichtlich rechnerischer Schriftstücke, wie kaufmännischer Rechnungen und Inventuraufnahmen, OLG. **1**, 466 (billige Schätzung). Vgl. auch Anm. 1 zu § 80a.

[2] Für eine Seite, die mehr enthält, auch nur 10 Pf. RG. **21**, 419. — § 7 Abs. 1 (Mindestbetrag einer Gebühr 20 Pf.) findet auf Schreibgebühren keine Anwendung. Vgl. Anm. 1 zu § 7.

***80 a.** Schreibgebühren werden nicht erhoben:[1]

1. für die von Amtswegen anzufertigenden Ausfertigungen und Abschriften in den Fällen der §§. 4, 6, 16, 45, 47, 57, sofern in denselben keine Gebühren zu erheben sind;[2]
2. für die Benachrichtigung von dem gegen einen Zahlungsbefehl erhobenen Widerspruche (Civilprozeßordnung §. 694);
3. für den Vollstreckungsbefehl (Civilprozeßordnung §. 699);
4. für die Vollstreckungsklausel (Civilprozeßordnung §. 725);

5. für das Zeugniß der Rechtskraft und für das Zeugniß, daß innerhalb der Nothfrist ein Schriftsatz zur Terminsbestimmung nicht eingereicht sei (Civilprozeßordnung §. 706).

[1] Diese durch die Novelle von 1881 eingefügte Vorschrift ist eine Ausnahmebestimmung, welche über die darin bezeichneten Fälle hinaus nicht ausgedehnt werden darf. Im Konkurs (mit Ausnahme von § 57) und im Strafverfahren findet sie überhaupt keine Anwendung. Vgl. Rechtspr. d. RG. 9, 3.

[2] § 4: Entscheidung über die Erinnerung eines Zahlungspflichtigen gegen den Ansatz von Gebühren wegen unrichtiger Behandlung der Sache; § 6: Niederschlagung von Gebühren, die ohne Schuld der Beteiligten entstanden sind; § 16: Festsetzung des Streitwerts; § 45: Nichterhebung von Gebühren in der Beschwerdeinstanz, wenn die Beschwerde weder als unzulässig verworfen noch zurückgewiesen wird, noch die Kosten des Verfahrens einem Gegner zur Last fallen; § 47: gebührenfreie Akte, insbesondere Nr. 1 Entscheidungen über die Prozeß- und Sachleitung (vgl. Anm. 2 zu § 47); § 57: Beschwerdeinstanz in Konkurssachen. — Wird in diesen Angelegenheiten eine Ausfertigung oder Abschrift auf Antrag erteilt, so sind Schreibgebühren zu erheben. — Nicht aufgeführt ist § 98. Daher befreit die nach § 98 zustehende Gebührenfreiheit nicht von der Zahlung der Schreibgebühren. Vgl. Anm. 1 zu § 98. Ferner sind für die auf Grund eines in der Sache selbst (anders, wenn in den im § 47 Nr. 2—16 bezeichneten besonderen Verfahren) ergangenen Beweisbeschlusses nach §§ 377, 402 ZPO. vom Gerichtsschreiber auszufertigenden Ladungen der Zeugen und Sachverständigen Schreibgebühren zu erheben, da es sich nicht um Entscheidungen über die Prozeß- und Sachleitung (§ 47 Nr. 1), sondern um Ausführung des nach § 18 Nr. 2 gebührenpflichtigen Beweisbeschlusses handelt. RG. 6, 355, Anm. 1 zu § 80. Desgleichen für die nach § 544 Abs. 2 ZPO. dem Gerichtsschreiber erster Instanz mitzuteilende beglaubigte Abschrift des Urteils der Berufungs- oder Revisionsinstanz, da hierdurch eine nach § 18 Nr. 3 gebühren-

pflichtige Entscheidung von Amts wegen ausgeführt wird. RG. 11, 410, JW. 89, 245[9]. Ebenso für die zu den Akten der ersten Instanz zu erteilende Abschrift des auf die Beschwerde ergangenen Beschlusses. Gr. 88, 1094. Dagegen fällt die von Amts wegen erfolgende Anordnung der Ladung der Parteien zu einem Termin (z. B. behufs: persönlicher Anhörung, Vornahme eines Sühneversuchs, Anwesenheit bei einer Beweisaufnahme) unter § 47 Nr. 1 und sind daher für die Ladungen und Terminsbenachrichtigungen der Parteien keine Schreibgebühren zu erheben. OLG. 8, 2, 3.

***80 b.**[1] Für die von Amtswegen[2] bewirkten Zustellungen werden baare Auslagen nicht erhoben.[3] Die Erhebung der Schreibgebühr für die Ausfertigungen und Abschriften des zuzustellenden Schriftstücks wird hierdurch nicht ausgeschlossen.[4]

[1] Vgl. Anm. 1 zu § 80a (keine Ausdehnung der Ausnahmebestimmung auf andere Fälle).

[2] Zustellungen von Amts wegen: in bürgerlichen Rechtsstreitigkeiten z. B. ZPO. §§ 329 Abs. 3 (nicht verkündete Beschlüsse und Verfügungen), 377, 402 (Zeugen- und Sachverständigen-Ladungen), 352, 366, 368, 370, 389, 622, 625, 659, 662, 678, 683, 685; überall im Konkursverfahren (§ 73 Abs. 2 KO.) und (mit wenigen Ausnahmen, z. B. § 219 StPO.) in Strafsachen. — Nicht hierher gehören die Kosten für die auf Antrag eines Beteiligten erfolgenden öffentlichen Bekanntmachungen (§§ 687, 948, 956, 1009, 1017, 1022, 1023, 1024 ZPO., §§ 81, 93, 98, 111, 142, 163, 179, 190, 198, 203, 205 KO., §§ 131, 326, 333, 335 StPO.) und für die gemäß § 204 ZPO. (nicht wie z. B. in Strafsachen von Amts wegen anzuordnenden, sondern) nach der (auf Gesuch einer Partei erfolgten) Bewilligung seitens des Prozeßgerichts durch den Gerichtsschreiber von Amts wegen zu „besorgenden" öffentlichen Zustellungen. Diese Kosten gehören zu den nach § 79 Nr. 1, 2, 3 zu erhebenden Auslagen.

[3] Also auch nicht die ebenfalls zu den „baren Auslagen" der

Zustellung gehörenden Postgebühren: § 79 Nr. 2, Gr. **27**, 1130; ferner nicht Gebühren und Auslagen des Zustellungsbeamten (Gerichtsvollziehers) noch die an die Post als Zustellungsbehörde (namentlich auch im Falle der Zustellung durch Aufgabe zur Post, § 175 ZPO.) zu zahlenden Gebühren, JW. **92**, 216[8]. Dies gilt insbesondere auch von den Zustellungen der Kostenfestsetzungsbeschlüsse. JW. **92**, 216[8].

[4] Schreibgebühren hierfür gemäß §§ 79, 80 zu erheben, soweit nicht die Befreiung aus § 80a stattfindet.

Sechster Abschnitt.

Kostenvorschuß und Kostenzahlung.

Besondere Vorschriften, wenn das Armenrecht bewilligt ist, für die arme Partei: § 115 ZPO., für deren Gegner: §§ 120, 123 ZPO. Ist dem Kläger oder Berufungskläger oder Revisionskläger das Armenrecht bewilligt, so ist der Gegner von Kostenvorschuß und Kostenzahlung so lange befreit, bis er rechtskräftig zu Kosten verurteilt wird. Dagegen hat der vermögende Beklagte, der als Widerkläger oder Rechtsmittelkläger, sowie der Rechtsmittelbeklagte, der durch Anschließung an ein Rechtsmittel angreifender Teil wird, Kostenvorschuß zu zahlen, auch wenn dem Kläger bzw. Rechtsmittelkläger das Armenrecht bewilligt ist. RG. **6**, 418, **23**, 352, **24**, 437, **44**, 416, JW. **95**, 521[14], **97**, 326[15], **00**, 647[3]. Vgl. auch Anm. 5 zu § 87, Anm. 4 zu § 89, Anm. 2 zu § 93, Anm. 4 zu § 94, Anm. 2 zu § 97. In keinem Falle besteht für den einen oder den anderen Teil ein Recht auf Rückzahlung des vor der Bewilligung des Armenrechts eingezahlten Kostenvorschusses. RG. **40**, 421, JW. **00**, 647[3]. Vgl. auch für Preußen § 19 Kassenordnung v. 28./3. 07 (JMBl. 127). Die Erben und sonstigen Rechtsnachfolger der armen Partei sind, wenn sie nicht auch unvermögend sind und selbst das Armenrecht bewilligt erhalten, zur Nachzahlung der Kosten verpflichtet. JW. **96**, 203[10]. — Über Unbegründetheit des Verlangens der armen Partei, ihr behufs Bereitstellung des Objektes der Beweisaufnahme oder behufs Unternehmung einer Reise zum Zwecke der Beweisaufnahme die Kosten aus der Staatskasse vorzuschießen, vgl. RG. 63, 408, Gr. 41, 166, JW. 96, 102[3]. — Die Bestimmungen der ZPO. §§ 114 ff. finden auch in dem Privatklageverfahren gemäß § 419 Abs. 3 StPO. insofern Anwendung, als dem Privatkläger für jede Instanz nach Maßgabe dieser Bestimmungen das Armenrecht bewilligt werden kann. RG. 25, 360, 32, 252. Dagegen kann der Angeklagte auch im Privatklageverfahren nicht ein Recht auf Bewilligung des Armenrechts für sich in Anspruch nehmen.

Kostenvorschuß.

81. In bürgerlichen Rechtsstreitigkeiten ist ein Gebührenvorschuß [1] für jede Instanz [2] von dem Antragsteller [3] zu zahlen. [4] Der Vorschuß beträgt so viel wie die höchste Gebühr, welche für einen Akt [5] der Instanz zum Ansatze kommen kann.

Diese Verpflichtung besteht auch für den Widerkläger und im Falle wechselseitig eingelegter Rechtsmittel [6] für jede Partei, in beiden Fällen unter getrennter Berechnung der Streitgegenstände. [7]

Bei Erweiterung der Anträge ist der Vorschuß nach Maßgabe der Erweiterung zu erhöhen. [8]

[1] Der Vorschuß dient nicht bloß zur Sicherung, sondern zur Deckung der Staatskasse. Daher hat der Vorschußpflichtige (abgesehen von einem etwaigen Überschuß) keinen Anspruch auf Zurückforderung, wenn in einer Entscheidung oder in einer Erklärung der Übernahme der Kosten (§ 86) ein anderer als Schuldner der Kosten bezeichnet worden ist. Gr. 33, 1099. — Wenn in diesem Fall der Vorschuß noch nicht bezahlt ist, erlangt die Staatskasse zwei Schuldner. Vgl. RG. 40, 421. — Der Vorschuß einer Partei kann aber, soweit diese nicht Schuldner wird, nicht zur Deckung von Gebühren und Auslagen verwendet

werden, für welche der Gegner vorschußpflichtig ist. KomBer. 75. Auch darf, wenn sich herausstellt, daß der Vorschuß zu hoch erhoben ist, der zu Unrecht erforderte Teil nicht nach § 90 zur Berichtigung der einem anderen auferlegten Kosten verwendet werden. JW. **99**, 575[13], auch **95**, 10[25], Anm. 8. Über den Fall der nachträglichen Ermäßigung des geltend gemachten Anspruchs s. Anm. 8.

[2] Begriff und Umfang der Instanz in bürgerlichen Rechtsstreitigkeiten: Anm. 1 zu § 28, sowie § 39. Es ist immer dann ein Gebührenvorschuß zu erheben, wenn in dem eigentlichen Prozeßverfahren eine neue Instanz oder wenn ein Verfahren in einer der in §§ 27, 34—38, 41, 43—45 bezeichneten Angelegenheiten (vgl. RG. **15**, 417) beginnt. Jedoch liegt in den Angelegenheiten der §§ 27, 34 Nr. 2, 35, 38, 41, 43, 45 mit Rücksicht auf die alsbald ergehende Entscheidung in der Regel kein Anlaß zur Einforderung eines Gebührenvorschusses vor. — Die Vorschußpflicht besteht auch im Falle des § 46 (Zurücknahme der Klage, eines Antrags, eines Einspruchs oder eines Rechtsmittels vor Stattfinden eines gebührenpflichtigen Akts). RG. **25**, 381, **34**, 375. — Wird die Klage nachträglich gegen einen anderen, als den ursprünglichen (unrichtigen) Beklagten gerichtet, so begründet der neue Schriftsatz als eine neue Instanz einleitend wiederum die Verpflichtung zur Vorschußzahlung. OLG. **2**, 268.

[3] D. i. von der Partei, nicht von dem sie vertretenden Anwalt. KomBer. 74, 75. Ebenso Verf. des preuß. JustMin. v. 28./1. 80 (JMBl. 103) und KGJ. **3**, 192. Vgl. Anm. 3 zu § 89. — Es ist auch bei Erhebung des Vorschusses von der Partei im Anwaltsprozesse gemäß §§ 78, 88 Abs. 2 ZPO. seitens des Gerichts nicht zu prüfen, ob der die Partei vertretende Anwalt sich im Besitz einer Vollmacht befindet. JW. **94**, 18[40]. Auch wenn die Partei sich von dem Prozesse losgesagt hat, bleibt sie für die von ihrem Anwalt eingelegten Rechtsmittel vorschußpflichtig. JW. **99**, 365[8]. Hinsichtlich des Falls, daß der Anwalt sich für die Kosten persönlich haftbar erklärt hat, s. JW. **99**, 541[33]. — „Antragsteller" ist derjenige, auf dessen Antrag das Verfahren der Instanz eingeleitet worden ist. Wenn daher im Falle des Einspruchs des

Beklagten gegen ein Versäumnisurteil das Verfahren als Fortsetzung der Instanz gilt (§ 32 Abs. 1, 2), bleibt der Kläger Antragsteller der Instanz und mithin vorschußpflichtig. Wenn aber vom Arrestbeklagten gegen einen Arrest oder eine einstweilige Verfügung Widerspruch erhoben wird, ist er vorschußpflichtig (§ 39). Desgleichen trifft den Beklagten, der gegen einen Vollstreckungsbefehl Einspruch einlegt, die Vorschußpflicht (§§ 37, 39).

[4] Vgl. auch § 94 Nr. 2 (Fälligkeit der Kosten vor Beendigung der Instanz mit Ablauf von einem Jahre seit dem ersten Termin oder Antrag). — In Preußen wird in bürgerlichen Rechtsstreitigkeiten der Vorschuß des § 81 erst nach dem Tage erhoben, auf welchen der erste Termin zur mündlichen Verhandlung anberaumt ist, vorher nur bei Besorgnis des Verlustes: § 16 Nr. 2 der Kassenordnung v. 28./3. 07 (JMBl. 127).

[5] Ein „Akt" besteht in einer kontradiktorischen mündlichen Verhandlung, in Anordnung einer Beweisaufnahme oder in einer anderen Entscheidung (§ 18): Anm. 1 zu § 12. Derjenige Akt der Instanz, für den nach dem Werte des Streitgegenstandes die höchste Gebühr in Ansatz kommen kann, bildet den Maßstab für den Gebührenvorschuß.

[6] Abs. 2 ist eine Ausnahme von der Regel, daß der Antragsteller der Instanz Kostenschuldner ist (§ 89). Es soll von der sonst stattfindenden gemeinsamen Berechnung der Streitgegenstände Abstand genommen werden, weil die Anträge nicht gleichzeitig gestellt werden und, falls eine Partei das von ihr beantragte Verfahren zurücknimmt, die gemeinsame Berechnung ein kompliziertes Hin- und Herrechnen der Vorschüsse zur Folge haben würde. Daraus ist jedoch dafür, wer nach § 89 Schuldner der Gebühren und Auslagen ist, nichts zu entnehmen. RG. 52, 197, JW. 08, 182[33] und Anm. 3 zu § 89. — Im Falle der Anschließung an ein Rechtsmittel ist auch der Rechtsmittelbeklagte vorschußpflichtig. In diesem Falle sowie im Falle der Widerklage entsteht aber die Vorschußpflicht für den Anschluß des Rechtsmittelklägers bzw. für den Widerkläger nicht schon mit der Ankündigung in einem Schriftsatz, sondern erst mit der Stellung

des Antrags in der mündlichen Verhandlung, da erst in diesem Zeitpunkt die Anschließung (vgl. RG. **7**, 345, **8**, 381, **41**, 382, **46**, 387) bzw. die Erhebung der Widerklage (vgl. RG. **28**, 408, JW. **97**, 133[9], **02**, 631[4]) erfolgt. Vgl. dagegen Anm. 8 (Einlegung von Rechtsmitteln).

[7] Unabhängig von der in § 11 aufgestellten Unterscheidung. Mot. 103. Es wird also der Streitgegenstand für jede Partei getrennt berechnet, auch wenn Klage und Widerklage bzw. die wechselseitig eingelegten Rechtsmittel denselben Streitgegenstand betreffen. RG. **33**, 375. Eine Ausnahme machen jedoch die Ehesachen, weil der Streitgegenstand hier nicht geteilt werden kann. Hier wird von dem gesamten Streitwert der Vorschuß nur einmal erhoben, und zwar nur vom Kläger, bzw. von dem, der das Rechtsmittel eingelegt hat. RG. **33**, 375. Vgl. auch Anm. 5 zu § 89.

[8] Bei Einlegung von Rechtsmitteln (anders bei der Anschließung an ein Rechtsmittel und bei Erhebung einer Widerklage, vgl. Anm. 6) sind für die Bemessung des Vorschusses zunächst nicht die erst in der mündlichen Verhandlung gestellten, sondern diejenigen Anträge maßgebend, welche in der Rechtsmittelschrift angekündigt sind. JW. **00**, 46[1]. Enthält diese keinen bestimmten Antrag, so ist für die Vorschußberechnung der volle Streitwert, wie er sich aus dem Interesse des Beschwerdeführers an Abänderung der angefochtenen Entscheidung ergibt, zugrunde zu legen. JW. **98**, 144[15], **01**, 753[11]. Der Anspruch der Staatskasse hierauf wird durch spätere Anträge des Rechtsmittelklägers nur insofern berührt als sie eine Erweiterung der früher gestellten Anträge enthalten (vgl. § 90). Der erweiterte Antrag sowohl in der ersten wie in der Rechtsmittelinstanz wird hinsichtlich der Kostenberechnung bereits durch die abschriftliche Einreichung bei dem Gerichte zum Streitgegenstand. Es kann in diesem Zeitpunkte sogleich der Vorschuß entsprechend erhöht werden. JW. **95**, 10[15], **98**, 144[15], **00**, 46[1], **01**, 753[11]. – Vor Beendigung der Instanz können Vorschüsse nicht, auch nicht zum Teil, zurückverlangt werden, es sei denn, daß der Vorschuß zu Unrecht eingefordert oder falsch berechnet ist. JW. **95**, 10[25], auch **99**, 575[13], Anm. 1. Daher gibt auch eine teilweise Zurücknahme des

geltend gemachten Anspruchs seitens des Klägers oder eine nachträgliche Einschränkung des Rechtsmittelantrags seitens des Rechtsmittelklägers der Partei kein Recht auf eine anteilige Zurückzahlung des Vorschusses vor Beendigung der betreffenden Instanz. JW. 95, 10[25], 98, 144,[15], 99, 97[34], 01, 753[11]. — Gegen die Einforderung des Vorschusses steht dem Zahlungspflichtigen die Erinnerung gemäß § 4 zu. Wird auf diese die Auflage zur Einzahlung aufgehoben, so hat die Gegenpartei kein Beschwerderecht, auch nicht im Falle des § 85 (Ausländervorschuß), da die Vorschußpflicht nur der Gerichtskasse gegenüber besteht. JW. 94, 10[16].

82. Im Konkursverfahren ist ein Gebührenvorschuß

1. bei dem Antrag auf Eröffnung des Konkursverfahrens,[1]
2. bei der Anmeldung einer Konkursforderung nach dem Ablaufe der Anmeldefrist,[2]
3. bei dem Antrag auf Anordnung einer Sicherheitsmaßregel in Gemäßheit des §. 197 Abs. 2[3] der Konkursordnung

von dem Antragsteller[4] zu zahlen.

Der Vorschuß beträgt ebensoviel wie die zu erhebende Gebühr,[5] im Falle der Nr. 1 soviel wie die im §. 53 Abs. 1 bestimmte Gebühr.[6]

[1] Der Vorschuß wird im Falle der Eröffnung (Nr. 1) bzw. Wiederaufnahme (Nr. 3, s. Anm. 3) des Verfahrens auf die Gebühren verrechnet, vorbehaltlich des Rückgriffs des Zahlenden gegen die Masse. §§ 87 Abs. 2, 90. Mot. 104. — Höhe des Vorschusses: wenn der Gemeinschuldner den Antrag stellt: § 52 (Betrag der Aktivmasse oder der etwa höheren Schuldenmasse); wenn ein Gläubiger Antragsteller ist: § 53 Abs. 3 (Betrag der Forderung oder der etwa geringeren Aktivmasse); wenn mehrere

Gläubiger Antragsteller sind: §§ 91, 53 Abs. 3 (von jedem ein Kopfteil des Gesamtbetrags der Forderungen oder des Betrags der etwa geringeren Aktivmasse).

[2] § 138 KO. — Der Vorschuß ist von jedem Gläubiger nach dem Werte der angemeldeten Forderung zu entrichten. Vgl. Anm. 2, 4 zu § 54.

[3] Sicherheitsmaßregeln vor der zur Wiederaufnahme des durch Zwangsvergleich geschlossenen Verfahrens führenden rechtskräftigen Verurteilung des Gemeinschuldners wegen betrüglichen Bankerotts.

[4] Der Gemeinschuldner, der den Eröffnungsantrag stellt, haftet für den Vorschuß auch mit seinem nicht zur Masse gehörigen Vermögen. Mot. 104.

[5] Im Falle der Nr. 2 vgl. § 54 (volle Gebühr des § 8), im Falle der Nr. 3 vgl. § 58 Abs. 2 ($^{2}/_{10}$ der Gebühr des § 8 nach dem Werte des Gegenstandes, durch welchen die Sicherung erfolgen soll).

[6] Also: $^{3}/_{10}$ der Gebühr des § 8.

83. In Strafsachen ist von dem Privatkläger oder demjenigen, welcher als Privatkläger[1] eine Berufung oder Revision einlegt oder eine Wiederaufnahme des Verfahrens beantragt, sowie von dem Nebenkläger,[2] welcher eine Berufung oder Revision einlegt, ein Gebührenvorschuß von 10 Mark für die Instanz zu zahlen.

Im Falle des §. 75[3] beträgt der Vorschuß 5 Mark.

[1] Vgl. § 71. — Der Privatkläger ist für jede von ihm eingeleitete Instanz gebührenpflichtig. Hat er aber nicht „als Privatkläger", sondern z. B., weil er auf Widerklage des Beschuldigten verurteilt ist, Rechtsmittel eingelegt, so besteht eine Vorschußpflicht nicht. Der Beschuldigte ist niemals vorschußpflichtig, auch nicht, wenn er Widerklage erhebt. Vgl. § 70 Abs. 3 (für die Widerklage keine Gebühr). — Bewilligung des

Armenrechts für den Privatkläger: § 419 Abs. 3 StPO., vgl. Gr. 84, 1190 u. Vorbem. vor § 81.

[2] Vgl. § 74.

[3] Verfahren bei Einziehungen und Vermögensbeschlagnahmen.

84. Außer dem Gebührenvorschuß (§§. 81 bis 83) ist bei jedem Antrag auf Vornahme einer Handlung, mit welcher baare Auslagen verbunden sind, ein zur Deckung derselben hinreichender Vorschuß von dem Antragsteller [1] zu zahlen. [2]

Diese Vorschußpflicht besteht in Strafsachen nur in dem Verfahren auf erhobene Privatklage [3] und für den Nebenkläger, welcher sich eines Rechtsmittels bedient.

Die Ladung und Vernehmung von Zeugen oder Sachverständigen auf Antrag des Privatklägers oder des Nebenklägers kann von der vorgängigen Zahlung eines zur Deckung der erwachsenden Auslagen hinreichenden Vorschusses abhängig gemacht werden. [4]

[1] Dies ist im Läuterungsverfahren derjenige, der die Umwandlung des bedingten Endurteils in ein unbedingtes betreibt. RG. 13, 426. Für die Auslagen eines Beweisverfahrens sind die Parteien nur dann vorschußpflichtig, wenn sie einen Antrag auf Beweiserhebung gestellt haben, nicht aber auch dann, wenn das Gericht von Amts wegen eine Beweisaufnahme anordnet. JW. 85, 71[16]. — Vgl. auch Anm. 3 zu § 81 (Begriff des Antragstellers). — Von mehreren Antragstellern hinsichtlich Vornahme derselben Handlung haftet jeder für den ganzen Vorschuß, wenn sie verschiedene Parteirollen einnehmen. JW. 86, 317[12], 89, 139[8].

[2] Auch im Konkursverfahren z. B. für die Auslagen des besonderen Prüfungstermins oder des Eröffnungsverfahrens. Vgl.

Anm. 1, 2, 4 zu § 82. — In Preußen werden die Vorschüsse des § 84 nur erhoben, a) wenn die Erhebung richterlich angeordnet ist, b) wenn die Auslagen voraussichtlich den Betrag von 30 Mk. übersteigen werden, c) wenn die Auslagen einer deutschen Gesandtschaft, einem deutschen Konsulat oder einer nichtdeutschen Behörde entstehen, d) wenn die Besorgnis eines Verlustes vorliegt: § 16 Nr. 4 der Kassenordnung vom 28./3. 07 (JMBl. 127). Wegen Kostenvorschusses für Schreibgebühren vgl. auch § 15 Nr. 11 daselbst (Aussetzung der vorschußweisen Einforderung von Schreibgebühren für nicht von Amts wegen erteilte Abschriften und Ausfertigungen in der Regel bis zur Aufstellung der allgemeinen Kostenrechnung, sofern nicht einer der im § 16 Nr. 4 bezeichneten Fälle vorliegt; nicht aber, wenn eine bei der Sache nicht beteiligte Person Schuldner ist, s. § 97 GKG.). — Befreit von der Auslagenvorschußpflicht sind außer der armen Partei und ihrem Gegner (s. Vorbem. vor § 81) die auf Grund des Krankenversicherungsgesetzes (RGB. 1892 S. 417) versicherten Personen in Streitigkeiten über Unterstützungsansprüche (§ 78 Ges.) sowie derjenige, der die Entmündigung einer Person wegen Geisteskrankheit oder Geistesschwäche beantragt hat (§ 658 ZPO.), vgl. Preuß. Kassenordn. § 16 Nr. 6. — Die Nichteinziehung des Vorschusses während des Prozesses ist ohne Einfluß auf die Verpflichtung zur Vorschußleistung. Diese wird auch nicht dadurch beseitigt, daß dem Gegner die Zahlungsverbindlichkeit obliegt. JW. 86, 317[12], 89, 209[18]. Bleiben aber die Auslagen unter dem Betrage des Vorschusses, so ist der Überschuß entweder auf andere Kosten des Antragstellers anzurechnen oder zurückzuzahlen. § 87 Abs. 2 findet keine Anwendung. Anm. 3 zu § 87. Vgl. auch Anm. 1 zu § 81 (Vorschuß nicht zur Deckung der dem Gegner obliegenden Kosten zu verwenden).

[3] Auch für den Beschuldigten hinsichtlich der Auslagen, die durch seine Anträge veranlaßt sind, sowie bei Einlegung eines Rechtsmittels hinsichtlich der Auslagen der Rechtsmittelinstanz.

[4] Ebenso: ZPO. §§ 379, 402, 911 (Ladung von Zeugen, von Sachverständigen, Inhaftnahme des Schuldners zur Erzwingung der Leistung des Offenbarungseides), GKG. §§ 85 Abs. 5 (Aus-

länder), 97 Abs. 2 (Anfertigung von Abschriften und Ausfertigungen). — Die Ladung von Zeugen oder Sachverständigen kann jedoch nicht von der Einzahlung eines Auslagenvorschusses seitens der Partei abhängig gemacht werden, der das Armenrecht bewilligt ist. RG. 42, 363, JW. 96, 102³. — Beschwerde des Privatklägers oder Nebenklägers: § 346 StPO.

85. Ausländer,[1] welche als Kläger[2] auftreten, haben das Dreifache des im §. 81 bestimmten Betrags als Vorschuß zu zahlen.[3]

Diese Verpflichtung tritt nicht ein:

1. wenn nach den Gesetzen des Staates, welchem der Kläger angehört, ein Deutscher in gleichem Falle zu einer besonderen Vorauszahlung oder zu einer Sicherstellung der Gerichtskosten nicht verpflichtet ist;[4]
2. im Urkunden- oder Wechselprozesse;[5]
3. bei Widerklagen;[6]
4. bei Klagen, welche in Folge einer öffentlichen Aufforderung angestellt werden;[7]
5. bei Klagen aus Ansprüchen, welche in das Grund- oder Hypothekenbuch einer deutschen Behörde eingetragen sind;
6. wenn dem Kläger das Armenrecht bewilligt ist.[8]

Die Verpflichtung besteht auch dann, wenn im Laufe des Rechtsstreits der Kläger die Eigenschaften eines Deutschen verliert,[9] oder die Voraussetzung, unter welcher der Ausländer von der Verpflichtung befreit war, wegfällt.

Unter den gleichen Voraussetzungen haben Ausländer in den Fällen des §. 83 Abs. 1 einen Gebührenvorschuß von 30 Mark zu zahlen.

Vor Zahlung des von einem Ausländer nach den vorstehenden Bestimmungen oder den Bestimmungen der §. 83 Abs. 2, §. 84[10] zu zahlenden Vorschusses ist die Vornahme jeder gerichtlichen Handlung abzulehnen,[11] sofern nicht glaubhaft gemacht wird,[12] daß die Verzögerung dem Ausländer einen nicht zu ersetzenden Nachtheil bringen würde.[13]

[1] Jeder, der nicht im Sinne des Art. 3 Verf. des D. R. v. 16./4. 71 (BGB. 64), § 1 BGes. v. 1./6. 70 (BGB. 355) Reichsangehöriger ist. — Es kommt nicht auf den Wohnort, sondern auf die Staatsangehörigkeit des Klägers an. Inländer sind daher zur Zahlung des Vorschusses nicht deshalb verpflichtet, weil sie im Auslande wohnen. JW. **91**, 472[22]. Dies gilt auch von einer Personenvereinigung (z. B. einer Handelsgesellschaft), die ihren Sitz im Auslande hat, wenn ihre Mitglieder sämtlich Deutsche sind, es sei denn, daß es sich um eine juristische Person handelt; die Ausländereigenschaft dieser bestimmt sich nach ihrem Sitze (§ 17 ZPO., § 24 BGB.). RG. **36**, 393. Dagegen ist eine ausländische Aktiengesellschaft von der Verpflichtung des § 85 nicht deshalb befreit, weil sie im Inland eine Zweigniederlassung besitzt. RG. 88, 403. — Eingeborene der Schutzgebiete sind, wiewohl sie nicht Reichsangehörige sind, den Inländern gleichzustellen. Auf sie findet daher, wenn sie vor deutschen Gerichten auftreten, § 85 keine Anwendung. Preuß. Verf. v. 6./3. 02. (JMBl. 61).

[2] „Kläger" im Sinne des § 85 ist nur diejenige Partei, die in bürgerlichen Rechtsstreitigkeiten (hinsichtlich des Privatklägers und Nebenklägers in Strafsachen s. Abs. 3) in erster Instanz als Kläger auftritt. Nicht auch diejenige, die als Beklagte ein Rechtsmittel oder gegen ein Versäumnisurteil oder einen Voll=

streckungsbefehl Einspruch einlegt. RG. 81, 385, JW. 91, 472[21], Gr. 87, 431. — Wenn keine Klage erhoben, sondern nur ein Gesuch gestellt ist, wie in allen in §§ 27 Nr. 2, 34—38, 41—45 bezeichneten Angelegenheiten und im Konkursverfahren, findet § 85 keine Anwendung. Dies gilt auch dann, wenn über den Antrag auf Erlassung eines Arrestes oder einer einstweiligen Verfügung nach mündlicher Verhandlung entschieden wird. Vgl. hinsichtlich des einfachen Vorschusses (§ 81) in diesen Fällen Anm. 2, 3 zu § 81, Anm. 1, 3, 4 zu § 82. — Als Kläger gilt auch der Hauptinterventient (§ 64 ZPO.), der Nebeninterventient des Klägers (§§ 66, 69 ZPO.), der Nichtigkeits- und Restitutionskläger (§§ 579, 580 ZPO.). — Besteht die Klagepartei aus mehreren Personen, von denen einige Inländer, andere Ausländer sind, so ist zunächst gemäß § 91 jedem Kläger ein Kopfteil des einfachen Gebührenvorschusses (§ 81) aufzuerlegen und dann der Anteil jedes Ausländers zu verdreifachen.

[3] Der Gegner hat kein Recht zur Beschwerde, wenn dieser Vorschuß nicht verlangt wird. JW. 94, 10[16], Anm. 8 zu § 81. — Sicherheitsleistung an den Gegner: §§ 110, 111 ZPO., § 419 StPO. — Fälle, in denen, abgesehen von § 85 und auch gegenüber Inländern, die Vornahme einer gerichtlichen Handlung von Zahlung eines Vorschusses abhängig gemacht werden kann: ZPO. §§ 379, 402 (Vorschuß der beantragenden Partei wegen Vernehmung von Zeugen oder Sachverständigen), 911 (Vorauszahlung der Kosten der Vollstreckung der gegen den Schuldner gemäß § 901 angeordneten Haft seitens des Gläubigers), StPO. § 174 (Auslagenvorschuß des die Erhebung der öffentlichen Klage beantragenden Verletzten), GKG. § 84 Abs. 3 (Vorschuß des beantragenden Privatklägers oder Nebenklägers wegen Vernehmung von Zeugen oder Sachverständigen). — Neben dem Gebührenvorschuß nach § 85 kann auch der Auslagenvorschuß nach § 84 von dem Ausländer gefordert werden. Vgl. Abs. 5.

[4] Die Reziprozität liegt nicht schon dann vor, wenn Deutsche im ausländischen Staate mit den Angehörigen desselben hinsichtlich der Vorschußpflicht gleichgestellt sind (formelle Gegenseitigkeit), sondern nur, wenn ein Deutscher in dem Heimatstaate

des klagenden Ausländers in dem gleichen Falle weder zu einer besonderen, ihn lediglich in seiner Eigenschaft als Ausländer treffenden Vorauszahlung der Gerichtsgebühren (vgl. über „besondere Vorauszahlung" Gr. **41**, 726), noch zu einer dem deutschen Gesetz unbekannten Sicherstellung der Gerichtskosten verpflichtet ist (materielle Gegenseitigkeit). Dagegen ist von dem Ausländer Vorschuß zu erfordern, wenn er einem solchen Staat angehört, in welchem die letzterwähnte Sicherstellung verlangt wird, mag auch dort den eigenen Staatsangehörigen die gleiche Verpflichtung obliegen. RG. **38**, 403, (BZS.) **51**, 1, 4, JW. **01**, 141[8] (anders RG. **39**, 406). Deshalb haben u. a. die den Staaten Brasilien, England, Griechenland, Kanada, Türkei, Uruguay, Vereinigte Staaten von Nordamerika angehörenden Ausländer den Ausländervorschuß zu zahlen, RG. **38**, 403, JW. **97**, 10[30], **01**, 141[8], OLG. **1**, 466, 467, **2** 488. Hieran ist bezüglich Englands durch das Gesetz, betreffend die Handelsbeziehungen zum Britischen Reiche, v. 1./7. 99 (RGB. 346) und die Bekanntm. des Reichskanzlers, betr. die Handelsbeziehungen zum Britischen Reiche, v. 7./7. 99 (RGB. 364) trotz des darin den Angehörigen des Britischen Reichs gewährten Meistbegünstigungsrechts nichts geändert, da dieses sich auf die Vorschußpflicht nicht bezieht. — Dagegen sind nach Art. 11 des internationalen Abkommens v. 14./11. 96 RGB. 1899 S. 285), welches v. 27./4 99 ab auf 5 Jahre gilt und, wenn es nicht mit sechsmonatlicher Frist aufgekündigt wird, sich stillschweigend von 5 zu 5 Jahren verlängert, die als Kläger oder Intervenienten auftretenden Angehörigen der Staaten Belgien, Dänemark, Frankreich, Italien, Luxemburg, Niederlande, Österreich-Ungarn, Portugal, Rumänien, Rußland, Schweden-Norwegen, Schweiz, Spanien vom Ausländervorschuß befreit, sofern sie in einem der Vertragsstaaten ihren Wohnsitz haben. RG. **52**, 266. Die Befreiung gilt auch sonst hinsichtlich Belgiens (JW. **98**, 74[29]), Frankreichs (JW. **97**, 190[17], **98**, 74[29], Gr. **37**, 430), Italiens (JW. **95**, 83[7]), Luxemburgs (JW. **98**, 74[29]), Österreichs (RG. **39**, 406), Rußlands (JW. **95**, 83[7]). Mit den Staaten Argentinien, Chile, Columbien, Griechenland, Guatemala, Honduras, Mexiko, Nicaragua, Paraguay, Salvador, Serbien ist durch Handelsverträge die Gleichstellung der beiderseitigen Staatsangehörigen im Rechtsverkehr vereinbart worden, Bek. d. preuß. JustMin. v. 7./3. 96 (JMBl. 93). Desgl. mit Japan Handelsvertrag v. 4./4. 96 (RGB. 99 S. 364). Vgl. ferner bezüglich: Italien: Handelsvertr. v. 6./12. 91 (RGB. 92 S. 97); Österreich: Bek. v. 23./12. 97 (RGB. 792); Rußland: Handelsvertr. v. 10./2. 94 (RGB. 153) u. Bek. v. 30./9. 97 (RGB. 775).

5 Wird der Urkunden- oder Wechselprozeß in das ordentliche Verfahren übergeleitet (§§ 596, 600 ZPO.), so wird der Kläger gemäß Abs. 1 vorschußpflichtig.

6 Der ausländische Widerkläger hat also an sich nur den einfachen Gebührenvorschuß wie ein Inländer (§ 81 Abs. 2) zu entrichten. Wird aber die Widerklage zum besonderen Prozesse verwiesen (§ 145 Abs. 2 ZPO.), so hat der Widerkläger den erhöhten Vorschuß gemäß Abs. 1 zu leisten.

7 §§ 946 ff. ZPO. (Aufgebotsverfahren).

8 §§ 114, 115 Nr. 2 ZPO., § 419 StPO. — Auch den einfachen Gebührenvorschuß aus § 81 hat der arme ausländische Kläger nicht zu zahlen. Vorbem. vor § 81.

9 §§ 13 ff. BGes. v. 1./6. 70 (BGB. 355). — Ein Fall des Abs. 3 liegt auch vor, wenn an die Stelle des inländischen Klägers ausländische Rechtsnachfolger treten.

10 In allen Prozeßarten, auch in den in Abs. 2 genannten, ist die Vornahme der betreffenden, mit baren Auslagen verbundenen, von dem Ausländer beantragten gerichtlichen Handlung (z. B. auch die Mitwirkung bei der Zustellung der Klageschrift gemäß §§ 199–204 ZPO.) von Zahlung des Auslagenvorschusses (§ 81) seitens des Ausländers abhängig zu machen und zwar gleichviel, ob der betreffende Ausländer Kläger oder Beklagter ist; eine Ausnahme gilt nur für den Fall der Bewilligung des Armenrechts.

11 Die Verpflichtung zur Zahlung des Gebührenvorschusses entsteht in erster Instanz schon mit der Einreichung der Klage. Es ist daher bereits die Terminsbestimmung auf die Klage bzw.

die Mitteilung der Privatklage an den Beschuldigten von Zahlung des Gebührenvorschusses abhängig zu machen. — Ist dies nicht geschehen und beschließt das Gericht in dem anberaumten Termine, den klagenden Ausländer wegen Nichtzahlung des Vorschusses zur Verhandlung nicht zuzulassen, so kann der Gegner auf Erlaß des Versäumnisurteils antragen. JW. **90,** 256[6]. In der Berufungs- oder Revisionsinstanz dagegen ist die Terminsbestimmung nicht von der Zahlung des Gebührenvorschusses abhängig zu machen, da mit Rücksicht auf den Ablauf der Rechtsmittelfrist dem Kläger und Rechtsmittelkläger ein unersetzbarer Nachteil entstehen könnte. JW. **93,** 126[9].

[12] § 294 ZPO.

[13] Beschwerde [des Ausländers]: § 567 ZPO., § 346 StPO., § 73 Abs. 3 KO. Gebühr für die Beschwerde: § 45 bzw. § 71 Nr. 4. — Wird auf die Beschwerde die den Vorschuß betreffende Entscheidung aufgehoben, so steht dem Gegner dagegen keine Beschwerde zu. Vgl. Anm. 3.

Verpflichtung zur Kostenzahlung.

86. Schuldner[1] der entstandenen[2] Gebühren und Auslagen ist derjenige, welchem durch gerichtliche Entscheidung die Kosten des Verfahrens auferlegt sind,[3] oder welcher dieselben durch eine vor dem Gericht abgegebene oder demselben mitgetheilte Erklärung[4] übernommen[5] hat.[6]

Schuldner der Schreibgebühr für Ausfertigungen und Abschriften, welche nicht von Amtswegen zu ertheilen sind, ist der Antragsteller.[7]

[1] Grundsätzlich ist Schuldner der Antragsteller einer jeden Instanz (§ 89). Dieser Grundsatz soll jedoch auf die Frage, wer der Staatskasse gegenüber schließlich die Kosten schulde, nicht in erster Linie angewendet werden, vielmehr soll diejenige Feststellung, welche unter den Parteien über ihre Kostenpflicht durch richterliche Entscheidung oder durch eine dem Gericht gegenüber

getroffene Übereinkunft ergeht, auch für die schließliche Kostenpflicht im Verhältnis zur Staatskasse maßgebend sein. RG. **52**, 201.

² Schuldner der vorzuschießenden Gebühren und Auslagen: §§ 81—85. Die danach begründete Vorschußpflicht bleibt bestehen, auch wenn dem Gegner die Kosten auferlegt oder von ihm übernommen sind: § 90.

³ Ist auf gegenseitige Aufhebung der Kosten erkannt, so fallen die Gerichtskosten jeder Partei zur Hälfte zur Last. So schon früher RG. **6**, 400, jetzt § 92 Abs. 1 Satz 2 ZPO. in d. Fass. v. 20./5. 98. — Sind vom Beklagten nur gegenüber einem von mehreren Klägern, welche am Rechtsstreit verschieden beteiligt sind, die Kosten durch Vergleich übernommen, so kann den anderen Klägern durch ein späteres Urteil nicht eine größere Kostenlast aufgebürdet werden, als auf sie entfallen sein würde, wenn die zur Zeit des Vergleichs fällig gewesenen oder durch diesen fällig gewordenen Kosten ordnungsmäßig nach Verhältnis der von den Klägern verfolgten Ansprüche liquidiert worden wären. Gr. **43**, 122¹, JW. **99**, 438²². — Ein bedingtes Urteil gemäß § 460 ZPO. ist keine Entscheidung im Sinne des § 86. RG. **39**, 414. — Über die Kostenansätze für den Fall, daß die Kosten der Klage und der Widerklage verschiedenen Parteien auferlegt sind, vgl. JW. **97**, 106⁵, und für den Fall, daß von Streitgenossen ein unterliegender einen Teil der Kosten, der Gegner den anderen Teil zu tragen hat, RG. **31**, 409, **39**, 383, **41**, 399, JW. **98**, 12², **00**, 411, 650⁸. — Die Kostenentscheidung in dem Urteil ist nicht auch für die selbständige Zwangsvollstreckungsinstanz maßgebend. JW. **88**, 5. — Erben, welche in die Kosten verurteilt sind, haften für diese auch dann mit ihrem ganzen Vermögen, wenn sie Erben mit beschränkter Haftung (§§ 1975, 1990 BGB.) sind. — Aber der als Vormund oder sonstiger gesetzlicher Vertreter, als Sequester, Nachlaßpfleger oder Testamentsvollstrecker zur Tragung der Kosten Verurteilte haftet für die Kosten nicht persönlich.

⁴ Ist ein außergerichtlicher Vergleich, in welchem eine Partei die Kosten übernommen hat, dem Gericht weder eingereicht noch

inhaltlich mitgeteilt, so sind die Kosten in Ermangelung eines anderen Schuldners gemäß § 89 von demjenigen zu erfordern, der das Verfahren beantragt hat. JW. 98, 53[29], auch Gr. 35, 1169. — Ein Gesuch einer Partei um Mitteilung der noch rückständigen Gerichtskosten enthält keine Übernahme der Kosten im Sinne des § 85. JW. 91, 273[12]. Ebensowenig die Bitte des Anwalts in der Klage, die den Kläger treffenden Kosten von ihm zu erfordern. OLG. 11, 149.

[5] Im Falle der Übereinkunft haftet aber gemäß § 88 jede Partei wenigstens für die Hälfte der Gebühren und Auslagen. Die Staatskasse hat hiernach die Wahl, die Gebühren und Auslagen gemäß der Übereinkunft oder von jeder Partei zur Hälfte zu erfordern. — Dies gilt auch im Strafverfahren sowohl auf erhobene öffentliche Klage wie auf Privatklage. Daher ist im Falle des § 502 StPO. (Einstellung eines Strafverfahrens wegen Zurücknahme des Strafantrags) dem Staate gegenüber stets der Antragsteller der Schuldner der Kosten, auch wenn er mit dem Angeklagten ein anderweites Abkommen getroffen hat. JW. 92, 419[19].

[6] § 86 bestimmt nur die Zahlungsverpflichtung. Die Fälligkeit regelt sich nach den §§ 93, 94, 95. Erfolgt die Entscheidung oder die Übereinkunft vor Beendigung der Instanz (z. B. im Wege des Zwischen- oder des Teilurteils) bzw. vor Ende der einjährigen Fristen des § 94 Nr. 1, so ist der nach § 86 Zahlungspflichtige erst nach Eintritt der Fälligkeit der Kosten in Anspruch zu nehmen.

[7] Auch wenn die Kosten dem Gegner auferlegt oder von diesem übernommen sind.

87. Die durch gerichtliche Entscheidung begründete Verpflichtung [1] zur Zahlung der Gebühren und Auslagen (§. 86) erlischt, insoweit eine Aufhebung oder Abänderung der Entscheidung erfolgt. [2]

Die Zurückzahlung bereits bezahlter Beträge [3] findet, soweit der Gebührenansatz bestehen bleibt, [4] nicht statt. [5]

¹ Jedoch § 90 (Bestehenbleiben der Verpflichtung zur Zahlung der vorzuschießenden Beträge, auch wenn die Kosten dem Gegner auferlegt sind). — Auch bezieht sich die Bestimmung des Abs. 1 überhaupt nur auf die durch eine frühere Entscheidung begründete Verpflichtung zur Kostenzahlung im Sinne des § 86; dagegen wird eine nach den §§ 93, 94 in Verbindung mit § 89 (Kostenschuldner derjenige, der das Verfahren der Instanz beantragt hat) entstandene Zahlungsverpflichtung durch eine spätere Entscheidung über die Kostenpflicht nicht berührt. Werden durch diese Entscheidung dem Gegner der nach den §§ 93, 94, 89 zahlungspflichtigen Partei die Kosten auferlegt, so erhält die Staatskasse in diesem einen zweiten Schuldner. Beide haften dann für die betreffenden Kosten uneingeschränkt nebeneinander. Die Zahlungsverpflichtung des nach den §§ 93, 94, 89 Kostenpflichtigen ist nicht davon abhängig, daß die Einziehung von dem Gegner vergeblich versucht worden ist. RG. 24, 435, 36, 412, JW. 97, 326[15], 99, 145[19].

² Sofort mit der Verkündung oder Zustellung und gleichviel, ob die Entscheidung in derselben Instanz (z. B. infolge Einspruchs gegen ein Versäumnisurteil) oder in höherer Instanz ergeht. — Die Kostenpflicht aus § 86, welche eine nur vorläufige ist, hört mit der Beseitigung der früheren durch eine andere Entscheidung von selbst auf. Sind daher die Kosten noch nicht bezahlt, so dürfen sie von dem nach der aufgehobenen Entscheidung Zahlungspflichtigen nicht mehr erfordert werden. RG 15, 414.

³ Bezieht sich nicht auf den Kostenvorschuß im Sinne des § 84 (zur Deckung barer Auslagen); dieser wird, soweit er nicht verwendet ist, zurückgezahlt. Reichsgericht v. 21./9. 83 (Braun u. Blum 8, 360), JW. 83, 270[16].

⁴ Der Gebührenansatz, d. i. die Berechnung der für das Verfahren oder die Instanz nach dem GKG. geschuldeten Gebühren, bleibt z. B. nicht bestehen: wenn die Gebühren nachträglich gemäß § 6 niedergeschlagen oder wenn die Kosten des Verfahrens einer nach § 98 von der Zahlung der Gebühren befreiten Partei

auferlegt werden, oder wenn der Wert des Streitgegenstandes nachträglich herabgesetzt wird.

[5] Auch bei nachträglicher Bewilligung des Armenrechts erlangt weder die arme Partei noch der Gegner ein Recht auf Rückforderung der vorher gezahlten Gebühren oder Vorschüsse. Vgl. Vorbem. vor § 81. Ist in der aufhebenden oder abändernden Entscheidung die Kostenpflicht anderweit bestimmt, so werden die bezahlten Beträge zunächst auf den nach der entsprechenden anderweiten Kostenberechnung der zahlenden Partei etwa zur Last fallenden Kostenteil verrechnet, während der Überschuß auf die Kosten des Gegners in Anrechnung gebracht wird. Die zahlende Partei hat nur einen Erstattungsanspruch gegen den Gegner. — Ist von einer Partei die volle Beweisgebühr erfordert, die Beweisanordnung aber innerhalb des in § 94 Ziff. 2 erwähnten Jahres weder ganz noch teilweise zur Ausführung gebracht worden, so kann der Antragsteller, auch wenn späterhin die Beweisaufnahme stattgefunden hat, die Hälfte der von ihm gezahlten Beweisgebühr zurückfordern, wenn die Zahlung erst nach Verkündung eines die Verurteilung des Gegners aussprechenden Urteils unter Widerspruch gegen die angesonnene Verpflichtung erfolgt ist. RG. 36, 413.

88. Sind die entstandenen [1] Gebühren und Auslagen von der einen oder der anderen Partei durch Uebereinkunft beider Parteien übernommen [2] (§. 86), so haftet jede Partei wenigstens für die Hälfte [3] derselben.

Diese Haftbarkeit kann erst geltend gemacht werden, wenn eine Zwangsvollstreckung in das bewegliche Vermögen der nach §. 86 zahlungspflichtigen Partei erfolglos geblieben ist. [4]

[1] Auf noch entstehende nicht anwendbar. KomBer. 75. Ebensowenig auf nach §§ 81—85 vorzuschießende. Vgl. Anm. 2 zu § 86.

[2] Es muß eine vertragsmäßige Übernahme vorliegen. Die

bloße Erwähnung der sich aus einer Prozeßhandlung (z. B. Zurücknahme des Rechtsmittels) hinsichtlich der Kostenlast ergebenden Folge genügt nicht. JW. 97, 571[32]. Vgl. ferner über den Begriff der „Übernahme" und deren Geltung auch in Privatklagesachen Anm. 4, 5 zu § 86. — Lag zur Zeit der Übernahme bereits eine gerichtliche Entscheidung hinsichtlich der Kosten vor, so ist eine Übereinkunft, durch welche die Entscheidung zuungunsten der Staatskasse geändert wird, für diese nicht bindend. JW. 99, 371[24].

[3] Die Staatskasse hat die Wahl, ob sie die Kosten von dem nach der Übereinkunft Zahlungspflichtigen oder (mit der Beschränkung des Abs. 2) von jeder Partei zur Hälfte erfordern will. JW. 99, 371[24]. — Hat der nach der Übereinkunft Zahlungspflichtige mehr als die Hälfte bezahlt, so haftet der andere Teil unter der Voraussetzung des Abs. 2 für den ganzen Rest. JW. 99, 371[24].

[4] Die Voraussetzung des Abs. 2 ist ohne weiteres als gegeben anzunehmen, wenn dem nach der Übereinkunft Zahlungspflichtigen das Armenrecht bewilligt ist. Die andere Partei haftet also, ohne daß Zwangsvollstreckung erfolgt ist, für die Hälfte der gesamten Kosten einschließlich der der armen Partei. JW. 97, 571[32], OLG. 13, 254. Dagegen wird die Voraussetzung nicht dadurch erfüllt, daß die zahlungspflichtige Partei Ausländer ist und die sonstigen nach den bestehenden Verwaltungsvorschriften zulässigen Mittel zur Beitreibung der Kosten von ihr nach Lage der Sache als erschöpft anzusehen sind. JW. 05, 117[29], Gr. 49, 1079.

89. In Ermangelung eines anderen Schuldners [1] (§. 86) ist derjenige, welcher das Verfahren der Instanz [2] beantragt hat, [3] Schuldner der entstandenen Gebühren und Auslagen. [4] Soweit es sich jedoch um Auslagen handelt, für welche der Gegner in Gemäßheit des §. 84 Vorschuß zu leisten verpflichtet war, [5] sind diese Auslagen vom Gegner zu erheben. [6]

[1] D. i. in Ermangelung einer die Gebühren und Auslagen betreffenden gerichtlichen Entscheidung oder Übernahmeerklärung im Sinne des § 86. Vgl. hinsichtlich der Erfordernisse der Entscheidung und des Begriffs der Übernahme Anm. 3, 4, 5 zu § 86 u. Anm. 2 zu § 88.

[2] Begriff und Umfang der „Instanz": Anm. 1 zu § 28 sowie § 39. — Wird in der Revisionsinstanz das Berufungsurteil aufgehoben und die Sache unter Vorbehalt der Entscheidung über die Kosten der Revisionsinstanz in die Berufungsinstanz zurückverwiesen, so werden die Kosten der Revisionsinstanz fällig und sind vom Revisionskläger zu zahlen. RG. **20**, 428, JW. **88**, 270[15]. Der Revisionskläger bleibt Schuldner der Staatskasse, auch wenn demnächst von der unteren Instanz dem Gegner die Kosten des Rechtsstreits endgültig auferlegt sind. RG. **24**, 436, JW. **94**, 317[16], **97**, 326[15], **99**, 145[19]. — Ebenso hinsichtlich der Berufungsinstanz: Verf. d. preuß. JustMin. v. 3./5. 84 (JMBl. 89).

[3] Die Partei, nicht der Anwalt, letzterer auch dann nicht, wenn er seine Vertretungsbefugnis nicht nachgewiesen hat. JW. **89**, 423[4], **91**, 412[5], Gr. **37**, 136; vgl. auch Anm. 3 zu § 81. — „Antragsteller der Instanz" ist derjenige, durch dessen Antrag das demnächst in der ganzen Instanz stattgefundene Verfahren eingeleitet worden ist. Die Zahlungspflicht des Antragstellers umfaßt sämtliche in der Instanz entstandenen Gebühren, auch wenn sie zufolge der Ansprüche oder Anträge des Gegners entstanden sind, es sei denn, daß durch diese eine neue Instanz eröffnet worden ist (vgl. Anm. 3 zu § 81). Jedoch ist der Kläger oder Rechtsmittelkläger nicht auch Schuldner der durch eine Widerklage bzw. durch das vom Gegner selbständig oder im Wege der Anschließung eingelegte Rechtsmittel entstandenen Gebühren. RG. (VZS.) **57**, 301 (anders RG. **52**, 197, **54**, 63, JW. **96**, 104[13]). Betreffen Verfahrensakte zugleich die Klage und die Widerklage bzw. die Rechtsmittel beider Parteien, so werden die Gebühren für diese Akte verhältnismäßig verteilt, während die Gebühren für Sonderakte Kläger und Widerkläger bzw. die beiden Rechtsmittelkläger je für sich zu tragen haben.

RG. 57, 309. Vgl. Anm. 6 (Berechnung für den Fall, daß Klage und Widerklage bzw. die beiderseitigen Rechtsmittel denselben oder je einen anderen Streitgegenstand betreffen). — Ist eine negative Feststellungsklage erhoben, so gehört auch die ausschließlich auf Antrag des Beklagten angeordnete Beweisaufnahme über die einredeweise aufgestellte Behauptung, daß ein Anspruch tatsächlich bestehe, zu dem vom Kläger beantragten Verfahren der Instanz. Kläger ist also Schuldner der Gebühren dieser Beweisaufnahme. Die Auslagen derselben aber sind nach Abs. 2 vom Beklagten zu erheben. RG. 36, 415. — Von mehreren Mitklägern, welche verschiedene Ansprüche verfolgen, gilt ein jeder als Antragsteller nur bezüglich desjenigen Teils des Gesamtstreitobjekts, den er für sich beansprucht. Gr. 43, 1221, JW. 99, 438[22], 00, 17[25] (anders wenn die Streitgenossen ein gemeinschaftliches Interesse verfolgen, vgl. Anm. 2 zu § 91). — In der Zwangsvollstreckungsinstanz ist, da auf diese die Kostenentscheidung des Urteils sich nicht erstreckt und also ein Schuldner gemäß § 86 nicht vorhanden ist, der die Zwangsvollstreckung betreibende Gläubiger gemäß § 89 der Staatskasse gegenüber Schuldner der Kosten. JW. 83, 5.

[4] Sobald sie gemäß §§ 93, 94 Nr. 1 fällig werden. Durch eine nachträglich erfolgende Entscheidung oder Übernahmeerklärung kann die bei Eintritt der Fälligkeit hinsichtlich der dann entstandenen Gebühren und Auslagen gemäß § 89 bestehende Kostenpflicht zuungunsten der Staatskasse nicht mehr geändert werden. Die Verpflichtung des Antragstellers bleibt daher bestehen, auch wenn nach eingetretener Fälligkeit die Kosten dem Gegner auferlegt werden oder dieser das Armenrecht erlangt. RG. 24, 435, JW. 97, 326[15], s. auch Anm. 1 sowie Anm. 1 zu § 87, Anm. 2 zu § 94 und Vorbem. vor § 81. — Die Zahlungspflicht des Antragstellers der Instanz hinsichtlich der fälligen Gebühren und Auslagen besteht auch dann, wenn der Gegner gemäß § 98 von Zahlung der Gebühren befreit ist. JW. 96, 588[17]. — Die Vorschrift ist aber nicht anwendbar auf die Gebühren und Auslagen im Konkursverfahren, welche Massekosten sind, so daß z. B. der Konkursgläubiger, auf dessen Antrag

das Konkursverfahren eröffnet ist, nicht für die Kosten des Konkursverfahrens haftbar ist. Vgl. die Bemerkung vor § 50. Mot. 101. — Auch auf Strafsachen kann § 89 keine Anwendung finden, weil nach § 496 StPO. in jeder Entscheidung derjenige, den die Kosten treffen, bestimmt bezeichnet werden muß.

[5] Hinsichtlich dieser Auslagen ist also der Gegner des Antragstellers der Instanz allein sowohl vorschuß- wie zahlungspflichtig.

[6] Ist Klage und Widerklage erhoben oder haben beide Parteien (selbständig oder durch Anschließung) Rechtsmittel eingelegt, so trifft die Kostenpflicht des § 89 beide Teile; sie haften aber nicht unbedingt zur Hälfte, sondern nach Verhältnis des Wertes des Streitgegenstands der Klage und Widerklage bzw. der einzelnen Rechtsmittel. Dies gilt auch hinsichtlich der Auslagen, soweit sie nicht durch einen einseitigen Beweisantrag veranlaßt sind. RG. **57**, 309, JW. **96**, 132[16], **04**, 560[25]. Vgl. auch Anm. 7 zu § 81. Betreffen Klage und Widerklage bzw. die Rechtsmittel beider Parteien denselben Streitgegenstand in gleichem Umfange, so trifft die Kostenpflicht beide Teile je zur Hälfte. JW. **04**, 560[25].

90. Die Verpflichtung zur Zahlung der vorzuschießenden Beträge[1] (§§. 81 bis 85) bleibt bestehen,[2] wenn auch die Kosten des Verfahrens einem Anderen auferlegt oder von einem Anderen übernommen sind.[3]

[1] Im gesetzlichen Umfange, wenn auch durch Anordnung der Verwaltung oder des Gerichts jene Verpflichtung während des Prozesses bisher nicht oder nur beschränkt (vgl. Anm. 2 zu § 84) oder in einem zu geringen Betrag in Anspruch genommen war. Gr. **33**, 1097, JW. **85**, 71, **89**, 209[18], OLG. **3**, 162. Vgl. über die Bedeutung des Vorschusses als eines Mittels zur Deckung der Staatskasse Anm. 1 zu § 81.

[2] Hinsichtlich einer jeden Instanz selbständig für sich. Vgl. Anm. 2 zu § 81. — Die Vorschußpflicht des Klägers, Berufungs-

klägers oder Revisionsklägers bleibt auch dann bestehen, wenn seinem Gegner das Armenrecht bewilligt wird; nicht aber die Vorschußpflicht des Beklagten usw., wenn Kläger usw. das Armenrecht erhält. Vgl. Vorbem. vor § 81, auch Anm. 4 zu § 94. — Darüber, daß die Staatskasse auf Grund der Vorschrift des § 90 in den Fällen der §§ 87, 88 für die Gebühren und Auslagen zwei Schuldner erlangen kann, s. Anm. 1 zu § 87, Anm. 4 zu § 88.

[3] Ein zu Unrecht erforderter Kostenvorschuß kann nicht zur Berichtigung der einem anderen auferlegten Kosten verwendet werden. JW. **99**, 575[13], Anm. 1, 8 zu § 81. — Der von dem Kläger gezahlte Gebührenvorschuß ist, wenn sein die Gebührenfreiheit des § 98 genießender Gegner zur Tragung der Kosten des Rechtsstreits verurteilt ist, zurückzuzahlen. JW. **90**, 309, **94**, 122[20].

91. Besteht die Partei aus mehreren Personen,[1] so haften dieselben in Ermangelung einer gerichtlichen Entscheidung[2] über die Kostenvertheilung nach Kopftheilen.[3]

[1] In bürgerlichen Rechtsstreitigkeiten und in Konkurssachen. Anders in Strafsachen: § 61 (bei mehreren Angeschuldigten ist die Gebühr von jedem Verurteilten besonders zu erheben). Vgl. RG. **21**, 63, **32**, 283. — § 91 findet keine Anwendung, wenn die Partei zwar aus mehreren physischen Personen besteht, diese aber, wie z. B. juristische Personen, rechtlich als eine einzige Persönlichkeit behandelt werden.

[2] Sollen die mehreren Personen samtverbindlich für die Kosten haften, so muß dies im Urteilstenor, zu dessen Erläuterung allerdings die Entscheidungsgründe berücksichtigt werden können, bestimmt ausgesprochen sein. Sonst gilt § 91. RG. **30**, 338, JW. **86**, 314[3], **88**, 66[3]. — Die Vorschrift findet auch dann Anwendung, wenn bei Einforderung der nach § 94 Ziff. 1 fällig gewordenen Kosten bereits ein bedingtes Endurteil vorliegt, durch welches die Kosten unter den mehreren Beteiligten für den Fall ihres Unterliegens in einem anderen Verhältnis

als nach Kopfteilen verteilt sind. Es werden also die Gebühren von jedem zum Kopfteil erhoben, auch wenn einer von ihnen beim Unterliegen nur einen geringeren Teil der Kosten zu tragen hätte. RG. **39**, 414. — Sind in einer Entscheidung mehrere eine Partei bildende Personen ohne nähere Bestimmung der Quoten zur Tragung der Kosten verurteilt worden, so sind die entstandenen Kosten unter Berücksichtigung der Ordnungsnummern auf jeden einzelnen von ihnen gleichmäßig zu verteilen. Gr. **42**, 1123, JW. **98**, 390[18]. Diese Haftung der Streitgenossen nach Kopfteilen in Ermangelung einer anderen Festsetzung im Urteile gilt auch dann, wenn die Streitgenossenschaft erst durch eine gerichtliche Verbindung ursprünglich getrennter Prozesse herbeigeführt worden ist. JW. **96**, 687[6].

[3] Bei Einforderung eines Gebührenvorschusses ist § 91 nicht unbedingt maßgebend, sondern es ist von den mehreren Zahlungspflichtigen der Vorschuß entsprechend der Sachlage zu erfordern, wobei in erster Reihe gemäß § 92 die Vorschriften des bürgerlichen Rechts entscheidend sind. Gr. **42**, 1123, JW. **98**, 390[18], **99**, 702[17], **00**, 17[25], **03**, 292[13], OLG. **4**, 388, **9**, 165. So sind z. B. mehrere Erben, die gegen ein Urteil Rechtsmittel eingelegt haben, zur Zahlung des Kostenvorschusses (nicht unbedingt nach Kopfteilen, sondern) nach Maßgabe ihrer Erbquoten verpflichtet, Gr. **42**, 1123, JW. **98**, 390[18], **99**, 702[17], **03**, 292[13], und wenn in einem Prozeß, in welchem dem Kläger gegen mehrere Beklagte als Mitgläubiger vorzugsweise Befriedigung aus einem Pfändungspfandrecht verlangt wird, die Beklagten mit dem Antrag auf Abweisung der Klage ein Rechtsmittel einlegen, ist ein jeder von ihnen in Höhe des ganzen Streitwerts vorschußpflichtig, OLG. **4**, 388. — Desgleichen ist, wenn von mehreren Personen als Antragstellern auf Grund des § 89 eine Gebühr zu erfordern ist, § 91 nicht zur Anwendung zu bringen, also nicht nach Kopfteilen, sondern nach Maßgabe der materiellen Beteiligung der Antragsteller die Gebühr zu erheben. JW. **99**, 438[22], **00**, 17[25], auch Anm. 3 zu § 89. — Wegen Kostenerstattung: im Zivilprozeß vgl. § 100 ZPO. (nach Kopfteilen, wenn nicht erhebliche Verschiedenheit der Beteiligung; jedoch haften mehrere als Gesamtschuldner

verurteilte Beklagte auch für die Kostenerstattung als Gesamtschuldner); im Strafprozeß vgl. § 503 Abs. 4, 5, § 504 StPO. (mehrere Angeklagte im Privatklageverfahren, mehrere Privatkläger und mehrere Antragsteller haften für die ihren Gegnern erwachsenen notwendigen Auslagen als Gesamtschuldner).

92. Durch die Bestimmungen der §§. 81 bis 91 wird eine nach den Vorschriften des bürgerlichen Rechts[1] oder den Vorschriften der Civilprozeßordnung §. 100 Abs. 4, §. 788,[2] der Konkursordnung §§. 57 bis 60, 142,[3] oder der Strafprozeßordnung §. 498 Abs. 2, §. 503 Abs. 4, §. 504[4] begründete Verpflichtung zur Zahlung der entstandenen Gebühren und Auslagen nicht berührt.[5]

[1] Die Vorschriften des bürgerlichen Rechts, welche eine Verpflichtung zur Zahlung der entstandenen Gebühren und Auslagen gegenüber der Staatskasse begründen, sollen die Bestimmungen der §§ 81—91 ergänzen und so mittelbar zu einem Bestandteile des GKG. werden. RG. **16**, 310, JW. **03**, 292[13]. — Z. B. kann der Angriff gegen die rechtliche Begründung des Ansatzes oder der Einforderung von Kosten auch auf den Einwand der nach den Vorschriften des bürgerlichen Rechts abgelaufenen Verjährung gestützt werden. KGJ. **12**, 145. Vgl. ferner BGB. §§ 414—419 (Schuldübernahme), 420 (Schuld mehrerer), 735 (Gesellschaftsschuld), 1387, 1388, 1460, 1530 (Haftung des Ehemanns gegenüber der Staatskasse für die Kosten des Rechtsstreits der Ehefrau), 1654, 1686 (Haftung der Eltern für die Kinder), §§ 1967—1969, 2058—2063 (Erbenhaftung), HGB. §§ 25—28 (Geschäftsschulden des früheren Geschäftsinhabers), 128, 171 (Haftung des offenen Gesellschafters, des Kommanditisten für die Verbindlichkeiten der offenen Handelsgesellschaft bzw. der Kommanditgesellschaft). Bezüglich der Haftung mehrerer Miterben s. Anm. 3 zu § 91, bezüglich der Haftung des Vaters für

die minderjährigen Kinder s. OLG. 7, 73, 223, 12, 326, 14, 222. Der Ehemann ist, ausgenommen im Falle des Güterstandes der Gütertrennung, hinsichtlich der von der Frau geführten Prozesse (sofern nicht die Kosten dem Vorbehaltsgut zur Last fallen) der Staatskasse gegenüber neben der Frau (s. Anm. 5) als Gesamtschuldner kosten- und vorschußpflichtig, auch in Ehe- und sonstigen Prozessen gegen ihn selbst, Gr. **49**, 638, JW. **05**, 299[30], OLG. **11**, 94, 95, **14**, 222; jedoch nicht, wenn Gegenstand des Rechtsstreits die Nichtigerklärung der Ehe ist, Gr. **49**, 950, JW. **05**, 299[30], OLG. **11**, 94. — Hinsichtlich der Aufstellung der Kostenrechnung und der Voraussetzungen für die Vollstreckung gegenüber den als Gesamtschuldner neben dem eigentlichen Zahlungspflichtigen nach bürgerlichem Recht für die Kosten mithaftenden Personen vgl. für Preußen § 17 Nr. 7 Kassenordn. v. 28./3. 07 (JMBl. 127), § 3 Ver. v. 15./11. 99 (GS. 545), JW. **95**, 330[26].

[2] Der von der Novelle v. 17./5. 98 hinzugefügte § 100 Abs. 4 betrifft die Haftung mehrerer als Gesamtschuldner verurteilter Beklagten auch hinsichtlich der Kostenerstattung als Gesamtschuldner, und § 788 (697) betrifft die Haftung des Schuldners für die notwendigen Kosten der Zwangsvollstreckung, die zugleich mit dem Urteilsanspruch beizutreiben sind.

[3] Es betreffen: §§ 57—60 die Berichtigung der Massekosten, § 142 die Tragung der Kosten eines besonderen Prüfungstermins für nachträglich angemeldete Forderungen. — Hat der Konkursverwalter einen anhängigen Rechtsstreit aufgenommen, unterliegt er aber demnächst, so ist, wenn nicht vor der Konkurseröffnung über die Kosten oder einen Teil entschieden ist, die Staatskasse befugt, sowohl die vor als auch die nach der Konkurseröffnung entstandenen Kosten als Massekosten geltendzumachen, sofern nicht das Urteil eine andere Entscheidung hierüber enthält. JW. **95**, 226[14].

[4] § 498 Abs. 2: Haftung der in bezug auf dieselbe Tat verurteilten Mitangeklagten als Gesamtschuldner; §§ 503, 504: Anm. 3 zu § 91.

[5] Daneben bleibt die in den §§ 87 ff. bezeichnete Person Schuldnerin der Staatskasse. JW. **89**, 402[9], **97**, 326[14].

Fälligkeit der Kosten.

93. Die Gebühren und Auslagen werden fällig, sobald das Verfahren oder die Instanz[1] durch unbedingte Entscheidung[2] über die Kosten, durch Vergleich[3] oder Zurücknahme[4] oder anderweite Erledigung[5] beendigt ist.

[1] Begriff und Umfang der „Instanz": Anm. 1 zu § 28 sowie § 39; auch Anm. 2 zu § 89 (Beendigung der Instanz, Fälligkeit der Kosten der Rechtsmittelinstanz). — Die Vorschrift gilt sowohl in bürgerlichen Rechtsstreitigkeiten und Konkurssachen wie in Strafsachen (z. B. hinsichtlich der den Privatkläger treffenden Kosten). Vgl. jedoch § 96 (gegenüber dem verurteilten Beschuldigten Fälligkeit der Kosten erst mit der Rechtskraft des Urteils).

[2] Bezüglich der bedingten Entscheidung s. Anm. 2 zu § 91. — Die Entscheidung muß die gesamten Kosten der Instanz betreffen. Eine Entscheidung über nur einen Teil führt Fälligkeit nicht herbei. — Rechtskräftig braucht die Entscheidung nicht zu sein (Ausnahme s. § 96 und hier Anm. 1). Die Staatskasse bleibt zur Beitreibung der Kosten so lange befugt, bis die erlassene Entscheidung aufgehoben oder abgeändert wird. RG. **6**, 418. Aber im Falle der Bewilligung des Armenrechts für den Kläger, den Berufungskläger oder den Revisionskläger können die dem Gegner durch gerichtliche Entscheidung auferlegten Kosten erst nach eingetretener Rechtskraft der Entscheidung beigetrieben werden. RG. **6**, 418, **23**, 503, vgl. Vorbem. vor § 81. — In denjenigen Verfahren, in welchen eine Entscheidung über die Kosten nicht stattfindet, wie z. B. im Mahn-, Kostenfestsetzungs-, Arrest-, Verteilungs-, Konkursverfahren, tritt die Fälligkeit mit der Beendigung der in Anspruch genommenen gerichtlichen Tätigkeit ein.

[3] Gerichtlich aufgenommen braucht der Vergleich nicht zu sein; es genügt auch außergerichtlicher Abschluß und Mitteilung des Inhalts an das Gericht. — Eine Fortsetzung des Verfahrens

nach gerichtlich geschlossenem Vergleich ist unzulässig. Für das weitere Verfahren sind, da das Gericht weitere Anträge der Parteien nicht entgegenzunehmen hat, Gerichtsgebühren nicht zu erheben. JW. **95**, 359[4] (II. ZS.). Anders RG. **89**, 393 (VI. ZS.).

[4] ZPO. §§ 271 (Zurücknahme der Klage), 346 (des Einspruchs), 515 (der Berufung), 566 (der Revision), StPO. § 431 (der Privatklage). — In Preußen erfolgt in bürgerlichen Rechtsstreitigkeiten die Verrechnung des Vorschusses und Rückzahlung des nicht verbrauchten Teils auf Antrag des vorschußpflichtigen Klägers oder Berufungsklägers schon dann, wenn er nur anzeigt, daß er die Klage oder Berufung zurückgenommen habe. Verf. v. 8./9. 84 (JMBl. 213).

[5] Z. B. Abstandnahme vom Urkunden- oder Wechselprozeß gemäß § 596 ZPO., Verweisung eines Rechtsstreits wegen sachlicher Unzuständigkeit an ein anderes Gericht in den Fällen der §§ 276, 505 ZPO., Zurückverweisung einer Sache an die untere Instanz, sofern eine Entscheidung über die Kosten nicht ergeht. Vgl. RG. **20**, 428, JW. **89**, 111[16], 423[4], **97**, 326[15], **99**, 145[19], Gr. **28**, 1134, **34**, 1191.

94. In bürgerlichen Rechtsstreitigkeiten kommen folgende besondere Vorschriften [1] zur Anwendung:

1. Schon vor der Beendigung der Instanz werden mit dem Ablaufe je eines Jahres seit Bestimmung des ersten Termins oder Stellung des ersten Antrags die bis dahin entstandenen Gebühren und Auslagen fällig. [2] Die einjährigen Fristen können auf Antrag von dem Gerichte verlängert werden. [3] Der Ablauf der Fristen begründet nicht die Zurückforderung eines nicht verbrauchten Vorschusses. [4]
2. In den Fällen einer Widerklage oder wechselseitig eingelegter Rechtsmittel kann jede Partei,

wenn sie das von ihr beantragte Verfahren zurücknimmt, die getrennte Berechnung der Gebühren und Auslagen für dasselbe und die Zurückzahlung des von ihr gezahlten nicht verbrauchten Vorschusses fordern.[5]

3. Eine nach §. 47 Abs. 2, §. 48[6] beschlossene Gebühr kann sofort nach dem Beschlusse von der in diesem bezeichneten Partei ohne Anrechnung eines derselben obliegenden Vorschusses erhoben werden.

[1] § 94 enthält eine Einschränkung des § 93, wonach die Fälligkeit der Kosten erst mit der Beendigung des Verfahrens oder der Instanz eintreten soll. JW. **93**, 563[24], **94**, 317[16], Gr. **38**, 736. — Er regelt nur die Fälligkeit. Die sich aus den §§ 86—89 ergebende Verpflichtung zur Zahlung der Kosten wird durch ihn nicht berührt. Vgl. Anm. 2.

[2] Nach den §§ 86—89 ist, wenn nicht ein anderer zufolge einer unbedingten gerichtlichen Entscheidung oder einer Übernahmeerklärung die Kosten zu tragen hat, derjenige, welcher das Verfahren der Instanz beantragt hat, Schuldner der entstandenen Gebühren und Auslagen, mit Ausnahme derjenigen Auslagen, für welche der Gegner gemäß § 84 Vorschuß zu leisten verpflichtet war. Die Zahlungsverpflichtung des Antragstellers tritt ohne weiteres mit dem Ablaufe des Jahres seit der Bestimmung des ersten Termins ein. Es kommt nicht darauf an, zu welcher Zeit die mit der Berechnung und Einziehung der Kosten betrauten Beamten die Liquidation aufgestellt und die Zahlungsaufforderung erlassen haben. RG. **24**, 245, **36**, 409. Vgl. hierzu für Preußen: §§ 15, 24 der Kassenordnung v. 28./3. 07 (JMBl. 127). — Die Zahlungsverpflichtung bleibt bestehen, auch wenn nach Ablauf des Jahres eine Entscheidung ergeht, durch welche dem Gegner die Kosten auferlegt werden, oder wenn eine anderweite Vereinbarung über die Kosten erfolgt.

Die Staatskasse erhält, wenn durch die Entscheidung bzw. Vereinbarung die Kosten einer anderen als der nach §§ 93, 94, 89 kostenpflichtigen Person auferlegt werden, neben dieser einen zweiten Schuldner; beide haften dann für die betreffenden Kosten uneingeschränkt nebeneinander. RG. **86**, 409, auch Anm. 4 zu § 89. Dies bezieht sich jedoch nur auf diejenigen Akte, durch welche bis zum Ablauf des Jahres Gebühren begründet worden sind. Für die späteren Kosten erwächst eine Zahlungspflicht nur dann, wenn ein weiteres Jahr vergeht, ohne daß inzwischen eine Entscheidung über die Kosten erlassen ist. RG. **36**, 409. — Deshalb ist, wenn innerhalb des Jahres zwar eine Beweisanordnung ergangen, aber noch keine Beweisaufnahme erfolgt ist, von demjenigen, der das Verfahren beantragt hat, nur die Hälfte der Beweisgebühr gemäß § 22 Abs. 1 zu erheben, auch wenn demnächst nach Ablauf des Jahres zwar die Beweisaufnahme stattgefunden hat, aber die Kosten durch gerichtliche Entscheidung dem Gegner auferlegt sind. RG. **36**, 414. Vgl. auch Anm. 1, 5 zu § 87. — Im Falle der Widerklage ist der Kläger nicht gemäß § 89 auch Schuldner der Gebühren und Auslagen der Widerklage. Anm. 3 zu § 89. Die Jahreskosten gemäß § 94 Nr. 1 sind deshalb nicht auch hinsichtlich der Widerklage von ihm zu erfordern. RG. (VZS.) **57**, 301 (anders RG. **52**, 197, **54**, 63). — Die Frist ist für jede Instanz besonders zu berechnen. Sie beginnt, sobald eine neue Instanz eingeleitet wird; z. B. bei Abstandnahme vom Urkundenprozeß (§ 596 ZPO.) mit der Fortsetzung des Rechtsstreits im ordentlichen Verfahren, in den Fällen der Verweisung wegen sachlicher Unzuständigkeit gemäß §§ 276, 505 ZPO. mit der Fortsetzung des Rechtsstreits vor dem zuständigen Gericht.

[3] Die Verlängerung ist nicht mehr statthaft, wenn der Antrag auf Verlängerung erst nach Ablauf der einjährigen Frist gestellt wird. Gr. **38**, 735, JW. **93**, 563[24], **95**, 521[14], **96**, 132[16]. Die Fälligkeit der bis zum Ablauf der einjährigen Frist entstandenen Kosten wird durch eine nachträgliche Verlängerung der Frist nicht aufgehoben. JW. **95**, 521[14].

[4] Vgl. § 87 Abs. 2 (keine Zurückzahlung bereits bezahlter

Beträge). — Ist der Antragsteller Kläger oder Berufungs- oder Revisionskläger, so wird auch durch die Bewilligung des Armenrechts für den Gegner an seiner Zahlungspflicht nichts geändert. JW. 95, 521[14], auch Anm. 2 zu § 90. Vgl. im übrigen hinsichtlich des Einflusses der Bewilligung des Armenrechts die Vorbem. vor § 81.

[5] § 81 Abs. 2 (getrennte Berechnung der Streitgegenstände der Klage und Widerklage bzw. der wechselseitig eingelegten Rechtsmittel hinsichtlich der zu erfordernden Vorschüsse). Vgl. auch Anm. 5 zu § 89, Anm. 2 hier. — Gebühren sind in diesem Falle nur für die Akte, welche auf das zurückgenommene Verfahren Bezug hatten, unter ausschließlicher Zugrundelegung des Werts des letzteren (also im Falle der Widerklage ohne Zusammenrechnung der Gegenstände der Klage und Widerklage gemäß § 11) zu berechnen. Mot. 106. Betreffen Klage und Widerklage oder die wechselseitig eingelegten Rechtsmittel denselben Streitgegenstand, so sind, wenn die Beteiligung der Parteien den gleichen Umfang hat, nach der Hälfte, sonst nach dem Verhältnis der Inanspruchnahme des Streitgegenstandes die Gebühren der zurücknehmenden Partei zu berechnen.

[6] D. i. mutwillige Veranlassung des Verfahrens, schuldhafte Herbeiführung einer Vertagung.

95. Im Konkursverfahren können auf die im §. 51 [1] und §. 58 Abs. 1 [2] bestimmte Gebühr je nach dem Fortgange des Verfahrens Abschlagszahlungen erhoben werden. [3]

Die Erhebung der Gebühren und Auslagen kann im Falle des §. 54 [4] sofort nach Abhaltung des Prüfungstermins oder Zurücknahme der Anmeldung, im Falle des §. 58 Abs. 2 [5] sofort nach Erledigung des Antrags erfolgen. [6]

[1] D. i. die allgemeine Gebühr für das Konkursverfahren.

[2] D. i. die Gebühr für ein wieder aufgenommenes Konkursverfahren.

[3] Vgl. § 57 KO. (als Massekosten aus der Konkursmasse vorweg zu berichtigen) und Vorbem. vor § 50 GKG. — Die Abschlagszahlungen sind gemäß § 51 bis zum Ablaufe der Anmeldefrist auf 8/10, demnächst auf weitere 5/10 und nach Vollzug einer Abschlagsverteilung oder nach einem Vergleichstermin ferner auf 2/10 der Gebühr des § 8 zu bemessen.

[4] D. i. des besonderen Prüfungstermins für die erst nach Ablauf der Anmeldefrist angemeldeten Forderungen.

[5] D. i. des Antrags auf Anordnung von Sicherheitsmaßregeln.

[6] Die Fälligkeit der Kosten tritt im allgemeinen gemäß § 93 erst mit der Beendigung des Verfahrens (§§ 163, 190, 205 KO.) ein. Durch § 95 wird der Staatskasse die Befugnis zur Erhebung schon vor der Fälligkeit gewährt.

96. In Strafsachen werden die Gebühren und Auslagen, welche dem verurtheilten [1] Beschuldigten zur Last fallen, erst mit der Rechtskraft des Urtheils [2] fällig. [3]

[1] Die dem Freigesprochenen zur Last fallenden Auslagen (§§ 499, 500, 503 StPO., Anm. 2 zu § 62) werden bei Beendigung der Instanz fällig. § 93. Mot. 102. — Ebenso die Kosten, die im Privatklageverfahren dem Privatkläger auferlegt sind. Vgl. § 93 Anm. 1. Im Falle des Todes des Beschuldigten im Laufe dieses Verfahrens treffen den Privatkläger auch dann die Kosten, wenn der Beschuldigte zwar verurteilt ist, aber der Tod vor Rechtskraft des Urteils eintritt. Rechtspr. d. RG. 9, 705.

[2] Später erwachsene Kosten (§ 494 Abs. 4 StPO.) werden bei Beendigung der Instanz fällig: § 93.

[3] Der Nachlaß des vor der Rechtskraft verstorbenen Verurteilten haftet nicht für die Kosten: § 497 Abs. 2 StPO.

97. Die Schreibgebühr für Abschriften und Ausfertigungen, welche nicht von Amtswegen zu ertheilen sind, wird sofort nach Anfertigung der Schriftstücke fällig.[1]

Die Anfertigung kann von vorgängiger Zahlung eines die Gebühr deckenden Betrags abhängig gemacht werden.[2]

[1] Wegen des Kostenvorschusses für Abschriften und Ausfertigungen in Preußen s. Anm. 2 zu § 84. — Schreibgebührenschuldner ist gemäß § 86 derjenige, auf dessen Antrag die Abschriften oder Ausfertigungen erteilt sind.

[2] In Preußen ist nach § 13 Nr. 1, 2 der Kassenordn. v. 28./3. 07 (JMBl. 127) seitens des Gerichtsschreibers von der Befugnis der Abhängigmachung Gebrauch zu machen, sofern nicht der Eingang der Beträge mit Sicherheit zu erwarten ist oder der Kassenkurator aus besonderen Gründen eine andere Entscheidung trifft. — Beschwerde gegen die Entscheidung des Gerichtsschreibers über die Abhängigmachung im Strafprozeß: § 346 StPO.; im Konkursverfahren: § 73 Abs. 3 KO.; im Zivilprozeß nur, soweit in der Entscheidung die Zurückweisung eines das Verfahren betreffenden Gesuchs zu finden ist: § 567 ZPO. — Ist dem Kläger das Armenrecht bewilligt, so ist der Beklagte gemäß § 120 ZPO. von Zahlung der Schreibgebühren, z. B. für Urteilsausfertigungen, einstweilen befreit. JW. 87, 351[7], vgl. Vorbem. vor § 81.

Siebenter Abschnitt.

Schlußbestimmungen.

98. Von Zahlung der Gebühren[1] sind befreit:

das Reich[2] in dem Verfahren vor den Landesgerichten,

die Bundesstaaten in dem Verfahren vor dem Reichsgerichte.

Die landesgesetzlichen Vorschriften,[3] welche für gewisse Rechtssachen oder gewisse Personen in dem Verfahren vor den Landesgerichten Gebührenfreiheit gewähren, werden durch dieses Gesetz nicht berührt.[4]

Für das Verfahren vor dem Reichsgerichte kann die Befreiung von Gebühren durch Kaiserliche Verordnung mit Zustimmung des Bundesraths gewährt werden.[5]

Soweit demjenigen, welchem die Gebührenfreiheit zusteht, Kosten des Verfahrens auferlegt werden (§. 86), sind Gebühren[6] überhaupt nicht zu erheben und erhobene zurückzuzahlen.[7]

[1] Nicht der Auslagen einschl. der Schreibgebühren (§ 79). JW. **85**, 185[19], **98**, 643[14], **02**, 220[28].

[2] Auch wenn an den zur Reichskasse fließenden Einnahmen der am Prozesse beteiligten Verwaltung die betreffenden Bundesstaaten nicht beteiligt sind (z. B. die Reichspost- und Telegraphenverwaltung vor den Gerichten Bayerns und Württembergs). Mot. zu § 98. Ferner auch in den Prozessen, welche eine bundesstaatliche Verwaltung (z. B. die preußische Militärverwaltung) für Rechnung des Reichs führt. JW. **89**, 402[10].

[3] Preußen: §§ 8, 119 Pr. GKG. v. 25./6. 95 in d. Fass. v. 6./10. 99 (GS. 326). Ferner KabOrdre v. 18./8. 41 (Gebührenfreiheit der Gemeinden und Landarmenverbände in den die Armenpflege betreffenden Angelegenheiten), dazu Gr. **39**, 1063, JW. **95**, 168[20] (keine Gebührenfreiheit dieser Behörden vor dem Reichsgericht). Weiter § 1 Abs. 2 Ges. v. 13./2. 54 (GS. 86), § 18 Ges. v. 8./4. 47 (GS. 196), § 18 Ver. v. 1./8. 79 (GS. 573 [Nichterhebung, Niederschlagung, Zurückzahlung von Gerichtsgebühren, wenn auf erhobenen Kompetenzkonflikt der Rechtsweg für unzulässig erklärt ist]), dazu JW. **94**, 173[8] (keine Anwendung auf das Verfahren vor dem Reichsgericht). Vgl. auch Verf. d. JMin.

v. 21./7. 79 (Gleichstellung der Provinzial-Irrenanstalten mit den öffentlichen Krankenanstalten), v. 3./12. 97 (bischöfliche Stühle), Reichsgericht in JMBl. 1882 S. 315 (Begriff der öffentlichen Anstalten), 1891 S. 24, 1893 S. 311, 1899 S. 170, Gr. 36, 1102 (Begriff der milden Stiftungen), OLG. 9, 172, 175 (Wohnungsbauvereine).

[4] Streit über die Anerkennung der Gebührenfreiheit wird gemäß § 4 entschieden. Vgl. Anm. 4 zu § 4.

[5] Die auf Grund dieser Vorschrift ergangene Verordnung, betr. die Gebührenfreiheit in dem Verfahren vor dem Reichsgericht, vom 24. Dezember 1883 (RGB. v. 1884 S. 1), lautet:

1. In dem Verfahren vor dem Reichsgericht sind von Zahlung der Gebühren befreit:

1. öffentliche Armen-, Kranken-, Arbeits- und Besserungsanstalten, ferner Waisenhäuser und andere milde Stiftungen, insofern solche nicht einzelne Familien oder bestimmte Personen betreffen, oder in blossen Studienstipendien bestehen;
2. öffentliche Volksschulen;
3. öffentliche gelehrte Anstalten und Schulen, Kirchen, Pfarreien, Kaplaneien, Vikarien und Küstereien, jedoch nur insoweit, als die Einnahmen derselben die etatsmässige Ausgabe, einschliesslich der Besoldung oder des statt dieser überlassenen Niessbrauchs, nicht übersteigen, und dieses durch ein Zeugniss der denselben vorgesetzten Staatsbehörden bescheinigt wird. Insoweit aber in Rechtsstreitigkeiten derselben solche Ansprüche, welche lediglich das zeitige Interesse derjenigen berühren, welchen die Nutzung des betreffenden Vermögens für ihre Person zusteht, zugleich mitverhandelt werden, haben letztere die auf ihren Theil verhältnissmässig fallenden Gebühren zu tragen.

2. Gegenwärtige Verordnung tritt mit dem Tage ihrer Verkündung in Kraft. Die Befreiung erstreckt sich auf alle bis dahin noch nicht fälligen Gebühren.

Vgl. hierzu die in Anm. 3 zit. Gr. **89**, 1063, JW. **95**, 168[20], auch JW. **94**, 173[8]. Die Gebührenfreiheit der „Kirchen" in Nr. 3 erstreckt sich auch auf den mit der Kirchengemeinde in keinem Zusammenhange stehenden Baufonds einer Ortskapelle, die zwar nicht zu pfarramtlichen Funktionen gewidmet ist, in der aber öffentlicher Gottesdienst abgehalten wird. RG. **64**, 218. Unter die „etatsmäßige Ausgabe" im Sinne der Nr. 3 kann eine zwar in sichere Aussicht stehende, aber immerhin erst künftig eintretende Neuausgabe nicht einbegriffen werden. RG. **64**, 220.

[6] Dagegen werden Auslagenvorschüsse nicht zurückgezahlt. Jedoch kann die Partei diese von der in die Kosten verurteilten gebührenfreien Gegenpartei erstattet verlangen. JW. **98**, 288[37], 643[14].

[7] Nur von der Staatskasse, nicht auch von dem gebührenfreien Teil darf der Gegner die in diesem Falle von ihm gezahlten Gebühren und Gebührenvorschüsse erstattet verlangen. JW. **93**, 309[15], **94**, 122[20], **98**, 643[14]. Vgl. auch für Preußen die Verf. v. 16./4. 84 (JMBl. 78) und die Verf., betr. die Ausf. des § 98 Abs. 4 GKG., v. 8./12. 02 (JMBl. 302). — Abs. 4 findet nicht nur auf die Fälle des Abs. 1, sondern auch auf die Fälle des Abs. 2 Anwendung, also auch, wenn eine durch Landesgesetz gewährte Gebührenfreiheit in Frage steht, mag auch das Landesgesetz eine Bestimmung wie im Abs. 4 nicht enthalten (wie dies z. B. in den §§ 8, 119 Pr. GKG., s. Anm. 3, nicht der Fall ist). JW. **98**, 643[14]. — In den Fällen der §§ 89, 93 muß der Kläger oder Rechtsmittelkläger die Gebühren und Auslagen der Instanz zunächst ganz zahlen. Er hat nur einen Anspruch auf Rückzahlung der Gebühren, falls der gebührenfreie Gegner demnächst in die Kosten verurteilt wird. JW. **96**, 588[17].

99. Die Behörden [1] haben einander zum Zwecke der Einziehung von Gebühren und Auslagen nach näherer Bestimmung der vom Bundesrath zu erlassenden Anweisung [2] Beistand zu leisten. [3]

[1] Verzeichnis der im Wege der Rechtshülfe um Einziehung der Gerichtskosten zu ersuchenden Behörden: Zentralbl. f. d. D. R. von 1885 S. 79. Abänderungen 1886 S. 67, 1887 S. 33, 86, 1888 S. 2, 120, 1890 S. 145, 320, 1891 S. 84, 329, 1892 S. 175, 624, 1893 S. 20, 105, 1895 S. 120, 225, 1896 S. 114, 1897 S. 33, 75, 96, 335, 1899 S. 47, 105.

[2] Vom 23. April 1880 (Zentralbl. f. d. D. R. S. 278):

§ 1. Das Ersuchen ist von der Behörde (Kasse) zu erlassen, welcher die zwangsweise Beitreibung nach den landesgesetzlichen Bestimmungen obliegt.

Die ersuchte Behörde hat nicht zu prüfen, ob die Kostenrechnung dem Zahlungspflichtigen mitgetheilt ist.

§ 2. Dem Ersuchen ist eine Reinschrift der Kostenrechnung beizufügen. Dieselbe muss unter Beidrückung des Gerichtssiegels von dem Gerichtsschreiber unterschrieben sein und enthalten:

1. den Namen des Zahlungspflichtigen,
2. die Bezeichnung der Sache,
3. die einzelnen Kostenansätze mit Hinweis auf die angewendete Vorschrift des Kostengesetzes,
4. die Gesammtsumme der Kosten.

§ 3. Das Ersuchen ist an diejenige Behörde zu richten, welche die zwangsweise Einziehung zu betreiben hätte, wenn die Kosten bei dem Amtsgerichte entstanden wären, in dessen Bezirk der Zahlungspflichtige seinen Wohnsitz oder Aufenthaltsort hat, oder wenn die Gegenstände der Zwangsvollstreckung sich in einem anderen Bezirke befinden, an die zur Beitreibung von Gerichtskosten zuständige Behörde dieses Bezirks.

Diese Behörde betreibt die Einziehung und sorgt für Uebersendung der eingezogenen Beträge an die ersuchende Behörde; sie vertritt dieselbe bei allen zur Einziehung oder Sicherstellung erforderlichen Maassregeln. Die Zwangsvollstreckung ist in gleichem Umfange zulässig, wie für eine Kostenforderung des Staates, welchem die ersuchte Behörde angehört. Die endgültigen Entscheidungen über Stundungen oder Niederschlagungen verbleiben der ersuchenden Behörde.

§ 4. Alle Postsendungen, einschliesslich der Geld- und Werthsendungen sind von der absendenden Behörde frankirt abzulassen. Die ersuchende Behörde hat weder der ersuchten Behörde noch den Vollziehungsbeamten für das Einziehungs- und Beitreibungsverfahren Gebühren oder Auslagen zu erstatten.

§ 5. Sollen die Kosten des Strafverfahrens gleichzeitig mit der in diesem Verfahren festgesetzten Geldstrafe durch einen Gerichtsvollzieher beigetrieben werden, so kann die Vermittelung des Gerichtsschreibers (§. 162 GVG.) auch für die Einziehung der Kosten in Anspruch genommen werden.

Dazu Vereinbarungen der Landesjustizverwaltungen zu § 3 und § 4 Satz 2, mitgeteilt durch Verf. des preuß. JustMin. v. 4. 6. 87 (JMBl. 158) bzw. v. 7./3. 07 (JMBl. 55). Ferner: Preußen: Verf. v. 9./6. 80 (JMBl. 145). — Die Landesgesetzgebung darf, außer den in der Anweisung vom 23. April 1880 über die Form des Ersuchens um Kosteneinziehung gegebenen Vorschriften, die Gewährung der Rechtshülfe nicht noch von anderen formellen Voraussetzungen abhängig machen. JW. 88, 359[3]. — Anwendung der vorgenannten Vorschriften auf das Verhältnis zwischen den Konsulargerichtsbehörden und den Behörden im Reichsgebiet sowie in den deutschen Schutzgebieten: § 75 KonsulargerichtsbGes. v. 7./4. 00 (RGB. 213). Vgl. Dienstanweisung dazu v. 27./10. 00 (R. ZentrBl. 576, 581). — Über Einziehung von Kosten im Auslande vgl. Verf. d. preuß. Justizmin. v. 20./5. 87 (JMBl. 139) Nr. 46.

[3] Hinsichtlich des eingezogenen Portos des Ersuchungsschreibens vgl. Nr. 3 der Bekanntmachung, betr. die portopflichtige Korrespondenz zwischen Behörden verschiedener Bundesstaaten, v. 29./8. 70 (BGBl. 514). — Vgl. ferner Vorbem. vor § 1 und RGes. über den Beistand bei Einziehung von Abgaben und Vollstreckung von Vermögensstrafen, v. 3./6. 95 (RGB. 256) § 1

Abs. 2 (die durch ein gerichtliches Verfahren entstandenen Gebühren und Auslagen fallen auch unter die Bestimmungen dieses Gesetzes, soweit nicht § 99 GKG. Anwendung findet). — Vgl. auch Verf. 3./1. 1900 über die Berechnung, Einziehung und Verrechnung der gemäß Art. IV d. Ges., betr. Änd. d. GVG. u. d. StPO., v. 17./5. 98 (RGB. 152), in die Reichskasse fließenden Kosten nebst Vorschriften des Bundesrats v. 30./11. 99 (Pr. JMBl. 1900 S. 9).

100. Unberührt bleiben die bestehenden Landesgesetze, nach welchen neben der für ein Urtheil zu erhebenden Entscheidungsgebühr die Registrirungsgebühr für das im Urtheil festgestellte Rechtsverhältniß zu erheben ist.[1]

[1] Vgl. für Elsaß-Lothringen § 114 des Gerichtskostengesetzes v. 6./12. 99 (GesBl. 175).

***101.** Beträgt die Gebühr für die Aufnahme eines Vergleichs oder die auf Grund eines Anerkenntnisses oder Verzichts erlassene Entscheidung (§§. 23, 41) weniger als die Gebühr oder Abgabe, welche nach den Landesgesetzen für einen außerhalb des Rechtsstreits abgeschlossenen Vergleich zur Staatskasse zu erheben sein würde, so ist der Mehrbetrag der letzteren neben der Entscheidungsgebühr zu erheben.[1]

[1] Also der Mehrbetrag der Gebühr oder der Abgabe (insbesondere des Stempels), die nach Landesgesetz für einen gleichen ohne vorangegangenen Prozeß geschlossenen Vergleich zu entrichten gewesen wäre, ist neben der Gerichtsgebühr von 3/10 von der Amtsstelle, welche die Gerichtskosten einzuziehen hat, als weitere Gerichtsgebühr zu erheben. — Die Bestimmung bezweckt, eine Umgehung landesgesetzlicher Vorschriften, betr. die von Urkunden

zu erhebenden Abgaben, zu verhüten, insbesondere daß eine höhere landesgesetzliche Abgabe durch verabredete Klage oder durch vergleichsweise Erledigung eines Prozesses zu ersparen gesucht wird. Deshalb erhält der in einem solchen Falle zu erhebende Mehrbetrag an Gebühren nicht den Charakter einer reichsgesetzlichen (Entscheidungs-)Gebühr, sondern bleibt eine auf Landesgesetz beruhende Gebühr und Abgabe; namentlich ist auch § 4 (Entscheidung der Gerichte über die Höhe der Gebühr) sowie § 12 Abs. 2 (Nichtübersteigen des höchsten Satzes durch den Gesamtgebührenbetrag) darauf nicht anwendbar. JW. **97**, 467[28]. Vgl. auch KGJ. **15**, 187. Jedoch kann auf Grund des § 4 EG. z. GVG. die Landesgesetzgebung auch für den als besondere Landesgebühr zu betrachtenden Zuschlag des § 101 bei Streit hierüber den ordentlichen Rechtsweg vor dem Prozeßgericht zulassen. JW. **06**, 201[20] (für Bayern ist dies geschehen). Besteuerung von gerichtlich aufgenommenen Vergleichen, die sich über den Gegenstand des Rechtsstreits hinaus erstrecken: Anm. 3 zu § 2. Vgl. ferner OLG. **1**, 195 (Nichtanwendung des § 101 in Bayern bei formlos abgeschlossenen Vergleichen).

102. Dieses Gesetz tritt im ganzen Umfange des Reichs gleichzeitig mit dem Gerichtsverfassungsgesetz in Kraft.[1]

[1] Hinsichtlich des Inkrafttretens der Abänderungsgesetze ſſ. die Überschrift zu diesem Gesetze.

IV.

Gebührenordnung für Gerichtsvollzieher.

Vom 24. Juni 1878.

(RGB. von 1878, Nr. 22, S. 166—172.)
In Kraft getreten am 1. Oktober 1879.
§ 26. — § 1 EG. z. GVG.
Eingeführt in Helgoland seit 1./4. 1891: Art. I Nr. VIII, 6 RG. v. 22./3. 1891 (RGB. 22).
Abgeändert durch das Gesetz, betr. die Abänderung von Bestimmungen des Gerichtskostengesetzes usw., vom 29. Juni 1881 (RGB. 178) — oben I —, in Kraft vom 15. Juli 1881, und durch Art. 5 des Einführungsgesetzes zu dem Gesetze, betr. Änderungen der Zivilprozeßordnung, vom 17. Mai 1898 (RGB. 342) — oben II —, in Kraft vom 1. Januar 1900.
Die jetzige Fassung ist die durch die Bekanntmachung des Reichskanzlers vom 20. Mai 1898 (RGB. 683) festgestellte.

---

1. In den vor die ordentlichen Gerichte[1] gehörigen Rechtssachen, auf welche die Civilprozeßordnung, die Strafprozeßordnung oder die Konkursordnung Anwendung findet,[2] werden Gebühren und Auslagen des Gerichtsvollziehers nur nach Maßgabe der folgenden Bestimmungen erhoben.[3]

[1] § 12 GVG. (Amtsgerichte, Landgerichte, Oberlandesgerichte, Reichsgericht). — Ferner in den vor die Konsulargerichte

gehörigen Rechtssachen: §§ 19, 46, 73 RGes. über die Konsulargerichtsbarkeit v. 7. 4. 00 (RGB. 213) (die Gebühren der Gerichtsvollzieher werden im doppelten Betrage der Sätze der GO. f. GV. erhoben, vgl. RG. 52, 409), sowie in den vor die Gerichte der deutschen Schutzgebiete gehörigen Rechtssachen, soweit nicht auf Grund von §§ 3, 6 Nr. 7 Schutzgebietsges. v. 19./3. 88 in d. Fass. v. 10./9. 00 (RGB. 812) und in § 10 Verordn., betr. die Rechtsverhältnisse in den Schutzgebieten, v. 9/.11. 00 (RGB. 1005) die Geltung der GO. f. GV. durch Verordnungen des Reichskanzlers ausgeschlossen worden ist. Vgl. Anm. 1 zu § 1 GKG. (oben III).

² Vgl. Anm. 2 bis 5 zu § 1 GKG. (oben III).

³ Soweit die Landesgesetze jenen noch andere Geschäfte im Bereiche der ZPO., StPO., KO. zuweisen: § 25 (die Feststellung der Vergütung bleibt dann den betreffenden Bundesstaaten überlassen). — Hinsichtlich der sonstigen landesgesetzlichen Bestimmungen über die Gebühren der Gerichtsvollzieher vgl. für Preußen: Ges., enth. die landesgesetzlichen Vorschriften über die Gebühren der Rechtsanwälte und der Gerichtsvollzieher, v. 27./9. 99 in d. Fass. v. 6./10. 99 (GS. 325, 381) Art. 18—26, Verf., betr. die nicht durch Gesetz bestimmten Gebühren der Gerichtsvollzieher sowie die Gebühren der Gerichtsvollzieher im Verwaltungszwangsverfahren, v. 8./12. 99 (JMBl. 721) und Verf., enthaltend eine Zusammenstellung von Grundsätzen, betr. den Ansatz der Gebühren und Auslagen der Gerichtsvollzieher, v. 16./2. 03 (JMBl. 36). — Vgl. auch Anm. 2 zu § 24 GO. f. GV. (Gewährung einer anderweiten Vergütung als in diesem Gesetz bestimmt ist, durch Landesgesetz).

I. Gebühren.[1, 2]

¹ Für erfolglos versuchte Amtshandlungen hat der Gerichtsvollzieher eine Gebühr nur dann anzusetzen, wenn dies besonders bestimmt ist (§ 4 Abs. 4, § 6 Abs. 3, § 9 Abs. 2, § 10). Gebühren kommen hiernach z. B. nicht zum Ansatze: wenn eine Pfändung nicht ausgeführt werden kann, weil die Wohnung des Schuldners von dem Gerichtsvollzieher nicht aufgefunden

wird oder weil der Dritte, bei welchem die Pfändung erfolgen soll, sich zur Herausgabe nicht bereit erklärt; wenn bei einer Versteigerung (§ 7) ein Erlös nicht erzielt wird, weil sich Bieter nicht eingefunden haben oder ein zum Zuschlage führendes Gebot nicht abgegeben wird; wenn eine zu verhaftende Person nicht angetroffen wird. Soweit hiernach eine Gebühr nicht anzusetzen ist, dürfen nur die Auslagen berechnet werden. Vgl. Nr. 1 preuß. Verf. v. 16./2. 03 (s. Anm. 3 zu § 1).

[2] Die Gerichte sind nicht, wie nach § 6 GKG. (oben III) bezüglich der Gerichtsgebühren, befugt, für Handlungen der Gerichtsvollzieher zu erhebende Gebühren niederzuschlagen, auch dann nicht, wenn von dem in § 24 Abs. 2 GO. f. GV. vorgesehenen Vorbehalte bundesstaatlicherseits Gebrauch gemacht ist und den Gerichtsvollziehern eine anderweitige Vergütung gewährt wird. RG. 62, 351.

1. Zustellung.

***2.** Die Gebühr für jede Zustellung[1] beträgt . . . . 80 Pfennig, in den amtsgerichtlichen und den schöffengerichtlichen Sachen, soweit diese Sachen nicht durch Einlegung eines Rechtsmittels an ein höheres Gericht gebracht sind . . . . 50 Pfennig, für die Zustellung durch Aufgabe zur Post (Civilprozeßordnung §. 175), für das an die Post gerichtete Ersuchen um Bewirkung einer Zustellung[2] (Civilprozeßordnung §. 194), sowie für die im Auftrag eines Anwalts an den Gegenanwalt bewirkte Zustellung die Hälfte[3] jener Sätze.[4]

Die Zustellung an den Zustellungsbevollmächtigten mehrerer Betheiligter (Civilprozeßordnung §. 189 Abs. 2) gilt als Eine Zustellung.

[1] D. i. für jede einzelne Übergabe zuzustellender Schriftstücke: § 170 ZPO. Hat der Gerichtsvollzieher dasselbe Schriftstück an Mehrere zuzustellen (z. B. eine Ladung in derselben Sache an mehrere Zeugen, Parteien, Angeschuldigte), so kann er für jede Zustellung die volle Gebühr beanspruchen. Andererseits steht ihm die Gebühr, wenn er mehrere Schriftstücke zugleich an eine Person zustellt, nur einmal zu. Mot. zu § 2. — Ist die Zustellung erfolglos versucht, so hat er auf die Gebühr nicht Anspruch, sondern nur auf Ersatz von Auslagen nach Maßgabe der §§ 3, 13. Vgl. Vorbem. vor § 2. — Bei Zustellungen durch Aufgabe zur Post (§§ 175, 179 Abs. 2, 244 Abs. 2, 829, 835 ZPO., § 77 KO.) oder durch die Post (§§ 193 ff. ZPO.) ist aber die gebührenpflichtige Tätigkeit des Gerichtsvollziehers bereits mit der Übergabe der Sendung zur Post beendet und daher der Anspruch auf die Zustellungsgebühr begründet. Vgl. Nr. 1 preuß. Verf. v. 16./2. 03 (s. Anm. 3 zu § 1). — Die zu übergebenden Abschriften hat der Auftraggeber zu fertigen: § 169 ZPO. Vgl. jedoch Anm. 1 zu § 14 (wenn der Gerichtsvollzieher die Abschrift im Auftrage der Partei fertigt, hat er Anspruch auf Schreibgebühren). Die Beglaubigung derselben geschieht gebührenfrei. Wegen Abschrift der Zustellungsurkunde vgl. § 14 Nr. 1 (Anspruch auf Schreibgebühren).

[2] Solange das Amtsgericht oder das Schöffengericht mit der betreffenden Sache befaßt ist, kann immer nur die ermäßigte Gebühr von 50 Pf. beansprucht werden, gleichviel, ob die genannten Gerichte sachlich zuständig waren oder nicht. Dies gilt auch für die Zustellung der Benachrichtigung, daß die Pfändung bevorstehe (§ 845 ZPO.). Vgl. Nr. 8 preuß. Verf. v. 16./2. 03 (s. Anm. 3 zu § 1).

[3] Zustellungsgebühr der Post: 20 Pf.; außerdem Porto für Hin- und Rücksendung. § 25 Postordnung v. 20./3. 00 (Zentralbl. 71).

[4] Wenn der Gerichtsvollzieher im Auftrage eines Anwalts an den Gegenanwalt eine förmliche Zustellung (nach §§ 183 Abs. 2, 190, 191 ZPO., Gegensatz: Zustellung von Anwalt zu Anwalt, § 198 ZPO.) bewirkt hat, steht ihm die volle Gebühr von 80 Pf.

bzw. (in den nicht an ein höheres Gericht gebrachten amtsgerichtlichen oder schöffengerichtlichen Sachen) 50 Pf. zu. Vgl. Nr. 7 preuß. Verf. v. 16./2. 03 (s. Anm. 3 zu § 1), OLG. 3, 124. Hat er jedoch einen bestimmten Auftrag zur förmlichen Zustellung nicht gehabt, so kann er auch für diese nur die halbe Gebühr mit 40 Pf. bzw. 25 Pf. beanspruchen. RG. **40**, 410. Im ersteren Falle hat auch der unterliegende Gegner die volle Gebühr zu erstatten. RG. **40**, 410, Gr. **41**, 162, JW. **96**, 151[31]. Anders bezüglich der Zustellung durch den Gerichtsvollzieher statt durch die Post: § 3 Anm. 1, 2.

***3.** Ist eine Zustellung durch den Gerichtsvollzieher bewirkt, obgleich sie mit geringeren Kosten durch die Post hätte erfolgen können,[1] so erhält derselbe die Mehrkosten nur, wenn er zur Vornahme der Zustellung ohne Benutzung der Post ausdrücklich ermächtigt worden ist.[2]

[1] D. h. nach den Umständen des Falls und nach den Einrichtungen der Post rechtzeitig. Liegt diese Voraussetzung nicht vor, so kann der Gerichtsvollzieher die durch die persönliche Zustellung entstehenden Mehrkosten auch dann verlangen, wenn er zur Vornahme der Zustellung ohne Benutzung der Post nicht ausdrücklich ermächtigt war. Vgl. Nr. 8 preuß. Verf. v. 16./2. 03 s. Anm. 3 zu § 1).

[2] Entstandene Mehrkosten sind nicht erstattungsfähig: § 197 ZPO. Anders bezüglich der Zustellung durch den Gerichtsvollzieher statt von Anwalt zu Anwalt: Anm. 3 zu § 2.

2. Zwangsvollstreckung.[1, 2]

[1] Wertsberechnung: § 13 Abs. 2 GKG. (die einzuziehenden Zinsen werden mitberechnet).

[2] Im Falle der gleichzeitigen Erledigung mehrerer Vollstreckungsaufträge eines oder mehrerer Gläubiger sind die Gebühren und Reisekosten nur einmal anzusetzen. Dieser Grundsatz findet insbesondere Anwendung:

a) wenn auf Grund mehrerer Schuldtitel gegen denselben Schuldner gleichzeitig gepfändet oder eine Pfändung erfolglos versucht wird;

b) wenn die auf Grund mehrerer Schuldtitel bei demselben Schuldner gepfändeten Sachen gleichzeitig zur Beitreibung mehrerer Forderungen versteigert werden;

c) wenn der Auftrag zur Vollstreckung mehrerer Schuldtitel gegen denselben Schuldner gleichzeitig durch Leistung an den Gerichtsvollzieher erledigt wird.

Die Gebühren sind zu berechnen im Falle a nach dem Gesamtbetrage der beizutreibenden Forderungen, im Falle b nach dem Gesamterlös und im Falle c nach dem Gesamtbetrage der Zahlungen. Vgl. Nr. 2 preuß. Verf. v. 16./2. 08 (s. Anm. 3 zu § 1), auch Anm. 1, 2 zu § 17.

Pfändung.

***4.** Die Gebühr für die Pfändung [1] von beweglichen körperlichen Sachen (Civilprozeßordnung §§. 808, 809), von Früchten, welche von dem Boden noch nicht getrennt sind (Civilprozeßordnung §. 810), sowie von Forderungen aus Wechseln oder anderen Papieren, welche durch Indossament übertragen werden können (Civilprozeßordnung §. 831), beträgt nach der Höhe der beizutreibenden Forderung:

bei einem Betrage bis	50 Mark	einschl.	1 Mark,
= = = =	100 =	=	2 =
= = = =	300 =	=	3 =
= = = =	1000 =	=	4 =
= = = =	5000 =	=	5 =
= = = über	5000 =	=	6 =

Erfolgt die Pfändung zur Vollziehung eines Arrestes, so ist der in dem Arrestbefehle nach §. 923 der Civilprozeßordnung festgestellte Geldbetrag maßgebend.[2] Bei der Pfändung eines im Schiffsregister eingetragenen Schiffes (Civilprozeßordnung §. 931) ist der Mindestbetrag der Gebühr 3 Mark.[3]

Nimmt die Pfändung einen Zeitaufwand von mehr als zwei Stunden in Anspruch, so erhöht sich die Gebühr für jede angefangene weitere Stunde um ein Viertheil.[4]

Ist eine versuchte Pfändung ohne Erfolg geblieben, weil nach Inhalt des Protokolls[5] pfändbare Gegenstände nicht vorhanden waren oder die Pfändung nach §. 803 Abs. 2, §. 812 der Civilprozeßordnung zu unterbleiben hatte,[6] so erhält der Gerichtsvollzieher die Hälfte der Gebühr.

[1] Mehrere gleichzeitige Pfändungen: Vorbem. 2 vor § 4. — Einstellung der Zwangsvollstreckung vorher: § 10 (die Hälfte). — Erfolgt nach der Pfändung Zahlung, so wird neben der Gebühr des § 4 die des § 11 (d. i. die des § 4 nochmals) erhoben.

[2] Eingefügt von der Novelle v. 17./5. 98 zur Klarstellung, daß die Gebühr für die Arrestpfändung (§ 930 ZPO.) nicht nach dem Betrage der Arrestforderung, sondern nach dem in dem Arrestbefehle festgestellten Geldbetrage, durch dessen Hinterlegung der Schuldner die Vollziehung des Arrestes hemmen kann, zu berechnen ist. Begr. 210.

[3] Mit Rücksicht auf die bei der Vollziehung des Arrestes in ein Schiff (§ 931 ZPO.) dem Gerichtsvollzieher in der Regel obliegende größere Mühewaltung von der Novelle v. 17./5. 98 hinzugefügt. Begr. 210. — Einstellung der Vollziehung vor der Pfändung: § 10 (Mindestbetrag 2 Mk.).

[4] Bei der Zeitberechnung wird nur die eigentliche Vollstreckungshandlung in Betracht gezogen; die Zeit für die nach § 12 vom Gerichtsvollzieher mit zu erledigenden Geschäfte nur, wenn und soweit diese im Laufe der Vollstreckungshandlung selbst vorkommen. Mot. 179. Ausnahme: § 8 Abs. 2 (bei Besitz-Entsetzung oder -Einweisung Einrechnung der zur Wegschaffung beweglicher Sachen zu verwendenden Zeit). Die Reisezeit wird nicht eingerechnet: § 13 Nr. 8, § 17. KomBer. 75. Desgleichen nicht die zur Herbeischaffung der Transportmittel vor der Pfändung oder zum Transporte der gepfändeten Sachen nach der Inbesitznahme verwendete Zeit. Nr. 12 preuß. Verf. v. 16./2. 1903 (s. Anm. 3 zu § 1). — Vgl. auch § 23 dieses Gesetzes (Angabe der Zeitdauer in dem Protokolle, sonst nur die für die geringste Zeitdauer bestimmte Gebühr).

[5] § 762 ZPO. (Erfordernisse des Protokolls über die Vollstreckungshandlung). — Ist die Erfolglosigkeit der Pfändung nicht durch ein solches Protokoll konstatiert (z. B. weil der Schuldner nicht aufzufinden war), so findet Abs. 4 keine Anwendung und können daher nur bare Auslagen in Ansatz gebracht werden. Vgl. Vorbem. vor § 2, Mot. zu § 4.

[6] Also in dem Falle des früheren Textes: „wenn sich von der Verwertung der pfändbaren Gegenstände ein Überschuß über die Kosten der Zwangsvollstreckung nicht erwarten ließ" (§ 803 Abs. 2 ZPO.), und ferner nach der Novelle v. 17./5. 98, wenn es sich um Pfändung von Gegenständen des gewöhnlichen Hausrats handelte und ersichtlich war, daß nur ein verhältnismäßig geringer Erlös erzielt werden würde (§ 812 ZPO.).

Übernahme.

5. Für die Uebernahme beweglicher Sachen zum Zwecke der Verwerthung in den Fällen der §§. 790, 847, 854 [1] der Civilprozeßordnung, sowie im Falle des Ausscheidens des Gerichtsvollziehers, welcher die Pfändung vorgenommen hat, und für die Pfändung bereits gepfändeter Sachen

(Civilprozeßordnung §. 826) erhält der Gerichtsvollzieher[2] die Hälfte der in §. 4 bestimmten Gebühr.[3]

[1] Die Fälle sind: Pfändung gegen eine Person des Soldatenstandes (§ 790), Pfändung eines Anspruchs, welcher eine bewegliche körperliche Sache betrifft (§ 847), Pfändung eines solchen Anspruchs für mehrere Gläubiger (§ 854).

[2] Und zwar nur derjenige Gerichtsvollzieher, welcher die Anschlußpfändung vorgenommen oder bewegliche Sachen zum Zwecke der Verwertung übernommen hat; dem ausscheidenden Gerichtsvollzieher steht die Gebühr nicht zu. Vgl. Nr. 14 preuß. Verf. v. 16./2. 03 (s. Anm. 3 zu § 1).

[3] Einstellung der Zwangsvollstreckung vorher: § 10 (die Hälfte). — Erfolgt nach dem in § 5 bezeichneten Akt Zahlung, so wird neben der Gebühr des § 5 die des § 11 erhoben. Vgl. Anm. 1 zu § 4. — Preußen: Die Gebühr des § 5 ist nicht anzusetzen, wenn ein Gerichtsvollzieher im Falle der Vertretung oder nach § 18 Abs. 3 der Gerichtsvollzieherordnung v. 31./3. 00 (JMBl. 302) Sachen zum Zwecke der Verwertung übernimmt. Nr. 15 Verf. v. 16./2. 03 (s. Anm. 3 zu § 1).

Wegnahme.

6. Der Gerichtsvollzieher erhält für die Wegnahme beweglicher Sachen[1] einschließlich der Uebergabe derselben (Civilprozeßordnung §. 883)[2] eine Gebühr von 3 Mark.

Nimmt das Geschäft einen Zeitaufwand von mehr als zwei Stunden in Anspruch, so erhöht sich die Gebühr für jede angefangene weitere Stunde um 1 Mark.[3]

Ist eine versuchte Wegnahme ohne Erfolg geblieben, weil nach Inhalt des Protokolls[4] die herauszugebenden Sachen nicht aufzufinden waren, so erhält der Gerichtsvollzieher die Hälfte der Gebühr, jedoch nicht unter 2 Mark.[5]

[1] Auch einer Urkunde über eine dem Gläubiger überwiesene Forderung des Schuldners gegen einen Dritten (§ 836 ZPO.). — Einstellung der Zwangsvollstreckung vorher: § 10 (die Gebühr des § 6 Abs. 3).

[2] Erwirkung der Herausgabe einer beweglichen Sache.

[3] Vgl. Anm. 4 zu § 4 (Berechnung der Zeitdauer).

[4] § 762 ZPO. (Erfordernisse des Protokolls über die Vollstreckungshandlung).

[5] Die Vorschriften des § 6 sind entsprechend anzuwenden: bei der Zwangsvollstreckung zur Herausgabe einer Person, ferner wenn in einer Strafsache auf Einziehung von Sachen erkannt ist. Vgl. Nr. 16, 17 preuß. Verf. v. 16./2. 03 (s. Anm. 3 zu § 1).

Zwangsverkauf.

7. Für die Versteigerung[1] oder den Verkauf aus freier Hand von beweglichen Sachen,[2] Früchten, welche von dem Boden noch nicht getrennt sind,[3] Forderungen[4] oder anderen Vermögensrechten[5] erhält[6] der Gerichtsvollzieher

von dem Betrage des erzielten Erlöses bis zu		100 Mk.	5	vom	Hundert
von dem Betrag über	100 Mk.	bis 300	3	=	=
= = = =	300 =	= 1000	2	=	=
= = = =	1000 =	= 5000	1	=	=
= = = =	5000 =	. . . .	1/2	=	=

jedoch nicht unter 2 Mark.

[1] §§ 814—818 ZPO.

[2] §§ 820, 821 ZPO. Es kommen also hier nur solche Verkäufe aus freier Hand in Betracht, die der Gerichtsvollzieher im Zwangsvollstreckungsverfahren vornimmt, nicht freiwillige Mo-

biliarversteigerungen, für die der Gerichtsvollzieher in einzelnen Bundesstaaten, z. B. in Preußen (§§ 97 ff. Geschäftsanw. f. d. Gerichtsv. v. 12./12. 99), zuständig ist.

[3] § 824 ZPO.

[4] § 844 ZPO. (wenn die gepfändete Forderung eine bedingte oder betagte, oder ihre Einziehung mit Schwierigkeiten verbunden ist).

[5] § 857 ZPO.

[6] Einschließlich der Vorbereitung der Versteigerung, der Empfangnahme und Ablieferung des erlösten Geldes. Vgl. § 12 Nr. 3—5 (Tätigkeiten, die durch die Gebühr mitabgegolten werden), § 13 Nr. 6 (Auslagen für Umschreibung eines Wertpapiers besonders anzusetzen). — Einstellung der Zwangsvollstreckung vorher: § 10 (Gebühr: 2 Mk.).

Besitzentsetzung und Beseitigung von Widerstand.

8. Der Gerichtsvollzieher erhält

1. für die Entsetzung aus dem Besitz unbeweglicher Sachen oder bewohnter Schiffe und die Einweisung in denselben [1] (Civilprozeßordnung §. 885),
2. im Falle der Zuziehung zur Beseitigung des Widerstandes des Schuldners gegen die Vornahme einer Handlung [2] (Civilprozeßordnung §. 892)

eine Gebühr von 3 Mark für jede angefangene Stunde von dem Erscheinen an Ort und Stelle bis zur Beendigung seiner Thätigkeit.

In die Dauer der unter Nr. 1 erwähnten Vollstreckungshandlungen ist auch die Zeit einzurechnen, welche der Gerichtsvollzieher zu verwenden hat, um bewegliche Sachen, welche nicht Gegenstand der

Zwangsvollstreckung sind, wegzuschaffen, zu übergeben oder in Verwahrung zu bringen.[3]

[1] Auch schon im Falle der Vornahme nur einer dieser Handlungen. — Einstellung der Zwangsvollstreckung vorher: § 19 (Gebühr: 3 Mk.). — Preußen: Verf. v. 11./7. 93 (JMBl. 185 [dieselbe Gebühr in Preußen bei Zwangsversteigerungen und Zwangsverwaltungen für die Übergabe unbeweglicher Sachen an den Ersteher oder den Verwalter]).

[2] Erwirkung der Herausgabe von Sachen oder von Handlungen oder Unterlassungen (§§ 883, 887 ZPO.). Auch anzuwenden bei Herausgabe von Personen (z. B. von Kindern und anderen unselbständigen Personen). JW. **04**, 557[19], § 81 preuß. Geschäftsanw. v. 12./12. 99 (JMBl. 627).

[3] Vgl. hinsichtlich der Zeitberechnung im übrigen Anm. 4 zu § 4.

Verhaftung.

9. Der Gerichtsvollzieher erhält für die Verhaftung einer Person,[1] einschließlich der Ablieferung derselben zur Haft, und für die zwangsweise Vorführung einer Person[2] eine Gebühr von 15 Mark,[3] für die Nachverhaftung einer bereits verhafteten Person 2 Mark.

Konnte eine unternommene Verhaftung nicht ausgeführt werden, weil nach Inhalt des Protokolls[4] sich bei derselben das Vorhandensein eines der in den §§. 904, 906[5] der Civilprozeßordnung aufgeführten Gründe herausgestellt hat, so erhält der Gerichtsvollzieher eine Gebühr von 5 Mark.

[1] Zur Zwangshaft: ZPO. § 390 Abs. 2, § 653 Abs. 2 (zur Erzwingung des Zeugnisses), § 888 (Anhaltung zur Vornahme einer Handlung, die ausschließlich von dem Willen des Schuldners

abhängt), § 901 (zur Erzwingung der Leistung des Offenbarungseides), § 918 (persönlicher Sicherheitsarrest). Wird landesgesetzlich auch die Abführung zur Strafhaft dem Gerichtsvollzieher übertragen: § 25 (Feststellung der Vergütung bleibt dann den betreffenden Bundesstaaten überlassen). — Auf Ausführung von Haft- oder Vorführungsbefehlen in Strafsachen, welche dem Gerichtsvollzieher etwa übertragen wird (z. B. in Preußen gemäß § 20 der Gerichtsvollzieherordnung v. 31./3. 00), findet die Vorschrift keine Anwendung. Vgl. Nr. 18 preuß. Verf. v. 16./2. 03 (s. Anm. 3 zu § 1).

[2] § 380 Abs. 2 ZPO. (eines Zeugen wegen wiederholten unentschuldigten Ausbleibens).

[3] Auch wenn mehrere Gläubiger gleichzeitig den Auftrag zur Verhaftung erteilt haben, kann nur eine einmalige Gebühr liquidiert werden. OLG. 4, 269, vgl. Vorbem. 2 vor § 4. — Einstellung der Zwangsvollstreckung vorher: § 10 (Gebühr: 5 Mk.).

[4] § 762 ZPO. (Erfordernisse des Protokolls).

[5] Haft unstatthaft gegen: Mitglieder einer gesetzgebenden Versammlung während der Sitzungsperiode, Militärpersonen eines mobilen Truppenteils, die Bemannung eines segelfertigen Seeschiffs (§ 904), einen schwerkranken Schuldner (§ 906). — Kommt es aus anderen Gründen (z. B. wegen Abwesenheit des Schuldners) nicht zur Verhaftung, so kann für den erfolglosen Versuch eine Gebühr nicht liquidiert, sondern nur Zahlung der Auslagen (§ 13) beansprucht werden. Vgl. Vorbem. vor § 2.

Einstellung der Zwangsvollstreckung.

10. Hat eine Vollstreckungshandlung, nachdem [1] der Gerichtsvollzieher sich an Ort und Stelle begeben hatte, zufolge der Vorschrift des §. 775 [2] der Civilprozeßordnung oder in Folge der Zurücknahme des Auftrags nicht stattgefunden, so erhält derselbe

in den Fällen der §§. 4, 5 die Hälfte der im §. 4 Abs. 1, 2 bestimmten Gebühr, im Falle des §. 4 Abs. 2 Satz 2 jedoch nicht unter 2 Mark,[3]
im Falle des §. 6 die daselbst Abs. 3 bestimmte Gebühr,
im Falle des §. 7 eine Gebühr von 2 Mark,
im Falle des §. 8 eine Gebühr von 3 Mark,
im Falle des §. 9 eine Gebühr von 5 Mark.

[1] Wenn vorher, werden nur die Auslagen ersetzt (§§ 12, 13). Vgl. Vorbem. vor § 2.

[2] Einstellung der Zwangsvollstreckung zufolge einer der letzteren entgegenstehenden Entscheidung oder zufolge Vorlegung einer die Befriedigung oder Stundung des Gläubigers ergebenden Urkunde.

[3] Zusatz der Novelle v. 17./5. 98. Vgl. Anm. 3 zu § 4.

Leistung an den Gerichtsvollzieher.

***11.** Wird der Auftrag zur Zwangsvollstreckung durch Leistung an den Gerichtsvollzieher[1] erledigt,[2] so erhält derselbe
bei Zahlungen die in §. 4 bestimmte, nach dem gezahlten Betrage zu berechnende Gebühr,[3] jedoch wenn eine Pfändung vorausgegangen war, nicht unter 2 Mark,[4]
bei Herausgabe von Sachen die in §. 6 bestimmte Gebühr.

[1] Gemäß § 754 ZPO.

[2] Ob der Gerichtsvollzieher vor Erledigung des Auftrags sich (zur Vornahme der Pfändung oder eines anderen Aktes der Zwangsvollstreckung) an Ort und Stelle begeben hatte oder nicht,

ist für die Gebühr aus § 11 unerheblich. Mot. zu § 11. — Vgl. Anm. 1 zu § 4 und Anm. 3 zu § 5 (Zahlung erst nach Pfändung oder nach den im § 5 bezeichneten Akten; die Gebühr aus § 4 bzw. 5 noch neben der aus § 11). — Wendet der Schuldner die Verhaftung durch Zahlung ab, so ist nur die Gebühr des § 11, nicht noch außerdem die Gebühr des § 9 Abs. 2 oder des § 10 anzusetzen. Vgl. Nr. 19 preuß. Verf. v. 16./2. 03 (s. Anm. 3 zu § 1).

[3] Die volle (nicht etwa die halbe) Gebühr des § 4 auch dann, wenn die Zahlung zur Abwendung der im § 5 bezeichneten Zwangsvollstreckungsakte (Übernahme beweglicher Sachen zum Zwecke der Verwertung, Anschlußpfändung) erfolgt. — Wird dem Schuldner vor oder nach erfolgter Pfändung die Leistung von Teilzahlungen nachgelassen, so ist die Gebühr des § 11 nach dem Gesamtbetrage der Zahlungen zu berechnen. Erstreckt sich der Auftrag des Gerichtsvollziehers nicht auf die Beitreibung der gesamten Forderung, sondern wird ihm von dem Gläubiger nach und nach die Beitreibung einzelner Teilbeträge aufgetragen, so ist die Gebühr des § 11 für die Erledigung jedes Teilauftrags besonders zu berechnen. Ist der Gerichtsvollzieher mit der Beitreibung einer Forderung beauftragt, jedoch ermächtigt, im Falle der Leistung von Abschlagszahlungen Stundung wegen des Restes zu gewähren, so steht dem Gerichtsvollzieher neben der Gebühr des § 11 die nach dem gestundeten Betrage zu berechnende Gebühr des § 10 zu, wenn die Zahlung und Stundung erfolgt, nachdem er sich zum Zwecke der Beitreibung an Ort und Stelle begeben hatte. Vgl. Nr 20 preuß. Verf. v. 10./2. 03 (s. Anm. 3 zu § 1).

[4] Die Erhöhung der Gebühr auf einen Mindestbetrag von 2 Mk. findet nicht statt, wenn eine fruchtlose Pfändung vorausgegangen war. Vgl. Nr. 21 preuß. Verf. v. 16./2. 03 (s. Anm. 3 zu § 1).

Umfang der Vollstreckungshandlung.

12. Die in den §§. 4 bis 11 bestimmten Gebühren umfassen die gesammte Thätigkeit des

Gerichtsvollziehers bei der Zwangsvollstreckung,[1] insbesondere:

1. die Nachsuchung der Unterstützung der polizeilichen Vollzugsorgane und die Zuziehung der Zeugen und Sachverständigen (Civilprozeßordnung §§. 758, 759, 813, 814);[2]
2. die zu den Vollstreckungshandlungen gehörenden Mittheilungen, Aufforderungen, Zustellungen und Postsendungen;[3]
3. die Umschreibung eines auf den Namen lautenden Werthpapiers auf den Namen des Käufers und die Wiederinkurssetzung eines gepfändeten Inhaberpapiers[4] (Civilprozeßordnung §§. 822, 823);
4. die Annahme und Quittirung, Ablieferung oder Hinterlegung der schuldigen Leistungen, sowie des gepfändeten oder erlösten Geldes[5] und die Zurückgabe gepfändeter Gegenstände;[6]
5. die Bekanntmachung der Versteigerung.[7]

[1] Für die Zustellung des vollstreckbaren Schuldtitels (gemäß § 750 ZPO.) ist, weil sie nicht zu den Vollstreckungshandlungen gehört, die Gebühr des § 2 auch dann anzusetzen, wenn sie gleichzeitig mit dem Beginne der Zwangsvollstreckung erfolgt. Dagegen sind Reisekosten nach § 17 Abs. 2 nur einmal zu berechnen. Vgl. Nr. 22 preuß. Verf. v. 16./2. 03 (s. Anm. 3 zu § 1). — Wegen der Zeitberechnung vgl. Anm. 4 zu § 4. Angabe der Zeitdauer in dem Protokolle: § 23.

[2] Wird Widerstand geleistet, so können polizeiliche Vollzugsorgane zugezogen werden: § 758; bei Widerstand oder Abwesenheit des Schuldners und seiner Familienangehörigen sind zwei Zeugen zuzuziehen: § 759; Zuziehung von Sachverständigen zur

Pfändung ungetrennter Früchte oder landwirtschaftlichen Inventars: § 813; Abschätzung von Kostbarkeiten durch einen Sachverständigen: § 814.

[3] Dies sind solche Handlungen, die lediglich zur Durchführung des Zwangsvollstreckungsaktes gehören. Die gemeinten „Zustellungen" insbesondere sind die des § 763 Abs. 2 ZPO., nicht die gemäß § 808 Abs. 2, § 826 Abs. 2, 3, §§ 750, 756, 760, 909 ZPO. Für letztere Zustellungen erhält der Gerichtsvollzieher die Gebühr aus § 2 besonders. Mot. zu § 12, Anm. 1. Für die unter Nr. 3 fallenden Mitteilungen usw. hat der Gerichtsvollzieher nur Anspruch auf Schreibgebühren und Ersatz sonstiger barer Auslagen gemäß § 13 Nr. 1, 2, § 14. Dies gilt auch von der bei einer Zustellung nach § 763 Abs. 2 ZPO. zu erteilenden Abschrift des Protokolls. Mot. zu § 12.

[4] § 7 (Verkauf aus freier Hand oder Versteigerung von Wertpapieren). Vgl. § 13 Nr. 6 (Auslagen zu erstatten).

[5] Vor Ausführung einer Vollstreckungshandlung: § 11 (die im § 4 bestimmte Gebühr).

[6] Vgl. § 13 Nr. 7 (Transport- und Verwahrungskosten zu erstatten).

[7] Vgl. § 13 Nr. 3 (Kosten der öffentlichen Bekanntmachungen sind zu erstatten).

II. Auslagen.

13. An baaren Auslagen werden dem Gerichtsvollzieher vergütet:[1]

1. die Schreibgebühren;
2. die Post- und Telegraphengebühren;
3. die durch öffentliche Bekanntmachungen, insbesondere durch Einrückung in öffentliche Blätter entstandenen Kosten;
4. die an Zeugen und Sachverständige zu zahlenden Beträge;[2]

5. die Entschädigung der zum Oeffnen von Thüren und Behältnissen zugezogenen Personen;
6. die für Umschreibung eines auf Namen lautenden Werthpapiers oder für Wiederinkurssetzung eines Inhaberpapiers zu zahlenden Beträge;
7. die Kosten eines Transports von Personen oder Sachen, die Kosten der Verwahrung und Beaufsichtigung von Gegenständen, die Kosten der Aberntung von Früchten, sowie der Erhaltung von Thieren;
8. die Reisekosten.[3]

[1] Ausschließlich: § 1. Z. B. werden nicht vergütet Auslagen für Schreibmaterialien, für Beschaffung des Versteigerungslokals. Mot. zu § 13, vgl. Anm. 1 zu § 79 GKG. (oben III). — Bezüglich des Ersatzes von Lagerkosten vgl. JW. **06**, 174[22].

[2] §§ 15, 16. [3] § 17.

14. Schreibgebühren werden dem Gerichtsvollzieher nach Maßgabe des §. 80 des Gerichtskostengesetzes vergütet:[1]

1. für alle nach gesetzlicher Vorschrift oder auf Antrag ertheilten Abschriften der von demselben aufgenommenen Urkunden und Protokolle, mit Ausnahme der nach gesetzlicher Vorschrift zu ertheilenden Abschrift der Zustellungsurkunde;[2] im Falle des §. 2 Abs. 2[3] wird ihm jedoch für jede Abschrift der Zustellungsurkunde die Schreibgebühr vergütet;

2. für die bei einer Hinterlegung zu erstattende Anzeige an das Vollstreckungsgericht (Civilprozeßordnung §§. 827, 854);[4]
3. für die Aufnahme der von dem Drittschuldner nach Zustellung eines Pfändungsbeschlusses abgegebenen Erklärungen (Civilprozeßordnung §. 840);
4. für die vor der Verhaftung erforderliche Anzeige an die vorgesetzte Dienstbehörde des zu Verhaftenden (Civilprozeßordnung §. 910).

[1] Ferner für die Herstellung der Abschrift eines im Auftrage einer Partei zuzustellenden Schriftstücks. Verf. des preuß. Just.-Min. v. 8./1. 85 (JMBl. 6), vgl. auch § 62 der preuß. Gerichtsvollzieherordnung vom 31./3. 00 (JMBl. 363). — Im übrigen sind in anderen als den im § 14 bestimmten Fällen Schreibgebühren nicht anzusetzen, insbesondere nicht für nichtbeantragte Abschriften der Pfändungsprotokolle, für die Ausfüllung der Aufschriften der Zustellungsurkunden, für Adressen auf Briefumschlägen, für die Reinschrift einer Versteigerungsbekanntmachung, für die gesamte durch Dienstgeschäfte veranlaßte Korrespondenz. Vgl. Nr. 23 preuß. Verf. v. 16./2. 03 (s. Anm. 3 zu § 1).

[2] § 190 Abs. 3 ZPO. (eine vom Gerichtsvollzieher beglaubigte Abschrift der Zustellungsurkunde ist auf das zu übergebende Schriftstück oder auf einen damit zu verbindenden Bogen zu setzen).

[3] Bei der Zustellung an den Zustellungsbevollmächtigten mehrerer Beteiligter.

[4] Anzeige von der Hinterlegung des Erlöses der für mehrere Gläubiger gepfändeten Gegenstände bei entstandenem Streit über das Vorzugsrecht.

***15.** Den zu einer Vollstreckungshandlung in Gemäßheit der Vorschrift des §. 759[1] der Civilprozeßordnung zugezogenen Zeugen kann eine Entschädigung bis zum Betrage von je 1 Mark gewährt werden.

[1] Widerstandsleistung, sowie Abwesenheit des Schuldners und seiner Familienangehörigen.

16. Dem in den Fällen der §§. 813, 814[1] der Civilprozeßordnung zugezogenen Sachverständigen kann eine Vergütung nach dem ortsüblichen Preise einer solchen Leistung gewährt werden.

[1] In dem Falle des früheren Textes (§ 716, jetzt § 814), „wenn der Sachverständige zur Abschätzung von Kostbarkeiten zugezogen ist", und ferner nach der Novelle v. 17./5. 98, wenn noch nicht getrennte Früchte oder landwirtschaftliche Inventarstücke gepfändet werden sollen (§ 813).

17. Muß der Gerichtsvollzieher behufs Vornahme einer Amtshandlung außerhalb seines dienstlichen Wohnsitzes einen Weg bis zur Entfernung von mehr als 2 Kilometer zurücklegen, so erhält er an Reisekosten[1] für jedes angefangene Kilometer des Hinweges und des Rückweges eine Entschädigung von 10 Pfennig.

* Nimmt der Gerichtsvollzieher mehrere Geschäfte auf derselben Reise vor, so erhält er für jedes derselben die volle, nach der Entfernung des Ortes von seinem Amtssitz zu berechnende Entschädigung; dabei gelten jedoch mehrere Geschäfte, welche für denselben Auftraggeber an demselben Orte[2] vorgenommen werden und welche sich auf dieselbe Rechtsangelegenheit beziehen, als Ein Geschäft.[3]

[1] Für die Berechnung der Reisekosten ist die kürzeste fahrbare Straßenverbindung auf dem Land-, Schienen- oder Wasserwege maßgebend. Ist tatsächlich eine längere Wegstrecke benutzt worden, so kann sie nur dann der Berechnung zugrunde gelegt werden, wenn die Benutzung des kürzeren Weges nach Lage der Verhältnisse nicht möglich war; ist die Benutzung der längeren Wegstrecke dadurch veranlaßt worden, daß auf derselben Reise noch anderweite Geschäfte erledigt sind, so können die Reisekosten nur nach der kürzeren Wegstrecke berechnet werden. Als Ausgangspunkt der Reise gilt die Außengrenze des Ortes, an welchem der Gerichtsvollzieher seinen dienstlichen Wohnsitz hat, und als Endpunkt die Stelle, an welcher das Dienstgeschäft vorgenommen wird. Vgl. Nr. 24, 25 preuß. Verf. v. 16./2. 03 (s. Anm. 3 zu § 1). — Für Fahrten innerhalb seines Wohnsitzes erhält der Gerichtsvollzieher keine Vergütung. — Neben den Reisekosten dürfen bare Auslagen, insbesondere Auslagen für ein Nachtquartier, Fähr- und Brückengelder, nicht in Rechnung gestellt werden. Vgl. Nr. 27 preuß. Verf. v. 16./2. 03 (s. Anm. 3 zu § 1).

[2] Auch an verschiedenen Orten (fortgesetzte Reise), falls es sich um Akte eines und desselben Zwangsvollstreckungsauftrags handelt. Die Reisekosten sind dann nur einmal für die gesamte Reisestrecke zu berechnen. Eine fortgesetzte Reise liegt z. B. vor, wenn ein Teil der Pfandstücke in der Wohnung des Schuldners, ein Teil in der angrenzenden Flur gepfändet wird. Vgl. Nr. 26 preuß. Verf. v. 16./2. 03 (s. Anm. 3 zu § 1), auch Vorbem. vor § 4.

[3] Vgl. Anm. 1 zu § 12 (Zustellung des Schuldtitels und gleichzeitige Vornahme der Zwangsvollstreckung).

III. Kostenvorschuß.

18. Der Gerichtsvollzieher kann die Uebernahme eines Geschäfts von der Zahlung eines zur Deckung der baaren Auslagen und des vermuthlichen Betrags der Gebühren hinreichenden Vorschusses abhängig machen, sofern nicht das Geschäft von Amtswegen angeordnet[1] oder für eine zum Armenrecht zugelassene Person[2] auszuführen ist.

[1] Dahin gehören nicht die Fälle der §§ 166 Abs. 2, 168, 753 Abs. 2 ZPO. (Auftrag zur Zustellung, zur Zwangsvollstreckung unter Vermittelung des Gerichtsschreibers), in denen der Gerichtsschreiber nur als Mittelsperson wirkt. — In Preußen dürfen auch für die von anderen Staatsbehörden, als den Justizbehörden, insbesondere von den Verwaltungsgerichten oder Auseinandersetzungsbehörden — (zur Zwangsvollstreckung nach Maßgabe der Verordn., betr. das Verwaltungszwangsverfahren, v. 15./11. 99 [GS. 545], vgl. § 108 der durch die Verf. v. 27./8. 02 [JMBl. 226], 8./4. 03 [JMBl. 82], 18./4. 05 [JMBl. 127], 16./1. 06 [JMBl. 9] u. 12./8. 07 [JMBl. 492] abgeänderten Geschäftsanw. für d. Gerichtsvollz. v. 12./12. 99 [JMBl. 627]) — erteilten Aufträge keine Vorschüsse verlangt werden. §§ 63, 24 Abs. 1 der durch die Verf. v. 16./12. 01 (JMBl. 302), 6./1. 03 (JMBl. 8), 18./4. 05 (JMBl. 127), 16./1. 06 (JMBl. 9) u. 12./8. 07 (JMBl. 492) abgeänderten Gerichtsvollzieherordn. v. 31./3. 00 (JMBl. 345).

[2] Vgl. § 115 Nr. 3 ZPO., § 419 Abs. 3 StPO.

IV. Kostenzahlung.

19. Schuldner der Gebühren und Auslagen des Gerichtsvollziehers ist bei Geschäften, welche von Amtswegen angeordnet werden,[1] die Staatskasse, bei sonstigen Geschäften der Auftraggeber.

[1] Vgl. Anm. 1 zu § 18.

20. Die Gebühren und Auslagen sind, unbeschadet der Bestimmung des §. 788[1] der Civilprozeßordnung, fällig, sobald der Auftrag erledigt ist. Der Gerichtsvollzieher ist berechtigt, dieselben von dem Auftraggeber durch Postvorschuß[2] zu erheben.[3]

[1] Die Gebühren und Auslagen sind mit dem zur Zwangsvollstreckung stehenden Anspruch beizutreiben.

[2] D. i. Postnachnahme: § 19 Postordnung v. 20./3. 00 (ZentrBl. 66). — Auch vom Anwalt der Partei, wiewohl er nicht als Auftraggeber gilt. OLG. 4, 364.

[3] Gerichtsstand für die Klage: § 34 ZPO. (Gericht des Hauptprozesses). Verjährung der Gebühren- und Auslagenforderung: § 196 Nr. 15 BGB. (in zwei Jahren). — In Preußen hat, sofern die Kosten nicht durch Vorschuß gedeckt oder durch Postnachnahme erhoben werden, die dem Schuldner mitzuteilende Rechnung die Aufforderung zu enthalten, die Kostenschuld binnen einer Woche zu zahlen. Erfolgt Zahlung nicht, so hat der Gerichtsvollzieher die zwangsweise Beitreibung bei dem Rendanten der Gerichtskasse in Antrag zu bringen: § 60 Nr. 4, § 66 Nr. 6 Gerichtsvollzieherordn. (Anm. 1 zu § 18). — Bezüglich der Gebührenerhebung im Falle der Zwangsvollstreckung für eine Partei, der das Armenrecht bewilligt ist, s. Anm. 2 zu § 21.

21. Im Falle der Bewilligung des Armenrechts werden dem für die arme Partei bestellten Gerichtsvollzieher die baaren Auslagen[1] von der Staatskasse ersetzt, falls nicht dieselben von dem Ersatzpflichtigen beigetrieben werden können (Civilprozeßordnung §§. 124, 788).[2]

[1] Diese hat der Gerichtsvollzieher vorzuschießen: § 115 Nr. 3, § 124 ZPO.

[2] Beitreibung von dem in die Prozeßkosten verurteilten Gegner, bzw. zugleich mit dem zur Zwangsvollstreckung stehenden Anspruch. Vgl. für Preußen § 64 Nr. 5 Gerichtsvollzieherordn. (Anm. 1 zu § 18), § 51 GeschAnw. für d. Gerichtsvollz. (Anm. 1 zu § 18). — Hat der Gerichtsvollzieher im Auftrage der armen Partei die Zwangsvollstreckung wegen einer Geldforderung vorgenommen, so darf er seine Gebühren und Auslagen von dem beigetriebenen bzw. als Erlös aus der Pfandsache erzielten Betrage nur insoweit zurückbehalten, als dieserden vollen Betrag der beizutreibenden Forderung des Gläubigers übersteigt. Nr. 30 preuß. Verf. v. 16./2. 03 (s. Anm. 3 zu § 1), § 72 Abs. 2 preuß. Gerichtsvollzieherordn. (Anm. 1 zu § 18), OLG. 1, 198, JW. 90, 358, 93, 461.

V. Kostenansatz.

22. Bei Erinnerungen gegen den Ansatz von Gebühren oder Auslagen des Gerichtsvollziehers findet, soweit nicht §. 766 Abs. 2[1] der Civilprozeßordnung Platz greift, §. 4 des Gerichtskostengesetzes entsprechende Anwendung.[2]

[1] Erinnerung beim Vollstreckungsgericht in Ansehung der von dem Gerichtsvollzieher bei der Zwangsvollstreckung in Ansatz gebrachten Kosten.

[2] Da auf die Erinnerung gegen den Kostenansatz bei Vornahme von Zwangsvollstreckungen § 766 Abs. 2 ZPO. Anwendung findet (s. Anm. 1), beschränkt sich die Bestimmung des § 22 auf den Ansatz von Gebühren und Auslagen für Zustellungen. OLG. 4, 364. — Wird der Kostenansatz auf Erinnerung des Zahlungspflichtigen durch gerichtliche Entscheidung ermäßigt, so ist in Preußen die Entscheidung dem Landgerichtspräsidenten vorzulegen und dieser hat, sofern das Ergebnis der Prüfung hierzu Anlaß bietet, den Gerichtsvollzieher zur Erhebung der Beschwerde anzuweisen: § 60 Nr. 5 Gerichtsvollzieherordn. (Anm. 1 zu § 18). Erfordernisse und Zulässigkeit der Beschwerde und einer weiteren Beschwerde: Anm. 8 zu § 4 GKG. (oben III). — Über die Rückforderung eines gezahlten Vorschusses mit der Behauptung, der Gerichtsvollzieher habe die ihm aufgetragene Amtshandlung nicht ausgeführt, ist im ordentlichen Rechtswege zu entscheiden. JW. 91, 89[7]. — Vgl. im übrigen hinsichtlich Rückzahlung irrig in Ansatz gebrachter oder einer nicht zahlungspflichtigen Person in Rechnung gestellter Kosten § 60 Nr. 6 preuß. Gerichtsvollzieherordn. (Anm. 1 zu § 18).

23. Die Gerichtsvollzieher sind verpflichtet, unter den Urschriften und Abschriften ihrer Akte eine Berechnung der Gebühren und Auslagen aufzustellen, und bei Geschäften, welche nach Verhältniß der verwendeten Zeit vergütet werden,[1] in dem Protokolle[2] die Dauer der letzteren anzugeben. Ist die Zeitangabe unterblieben, so darf nur die für die geringste Zeitdauer bestimmte Gebühr berechnet werden.

[1] § 4 Abs. 3, § 6 Abs. 2, § 8 Abs. 1.

[2] § 762 ZPO. (Erfordernisse des Protokolls über eine Vollstreckungshandlung).

VI. Schlußbestimmungen.

24. Den einzelnen Bundesstaaten bleibt vorbehalten:

1. für Zustellungen, für deren Nachweis auf Grund des §. 39 der Strafprozeßordnung einfachere Formen zugelassen sind, abweichend von den Vorschriften dieses Gesetzes geringere Gebühren zu bestimmen;[1]
2. an Stelle von Gebühren und Auslagen, welche die Gerichtsvollzieher auf Grund dieses Gesetzes zu beanspruchen haben, denselben eine anderweite Vergütung zu gewähren.[2]

Für die von den ersatzpflichtigen Personen zu erhebenden Beträge bleiben im Falle der Nr. 2 die Bestimmungen dieses Gesetzes maßgebend.

[1] Bayern: § 2 Verordn. v. 6./9. 79 (Ges. u. VerBl. 1165). Württemberg: § 3 Verf. v. 9./9. 79 (RegBl. 351). Baden: §§ 21, 27 Verordn. v. 17./7. 79 (Ges. u. VerBl. 335).

[2] Preußen: §§ 22, 23 Nr. 2, 3, § 24 Nr. 2, §§ 64, 71 Gerichtsvollzieherordn. in d. Fass. der in Anm. 1 zu § 18 aufgeführten Verf. (die Gerichtsvollzieher beziehen ein festes Gehalt und erhalten von den Gebühren aus Parteiaufträgen, welche zur Staatskasse vereinnahmt werden, einen Anteil von 26 % [in Orten der Servisklasse A 31, in Orten der Servisklasse I 29 %] sowie für die Erhebung von Kosten und Geldstrafen

eine Vergütung und zum Ersatze von baren Auslagen gewisse Entschädigungen; die Anweisung dieser Entschädigungen und Gebührenanteile geschieht vierteljährlich auf Vorschlag des aufsichtführenden Amtsrichters durch den Landgerichtspräsidenten); Festsetzung, Anweisung und Verrechnung der Gebührenanteile und der Entschädigungen für Auslagen: Verf. v. 31./3. 00 (JMBl. 279), v. 6./1. 03 (JMBl. 8) u. v. 12./2. 01 (JMBl. 35). Bayern: §§ 20 ff. Gerichtsvollzieherordn. v. 16./12. 99 (GVBl. 1015). Sachsen: § 3 Verordn. v. 10./9. 79 (GVBl. 336), § 10 Verordn. v. 12./9. 79 (JMBl. 138). Baden: § 24 Verordn. v. 17./7. 79 (GVBl. 335); vgl. auch §§ 38 ff. Gerichtsvollzieherordn. v. 16./11. 99 (GVBl. 563) und §§ 325 ff. der Dienstanweisung für Gerichtsvollz. v. 7./4. 00 (GVBl. 467).

25. Den einzelnen Bundesstaaten bleibt die Feststellung der Vergütung überlassen, wenn den Gerichtsvollziehern in Sachen, auf welche die Civilprozeßordnung, die Strafprozeßordnung oder die Konkursordnung Anwendung findet, Geschäfte übertragen werden, welche denselben in jenen Gesetzen nicht ausdrücklich zugewiesen sind.[1]

[1] Preußen: Art. 19, 23 Ges., enth. die landesgesetzlichen Vorschriften über die Gebühren der Rechtsanwälte und der Gerichtsvollzieher, v. 27./9. 99 in d. Fass. v. 6./10. 99 (GS. 325, 381); Verf., betr. die nicht durch Gesetz bestimmten Gebühren der Gerichtsvollzieher, sowie die Gebühren der Gerichtsvollzieher im Verwaltungszwangsverfahren, v. 8./12. 99 (JMBl. 721). Bayern: Verordn. v. 16./12. 99 (GVBl. 1028). Elsaß-Lothringen: §§ 133, 144 Gerichtskostenges. v. 6./12. 99 (GesBl. 175).

26. Dieses Gesetz tritt im ganzen Umfange des Reichs gleichzeitig mit dem Gerichtsverfassungsgesetz in Kraft.[1]

[1] Hinsichtlich des Inkrafttretens der Abänderungsgesetze s. die Überschrift S. 245.

V.

Gebührenordnung für Zeugen und Sachverständige.

Vom 30. Juni 1878.

(RGB. von 1878, Nr. 22, S. 173—176.)
In Kraft getreten am 1. Oktober 1879.
§ 18. — § 1 EinfGes. z. GVG.
Eingeführt in Helgoland seit 1./4. 91: Art. I Nr. VIII, 7 RGes. v. 22./3. 91 (RGB. 22).
Abgeändert durch das Gesetz, betr. die Ergänzung des § 14 der Gebührenordnung für Zeugen und Sachverständige, vom 11. Juni 1890 (RGB. 73) und ferner durch Art. 6 des Einführungsgesetzes zu dem Gesetze, betr. Änderungen der Zivilprozeßordnung, vom 17. Mai 1898 — s. oben II —.
Die jetzige Fassung ist die durch die Bekanntmachung des Reichskanzlers vom 20. Mai 1898 (RGB. 689) festgestellte.

---

1. In den vor die ordentlichen Gerichte [1] gehörigen Rechtssachen, auf welche die Civilprozeßordnung, die Strafprozeßordnung oder die Konkursordnung Anwendung findet, [2] erhalten [3] die Zeugen und Sachverständigen [4] Gebühren nach Maßgabe der folgenden Bestimmungen. [5]

[1] § 12 GVG. (Amtsgerichte, Landgerichte, Oberlandesgerichte, Reichsgericht). — Ferner in den vor die Konsulargerichte gehörigen Rechtssachen: § 19 RGes. v. 7./4. 00 (RGB. 213) (doppelte

Sätze sind den Zeugen und Sachverständigen nicht zu gewähren; § 73 KonsulargerGes. bezieht sich nur auf die Gebühren der Gerichte und Gerichtsvollzieher, RG. 52, 409), sowie in den vor die Gerichte der deutschen Schutzgebiete gehörigen Rechtssachen, soweit nicht auf Grund von §§ 3, 6 Nr. 7 Schutzgebietsges. v. 19./3. 88 in d. Fass. v. 10./9. 00 (RGB. 812) und § 10 Verf., betr. die Rechtsverhältnisse in den Schutzgebieten, v. 9./11. 00 (RGB. 1005) durch Verordnungen des Reichskanzlers die Geltung der GO. f. Z. u. S. ausgeschlossen worden ist. Vgl. Anm. 1 zu § 1 GKG. (oben III).

[2] Vgl. Anm. 2 bis 5 zu § 1 GKG. (oben III). — Fernere Anwendung: im Verfahren vor den auf Grund des § 3 RGes. v. 30./6. 00 (RGB. 335) und des Invalidenversicherungsgesetzes v. 13./7. 99 (RGB. 463) gebildeten „Schiedsgerichten für Arbeiterversicherung“: § 18 Verordn. v. 22./11. 00 (RGB. 1017); im Verfahren vor den Gewerbe- und Kaufmannsgerichten: § 60 RGes. v. 29./7. 90 in d. Fass. v. 29./9. 01 (RGB. 353), § 16 RGes. v. 6./7. 04 (RGB. 266); im Verfahren in Patentangelegenheiten: § 13 Verordn. v. 11./7. 91 (RGB. 352); im Verfahren vor den erkennenden Militärstrafgerichten: §§ 205, 208 MilitärstrafgerOrdn. v. 1./12. 98 (RGB. 1189).

[3] Preußen: Verf., betr. die Berechnung der Gebühren der Zeugen und Sachverständigen, v. 15./6. 83 (JMBl. 190 (Berechnung der Gebühren nur durch einen oder einige Gerichtsschreiber, Aufstellung von Tarifen).

[4] Auf das Erscheinen der Zeugen usw. in dem die Rechtmäßigkeit einer Weigerung zur Ablegung des Zeugnisses usw. betreffenden Verfahrens findet die Gebührenordnung nicht Anwendung. RG. 28, 437. Auch wenn die Zeugnisverweigerung für gerechtfertigt erklärt wird, hat der Zeuge keinen Anspruch auf Entschädigung. JW. 90, 162[7]. Denn Voraussetzung für den Anspruch auf Zeugengebühren ist, daß der Zeuge zu seiner Vernehmung als solcher geladen ist. RG. 48, 409. Es hat daher der Zeuge, auch wenn er in dem Termine zur Verhandlung über die Eidesweigerung nunmehr Zeugnis abzulegen sich bereit erklärt und er sogleich vernommen wird, keinen Anspruch auf

Entschädigung nach Maßgabe der Gebührenordnung. RG. 48, 409, JW. 99, 281[14].

[5] Vgl. §§ 401, 413 ZPO., §§ 70, 84 StPO., §§ 65, 67 KO.

2. Der Zeuge erhält eine Entschädigung[1] für die erforderliche Zeitversäumniß[2] im Betrage von zehn Pfennig bis zu einer Mark auf jede angefangene Stunde.

Die Entschädigung ist unter Berücksichtigung des von dem Zeugen versäumten Erwerbes zu bemessen[3] und für jeden Tag auf nicht mehr als zehn Stunden zu gewähren.

Personen, welche durch gemeine Handarbeit, Handwerksarbeit oder geringeren Gewerbebetrieb ihren Unterhalt suchen, oder sich in gleichen Verhältnissen mit solchen Personen befinden,[4] erhalten die nach dem geringsten Satze zu bemessende Entschädigung auch dann, wenn die Versäumniß eines Erwerbes nicht stattgefunden hat.

[1] Nach dem Prinzipe des § 2 soll jeder Zeuge eine Entschädigung für Zeitversäumnis erhalten, aber im allgemeinen nur dann, wenn mit der Zeitversäumnis eine Erwerbsversäumnis verbunden ist (Abs. 1, 2). Bei gewissen Personen jedoch soll jede Zeitversäumnis einer Erwerbsversäumnis gleich geachtet werden (Abs. 3). — Die Entschädigung des § 2 ist also nur zur Vergütung für die Zeit- und Erwerbsversäumnis des Zeugen bestimmt. Werden behufs Erhebung des Beweises außerordentliche Aufwendungen notwendig, so hat die Partei, welche den Zeugen zu diesen Aufwendungen veranlaßt hat, ihn zu entschädigen. Unter den Voraussetzungen des § 91 ZPO. kann sie aber diese Auslagen von dem unterliegenden Gegner erstattet verlangen. JW. 97, 206[7]. — Auch Gebühren für Telegramme

zur Entschuldigung des Ausbleibens sind dem Zeugen zu erstatten. OLG. **11**, 83.

[2] Gerechnet wird die Zeit, welche vom Verlassen der Wohnung oder Arbeitsstelle bis zur Rückkehr zu derselben verstreicht. Vgl. auch § 5.

[3] Hat er keinen Erwerb versäumt, so erhält er nichts. JW. **90**, 180[10], Anm. 1. — Es steht im Ermessen des Gerichts, einen Nachweis für die Erwerbsversäumnis zu verlangen. Gr. **34**, 1187, JW. **90**, 180[12] u. Anm. 4. — Darüber, daß ein Gerichtsvollzieher als Zeuge in Preußen nur unter besonderen Umständen einen Anspruch auf Vergütung für Zeit- und Erwerbsversäumnis hat, vgl. OLG. **3**, 170.

[4] Von anderen Personen muß, wenn das Gericht es verlangt, die Einbuße am Erwerb dargetan werden, JW. **90**, 180[10], **97**, 86[28], insbesondere von einem sonstigen Gewerbetreibenden, daß der Betrieb seines Geschäfts bei seiner zeitweisen Abwesenheit Störungen erleide oder daß er eines besondere Kosten verursachenden Vertreters bedürfe. Übt der Zeuge lediglich eine kontrollierende Tätigkeit aus und ist der Umfang des Geschäfts so groß, daß es durch seine Abwesenheit keine Störungen erleidet, auch die Annahme eines besondere Kosten verursachenden Vertreters nicht erforderlich ist, so hat der Zeuge keinen Anspruch auf Entschädigung für Zeitversäumnis. JW. **97**, 86[28]. Zeugen vom Stande der Fabrikanten oder Bankiers sind regelmäßig ohne besonderen Nachweis eines Erwerbsverlustes zu entschädigen. OLG. 7, 231. — Über Gewährung von Entschädigung für Zeitverlust an: Personen, die in einem Dienstverhältnisse stehen, vgl. preuß. Verf. v. 28./6. 03 (JMBl. 143); staatliche Arbeiter, vgl. Verf. v. 26./4. 05 (JMBl. 132).

3. Der Sachverständige[1] erhält für seine Leistungen eine Vergütung nach Maßgabe der erforderlichen Zeitversäumniß[2] im Betrage bis zu zwei Mark auf jede angefangene Stunde.

Die Vergütung ist unter Berücksichtigung der

Erwerbsverhältnisse des Sachverständigen zu bemessen[3] und für jeden Tag[4] auf nicht mehr als zehn Stunden zu gewähren.

Außerdem sind dem Sachverständigen die auf die Vorbereitung des Gutachtens verwendeten Kosten,[5] sowie die für eine Untersuchung verbrauchten[6] Stoffe und Werkzeuge zu vergüten.

[1] Der sachverständige Zeuge (§ 414 ZPO.) ist wahrer Zeuge, vorausgesetzt, daß sich seine Bekundungen auf vergangene Tatsachen oder Zustände beziehen, die der Zeuge vermöge seiner Sachkunde wahrgenommen hat. JW. **02**, 531[7]. Wird er aber nicht bloß über Wahrnehmung früherer Geschehnisse und Zustände vernommen, sondern auf Grund seiner Wahrnehmungen auch gutachtlich über technische Fragen (z. B. Geisteszustand, Ursachen eines Unfalls, Umfang der durch eine Verletzung eingetretenen Veränderung der Erwerbsfähigkeit, Messungen und Berechnungen), so ist er zugleich Sachverständiger, und er hat Anspruch auf Sachverständigengebühren. JW. **96**, 638[12], **98**, 419[14], **99**, 145[20], 372[25], **02**, 551[7].

[2] Vgl. Anm. 2 zu § 2 (während der ganzen Zeit der Abwesenheit von der Wohnung oder der Arbeitsstelle). — Zu den „Leistungen", die für Bemessung der Zeitversäumnis zu berücksichtigen sind, gehören auch notwendige Reisen zum Termin und zur Vorbereitung des Gutachtens sowie die Ermittelungen und Untersuchungen, welche zweckmäßigerweise zur Beschaffung der nötigen Grundlagen für die Erstattung des Gutachtens angestellt worden sind. JW. **84**, 196.

[3] Daß er Erwerb versäumt habe, ist nicht (wie nach § 2 Abs. 2 für Zeugen) erforderlich.

[4] D. i. für fortlaufende je 24 Stunden. — Ist der Sachverständige mit der Ausarbeitung des Gutachtens an verschiedenen Tagen beschäftigt gewesen, so ist die gebrauchte Zeit zusammenzurechnen. In Preußen haben zufolge Anordnung der Oberrechnungskammer die Sachverständigen die Versicherung ab-

zugeben, daß sie an den betreffenden Tagen nicht noch anderweit als Sachverständige tätig gewesen sind, eventl. in welch anderen Sachen und zu welchen Zeiten dies der Fall gewesen ist.

[5] Z. B. Auslagen für zugezogene Gehülfen. — Auch die Kosten der Bereitstellung des Objekts der Beweisaufnahme durch Vornahme der hierzu notwendigen Arbeiten (z. B. zum Zwecke der Untersuchung eines Kieslagers oder von Wohnräumen) können hierher gehören. Gr. **41**, 166, JW. **99**, 89[8].

[6] Für Anschaffung von Werkzeugen und Gerätschaften zur Vorbereitung des Gutachtens kann nichts, sondern nur für verbrauchte Werkzeuge usw. Ersatz verlangt werden. JW. **87**, 115, **96**, 102[3].

4. Bei schwierigen Untersuchungen und Sachprüfungen [1] ist dem Sachverständigen auf Verlangen für die aufgetragene Leistung [2] eine Vergütung nach dem üblichen Preise [3] derselben und für die außerdem stattfindende Theilnahme an Terminen die im §. 3 bestimmte Vergütung zu gewähren.

[1] Die Schwierigkeit muß eine erhebliche sein, RG. **52**, 410, OLG. **3**, 171, **11**, 345. Die Durchsicht von Marktberichten und Fakturen zur Vorbereitung des Gutachtens erfüllt nicht den Begriff der schwierigen Untersuchung und Sachprüfung, RG. **52**, 410, ebensowenig die Besichtigung eines auswärtigen Grundstücks, OLG. **3**, 171.

[2] Für die zur Vorbereitung nötige Zeitversäumnis in diesem Falle nicht. Ebensowenig für die zur sachdienlichen Vorbereitung des Gutachtens erforderlichen Aufwendungen. OLG. **5**, 222.

[3] Über Anwendung der „Hamburger Norm" oder der von dem Verbande der Architekten- und Ingenieur-Vereine aufgestellten Honorarnorm als Vergütungsmaßstab des „üblichen Preises" für die Leistung eines sachverständigen Architekten vgl. OLG. **3**, 172, **5**, 222, **7**, 232, **11**, 149. — Der Sachverständige kann, wenn er nach § 407 ZPO. der Ernennung zum Sachverständigen Folge

leisten mußte, die Erstattung seines Gutachtens nicht davon abhängig machen, daß ihm vom Gericht bestimmte Gebührensätze zugesichert werden. OLG. 1, 469, 2, 273.

5. Als versäumt gilt für den Zeugen oder Sachverständigen auch die Zeit, während welcher er seine gewöhnliche Beschäftigung nicht wieder aufnehmen kann.[1]

[1] Berechnet wird auch die Zeitversäumnis für Wege, die der Zeuge oder Sachverständige zu der ihm aufgetragenen Information zurücklegen mußte.

6. Mußte[1] der Zeuge oder Sachverständige außerhalb[2] seines Aufenthaltsortes[3] einen Weg bis zur Entfernung von mehr als zwei Kilometer zurücklegen,[4] so ist ihm außer den nach §§. 2 bis 5 zu bestimmenden Beträgen eine Entschädigung für die Reise und für den durch die Abwesenheit von dem Aufenthaltsorte verursachten Aufwand nach Maßgabe der folgenden Bestimmungen zu gewähren.

[1] Notwendig ist die Reise vom Aufenthaltsort aus immer, wenn dem Gerichte bzw. der ladenden Partei bei der Ladung bekannt war, daß der Zeuge oder Sachverständige sich an diesem Ort aufhielt; anderenfalls nur, wenn er keine Zeit mehr hatte, dem Gerichte von der Veränderung Anzeige zu machen, oder wenn ihm sonst die Unterlassung der Mitteilung nicht als Verschulden anzurechnen ist, namentlich wenn er annehmen mußte, daß das Gericht trotz der Ortsveränderung auf seinem Erscheinen bestehen würde, oder er mit der Möglichkeit rechnet, daß seine Vernehmung gerade bei dem betreffenden Gerichte gewünscht werde. Nicht notwendig ist die Reise, wenn der Zeuge nach Empfang der Ladung willkürlich seinen Aufenthaltsort vom Sitze des Gerichts weiter fort verlegt. JW. 98, 388[11]. — Vgl. Anm. 4 zu § 1 (Voraussetzung ist, daß der Zeuge als solcher zu

seiner Vernehmung geladen ist und, um dieser Ladung zu folgen, die Reise zum Termin unternommen hat, RG. **48**, 409).

[2] Der Weg innerhalb des Aufenthaltsorts wird nicht berechnet (vgl. § 9), wohl aber der innerhalb des Orts der Vernehmung. — Vgl. für Preußen Staatsmin. Beschl. v. 8./12. 96 (JMBl. 359).

[3] D. i. der Ort, wo der Zeuge oder Sachverständige sich vor Antritt der Reise zum Termin aufhielt, einerlei, ob dies zugleich sein Wohnsitz oder der Ort der Ladung ist.

[4] Sonst nur im Falle des § 10 (Unvermögen zur Zurücklegung des Wegs ohne Benutzung von Transportmitteln).

7. Soweit nach den persönlichen Verhältnissen des Zeugen oder Sachverständigen oder nach äußeren Umständen die Benutzung von Transportmitteln für angemessen zu erachten ist,[1] sind als Reiseentschädigung die nach billigem Ermessen in dem einzelnen Falle erforderlichen Kosten zu gewähren. In anderen Fällen beträgt die Reiseentschädigung für jedes angefangene Kilometer des Hinweges und des Rückweges fünf Pfennig.

[1] Einerlei, ob er wirklich Auslagen an Fuhrkosten gehabt hat (eigenes Fuhrwerk, Fahrrad oder sonstiges Beförderungsmittel). JW. **98**, 219[27], OLG. **11**, 343. — In Preußen hat nach der Zirk.-Verf. v. 3./10. 79 die Ortspolizeibehörde zu bescheinigen, daß die Höhe des liquidierten Fahrgeldes ortsüblich und angemessen ist.

8. Die Entschädigung für den durch Abwesenheit von dem Aufenthaltsorte verursachten Aufwand ist nach den persönlichen Verhältnissen des Zeugen oder Sachverständigen zu bemessen, soll jedoch den Betrag von fünf Mark für jeden Tag,[1] an welchem der Zeuge oder Sachverständige abwesend gewesen ist, und von drei Mark für jedes außerhalb genommene Nachtquartier nicht überschreiten.

Dieser Höchstbetrag ist also nur dann zu gewähren, wenn die Abwesenheit die Dauer von 24 Stunden erreicht hat.

9. Mußte der Zeuge oder Sachverständige innerhalb seines Aufenthaltsortes einen Weg bis zu einer Entfernung von mehr als zwei Kilometer zurücklegen,[1] so ist ihm für den ganzen zurückgelegten Weg eine Reiseentschädigung nach den Vorschriften des §. 7[2] zu gewähren.

[1] Sonst (weniger als zwei Kilometer) nur im Falle des § 10 (Unvermögen zur Zurücklegung des Wegs ohne Benutzung von Transportmitteln).

[2] Geht der Weg in diesem Falle über die Grenze des Aufenthaltsorts hinaus, so wird der die Grenze überschreitende Wegteil auch dann hinzugerechnet, wenn er weniger als zwei Kilometer beträgt. — Eine Entschädigung nach § 8 (Aufwand) wird nicht gewährt.

10. Konnte der Zeuge oder Sachverständige den erforderlichen Weg ohne Benutzung von Transportmitteln nicht zurücklegen,[1] so sind die nach billigem Ermessen erforderlichen Kosten auch außer den in den §§. 6, 9[2] bestimmten Fällen zu gewähren.

[1] Z. B. wegen Krankheit, Alter.

[2] Entfernung von mehr als zwei Kilometer.

11. Abgaben[1] für die erforderliche Benutzung eines Weges sind in jedem Falle zu erstatten.

[1] Z. B. Brückengelder. — Belege sind nicht zu erfordern, wenn die Notwendigkeit der Abgabenleistung im allgemeinen dem Gerichte bekannt ist.

12. Bedarf der Zeuge[1] wegen jugendlichen Alters oder wegen Gebrechen eines Begleiters,[2] so sind die bestimmten Entschädigungen für Beide zu gewähren.

[1] Auf Sachverständige nicht anwendbar.

[2] Es ist nur für einen solchen Begleiter, wie er durch die Umstände geboten ist, Entschädigung zu gewähren (z. B. für Eltern als Begleiter ihrer Kinder nach ihrem Stande und ihren Erwerbsverhältnissen, dagegen für den Begleiter eines Blinden nur nach den Verhältnissen eines gewöhnlichen Arbeiters). Mot. zu § 12.

13. Soweit für gewisse Arten von Sachverständigen besondere Taxvorschriften bestehen, welche an dem Orte des Gerichts, vor welches die Ladung erfolgt, und an dem Aufenthaltsorte[1] des Sachverständigen gelten,[2] kommen lediglich diese Vorschriften in Anwendung. Gelten solche Taxvorschriften nur an einem dieser Orte, oder gelten an demselben verschiedene Taxvorschriften, so kann der Sachverständige die Anwendung der ihm günstigeren Bestimmungen verlangen.[3]

Dolmetscher erhalten Entschädigung als Sachverständige nach den Vorschriften dieses Gesetzes, sofern nicht ihre Leistungen zu den Pflichten eines von ihnen versehenen Amtes gehören.[4]

[1] Nicht Wohnort. Vgl. Anm. 3 zu § 6.

[2] Unter „Taxvorschriften" sind nur obrigkeitliche Gebühren=

tarife, nicht die von privaten Verbänden (z. B. dem Verein deutscher Ingenieure) aufgestellten Honorarsätze zu verstehen. OLG. **1**, 469, **7**, 232, **11**, 149, auch **5**, 222. — Taxvorschriften z. B.: Gebühren für Gutachten der Sachverständigen-Kammern für Werke der Literatur und Tonkunst: § 8 Bek. v. 13./9. 01 (ZentrBl. 337). Ferner Preußen: Medizinalbeamte: Ges. v. 9./3. 72 (GS. 265) u. Verf., betr. die den Medizinalpersonen als Sachverständigen für Abwartung gerichtlicher Termine zu gewährenden Vergütungen, v. 7./7. 86 (JMBl. 196), vgl. RG. **31**, 366, ferner Gr. **44**, 733, OLG. **13**, 269 (besondere Vergütung für Vorbesuche, die einem schriftlichen Gutachten vorangegangen sind); Land- bzw. Feldmesser: Regl. v. 26./8. 85 (GS. 319), Zusatzbestimmungen v. 26./2. 94 (GS. 18). Bei Vernehmung eines Katasterbeamten kommt es darauf an, ob er in seiner Eigenschaft als Feldmesser (z. B. zufolge einer auf technischen Kenntnissen beruhenden Vermessung) oder als Vorsteher des Katasteramts zugezogen ist. Im ersteren Falle kann er nach § 13 und dem Reglement, im letzteren Falle (z. B. wenn die Begutachtung im wesentlichen nur eine amtliche Auskunft ist) nach § 3 dieses Gesetzes liquidieren, JW. **94**, 548[18], **99**, 771[13], Gr. **40**, 421, **44**, 203, vgl. auch JW. **86**, 446, oder nach § 14, falls dessen Voraussetzungen vorliegen, Gr. **48**, 1115.

[3] Vgl. § 166 Abs. 1, 2 GVG. (im Falle der Sachverständigen-Ladung auf Ersuchen Gebühren nach dem Rechte des ersuchten Gerichts oder nach dem des Aufenthaltsorts des Sachverständigen).

[4] Vgl. § 192 GVG. (Wahrnehmung des Dolmetscherdienstes durch einen Gerichtsschreiber). Vgl. ferner für Preußen Verf. betr. die Verpflichtung der Parteien zur Entrichtung von Dolmetschergebühren, v. 20./12. 99 (JMBl. 861), OLG. **13**, 268 (Gerichtsschreiber erhalten als Dolmetscher dann keine Sachverständigengebühren, wenn im Etat besondere Fonds zu Gehaltszulagen für Dolmetscher ausgeworfen sind).

14. Oeffentliche Beamte[1] erhalten Tagegelder und Erstattung von Reisekosten nach Maßgabe der für Dienstreisen geltenden Vorschriften,[2] falls sie zugezogen werden:

1. als Zeugen über Umstände, von denen sie in Ausübung[3] ihres Amtes Kenntniß erhalten haben;
2. als Sachverständige, wenn sie aus Veranlassung ihres Amtes zugezogen werden[4] und die Ausübung der Wissenschaft, der Kunst oder des Gewerbes, deren Kenntniß Voraussetzung der Begutachtung ist, zu den Pflichten des von ihnen versehenen Amtes gehört.

Werden nach den Vorschriften dieses Paragraphen Tagegelder und Reisekosten gewährt, so findet eine weitere Vergütung an den Zeugen oder Sachverständigen nicht statt.

Die vorstehenden Bestimmungen finden auf Personen des Soldatenstandes entsprechende Anwendung.[5]

[1] „Öffentliche Beamte" können nach dem maßgebenden Staatsrechte des betreffenden Bundesstaats nicht bloß die unmittelbaren, sondern auch die mittelbaren Staatsbeamten (z. B. auch die Provinzialbeamten) sein. RG. **41**, 363, RG. **9**, 409, **10**, 200, **19**, 180. Rechtsanwälte nicht. Diese erhalten daher Zeugengebühren nur nach Maßgabe der §§ 2 ff. dieses Gesetzes, nicht nach den Bestimmungen für Geschäftsreisen der Rechtsanwälte (§ 78 GO. f. RA.). JW. **92**, 422[5], OLG. **7**, 232. — Preußen: Medizinalbeamte (Kreisärzte): Ges., betr. die den Medizinalbeamten für die Besorgung gerichtsärztlicher, medizinal- oder sanitätspolizeilicher Geschäfte zu gewährenden Vergütungen, v. 9./3. 72 (GS. 265), Art. I § 2 I Ver., betr. die Tage-

gelder und Reisekosten der Medizinalbeamten, v. 17./9. 76 (GS. 411), dazu §§ 24, 25 Dienstanweisung für die Kreisärzte v. 23./3. 01, Art. V Abs. 2 Ges., betr. die Tagegelder und Reisekosten der Staatsbeamten, v. 21./6. 97 (GS. 193), Erl. v. 10./5. u. 2./12. 01 (MBl. f. MA. S. 93, 1902 S. 5), vgl. RG. **47**, 319, **61**, 18 (Medizinalbeamte [Kreisärzte] können in Städten mit Königlicher Polizeiverwaltung Vergütung für ihre im ortspolizeilichen Interesse ausgeübte Tätigkeit verlangen); Gendarmen: Verf. v. 22./6. 85 (JMBl. 225) und 21./6. 87 (JMBl. 180); Land- bzw. Feldmesser: Regl. v. 26./8. 85 (GS. 319), Zusatzbestimmungen v. 26./2. 94 (GS. 18), vgl. Anm. 2 zu § 13. Wegen der Notare vgl. Verf. v. 27./1. 93 (JMBl. 45). Vgl. auch Verf., betr. die Berechnung der den Beamten des Fahrdienstes der Staatseisenbahn-Verwaltung zu gewährenden Zeugengebühren, v. 3./11. 84 (JMBl. 253). Öffentliche Beamte im Sinne des § 14 sind in Preußen nicht: Hofbeamte, OLG. **13**, 270; Volksschullehrer, Verf. v. 15./8. 07 (JMBl. 499).

[2] „Vorschriften" sind nicht bloß Gesetze, sondern auch allgemeine reglementarische Anordnungen, betr. den Anspruch auf Tagegelder und Erstattung von Reisekosten. RG. **41**, 363. — Vorschriften über Tagegelder und Reisekosten der Reichsbeamten z. B.: Art. 4 Ver. v. 19./11. 79 (RGB. 313), Ver. v. 25./6. 01 (RGB. 243) (Reichsbeamte); Ver. v. 10./7. 01 (RGB. 269) (Beamte des Reichsamts des Innern); Ver. v. 20./5. 80 (RGB. 113), v. 27./6. 86 (RGB. 235) und v. 16./2. 91 (RGB. 16) (Beamte der Militär- und Marineverwaltung); Ver. v. 29./1. 77 (RGB. 545), v. 27./1. 94 (RGB. 491) und v. 10./7. 01 (RGB. 275) (Beamte der Reichspost- und Telegraphenverwaltung); Ver. v. 10./7. 01 (RGB. 271) (Beamte der Reichseisenbahn-Betriebsverwaltung); Ver. v. 23./4. 79 (RGB. 127) und v. 7./2. 81 (RGB. 27) (Gesandtschaftliche und Konsularbeamte).

[3] Nicht bloß bei Gelegenheit; der Zeuge muß kraft seines Amtes die Verpflichtung gehabt haben, von dem Vorgange Kenntnis zu nehmen. Mot. 219, Zirkular d. preuß. Finanz-Min. v. 1./1. 80 (MinBl. i. V. 75).

[4] D. h. in amtlicher Eigenschaft, über Vorgänge, mit denen sie amtlich befaßt sind. RG. **11**, 436. Der beamtete Sachver-

ständige kann also nach Maßgabe der für Dienstreisen geltenden Vorschriften nur dann liquidieren, wenn die Begutachtung als eine amtliche Auskunft über Verhältnisse, die in den amtlichen Wirkungskreis des Sachverständigen fallen, gefordert wurde und sie als eine dem Beamten obliegende Leistung erscheint. RG. **32**, 275. Vgl. auch die in Anm. 2 zu § 13 zit. Entsch. d. Reichsgerichts.

[5] Neu hinzugefügt durch § 1 RGes. v. 11./6. 90 (RGB. 73). — Maßgebend sind für die Personen des Soldatenstandes die Reiseordnung v. 21./3. 89 (angekündigt im Armee-Verordnungs-Blatt 84) und für die Marine die Verordn. v. 28./3. 92 (Marine-Verordnungs-Blatt 59).

15. Ist ein Sachverständiger für die Erstattung von Gutachten im allgemeinen beeidigt,[1] so können die Gebühren für die bei bestimmten Gerichten vorkommenden Geschäfte durch Uebereinkommen bestimmt werden.

[1] Vgl. für Preußen Verf. über die allgemeine Beeidigung von Sachverständigen für gerichtliche Angelegenheiten v. 5./2. 00 (JMBl. 48) nebst den Änderungen durch die Verf. v. 5./3. 01 (JMBl. 51), 19./3. 01 (JMBl. 72), 25./3. 02 (JMBl. 71) und 7./4. 04 (JMBl. 51).

16. Die Gebühren der Zeugen und Sachverständigen werden nur auf Verlangen derselben gewährt.[1] Der Anspruch erlischt, wenn das Verlangen binnen drei Monaten nach Beendigung der Zuziehung oder Abgabe des Gutachtens bei dem zuständigen Gerichte nicht angebracht wird.[2]

[1] Vgl. Verf. d. preuß. JustMin., betr. die Behandlung der von einem Angeklagten gemäß § 219 Abs. 2 StPO. hinterlegten Zeugen- und Sachverständigen-Entschädigungen, v. 10./6. 91 (JMBl. 161). — Über Erstattung von Kosten der seitens einer Partei erfolgten Sistierung eines Zeugen zur Glaubhaftmachung vgl. JW. **05**, 178[23].

² Ausschlußfrist. Die Verjährungsfrist des § 196 Nr. 17 BGB. kommt bei Ansprüchen aus dieser Gebührenordnung nicht zur Anwendung. Art. 32 EG. z. BGB.

17. Die einem Zeugen oder Sachverständigen zu gewährenden Beträge werden durch das Gericht oder den Richter, vor welchem die Verhandlung stattfindet, festgesetzt.[1]

Sofern die Beträge aus der Staatskasse gezahlt und dieser nicht erstattet sind, kann die Festsetzung von dem Gericht oder dem Richter, durch welche sie erfolgt ist, sowie von dem Gerichte der höheren Instanz von Amtswegen berichtigt werden.[2]

Gegen die Festsetzung findet Beschwerde[3] nach Maßgabe des §. 567 Abs. 2 und der §§. 568 bis 575 der Civilprozeßordnung sowie des §. 4 Abs. 3 des Gerichtskostengesetzes,[4] in Strafsachen nach Maßgabe der §§. 346 bis 352 der Strafprozeßordnung statt.[5]

¹ Preußen: Verf., betr. die Berechnung der Gebühren der Zeugen und Sachverständigen, v. 15./6. 83 (JMBl. 190) (Berechnung nur durch einen oder einige Gerichtsschreiber, Aufstellung von Tarifen); Festsetzung der Gebühren von Zeugen und Sachverständigen in Auseinandersetzungssachen: § 44 Ges., betr. das Verfahren in Auseinandersetzungssachen, in der Fassung v. 10./10. 99 (GS. 403), Verf. v. 19./7. 84 (MinBl. i. V. 227); Verf., betr. das Verfahren bei der Zuziehung von Sachverständigen, welche in einem anderen Bundesstaate wohnhaft sind, v. 10. 7. 84 (JMBl. 161). — Haftung des Richters der Staatskasse gegenüber wegen unrichtiger Festsetzung: RG. **28**, 326.

² Nur soweit nach Abs. 3 Beschwerde zulässig ist, darf seitens des höheren Gerichts einem „Antrag auf Berichtigung“ statt-

gegeben werden. RG. 7, 421. Die Berichtigung von Amts wegen ist nur als eine solche im Interesse der Staatskasse gemeint; sie kann daher zur Erhöhung der Gebühren des Zeugen nicht führen. Gr. **44**, 1190.

[3] Preußen: Verf., betr. Beschwerden des Fiskus über die Festsetzung der Gebühren der Zeugen und Sachverständigen, v. 27./3. 85 (JMBl. 128) u. Verf., betr. die Prüfung der Ausgabebeläge, v. 22./6. 85 (JMBl. 223). — Den Parteien steht ein Beschwerderecht hinsichtlich der Höhe der den Zeugen und Sachverständigen festgesetzten Gebühren nicht zu. JW. **99**, 492[28], OLG. **11**, 147, **13**, 272. Sind jedoch die Gebühren in die Kostenrechnung aufgenommen, so kann die Partei, der die Kosten zur Last fallen, im Wege der Erinnerung gemäß § 4 GKG. (oben III) auch die Höhe der gezahlten Zeugen- oder Sachverständigen-Gebühren anfechten. RG. **55**, 313, JW. **98**, 598[3], **99**, 139[4], 162[7], OLG. **11**, 147, **13**, 272, auch Anm. 5 zu § 4 GKG. (oben III). — Durch § 17 wird das Verfahren der Gebührenfestsetzung auch für die Zeugen und Sachverständigen in abschließender und erschöpfender Weise geregelt. Fühlen sich diese durch die Festsetzung oder deren Ablehnung in ihrem Gebührenanspruch geschmälert, so können sie nur im Beschwerdewege, nicht durch Klagerhebung Abhülfe suchen. RG. **43**, 47, 49.

[4] Gemäß § 568 Abs. 3 ZPO. ist für die weitere Beschwerde an das Oberlandesgericht das Vorhandensein einer Beschwerdesumme von mehr als 50 Mk. erforderlich. Nach § 567 Abs. 2 ZPO. in d. Fass. der Nov. v. 5./6. 05 ist gegen die in betreff der Prozeßkosten erlassenen Entscheidungen der Oberlandesgerichte eine Beschwerde nicht zulässig. Diese Bestimmung kommt gemäß Art. II der Novelle, wonach die in Reichsgesetzen in bezug genommenen, durch die Novelle geänderten Vorschriften der ZPO. durch die betreffenden Vorschriften der Novelle ersetzt werden, auch im Bereiche der GO. f. Z. u. S. zur Anwendung. Es findet daher gegen Beschlüsse der Oberlandesgerichte, durch welche Zeugen- oder Sachverständigen-Gebühren, sei es in erster, sei es in der Beschwerdeinstanz festgesetzt worden bzw. über sie entschieden wird, Beschwerde nicht statt. RG. **63**, 244. Gemäß

§ 4 Abs. 3 GKG. kann in bürgerlichen Rechtsstreitigkeiten die Einlegung der Beschwerden durch Erklärung zum Protokolle des Gerichtsschreibers oder schriftlich ohne Mitwirkung eines Anwalts erfolgen. — § 576 ZPO. kommt nicht zur Anwendung; gegen die Festsetzung des ersuchten Richters findet die Beschwerde an das im Instanzenzuge dem ersuchten Gericht, gegen die des beauftragten Richters an das dem Prozeßgericht übergeordnete Gericht statt. RG. **17**, 352, JW. **88**, 167[10], **93**, 252[11], **94**, 84[17], **99**, 771[13], Gr. **44**, 203. Hinsichtlich der Beschwerden gegen die Festsetzung des beauftragten Richters müssen dieselben Voraussetzungen für die Zulässigkeit (Beschwerdesummen usw.) vorliegen, wie hinsichtlich der Beschwerden gegen die Festsetzung des betreffenden Prozeßgerichts. Gr. **44**, 1190.

[5] Kosten der zurückgewiesenen Beschwerde: § 97 ZPO., § 13 Abs. 3, § 45, § 505 StPO., § 68 Abs. 1 GKG. (oben III). — Über Wiedereinziehung und Einklagung überhobener Zeugengebühren s. Verf. des preuß. Finanz-Min. v. 14./7. 81 (Zentralbl. 343).

18. Dieses Gesetz tritt im ganzen Umfange des Reichs gleichzeitig mit dem Gerichtsverfassungsgesetz in Kraft.

Wertsklasse.				1. Verhandlungs-, Beweis- und Ent- (§§. 18, 20,			
				Erste Instanz.		Zweite Instanz.	
				Ordentliches Verfahren.	Urkunden- u. Wechselprozeß.	Ordentliches Verfahren.	Urkunden- u. Wechselprozeß.
		M.	M.	M.	M.	M.	M.
1.		bis	20	1,00	0,60	1,30	0,80
2.	über	20 „	60	2,40	1,50	3,00	1,80
3.	„	60 „	120	4,60	2,80	5,80	3,50
4.	„	120 „	200	7,50	4,50	9,40	5,70
5.	„	200 „	300	11,00	6,60	13,80	8,30
6.	„	300 „	450	15,00	9,00	18,80	11,30
7.	„	450 „	650	20,00	12,00	25,00	15,00
8.	„	650 „	900	26,00	15,60	32,50	19,50
9.	„	900 „	1 200	32,00	19,20	40,00	24,00
10.	„	1 200 „	1 600	38,00	22,80	47,50	28,50
11.	„	1 600 „	2 100	44,00	26,40	55,00	33,00
12.	„	2 100 „	2 700	50,00	30,00	62,50	37,50
13.	„	2 700 „	3 400	56,00	33,60	70,00	42,00
14.	„	3 400 „	4 300	62,00	37,20	77,50	46,50
15.	„	4 300 „	5 400	68,00	40,80	85,00	51,00
16.	„	5 400 „	6 700	74,00	44,40	92,50	55,50
17.	„	6 700 „	8 200	81,00	48,60	101,30	60,80
18.	„	8 200 „	10 000	90,00	54,00	112,50	67,50
19.	„	10 000 „	12 000	100,00	60,00	125,00	75,00
20.	„	12 000 „	14 000	110,00	66,00	137,50	82,50
21.	„	14 000 „	16 000	120,00	72,00	150,00	90,00
22.	„	16 000 „	18 000	130,00	78,00	162,50	97,50
23.	„	18 000 „	20 000	140,00	84,00	175,00	105,00
24.	„	20 000 „	22 000	150,00	90,00	187,50	112,50
25.	„	22 000 „	24 000	160,00	96,00	200,00	120,00
26.	„	24 000 „	26 000	170,00	102,00	212,50	127,50

*) Die volle Gebühr ist gleich der Verhandlungs-, Beweis- und Ent-

scheidungs-Gebühr. 24, 25, 49.) Dritte Instanz.		2. Bruchteile der vollen Gebühr im Verfahren erster Instanz*).			
Ordentliches Verfahren.	Urkunden- u. Wechselprozeß.	1/10 §§. 37 Nr. 2, 38, 44, 46.	2/10 §§. 35, 37 Nr. 1, 43.	3/10 §§. 23, 27, 34, 36, 41, 42, 45, 47 Abs. 2.	5/10 §§. 22, 26, 29, 36, 42.
M.	M.	M.	M.	M.	M.
1,50	0,90	0,20	0,20	0,30	0,50
3,60	2,20	0,30	0,50	0,80	1,20
6,90	4,20	0,50	1,00	1,40	2,30
11,30	6,80	0,80	1,50	2,30	3,80
16,50	9,90	1,10	2,20	3,30	5,50
22,50	13,50	1,50	3,00	4,50	7,50
30,00	18,40	2,00	4,00	6,00	10,00
39,00	23,20	2,60	5,20	7,80	13,00
48,00	28,00	3,20	6,40	9,60	16,00
57,00	34,00	3,80	7,60	11,40	19,00
66,00	39,60	4,40	8,80	13,20	22,00
75,00	45,00	5,00	10,00	15,00	25,00
84,00	50,40	5,60	11,20	16,80	28,00
93,00	55,80	6,20	12,40	18,60	31,00
102,00	61,20	6,80	13,60	20,40	34,00
111,00	66,60	7,40	14,80	22,20	37,00
121,50	72,90	8,10	16,20	24,30	40,00
135,00	81,00	9,00	18,00	27,00	45,00
150,00	90,00	10,00	20,00	30,00	50,00
165,00	99,00	11,00	22,00	33,00	55,00
180,00	108,00	12,00	24,00	36,00	60,00
195,00	117,00	13,00	26,00	39,00	65,00
210,00	126,00	14,00	28,00	42,00	70,00
225,00	135,00	15,00	30,00	45,00	75,00
240,00	144,00	16,00	32,00	48,00	80,00
255,00	153,00	17,00	34,00	51,00	85,00

scheidungsgebühr im ordentlichen Verfahren erster Instanz.

Wertsklasse.					1. Verhandlungs-, Beweis- und Ent- (§§. 18, 20,			
					Erste Instanz.		Zweite Instanz.	
					Ordentliches Verfahren.	Urkunden- u. Wechselprozeß.	Ordentliches Verfahren.	Urkunden- u. Wechselprozeß.
		M.		M.	M.	M.	M.	M.
27.	über	26 000	bis	28 000	180,00	108,00	225,00	135,00
28.	„	28 000	„	30 000	190,00	114,00	237,50	142,50
29.	„	30 000	„	32 000	200,00	120,00	250,00	150,00
30.	„	32 000	„	34 000	210,00	126,00	262,50	157,50
31.	„	34 000	„	36 000	220,00	132,00	275,00	165,00
32.	„	36 000	„	38 000	230,00	138,00	287,50	172,50
33.	„	38 000	„	40 000	240,00	144,00	300,00	180,00
34.	„	40 000	„	42 000	250,00	150,00	312,50	187,50
35.	„	42 000	„	44 000	260,00	156,00	325,00	195,00
36.	„	44 000	„	46 000	270,00	162,00	337,50	202,50
37.	„	46 000	„	48 000	280,00	168,00	350,00	210,00
38.	„	48 000	„	50 000	290,00	174,00	362,50	217,50
39.	„	50 000	„	52 000	300,00	180,00	375,00	225,00
40.	„	52 000	„	54 000	310,00	186,00	387,50	232,50
41.	„	54 000	„	56 000	320,00	192,00	400,00	240,00
42.	„	56 000	„	58 000	330,00	198,00	412,50	247,50
43.	„	58 000	„	60 000	340,00	204,00	425,00	255,00
44.	„	60 000	„	62 000	350,00	210,00	437,50	262,50
45.	„	62 000	„	64 000	360,00	216,00	450,00	270,00
46.	„	64 000	„	66 000	370,00	222,00	462,50	277,50
47.	„	66 000	„	68 000	380,00	228,00	475,00	285,00
48.	„	68 000	„	70 000	390,00	234,00	487,50	292,50
49.	„	70 000	„	72 000	400,00	240,00	500,00	300,00
50.	„	72 000	„	74 000	410,00	246,00	512,50	307,50
51.	„	74 000	„	76 000	420,00	252,00	525,00	315,00
52.	„	76 000	„	78 000	430,00	258,00	537,50	322,50

*) Die volle Gebühr ist gleich der Verhandlungs-, Beweis- und Ent-

scheidungs-Gebühr. 24, 25, 49.) Dritte Instanz.		2. Bruchteile der vollen Gebühr im Verfahren erster Instanz*).			
		1/10	2/10	3/10	5/10
Ordentliches Verfahren.	Urkunden- u. Wechselprozeß.	§§. 37 Nr. 2, 38, 44, 46.	§§. 35, 37 Nr. 1, 43.	§§. 23, 27, 34, 36, 41, 42, 45, 47 Abs. 2.	§§. 22, 26, 29, 36, 42.
M.	M.	M.	M.	M.	M.
270,00	162,00	18,00	36,00	54,00	90,00
285,00	171,00	19,00	38,00	57,00	95,00
300,00	180,00	20,00	40,00	60,00	100,00
315,00	189,00	21,00	42,00	63,00	105,00
330,00	198,00	22,00	44,00	66,00	110,00
345,00	207,00	23,00	46,00	69,00	115,00
360,00	216,00	24,00	48,00	72,00	120,00
375,00	225,00	25,00	50,00	75,00	125,00
390,00	234,00	26,00	52,00	78,00	130,00
405,00	243,00	27,00	54,00	81,00	135,00
420,00	252,00	28,00	56,00	84,00	140,00
435,00	261,00	29,00	58,00	87,00	145,00
450,00	270,00	30,00	60,00	90,00	150,00
465,00	279,00	31,00	62,00	93,00	155,00
480,00	288,00	32,00	64,00	96,00	160,00
495,00	297,00	33,00	66,00	99,00	165,00
510,00	306,00	34,00	68,00	102,00	170,00
525,00	315,00	35,00	70,00	105,00	175,00
540,00	324,00	36,00	72,00	108,00	180,00
555,00	333,00	37,00	74,00	111,00	185,00
570,00	342,00	38,00	76,00	114,00	190,00
585,00	351,00	39,00	78,00	117,00	195,00
600,00	360,00	40,00	80,00	120,00	200,00
615,00	369,00	41,00	82,00	123,00	205,00
630,00	378,00	42,00	84,00	126,00	210,00
645,00	387,00	43,00	86,00	129,00	215,00

scheidungsgebühr im ordentlichen Verfahren erster Instanz.

Wertsklasse.					1. Verhandlungs-, Beweis- und Ent- (§§. 18, 20,			
					Erste Instanz.		Zweite Instanz.	
					Ordentliches Verfahren.	Urkunden- u. Wechselprozeß.	Ordentliches Verfahren.	Urkunden- u. Wechselprozeß.
		M.		M.	M.	M.	M.	M.
53.	über	78 000	bis	80 000	440,00	264,00	550,00	330,00
54.	„	80 000	„	82 000	450,00	270,00	562,50	337,50
55.	„	82 000	„	84 000	460,00	276,00	575,00	345,00
56.	„	84 000	„	86 000	470,00	282,00	587,50	352,50
57.	„	86 000	„	88 000	480,00	288,00	600,00	360,00
58.	„	88 000	„	90 000	490,00	294,00	612,50	367,50
59.	„	90 000	„	92 000	500,00	300,00	625,00	375,00
60.	„	92 000	„	94 000	510,00	306,00	637,50	382,50
61.	„	94 000	„	96 000	520,00	312,00	650,00	390,00
62.	„	96 000	„	98 000	530,00	318,00	662,50	397,50
63.	„	98 000	„	100 000	540,00	324,00	675,00	405,00
64.	„	100 000	„	102 000	550,00	330,00	687,50	412,50
65.	„	102 000	„	104 000	560,00	336,00	700,00	420,00
66.	„	104 000	„	106 000	570,00	342,00	712,50	427,50
67.	„	106 000	„	108 000	580,00	348,00	725,00	435,00
68.	„	108 000	„	110 000	590,00	354,00	737,50	442,50
69.	„	110 000	„	112 000	600,00	360,00	750,00	450,00
70.	„	112 000	„	114 000	610,00	366,00	762,50	457,50
71.	„	114 000	„	116 000	620,00	372,00	775,00	465,00
72.	„	116 000	„	118 000	630,00	378,00	787,50	472,50
73.	„	118 000	„	120 000	640,00	384,00	800,00	480,00
74.	„	120 000	„	122 000	650,00	390,00	812,50	487,50
75.	„	122 000	„	124 000	660,00	396,00	825,00	495,00
76.	„	124 000	„	126 000	670,00	402,00	837,50	502,50
77.	„	126 000	„	128 000	680,00	408,00	850,00	510,00
78.	„	128 000	„	130 000	690,00	414,00	862,50	517,50

*) Die volle Gebühr ist gleich der Verhandlungs-, Beweis- und Ent-

ſcheidungs-Gebühr. 24, 25, 49.) Dritte Instanz.		2. Bruchteile der vollen Gebühr im Verfahren erster Instanz *).			
Ordentliches Verfahren.	Urkunden- u. Wechselprozeß.	1/10 §§. 37 Nr. 2, 38, 44, 46.	2/10 §§. 35, 37 Nr. 1, 43.	3/10 §§. 23, 27, 34, 36, 41, 42. 45, 47 Abſ. 2.	5/10 §§. 22, 26, 29, 36, 42.
M.	M.	M.	M.	M.	M.
660,00	396,00	44,00	88,00	132,00	220,00
675,00	405,00	45,00	90,00	135,00	225,00
690,00	414,00	46,00	92,00	138,00	230,00
705,00	423,00	47,00	94,00	141,00	235,00
720,00	432,00	48,00	96,00	144,00	240,00
735,00	441,00	49,00	98,00	147,00	245,00
750,00	450,00	50,00	100,00	150,00	250,00
765,00	459,00	51,00	102,00	153,00	255,00
780,00	468,00	52,00	104,00	156,00	260,00
795,00	477,00	53,00	106,00	159,00	265,00
810,00	486,00	54,00	108,00	162,00	270,00
825,00	495,00	55,00	110,00	165,00	275,00
840,00	504,00	56,00	112,00	168,00	280,00
855,00	513,00	57,00	114,00	171,00	285,00
870,00	522,00	58,00	116,00	174,00	290,00
885,00	531,00	59,00	118,00	177,00	295,00
900,00	540,00	60,00	120,00	180,00	300,00
915,00	549,00	61,00	122,00	183,00	305,00
930,00	558,00	62,00	124,00	186,00	310,00
945,00	567,00	63,00	126,00	189,00	315,00
960,00	576,00	64,00	128,00	192,00	320,00
975,00	585,00	65,00	130,00	195,00	325,00
990,00	594,00	66,00	132,00	198,00	330,00
1 005,00	603,00	67,00	134,00	201,00	335,00
1 020,00	612,00	68,00	136,00	204,00	340,00
1 035,00	621,00	69,00	138,00	207,00	345,00

ſcheidungsgebühr im ordentlichen Verfahren erſter Inſtanz.

Wertsklasse.			1. Verhandlungs-, Beweis- und Ent- (§§. 18, 20, Erste Instanz. Ordentliches Verfahren.	Erste Instanz. Urkunden- u. Wechselprozeß.	Zweite Instanz. Ordentliches Verfahren.	Zweite Instanz. Urkunden- u. Wechselprozeß.
	M.	M.	M.	M.	M.	M.
79. über	130 000 bis	132 000	700,00	420,00	875,00	525,00
80. „	132 000 „	134 000	710,00	426,00	887,50	532,50
81. „	134 000 „	136 000	720,00	432,00	900,00	540,00
82. „	136 000 „	138 000	730,00	438,00	912,50	547,50
83. „	138 000 „	140 000	740,00	444,00	925,00	555,00
84. „	140 000 „	142 000	750,00	450,00	937,50	562,50
85. „	142 000 „	144 000	760,00	456,00	950,00	570,00
86. „	144 000 „	146 000	770,00	462,00	962,50	577,50
87. „	146 000 „	148 000	780,00	468,00	975,00	585,00
88. „	148 000 „	150 000	790,00	474,00	987,50	592,50
89. „	150 000 „	152 000	800,00	480,00	1 000,00	600,00
90. „	152 000 „	154 000	810,00	486,00	1 012,50	607,50
91. „	154 000 „	156 000	820,00	492,00	1 025,00	615,00
92. „	156 000 „	158 000	830,00	498,00	1 037,50	622,50
93. „	158 000 „	160 000	840,00	504,00	1 050,00	630,00
94. „	160 000 „	162 000	850,00	510,00	1 062,50	637,50
95. „	162 000 „	164 000	860,00	516,00	1 075,00	645,00
96. „	164 000 „	166 000	870,00	522,00	1 087,50	652,50
97. „	166 000 „	168 000	880,00	528,00	1 100,00	660,00
98. „	168 000 „	170 000	890,00	534,00	1 112,50	667,50
99. „	170 000 „	172 000	900,00	540,00	1 125,00	675,00
100. „	172 000 „	174 000	910,00	546,00	1 137,50	682,50
101. „	174 000 „	176 000	920,00	552,00	1 150,00	690,00
102. „	176 000 „	178 000	930,00	558,00	1 162,50	697,50
103. „	178 000 „	180 000	940,00	564,00	1 175,00	705,00
104. „	180 000 „	182 000	950,00	570,00	1 187,50	712,50

*) Die volle Gebühr ist gleich der Verhandlungs-, Beweis- und Ent-

scheidungs-Gebühr. 24, 25, 49.) Dritte Instanz.		2. Bruchteile der vollen Gebühr im Verfahren erster Instanz *).			
		1/10	2/10	3/10	5/10
Ordentliches Verfahren.	Urkunden- u. Wechselprozeß.	§§. 37 Nr. 2, 38, 44, 46.	§§. 35, 37 Nr. 1, 43.	§§. 23, 27, 34, 36, 41, 42, 45, 47 Abs. 2.	§§. 22, 26, 29, 36, 42.
M.	M.	M.	M.	M.	M.
1 050,00	630,00	70,00	140,00	210,00	350,00
1 065,00	639,00	71,00	142,00	213,00	355,00
1 080,00	648,00	72,00	144,00	216,00	360,00
1 095,00	657,00	73,00	146,00	219,00	365,00
1 110,00	666,00	74,00	148,00	222,00	370,00
1 125,00	675,00	75,00	150,00	225,00	375,00
1 140,00	684,00	76,00	152,00	228,00	380,00
1 155,00	693,00	77,00	154,00	231,00	385,00
1 170,00	702,00	78,00	156,00	234,00	390,00
1 185,00	711,00	79,00	158,00	237,00	395,00
1 200,00	720,00	80,00	160,00	240,00	400,00
1 215,00	729,00	81,00	162,00	243,00	405,00
1 230,00	738,00	82,00	164,00	246,00	410,00
1 245,00	747,00	83,00	166,00	249,00	415,00
1 260,00	756,00	84,00	168,00	252,00	420,00
1 275,00	765,00	85,00	170,00	255,00	425,00
1 290,00	774,00	86,00	172,00	258,00	430,00
1 305,00	783,00	87,00	174,00	261,00	435,00
1 320,00	792,00	88,00	176,00	264,00	440,00
1 335,00	801,00	89,00	178,00	267,00	445,00
1 350,00	810,00	90,00	180,00	270,00	450,00
1 365,00	819,00	91,00	182,00	273,00	455,00
1 380,00	828,00	92,00	184,00	276,00	460,00
1 395,00	837,00	93,00	186,00	279,00	465,00
1 410,00	846,00	94,00	188,00	282,00	470,00
1 425,00	855,00	95,00	190,00	285,00	475,00

scheidungsgebühr im ordentlichen Verfahren erster Instanz.

Wertsklasse.				1. Verhandlungs-, Beweis- und Ent- (§§. 18, 20, Erste Instanz. Ordentliches Verfahren.	Erste Instanz. Urkunden- u. Wechselprozeß.	Zweite Instanz. Ordentliches Verfahren.	Zweite Instanz. Urkunden- u. Wechselprozeß.
		M.	M.	M.	M.	M.	M.
105.	über 182 000	bis	184 000	960,00	576,00	1 200,00	720,00
106.	„ 184 000	„	186 000	970,00	582,00	1 212,50	727,50
107.	„ 186 000	„	188 000	980,00	588,00	1 225,00	735,00
108.	„ 188 000	„	190 000	990,00	594,00	1 237,50	742,50
109.	„ 190 000	„	192 000	1 000,00	600,00	1 250,00	750,00
110.	„ 192 000	„	194 000	1 010,00	606,00	1 262,50	757,50
111.	„ 194 000	„	196 000	1 020,00	612,00	1 275,00	765,00
112.	„ 196 000	„	198 000	1 030,00	618,00	1 287,50	772,50
113.	„ 198 000	„	200 000	1 040,00	624,00	1 300,00	780,00
114.	„ 200 000	„	202 000	1 050,00	630,00	1 312,50	787,50
164.	„ 300 000	„	302 000	1 550,00	930,00	1 937,50	1 162,50
214.	„ 400 000	„	402 000	2 050,00	1 230,00	2 562,50	1 537,50
264.	„ 500 000	„	502 000	2 550,00	1 530,00	3 187,50	1 912,50
314.	„ 600 000	„	602 000	3 050,00	1 830,00	3 812,50	2 287,50
364.	„ 700 000	„	702 000	3 550,00	2 130,00	4 437,50	2 662,50
414.	„ 800 000	„	802 000	4 050,00	2 430,00	5 062,50	3 037,50
464.	„ 900 000	„	902 000	4 550,00	2 730,00	5 687,50	3 412,50
514.	„ 1 000 000	„	1 002 000	5 050,00	3 030,00	6 312,50	3 787,50
u.s.w. mit je 2000 M. steigend um				10,00	6,00	12,50	7,50

*) Die volle Gebühr ist gleich der Verhandlungs-, Beweis- und Ent-

scheidungs-Gebühr. 24, 25, 49.) Dritte Instanz.		2. Bruchteile der vollen Gebühr im Verfahren erster Instanz*).			
Ordentliches Verfahren.	Urkunden- u. Wechselprozeß.	1/10 §§. 37 Nr. 2, 38, 44, 46.	2/10 §§. 35, 37 Nr. 1, 43.	3/10 §§. 23, 27, 34, 36, 41, 42, 45, 47 Abs. 2.	5/10 §§. 22, 26, 29, 36, 42.
M.	M.	M.	M.	M.	M.
1 440,00	864,00	96,00	192,00	288,00	480,00
1 455,00	873,00	97,00	194,00	291,00	485,00
1 470,00	882,00	98,00	196,00	294,00	490,00
1 485,00	891,00	99,00	198,00	297,00	495,00
1 500,00	900,00	100,00	200,00	300,00	500,00
1 515,00	909,00	101,00	202,00	303,00	505,00
1 530,00	918,00	102,00	204,00	306,00	510,00
1 545,00	927.00	103,00	206,00	309,00	515,00
1 560,00	936,00	104,00	208,00	312,00	520,00
1 575,00	945,00	105,00	210,00	315,00	525,00
2 325,00	1 395,00	155,00	310,00	465,00	775,00
3 075,00	1 845,00	205,00	410,00	615,00	1 025,00
3 825,00	2 295,00	255,00	510,00	765,00	1 275,00
4 575,00	2 745,00	305,00	610,00	915,00	1 525,00
5 325,00	3 195,00	355,00	710,00	1 065,00	1 775,00
6 075,00	3 645,00	405,00	810,00	1 215,00	2 025,00
6 825,00	4 095,00	455,00	910,00	1 365,00	2 275,00
7 575,00	4 545,00	505,00	1 010,00	1 515,00	2 525,00
15,00	9,00	1,00	2,00	3,00	5,00

scheidungsgebühr im ordentlichen Verfahren erster Instanz.

Wertsklasse.				Bruchteile, Einfaches		
				1/10 §. 53 Abs. 2.	3/10 §§. 53 Abs. 1, 54, 57, 58 Abs. 1 Satz 2.	8/10 §. 51 Nr. 5.
		M.	M.	M.	M.	M.
1.		bis	20	0,20	0,30	0,80
2.	über	20 „	60	0,30	0,80	2,00
3.	„	60 „	120	0,50	1,40	3,70
4.	„	120 „	200	0,80	2,30	6,00
5.	„	200 „	300	1,10	3,30	8,80
6.	„	300 „	450	1,50	4,50	12,00
7.	„	450 „	650	2,00	6,00	16,00
8.	„	650 „	900	2,60	7,80	20,80
9.	„	900 „	1 200	3,20	9,60	25,60
10.	„	1 200 „	1 600	3,80	11,40	30,40
11.	„	1 600 „	2 100	4,40	13,20	35,20
12.	„	2 100 „	2 700	5,00	15,00	40,00
13.	„	2 700 „	3 400	5,60	16,80	44,80
14.	„	3 400 „	4 300	6,20	18,60	49,60
15.	„	4 300 „	5 400	6,80	20,40	54,40
16.	„	5 400 „	6 700	7,40	22,20	59,20
17.	„	6 700 „	8 200	8,10	24,30	64,80
18.	„	8 200 „	10 000	9,00	27,00	72,00
19.	„	10 000 „	12 000	10,00	30,00	80,00
20.	„	12 000 „	14 000	11,00	33,00	88,00
21.	„	14 000 „	16 000	12,00	36,00	96,00
22.	„	16 000 „	18 000	13,00	39,00	104,00
23.	„	18 000 „	20 000	14,00	42,00	112,00
24.	„	20 000 „	22 000	15,00	45,00	120,00
25.	„	22 000 „	24 000	16,00	48,00	128,00
26.	„	24 000 „	26 000	17,00	51,00	136,00
27.	„	26 000 „	28 000	18,00	54,00	144,00
28.	„	28 000 „	30 000	19,00	57,00	152,00
29.	„	30 000 „	32 000	20,00	60,00	160,00
30.	„	32 000 „	34 000	21,00	63,00	168,00

und Mehrfaches der vollen Gebühr.

1 §§. 54, 58.	$1^{3}/_{10}$ §. 51 Nr. 4.	$1^{5}/_{10}$ §. 51 Nr. 3.	$1^{8}/_{10}$ §. 51 Nr. 2.	2 §. 51 Nr. 1.
M.	M.	M.	M.	M.
1,00	1,30	1,50	1,80	2,00
2,40	3,20	3,60	4,40	4,80
4,60	6,00	6,90	8,30	9,20
7,50	9,80	11,30	13,50	15,00
11,00	14,30	16,50	19,80	22,00
15,00	19,50	22,50	27,00	30,00
20,00	26,00	30,00	36,00	40,00
26,00	33,80	39,00	46,80	52,00
32,00	41,60	48,00	57,60	64,00
38,00	49,40	57,00	68,40	76,00
44,00	57,20	66,00	79,20	88,00
50,00	65,00	75,00	90,00	100,00
56,00	72,80	84,00	100,80	112,00
62,00	80,60	93,00	111,60	124,00
68,00	88,40	102,00	122,40	136,00
74,00	96,20	111,00	133,20	148,00
81,00	105,30	121,50	145,80	162,00
90,00	117,00	135,00	162,00	180,00
100,00	130,00	150,00	180,00	200,00
110,00	143,00	165,00	198,00	220,00
120,00	156,00	180,00	216,00	240,00
130,00	169,00	195,00	234,00	260,00
140,00	182,00	210,00	252,00	280,00
150,00	195,00	225,00	270,00	300,00
160,00	208,00	240,00	288,00	320,00
170,00	221,00	255,00	306,00	340,00
180,00	234,00	270,00	324,00	360,00
190,00	247,00	285,00	342,00	380,00
200,00	260,00	300,00	360,00	400,00
210,00	273,00	315,00	378,00	420,00

Wertsklasse.					Bruchteile, Einfaches		
					1/10 §. 53 Abs. 2.	3/10 §§. 53 Abs. 1, 54, 57, 58 Abs. 1 Satz 2.	8/10 §. 51 Nr. 5.
		M.		M.	M.	M.	M.
31.	über	34 000	bis	36 000	22,00	66,00	176,00
32.	„	36 000	„	38 000	23,00	69,00	184,00
33.	„	38 000	„	40 000	24,00	72,00	192,00
34.	„	40 000	„	42 000	25,00	75,00	200,00
35.	„	42 000	„	44 000	26,00	78,00	208,00
36.	„	44 000	„	46 000	27,00	81,00	216,00
37.	„	46 000	„	48 000	28,00	84,00	224,00
38.	„	48 000	„	50 000	29,00	87,00	232,00
39.	„	50 000	„	52 000	30,00	90,00	240,00
40.	„	52 000	„	54 000	31,00	93,00	248,00
41.	„	54 000	„	56 000	32,00	96,00	256,00
42.	„	56 000	„	58 000	33,00	99,00	264,00
43.	„	58 000	„	60 000	34,00	102,00	272,00
44.	„	60 000	„	62 000	35,00	105,00	280,00
45.	„	62 000	„	64 000	36,00	108,00	288,00
46.	„	64 000	„	66 000	37,00	111,00	296,00
47.	„	66 000	„	68 000	38,00	114,00	304,00
48.	„	68 000	„	70 000	39,00	117,00	312,00
49.	„	70 000	„	72 000	40,00	120,00	320,00
50.	„	72 000	„	74 000	41,00	123,00	328,00
51.	„	74 000	„	76 000	42,00	126,00	336,00
52.	„	76 000	„	78 000	43,00	129,00	344,00
53.	„	78 000	„	80 000	44,00	132,00	352,00
54.	„	80 000	„	82 000	45,00	135,00	360,00
55.	„	82 000	„	84 000	46,00	138,00	368,00
56.	„	84 000	„	86 000	47,00	141,00	376,00
57.	„	86 000	„	88 000	48,00	144,00	384,00
58.	„	88 000	„	90 000	49,00	147,00	392,00
59.	„	90 000	„	92 000	50,00	150,00	400,00
60.	„	92 000	„	94 000	51,00	153,00	408,00

und Mehrfaches der vollen Gebühr.

1	$1^3/_{10}$	$1^5/_{10}$	$1^8/_{10}$	2
§§. 54, 58.	§. 51 Nr. 4.	§. 51 Nr. 3.	§. 51 Nr. 2.	§. 51 Nr. 1.
M.	M.	M.	M.	M.
220,00	286,00	330,00	396,00	440,00
230,00	299,00	345,00	414,00	460,00
240,00	312,00	360,00	432,00	480,00
250,00	325,00	375,00	450,00	500,00
260,00	338,00	390,00	468,00	520,00
270,00	351,00	405,00	486,00	540,00
280,00	364,00	420,00	504,00	560,00
290,00	377,00	435,00	522,00	580,00
300,00	390,00	450,00	540,00	600,00
310,00	403,00	465,00	558,00	620,00
320,00	416,00	480,00	576,00	640,00
330,00	429,00	495,00	594,00	660,00
340,00	442,00	510,00	612,00	680,00
350,00	455,00	525,00	630,00	700,00
360,00	468,00	540,00	648,00	720,00
370,00	481,00	555,00	666,00	740,00
380,00	494,00	570,00	684,00	760,00
390,00	507,00	585,00	702,00	780,00
400,00	520,00	600,00	720,00	800,00
410,00	533,00	615,00	738,00	820,00
420,00	546,00	630,00	756,00	840,00
430,00	559,00	645,00	774,00	860,00
440,00	572,00	660,00	792,00	880,00
450,00	585,00	675,00	810,00	900,00
460,00	598,00	690,00	828,00	920,00
470,00	611,00	705,00	846,00	940,00
480,00	624,00	720,00	864,00	960,00
490,00	637,00	735,00	882,00	980,00
500,00	650,00	750,00	900,00	1 000,00
510,00	663,00	765,00	918,00	1 020,00

Wertsklasse.				Bruchteile, Einfaches 1/10 §. 53 Abs. 2.	3/10 §§. 53 Abs. 1, 54, 57, 58 Abs. 1 Satz 2.	8/10 §. 51 Nr. 5.
		M.		M.	M.	M.	M.
61. über	94 000	bis	96 000	52,00	156,00	416,00
62. „	96 000	„	98 000	53,00	159,00	424,00
63. „	98 000	„	100 000	54,00	162,00	432,00
64. „	100 000	„	102 000	55,00	165,00	440,00
65. „	102 000	„	104 000	56,00	168,00	448,00
66. „	104 000	„	106 000	57,00	171,00	456,00
67. „	106 000	„	108 000	58,00	174,00	464,00
68. „	108 000	„	110 000	59,00	177,00	472,00
69. „	110 000	„	112 000	60,00	180,00	480,00
70. „	112 000	„	114 000	61,00	183,00	488,00
71. „	114 000	„	116 000	62,00	186,00	496,00
72. „	116 000	„	118 000	63,00	189,00	504,00
73. „	118 000	„	120 000	64,00	192,00	512,00
74. „	120 000	„	122 000	65,00	195,00	520,00
75. „	122 000	„	124 000	66,00	198,00	528,00
76. „	124 000	„	126 000	67,00	201,00	536,00
77. „	126 000	„	128 000	68,00	204,00	544,00
78. „	128 000	„	130 000	69,00	207,00	552,00
79. „	130 000	„	132 000	70,00	210,00	560,00
80. „	132 000	„	134 000	71,00	213,00	568,00
81. „	134 000	„	136 000	72,00	216,00	576,00
82. „	136 000	„	138 000	73,00	219,00	584,00
83. „	138 000	„	140 000	74,00	222,00	592,00
84. „	140 000	„	142 000	75,00	225,00	600,00
85. „	142 000	„	144 000	76,00	228,00	608,00
86. „	144 000	„	146 000	77,00	231,00	616,00
87. „	146 000	„	148 000	78,00	234,00	624,00
88. „	148 000	„	150 000	79,00	237,00	632,00
89. „	150 000	„	152 000	80,00	240,00	640,00
90. „	152 000	„	154 000	81,00	243,00	648,00

und Mehrfaches der vollen Gebühr.

1 §§. 54, 58.	$1^{3}/_{10}$ §. 51 Nr. 4.	$1^{5}/_{10}$ §. 51 Nr. 3.	$1^{8}/_{10}$ §. 51 Nr. 2.	2 §. 51 Nr. 1.
M.	M.	M.	M.	M.
520,00	676,00	780,00	936,00	1 040,00
530,00	689,00	795,00	954,00	1 060,00
540,00	702,00	810,00	972,00	1 080,00
550,00	715,00	825,00	990,00	1 100,00
560,00	728,00	840,00	1 008,00	1 120,00
570,00	741,00	855,00	1 026,00	1 140,00
580,00	754,00	870,00	1 044,00	1 160,00
590,00	767,00	885,00	1 062,00	1 180,00
600,00	780,00	900,00	1 080,00	1 200,00
610,00	793,00	915,00	1 098,00	1 220,00
620,00	806,00	930,00	1 116,00	1 240,00
630,00	819,00	945,00	1 134,00	1 260,00
640,00	832,00	960,00	1 152,00	1 280,00
650,00	845,00	975,00	1 170,00	1 300,00
660,00	858,00	990,00	1 188,00	1 320,00
670,00	871,00	1 005,00	1 206,00	1 340,00
680,00	884,00	1 020,00	1 224,00	1 360,00
690,00	897,00	1 035,00	1 242,00	1 380,00
700,00	910,00	1 050,00	1 260,00	1 400,00
710,00	923,00	1 065,00	1 278,00	1 420,00
720,00	936,00	1 080,00	1 296,00	1 440,00
730,00	949,00	1 095,00	1 314,00	1 460,00
740,00	962,00	1 110,00	1 332,00	1 480,00
750,00	975,00	1 125,00	1 350,00	1 500,00
760,00	988,00	1 140,00	1 368,00	1 520,00
770,00	1 001,00	1 155,00	1 386,00	1 540,00
780,00	1 014,00	1 170,00	1 404,00	1 560,00
790,00	1 027,00	1 185,00	1 422,00	1 580,00
800,00	1 040,00	1 200,00	1 440,00	1 600,00
810,00	1 053,00	1 215,00	1 458,00	1 620,00

Wertsklasse.					Bruchteile, Einfaches		
					1/10 §. 53 Abs. 2.	3/10 §§. 53 Abs. 1, 54, 57, 58 Abs. 1 Satz 2.	8/10 §. 51 Nr. 5.
		M.		M.	M.	M.	M.
91.	über	154 000	bis	156 000	82,00	246,00	656,00
92.	„	156 000	„	158 000	83,00	249,00	664,00
93.	„	158 000	„	160 000	84,00	252,00	672,00
94.	„	160 000	„	162 000	85,00	255,00	680,00
95.	„	162 000	„	164 000	86,00	258,00	688,00
96.	„	164 000	„	166 000	87,00	261,00	696,00
97.	„	166 000	„	168 000	88,00	264,00	704,00
98.	„	168 000	„	170 000	89,00	267,00	712,00
99.	„	170 000	„	172 000	90,00	270,00	720,00
100.	„	172 000	„	174 000	91,00	273,00	728,00
101.	„	174 000	„	176 000	92,00	276,00	736,00
102.	„	176 000	„	178 000	93,00	279,00	744,00
103.	„	178 000	„	180 000	94,00	282,00	752,00
104.	„	180 000	„	182 000	95,00	285,00	760,00
105.	„	182 000	„	184 000	96,00	288,00	768,00
106.	„	184 000	„	186 000	97,00	291,00	776,00
107.	„	186 000	„	188 000	98,00	294,00	784,00
108.	„	188 000	„	190 000	99,00	297,00	792,00
109.	„	190 000	„	192 000	100,00	300,00	800,00
110.	„	192 000	„	194 000	101,00	303,00	808,00
111.	„	194 000	„	196 000	102,00	306,00	816,00
112.	„	196 000	„	198 000	103,00	309,00	824,00
113.	„	198 000	„	200 000	104,00	312,00	832,00
114.	„	200 000	„	202 000	105,00	315,00	840,00
164.	„	300 000	„	302 000	155,00	465,00	1 240,00
214.	„	400 000	„	402 000	205,00	615,00	1 640,00
264.	„	500 000	„	502 000	255,00	765,00	2 040,00
314.	„	600 000	„	602 000	305,00	915,00	2 440,00
364.	„	700 000	„	702 000	355,00	1 065,00	2 840,00
414.	„	800 000	„	802 000	405,00	1 215,00	3 240,00

und Mehrfaches der vollen Gebühr.

1	$1^3/_{10}$	$1^5/_{10}$	$1^8/_{10}$	2
§§. 54, 58.	§. 51 Nr. 4.	§. 51 Nr. 3.	§. 51 Nr. 2.	§. 51 Nr. 1.
M.	M.	M.	M.	M.
820,00	1 066,00	1 230,00	1 476,00	1 640,00
830,00	1 079,00	1 245,00	1 494,00	1 660,00
840,00	1 092,00	1 260,00	1 512,00	1 680,00
850,00	1 105,00	1 275,00	1 530,00	1 700,00
860,00	1 118,00	1 290,00	1 548,00	1 720,00
870,00	1 131,00	1 305,00	1 566,00	1 740,00
880,00	1 144,00	1 320,00	1 584,00	1 760,00
890,00	1 157,00	1 335,00	1 602,00	1 780,00
900,00	1 170,00	1 350,00	1 620,00	1 800,00
910,00	1 183,00	1 365,00	1 638,00	1 820,00
920,00	1 196,00	1 380,00	1 656,00	1 840,00
930,00	1 209,00	1 395,00	1 674,00	1 860,00
940,00	1 222,00	1 410,00	1 692,00	1 880,00
950,00	1 235,00	1 425,00	1 710,00	1 900,00
960,00	1 248,00	1 440,00	1 728,00	1 920,00
970,00	1 261,00	1 455,00	1 746,00	1 940,00
980,00	1 274,00	1 470,00	1 764,00	1 960,00
990,00	1 287,00	1 485,00	1 782,00	1 980,00
1 000,00	1 300,00	1 500,00	1 800,00	2 000,00
1 010,00	1 313,00	1 515,00	1 818,00	2 020,00
1 020,00	1 326,00	1 530,00	1 836,00	2 040,00
1 030,00	1 339,00	1 545,00	1 854,00	2 060,00
1 040,00	1 352,00	1 560,00	1 872,00	2 080,00
1 050,00	1 365,00	1 575,00	1 890,00	2 100,00
1 550,00	2 015,00	2 325,00	2 790,00	3 100,00
2 050,00	2 665,00	3 075,00	3 690,00	4 100,00
2 550,00	3 315,00	3 825,00	4 590,00	5 100,00
3 050,00	3 965,00	4 575,00	5 490,00	6 100,00
3 550,00	4 615,00	5 325,00	6 390,00	7 100,00
4 050,00	5 265,00	6 075,00	7 290,00	8 100,00

Wertsklasse.	Bruchteile, Einfaches		
	1/10 §. 53 Abs. 2.	3/10 §§. 53 Abs. 1, 54, 57, 58 Abs. 1 Satz 2.	8/10 §. 51 Nr. 5.
M. M.	M.	M.	M.
464. über 900 000 bis 902 000	455,00	1 365,00	3 640,00
514. „ 1 000 000 „ 1 002 000	505,00	1 515,00	4 040,00
u. s. w. mit je 2000 M. steigend um	1,00	3,00	8,00

C. Straf-

1. Bruchteile und Einfaches der Gebühr

Rechtskräftig erkannte Strafe.

		M.		M.					
1.	von	1	b. einschl.	20	od. von	1 Tag	b. einschl.	10	Tage
2.	mehr als	20	„	30	od. mehr als	10 Tage	„	14	„
3.	„	30	„	60	„	14 „	„	4	Woch.
4.	„	60	„	150	„	4 Woch.	„	6	„
5.	„	150	„	300	„	6 „	„	3	Mon.
6.	„	300	„	500	„	3 Mon.	„	6	„
7.	„	500	„	1 000	„	6 „	„	1	Jahr
8.	„	1 000	„	1 500	„	1 Jahr	„	2	Jahre
9.	„	1 500	„	3 000	„	2 Jahre	„	3	„
10.	„	3 000	....		„	3 „	„	10	„
11.	mehr als zehn Jahre								
12.	Verweis								
13.	Verlust der Ehrenrechte allein								

2. Gebühren im Verfahren auf

und Mehrfaches der vollen Gebühr.

1	$1^3/_{10}$	$1^5/_{10}$	$1^8/_{10}$	2
§§. 54, 58.	§. 51 Nr. 4.	§. 51 Nr. 3.	§. 51 Nr. 2.	§. 51 Nr. 1.
M.	M.	M.	M.	M.
4 550,00	5 915,00	6 825,00	8 190,00	9 100,00
5 050,00	6 565,00	7 575,00	9 090,00	10 100,00
10,00	13,00	15,00	18,00	20,00

verfahren.

im Verfahren auf erhobene öffentliche Klage.

$^1/_{10}$	$^2/_{10}$	$^4/_{10}$	$^5/_{10}$	1
§§. 66, 67 Abs. 2.	§§. 64 Abs. 1, 67 Abs. 1.	§§. 63 Abs. 2, 65 Abs. 3, 67 Abs. 1.	§§. 64, 65 Abs. 2.	§§. 62, 65 Abs. 1.
M.	M.	M.	M.	M.
0,50	1,00	2,00	2,50	5,00
1,00	2,00	4,00	5,00	10,00
2,00	4,00	8,00	10,00	20,00
3,00	6,00	12,00	15,00	30,00
4,50	9,00	18,00	22,50	45,00
6,00	12,00	24,00	30,00	60,00
7,50	15,00	30,00	37,50	75,00
10,00	20,00	40,00	50,00	100,00
13,00	26,00	52,00	65,00	130,00
18,00	36,00	72,00	90,00	180,00
30,00	60,00	120,00	150,00	300,00
0,50	1,00	2,00	2,50	5,00
4,50	9,00	18,00	22,50	45,00

erhobene Privatklage: §§. 70 ff.

Sachregister.

Die mit G. bezeichneten Zahlen geben die §§ des **Gerichtskostengesetzes**; die mit G.V. bezeichneten diejenigen der **Gebührenordnung für Gerichtsvollzieher**; die mit G.Z.S. bezeichneten die der **Gebührenordnung für Zeugen und Sachverständige.**

A.

Abänderung der Kostenfestsetzung. G. 38, 39.

Aberntung von Früchten, Kosten der — G.V. 13.

Abgaben, Erhebung von — neben den Gerichtsgebühren. G. 2, 100, 101, — für Benutzung eines Weges G.Z.S. 11.

Ablauf eines Jahres seit Prozeßbeginn, Einfluß auf die Fälligkeit der Gerichtskosten G. 94.

Ablehnung der Tätigkeit wegen mangelnden Vorschusses. G. 3, 84, 85, 97. G.V. 18, — eines Richters, Gerichtsschreibers, Sachverständigen. G. 47, — eines Schiedsrichters. G. 34.

Ablieferung, zur Haft. G.V. 9. — schuldiger Leistungen. G.V. 12.

Abrundung der Pfennigbeträge. G. 7.

Abschätzung durch Sachverständige, von Kostbarkeiten bei der Zwangsvollstreckung. G.V. 16, — zur Festsetzung des Wertes des Streitgegenstandes. G. 17.

Abschlagsverteilung, Aufhebung des Konkurses nach Beginn der — G. 51.

Abschlagszahlungen, Erhebung von — auf die Kosten. G. 95.

Abschriften, Erteilung von — G. 80, 86, 97. G.V. 14, von Amts wegen zu erteilende — G. 80a.

Abweisende Bescheide, Gebührenfreiheit für — G. 6.

Änderung von Entscheidungen, — des beauftragten oder ersuchten Richters oder des Gerichtsschreibers. G. 45, — über den Kostenansatz. G. 4. G.V. 22, — über die Festsetzung der Gebühren von Zeugen und Sachverständigen. G.Z.S. 17.

Akte, gebührenfreie — G. 47, — welche Teile des Streitgegenstandes betreffen. G. 12, 13, 28.

Aktiengesellschaft, Vertagung der Konkurseröffnung über eine — G. 53.

Aktivmasse, G. 52.

Alimente, Wert des Streitgegenstandes bei Ansprüchen auf — G. 9a.

Amtsgericht, Verweisung vom — an das Landgericht. G. 30.

Amtsgerichtliche Sachen, Zustellungsgebühr. G.V. 2.

Amtswegen, Ausfertigungen und

Abschriften von — G. 80a, Zustellungen von — G. 40, 80b.
Anerkenntnis. G. 21, 22, 23, 101.
Anfechtungsklage gegen eine Todeserklärung. G. 20.
Angabe der verwendeten Zeit, G.V. 23, — des Werts. G. 14.
Angeklagter, Ausbleiben des — G. 63, 65.
Angeschuldigte, Mehrheit der — G. 61, 73.
Anmeldefrist, Anmeldung einer Konkursforderung nach Ablauf der — G. 82, Einstellung des Konkurses nach Ablauf der — G. 51, desgl. vor Ablauf der — G. 51.
Anordnung auf Rückgabe einer Sicherheit. G. 38, 39, 47, — der Zahlungssperre. G. 44, — eines Arrestes oder einer einstweiligen Verfügung. G. 26, 35, von Sicherheitsmaßregeln im Konkurse. G. 58.
Anrechnung der im Mahnverfahren erhobenen Gebühr auf die Kosten des Rechtsstreits. G. 37.
Anschlußpfändung. G.V. 5.
Anspruch, nicht vermögensrechtlicher. G. 10.
Anträge, Stellung widersprechender — G. 19, unbegründete — auf Strafverfolgung. G. 69, Vorschuß bei Erweiterung der — G. 81.
Anwalt, Verpflichtung des — zur Kostentragung. G. 47, Zustellung von Anwalt zu — G.V. 2.
Anzeige des Gerichtsvollziehers von der Verhaftung. G.V. 14.
Armenrecht. G. 47, 85. G.V. 18, 21.
Arrest. G. 26, 35, Vollziehung eines — durch Pfändung. G.V. 4.
Aufenthaltsort, Abwesenheit vom — G.Z.S. 8, Wege außerhalb des — G.Z.S. 6, Wege innerhalb des — G.Z.S. 9.
Aufforderung durch den Gerichtsvollzieher bei Zwangsvollstreckungen. G.V. 12, öffentliche — zur Klaganstellung. G. 85.
Aufgabe zur Post, Zustellung durch — G.V. 2, 3.
Aufgebotsverfahren. G. 44.
Aufgegebenes, ein von dem Eigentümer — Grundstück. G. 47.
Aufhebung des Konkurses. G. 51, — eines Arrestes. G. 26, 35, — einer Zwangsvollstreckung. G. 35.
Aufnahme eines unterbrochenen oder ausgesetzten Verfahrens. G. 26.
Auftrag, Erledigung des — zur Zwangsvollstreckung. G.V. 11.
Auftraggeber. G.V. 19.
Aufwand auf Reisen. G.Z.S. 8.
Ausbleiben des Angeklagten. G. 63, 65.
Ausfertigungen, Schreibgebühren für —, deren Betrag. G. 80, Fälligkeit. G. 97, Schuldner. G. 86, von Amts wegen zu erteilende — G. 80a, weitere vollstreckbare — G. 38.
Ausländer, Vorschußpflicht der — G. 85.
Ausländisches Urteil, Einwendungen gegen Zwangsvollstreckung aus einem — G. 26.
Auslagen, der Gerichte. G. 1, 3, 79 bis 80b, — der Gerichtsvollzieher. G.V. 1, 13, 19, 21, Fälligkeit der — G. 93. G.V. 20, Vorschuß für — G. 84, G.V. 18.
Ausscheiden des Gerichtsvollziehers nach vorgenommener Pfändung. G.V. 5.

B.

Beamte als Zeugen und Sachverständige. G.Z.S. 14, Zahlungen für Tätigkeit von — G. 79.
Beaufsichtigung von Gegenständen. G.V. 13.
Beauftragter Richter, Änderung von Entscheidungen des — G. 45.
Bedingtes Urteil als Beweisanordnung. G. 24.
Beeidigung, allgemeine — von Sachverständigen. G.Z.S. 15.
Beendigung der Instanz. G. 93.
Befreiung von Gebühren. G. 98.
Begleiter jugendlicher Zeugen. G.Z.S. 12.
Behältnisse, Öffnen der — G.V. 13.
Behörden, Zahlungen für Tätigkeit der — G. 79.
Beistand, gegenseitiger — zur Kosteneinziehung. G. 99.
Bekanntmachung, öffentliche. G. 79. G.V. 13, — der Versteigerung. G.V. 12.
Benachrichtigung vom Widerspruch gegen den Zahlungsbefehl. G. 80 a.
Benutzung, von Transportmitteln. G.Z.S. 10, — eines Weges. G.Z.S. 11.
Berechnung, der Kosten des Gerichtsvollziehers. G.V. 23, — des Wertes, s. Wertsberechnung.
Berichtigung, des Urteils. G. 47, der Wertsangabe. G. 14.
Berufung, des Privat- und Nebenklägers. G. 83, Verwerfung der — als unzulässig. G. 66, Zulässigkeit der — G. 26.
Berufungsinstanz, in bürgerlichen Rechtsstreitigkeiten. G. 49, — in Strafsachen. G. 65, 70.
Beschränkung der Zwangsvollstreckung. G. 35.
Beschwerde. G. 4, 16, 47, 48. G.Z.S. 17. Zurückweisung der — in bürgerlichen Rechtsstreitigkeiten. G. 45, 47, desgl. in Strafsachen. G. 66, 67, 68.
Beschwerdeinstanz, in bürgerlichen Rechtsstreitigkeiten. G. 45, — im Konkursverfahren. G. 57.
Beseitigung von Widerstand. G.V. 8.
Besitz, unbeweglicher Sachen und Schiffe, Einweisung in den — G.V. 8, Entsetzung aus dem — G.V. 8, Wert des Streitgegenstandes bei —streitigkeiten. G. 9 Anm. IV, 1.
Besonderer Rechtsstreit. G. 38, 39.
Besonderes Verfahren, Festsetzung der Kosten im — G. 38, 39.
Bestimmung, des zuständigen Gerichts, eines Gerichtsvollziehers oder eines Sequesters. G. 47, — einer Frist zur Rückgabe einer Sicherheit. G. 38.
Bevollmächtigter, Verpflichtung des — zur Kostentragung. G. 47.
Beweis, Sicherung des — G. 36.
Beweisanordnung. G. 18, 21, Bedingtes Urteil als — G. 24, — in der Berufungsinstanz G. 49.
Beweisaufnahme, in der Berufungsinstanz. G. 49, — in Strafsachen. G. 64, 65, 67, Nichtstattfinden der angeordneten — G. 22, — zur Sicherung des Beweises. G. 36.
Beweisgebühr, G. 18, — in der Berufungsinstanz. G. 49. Hälfte der — G. 22.
Blätter, öffentliche. G. 79. G.V. 13.
Bürgerliche Ehrenrechte, Verlust der — G. 62.

Bürgerliche Rechtsstreitigkeiten, Gebühren in — G. 8 bis 49.
Bundesrat. G. 98, 99.
Bundesstaaten. G. 98. G.V. 23, 25.
Buße. G. 78.

D.

Dauer der Vollstreckungshandlung. G.V. 8, 23.
Dienstbehörde, Anzeige an vorgesetzte — des zu Verhaftenden G.V. 14.
Dolmetscher. G.Z.S. 13.
Drittschuldner. G.V. 14.

E.

Ehesachen, Verhandlungsgebühr in — G. 20.
Ehrenrechte, Verlust der — G. 62.
Eidesleistung, Erzwingung der — G. 43, 56.
Eigentümer, ein von dem — aufgegebenes Grundstück G. 47.
Einforderung der Gebühren und Auslagen. G. 93 bis 97.
Einreden, prozeßhindernde. G. 26.
Einrückung in öffentliche Blätter G. 79. G.V. 13.
Einspruch. G. 26, 46, — gegen amtsrichterliche Strafbefehle. G. 63, — gegen Versäumnisurteile. G. 32, — gegen Vollstreckungsbefehle. G. 30.
Einstellung, des Konkursverfahrens. G. 51, — des Strafverfahrens. G. 69, — der Zwangsvollstreckung. G. 35. G.V. 10.
Einstweilige Verfügung. G. 26, 35.
Einweisung in den Besitz von unbeweglichen Sachen und Schiffen. G.V. 8.
Einwendungen gegen die Zwangsvollstreckung. G. 26.
Einziehung der Kosten, gegenseitiger Beistand zur — G. 99.
Einziehungen. G. 75.
Eltern, Klagen auf Feststellung des Rechtsverhältnisses zwischen — und Kindern. G. 20.
Entfernung, vom Aufenthaltsort G.Z.S. 6, — vom Wohnsitz. G.V. 17.
Entlassung aus dem Rechtsstreit. G. 26.
Entmündigungssachen, vor den Amtsgerichten. G. 34, — vor den Landgerichten. G. 20.
Entmündigungsverfahren, Übernahme eines —. G. 47.
Entschädigung der Zeugen und Sachverständigen. G.Z.S. 2, 6 bis 15.
Entscheidung, in der Beschwerdeinstanz. G. 45, — über den Wert für die Zuständigkeit. G. 15, 16, — über die Kostentragung. G. 87, 93.
Entscheidungsgebühr. G. 18, 23, — für bedingtes Urteil. G. 24, — für einzelne Anträge G. 38, — für Vergleich. G. 23, — für Versäumnisurteil. G. 32.
Entsetzung aus dem Besitz von unbeweglichen Sachen und Schiffen. G.V. 8.
Erbe, Bestellung des Vertreters für einen —, der die Erbschaft noch nicht angenommen hat. G. 47.
Erbschaft s. „Erbe".
Erfolglose Pfändung. G.V. 4.
Ergänzung eines Urteils. G. 29.

Erhaltung von Tieren. Kosten der — G.V. 13.
Erinnerung gegen Kostenansatz. G. 4, G.V. 22.
Erledigung des Auftrags zur Zwangsvollstreckung. G.V. 11. — des bedingten Urteils. G. 24.
Ermächtigung zur Prozeßführung. G. 26.
Ermäßigung der Gebühren. G. 64, 65.
Ernennung eines Schiedsrichters. G. 34.
Eröffnung des Konkursverfahrens. Ablehnung der — G. 53. Beschwerde über — G. 57. Vorschuß bei — G. 82.
Erstattung von Kosten. G. 38, 78.
Ersuchen an die Post um Zustellung. G. 40. G.V. 2.
Ersuchter Richter, Änderung von Entscheidungen des —. G. 45.
Erweiterung, des Klagantrags. G. 30. Vorschuß wegen — der Anträge. G. 81.
Erwerbs- und Wirtschafts-Genossenschaft, Versagung der Eröffnung des Konkursverfahrens über eine —. G. 53.
Erwerbsverhältnisse des Sachverständigen. G.Z.S. 3.
Erwerbsversäumung des Zeugen. G.Z.S. 2.
Erzwingung der Eidesleistung. G. 43, 56.

F.

Fälligkeit, der Gerichtskosten. G. 93 bis 98, — der Kosten des Gerichtsvollziehers. G.V. 20.
Feiertag, Zulassung der Zustellung oder Zwangsvollstreckung an einem allgemeinen — G. 47.
Festsetzung, der Gebühren von Zeugen und Sachverständigen. G.Z.S. 17, — der zu erstattenden Kosten. G. 38, 78, — des Werts des Streitgegenstandes. G. 9 Anm. I, 1 bis 3, G. 16, 17.
Feststellung, Verhandlungsgebühr bei Klagen auf — des Rechtsverhältnisses zwischen Eltern und Kindern. G. 20.
Festungshaft. G. 62[2].
Forderungen, Pfändung der — G.V. 4, Verkauf von — G.V. 7.
Fortsetzung der Verhandlung, Termin zur — G. 48.
Freiheitsstrafe. G. 59, 62.
Freisprechung. G. 62[1], 77, 96[1].
Fristen, Bestimmung und Änderung von — G. 47, Bestimmung einer — zum Nachweise der Zustellung eines Schriftsatzes. G. 47, Bestimmung von — zur Rückgabe einer Sicherheit. G. 38, 39, 47, — für Fälligkeit der Kosten. G. 94.
Früchte, Aberntung der — G.V. 13, — als Nebenforderungen G. 9 Anm. II, 2, — ohne den Hauptanspruch. G. 13, Pfändung der — G.V. 4, Verkauf der — G.V. 7.

G.

Gebühren, der Gerichte in bürgerlichen Rechtsstreitigkeiten. G. 8 bis 49, desgl. im Konkursverfahren. G. 50 bis 58, desgl. in Strafsachen. G. 59 bis 78, — der Gerichtsvollzieher, G.V. 2 bis 12, der Zeugen und Sachverständigen. G.Z.S. 2 bis

16, — der Zeugen bei Zwangsvollstreckungen. G.V. 13, 15, — der Sachverständigen bei Zwangsvollstreckungen. G.V. 13, 16. Fälligkeit der — G. 93 bis 96. G.V. 20. Vorschuß für — G. 81 bis 83, 85. G.V. 18.
Gebührenfreie Entscheidung. G. 4, 45, 47.
Gebührenfreiheit. G. 6, 98.
Gebührensatz. G. 8, 50, 62, 68 bis 72, 75.
Gegenanwalt, Zustellung an — G.V. 2.
Gegenstände, zur abgesonderten Befriedigung. G. 52, Zurückgabe gepfändeter — G.V. 12.
Geld, Annahme und Ablieferung von gepfändetem oder erlöstem — G.V. 12.
Geldrente, Wert des Streitgegenstandes bei Forderung einer — G. 9a.
Geldstrafe. G. 59, 62.
Genossenschaft s. „Erwerbs- und Wirtschaftsgenossenschaft".
Gerichte, Befugnisse der — G. 4, 6, 17, 47, 48, 64, 65, 84. G.V. 22. G.Z.S. 17, ordentliche — G. 1. G.V. 1. G.Z.S. 1.
Gerichtsbeamte, Tagegelder und Reisekosten der — G. 79.
Gerichtsschreiber, Ablehnung des — G. 47. Änderung der Entscheidung des — G. 45. Erklärung zum Protokolle des — G. 4, 14, 16, 47, 48. G.Z.S. 17. Ersuchen des — an die Post. G. 40. Verpflichtung des — zur Kostentragung. G. 47.
Gerichtsverfassungsgesetz. G. 102. G.V. 26. G.Z.S. 18.
Gerichtsvollzieher. Auslagen des — G.V. 13 bis 17, Bestimmung eines — G. 47. Erinnerung gegen Verfahren und Kostenansatz des — G. 35. Ersuchen des — an die Post. G. 40. G.V. 2. Gebühren des — G.V. 2 bis 12. Verpflichtung des — zur Kostentragung. G. 47.
Gesamtgut, Vertagung der Konkurseröffnung über das — bei fortgesetzter Gütergemeinschaft. G. 53.
Gesamtstrafe. G. 60.
Gewerbebetrieb, geringerer. G.Z.S. 2.
Gläubigerausschuß, Gebühren des — G. 52.
Grundbuch. G. 85.
Grunddienstbarkeit, Wert einer — G. 9 Anm. V, 1.
Grundstück, Bestellung eines Vertreters für ein von dem Eigentümer aufgegebenes — G. 47.
Gutachten, Kosten der Vorbereitung des — G.Z.S. 3. Verpflichtung zur Abgabe eines — G. 47.

H.

Haft. G. 62 Anm. 4, Ablieferung zur — G.V. 9.
Haftbarkeit der Parteien für die Hälfte der Kosten. G. 88.
Haftkosten. G. 79.
Haftung mehrerer Personen für die Kosten nach Kopfteilen. G. 91.
Handarbeiter. G.Z.S. 2.
Handelsgesellschaft s. „offene Handelsgesellschaft".
Handelssachen, Zuständigkeit der Kammer für — G. 47.
Handlungen, Erwirkung von — durch Zwangsvollstreckung. G. 27.

Handwerker. G.Z.S. 2.
Herausgabe von Sachen an den Gerichtsvollzieher. G.V. 11.
Hinterlegung durch den Gerichtsvollzieher. G.V. 12, 14.
Hinweg. G.V. 17. G.Z.S. 7.
Hypothekenbuch. G. 85.

J.

Indossament. G.V. 4.
Inhaberpapier. G.V. 12, 13.
Inkrafttreten, der Geb.-Ord. für Gerichtsvollzieher. G.V. 26, — der Geb.-Ord. für Zeugen und Sachverständige. G.Z.S. 18, — des Gerichtskostengesetzes. G. 102.
Insertionskosten. G. 79. G.V. 13.
Instanz. G. 4, 24, 28, 32, 81, 89. Beendigung der — G. 94. höhere — G. 4, 16, G.V. 22. G.Z.S. 17, neue — G. 12, 32. Zusammenfassung zu einer — G. 30, 31.

K.

Kaiserliche Verordnung. G. 98.
Kammer für Handelssachen, Zuständigkeit der — G. 47.
Kilometer, Reisekosten für das — G.V. 17. G.Z.S. 6, 7, 9.
Kinder, Klagen auf Feststellung des Rechtsverhältnisses zwischen Eltern und — G. 20.
Klagantrag, Erweiterung des — G. 30.
Klage, auf Erteilung oder Zurücknahme der Vollstreckungsklausel. G. 26, — nach Einspruch gegen den Vollstreckungsbefehl. G. 30, — nach öffentlicher Aufforderung. G. 85, Zurücknahme der — G. 46.
Kommanditgesellschaft, Vertagung der Konkurseröffnung über eine — G. 53.
Konkurseröffnung, Ablehnung der — G. 53.
Konkursforderung, nachträgliche Anmeldung einer — G. 54, 82.
Konkursgericht, Gebühren des — G. 52.
Konkursmasse, Berechnung der — G. 52.
Konkursordnung, G. 1, 9, 54.
Konkursverfahren, Gebühren im — G. 50 bis 58. Vertagung der Eröffnung des — G. 53. Vorschuß im — G. 82. Zahlung der Gebühren im — G. 95.
Konkursverwalter, Gebühren des — G. 52.
Kontradiktorische mündliche Verhandlung. G. 18, 19.
Kopfteile, Haftung nach — G. 91.
Kostbarkeiten, Abschätzung von — G.V. 16.
Kosten, als Nebenforderungen. G. 9 Anm. II, 2, — ohne den Hauptanspruch. G. 13, — der Abschätzung durch Sachverständige zum Zwecke der Wertsfestsetzung. G. 17, durch Verschulden einer Gerichtsperson, eines Bevollmächtigten oder Verteidigers entstandene — G. 47, 78.
Kostenansatz, Einwendungen gegen — G. 4. G.V. 22.
Kostenfestsetzung, Abänderung der — G. 38, 39, — im besonderen Verfahren. G. 38, 39.

Kostenverteilung. G. 91.
Kostenvorschuß, der Gerichte. G. 81 bis 85, — der Gerichtsvollzieher. G.V. 18.
Kostenzahlung, an die Gerichte. G. 86 bis 92, — an die Gerichtsvollzieher. GV. 19 bis 21.

L.

Landesgerichte, Gebührenfreiheit des Reichs im Verfahren vor den — G. 98.
Landesgesetze. G. 98, 100, G.V. 24, 25.
Landgericht, Verweisung an das — G. 30.
Legitimation des gesetzlichen Vertreters. G. 26.
Leistung an den Gerichtsvollzieher. GV. 11, 12, Wert des Rechts auf wiederkehrende — G. 9 Anm. VII, 1 bis 5. G. 9 a.

M.

Mahnverfahren. G. 37.
Mangel der Parteifähigkeit, Prozeßfähigkeit, Legitimation, Ermächtigung. G. 26.
Massekosten. G. 52.
Masseschulden. G. 52.
Mehrheit, auswärtiger Geschäfte G.V. 17, Haftung einer — von Personen für Kosten. G. 91.
Mehrkosten der unmittelbaren Zustellung. G.V. 3.
Mietverhältnis, Wert des Gegenstandes des Streits über ein — G. 9 Anm. VI 1, G. 9 a.
Mindestbetrag der Gebühr, G. 7.
Mitberechnung der Zinsen bei der Zwangsvollstreckung. G. 13.
Mitteilungen durch den Gerichtsvollzieher. G.V. 12.
Mutwillen. G. 47.

N.

Nachforderung von Gerichtskosten. G. 5.
Nachlaß, Vertagung der Konkurseröffnung über einen — G. 53. S. auch „Erbschaft, Erbe".
Nachtquartier. G.Z.S. 8.
Nachträgliches Vorbringen. G. 48.
Nachtragsverteilung. G. 51.
Nachtzeit, Zustellung oder Zwangsvollstreckung zur — G. 47.
Nachverhaftung. G.V. 9.
Nachweis, Bestimmung einer Frist zum — zur Zustellung eines Schriftsatzes. G. 47.
Nachzahlung, Verpflichtung zur — von Kosten. G. 47.
Nebenforderung ohne den Hauptanspruch. G. 13.
Nebenintervention. G. 27.
Nebenkläger. G. 74. Vorschuß des — G. 83, 84.
Niederschlagung von Gebühren. G. 6.
Notfrist, Zeugnis über Ablauf der — G. 47, 80 a.
Nutzungen als Nebenforderungen G. 9 Anm. II, 2, — ohne den Hauptanspruch. G. 13, Wert des Rechts auf wiederkehrende — G. 9 Anm. VII, 1 bis 5.

O.

Oberstes Landgericht, Zuständigkeit des — G. 47.
Öffentliche Blätter, Einrückung in — 79. G.V. 13.
Öffentliche Klage, Kosten im Verfahren auf erhobene — G. 59 bis 69.
Öffnen der Türen und Behältnisse. G.V. 13.
Offenbarungseid. G. 43, 56, Streitwert bei Klagen auf Leistung des — G. 11.
Offene Handelsgesellschaft, Vertagung der Konkurseröffnung über eine — G. 53.
Ordentliches Verfahren nach Urkunden- oder Wechselprozeß oder nach Erlassung eines Vorbehaltsurteils. G. 33.

P.

Pachtverhältnis, Wert des Gegenstandes des Streits über ein — G. 9 Anm. VI 1, G. 9 a.
Parteifähigkeit, Mangel der — G. 26.
Pfändung. G.V. 4, 5, — eines Schiffes. G.V. 4, Vollziehung eines Arrestes durch — G.V. 4.
Pfandrecht, Wert des Gegenstandes des Streites über ein — G. 9 Anm. IV, 4, 5.
Pfennigbeträge, Abrundung der G. 7.
Polizeiliche Strafverfügung. G. 66, — Vollzugsorgane. G.V. 12.
Post, Zustellung durch die — G. 40. G.V. 3.
Postgebühren. G. 79. G.V. 13.
Postsendungen. G.V. 12.
Postvorschuß, Erhebung der Kosten des Gerichtsvollziehers durch — G.V. 20.
Privatklage. G. 70 bis 73. Vorschuß für — G. 83, 84.
Protokoll des Gerichtsschreibers. Erklärung zum — G. 4, 14, 16, 47, 48. G.Z.S. 17.
Provision bei Ansprüchen aus Wechseln. G. 9 Anm. II, 4.
Prozeßfähigkeit, Mangel der — G. 26.
Prozeßführung, Mangel der Ermächtigung zur — G. 26.
Prozeßgericht. G. 4, 15, 16.
Prozeßhindernde Einrede. G. 26.
Prozeßkosten, Festsetzung der zu erstattenden — G. 38, 78.
Prozeßleitung. G. 47.
Prüfungstermin, besonderer. G. 54.

Q.

Quittung durch den Gerichtsvollzieher. G.V. 12.

R.

Rechnungslegung, Streitwert bei Klagen auf — G. 10 a.
Rechtsanwalt, Gebühren des — G. 79. Verpflichtung des — zur Kostentragung. G. 47, zur Rückgabe einer Urkunde. G. 47.
Rechtshilfe der Behörden zur Kosteneinziehung. G. 99.
Rechtskraft, Zeugnis der — G. 47, 80 a.
Rechtsmittel, wechselseitig ein-

gelegte — G. 11, 81, 94. Zurücknahme der — G. 26, 47.
Rechtsnachfolger, Eintritt des — in den Rechtsstreit. G. 26.
Rechtsstreit, besonderer — G. 33, 39, Ein — G. 39, Entlassung aus dem — G. 26, Übernahme des — G. 26.
Rechtsunkenntnis, G. 6.
Rechtsweg, Unzulässigkeit des — G. 26.
Registrierungsgebühr, G. 100.
Reich, Gebührenfreiheit des — G. 98.
Reichsgericht, Gebührenfreiheit der Bundesstaaten in dem Verfahren vor dem — G. 98.
Reisekosten, der Gerichtsbeamten. G. 79, — der öffentlichen Beamten. G.Z.S. 14, — der Zeugen und Sachverständigen. G.Z.S. 6 bis 11, des Gerichtsvollziehers. G.V. 13, 17.
Rente, Wert des Streitgegenstandes bei Forderung einer — G. 9 a.
Revision, Vorschuß für — G. 83. Zulässigkeit der — G. 15, 26, 66.
Revisionsinstanz, in bürgerlichen Rechtsstreitigkeiten. G. 49, — in Strafsachen. G. 65, 70.
Richter, Ablehnung des — G. 47.
Richterliche Handlungen, Anordnung der vom Schiedsrichter für erforderlich erachteten — G. 34.
Rückgabe, Anordnung auf — einer Sicherheit. G. 38, 39, 47.
Rückweg. G.V. 17. G.Z.S. 7.

S.

Sachen, Besitzentsetzung und Einweisung in unbewegliche — G.V. 8. Pfändung beweglicher — G.V. 4. Zwangsverkauf beweglicher — G.V. 7.
Sachleitung. G. 47.
Sachprüfungen, schwierige G.Z.S. 4.
Sachverständige, Ablehnung von — G. 47. Abschätzung durch — zur Wertsfestsetzung. G. 17. Gebühren der — G. 79. Ladung von — auf Antrag des Privat- oder Nebenklägers. G. 84. Reisekosten der — G.Z.S. 6 bis 11. Übereinkommen wegen Vergütung der — G.Z.S. 15. Vergütung für — G.Z.S. 3, 4. Zuziehung von — bei Zwangsvollstreckung. G.V. 12, 13, 16. Zwangsmaßregeln gegen — G. 47.
Schäden als Nebenforderungen. G. 9 Anm. II, 2, — ohne den Hauptanspruch. G. 13.
Schiedsrichter, Ernennung oder Ablehnung eines — G. 34.
Schiedsrichterliches Verfahren, Anordnung der im — für erforderlich erachteten richterlichen Handlungen. G. 34. Unzulässigkeit des — G. 26.
Schiedsspruch, Aufhebung eines — G. 26. Einwendungen gegen Zwangsvollstreckung aus einem — G. 26.
Schiedsvertrag, Erlöschen eines — G. 34.
Schiffe, Besitzentsetzung und Einweisung in bewohnte — G.V. 8, Pfändung eines im Schiffsregister eingetragenen — G.V. 4.
Schiffsregister s. „Schiffe".
Schlußverteilung, Aufhebung des Konkurses nach — G. 51.
Schöffengerichtliche Sachen. Zustellungsgebühr. G.V. 2.
Schreibgebühren, der Gerichte.

G. 80, 80a, 80b, 86, 97, — der Gerichtsvollzieher. G.V. 13, 14.
Schriftsatz, Bestimmung einer Frist zum Nachweis der Zustellung eines — G. 47.
Schuldenmasse. G. 52
Schuldner, der Gerichtskosten. G. 86, 89, — der Kosten des Gerichtsvollziehers. G.V. 19, — der Schreibgebühr. G. 86.
Sequester, Bestimmung des — G. 47.
Sicherheit, Rückgabe einer — G. 38, 39, 47, Verfall der zur Abwendung der Untersuchungshaft bestellten — G. 78.
Sicherheitsmaßregeln im Konkurse. G. 58, 82.
Sicherstellung, Wert des Gegenstandes des Streits über eine — G. 9 Anm. IV, 3.
Sicherung des Beweises. G. 36.
Silbenzahl bei Schreibgebühr. G. 80.
Soldatenstand, Tagegelder und Reisekosten für Personen des — G.Z.S. 14.
Sonntag, Zulassung der Zustellung oder Zwangsvollstreckung an einem — G. 47.
Staatskasse, Erinnerung der — gegen Kostenansatz. G. 4. Ersatzpflicht der — an Gerichtsvollzieher. G.V. 19, 21.
Stempel, Erhebung von — neben den Gebühren. G. 2.
Stoffe, für eine Untersuchung verbrauchte. G.Z.S. 3.
Strafaufschub. G. 78.
Strafbefehle, amtsrichterliche. G. 63. 66.
Strafbescheid einer Verwaltungsbehörde. G. 66.
Strafe als Maßstab für die Gebühren. G. 59.
Strafhaft. G. 79.
Strafprozeßordnung. G. 1, 4. G.V. 1, 25. G.Z.S. 1, 17.
Strafsachen, Gebühren in — G. 59 bis 78.
Strafverfügung, polizeiliche. G. 66.
Streitgegenstand, Teil des — G. 12. Wert des — G. 9 bis 11.
Stunden, Gebührenberechnung nach — G.V. 4, 6, 8. G.Z.S. 2, 3.
Sühnetermin. G. 41.
Sühneversuch, erfolgloser. G. 41.

T.

Tagegelder, der Gerichtsbeamten. G. 79, der öffentlichen Beamten und Personen des Soldatenstandes. G.Z.S. 14.
Taxvorschriften, besondere für gewisse Arten von Sachverständigen. G.Z.S. 13.
Telegraphengebühren. G. 79. G.V. 13.
Terminsbestimmung. G. 47. Zurücknahme vor — G. 46.
Tätigkeit des Gerichts, abhängig von Vorschuß. G. 3, 84, 85, 97, desgl. des Gerichtsvollziehers. G.V. 18.
Tatbestand, Berichtigung des — G. 47.
Teil des Streitgegenstandes. G. 12.
Tiere, Erhaltung von — G.V. 13.
Türen, Öffnen der — G.V. 13.
Todeserklärung, Anfechtungsklage gegen eine — G. 20.
Transportkosten. G. 79. G.V. 13.
Transportmittel, Benutzung von — durch Zeugen und Sachverständige. G.Z.S. 7, 9, 10.

U.

Übereinkommen über die Gebühren der Sachverständigen. G.Z.S. 15.
Übernahme, der Kosten. G. 88, — eines Entmündigungsverfahrens. G. 47, — von Sachen durch den Gerichtsvollzieher. G.V. 5, — des Rechtsstreits. G. 26.
Umschreibung von Wertpapieren. G.V. 12, 13.
Unbegründete Anträge auf Strafverfolgung. G. 69.
Unbewegliche Sachen, Besitzentsetzung und Einweisung in — G.V. 8.
Unkenntnis d. Verhältnisse. G. 6.
Unterhaltspflicht der Ehegatten, Wert des Gegenstandes des Streits über die — G. 9a.
Unterlassungen, Erwirkung von — durch Zwangsvollstreckung. G. 27.
Unterstützung des Gerichtsvollziehers durch die Polizei. G.V. 12.
Untersuchungen durch Sachverständige, schwierige. G.Z.S. 4.
Untersuchungshaft. G. 78.
Unwissenheit. G. 6.
Unzulässigkeit, der Berufung oder Revision in Strafsachen. G. 66, — des Rechtsweges. G. 26, — des schiedsrichterlichen Verfahrens. G. 26.
Unzuständigkeit des Gerichts. G. 26.
Urkunden, Stempel und Abgaben von — G. 2.
Urkundenprozeß G. 25, 33. Vorschuß der Ausländer im — G. 85.
Urteil, bedingtes — G. 24, Berichtigung des — G. 47, Ergänzung des — G. 29.

V.

Verfahren, ausgesetztes oder unterbrochenes, G. 26, ordentliches — nach Urkunden- und Wechselprozeß. G. 33, Unzulässigkeit des schiedsrichterlichen — G. 26, vorbereitendes — G. 20.
Verfall der Sicherheit. G. 78.
Verfügung, einstweilige. G. 26, 35.
Vergleich. G. 21, 22, 23, 41, 46, 93, 101.
Vergleichsgebühr. G. 23.
Vergleichstermin, Aufhebung des Konkursverfahrens nach — G. 51.
Vergütung an die Gerichtsvollzieher statt Gebühren und Auslagen. G.V. 24.
Verhaftung durch Gerichtsvollzieher. G.V. 9, 14.
Verhandlung, kontradiktorische mündliche — G. 18, 19, nicht kontradiktorische — in Ehesachen, Entmündigungssachen und im vorbereitenden Verfahren. G. 20.
Verhandlungsgebühr. G. 18, 20, 21.
Verkauf in der Zwangsvollstreckung. G.V. 7.
Verlust der bürgerlichen Ehrenrechte. G. 62.
Vermögensbeschlagnahme. G. 75.
Vermögensrechte, Zwangsverkauf von — G.V. 7.
Vermögensrechtlicher Anspruch, verbunden mit einem nicht vermögensrechtlichen. G. 10.
Vermögensstrafe, Vollstreckung einer — G. 78.
Vermögensverzeichnis, Streit-

wert bei Klagen auf Vorlegung eines — G. 10a.
Verpflichtung zur Kostenzahlung. G. 86 bis 92.
Versäumnis, der Sachverständigen. G.Z.S. 3, 5, — der Zeugen G.Z.S. 2, 5.
Versäumnisurteil. G. 26, 32.
Verschulden, der Partei. G. 48. — des Bevollmächtigten, Gerichtsschreibers, Gerichtsvollziehers, gesetzlichen Vertreters. G. 47, — des Verteidigers. G. 78.
Versteigerung. G.V. 7. Bekanntmachung der — G.V. 12.
Vertagung der Verhandlung, G. 48.
Verteidiger, Verpflichtung des — zur Kostentragung. G. 78.
Verteilungsverfahren. G. 42.
Vertreter, Bestellung eines — G. 47, Legitimation des gesetzlichen — G. 26, Verpflichtung des — zur Kostentragung. G. 47.
Verwahrung von Gegenständen. G.V. 13.
Verwaltungsbehörde. G. 66, 70.
Verweis. G. 62.
Verweisung des Rechtsstreits vor das Landgericht. G. 30, — vor die niedere Instanz. G. 31.
Verwerfung unzulässiger Rechtsmittel. G. 26, 66.
Verzicht. G. 21, 22, 23, 101.
Verzögerungsgebühr. G. 48.
Volle Gebühr. G. 8, 28, 36, 41, 48, 50, 51, 54, 58.
Vollstreckbare Ausfertigung. Erteilung einer weiteren — G. 38.
Vollstreckbarkeit, Erklärung der — in höherer Instanz. G. 47, vorläufige — G. 26.
Vollstreckungsbefehl, Erlassung des — G. 37, 80a. Einspruch gegen — G. 30, 32.
Vollstreckungsgericht. G. 16. G.V. 14.
Vollstreckungshandlung, Umfang der — G.V. 12. Verweigerung einer — G. 35. Zeugen bei der — G.V. 15.
Vollstreckungsklausel, Antrag auf Erteilung oder Zurücknahme der — G. 38, 47, 80a. Klage auf Erteilung oder Anfechtung der — G. 26.
Vorbereitendes Verfahren. G. 20.
Vorbringen, nachträgliches. G. 48.
Vorführung. G.V. 9.
Vorschuß. G. 81 bis 85, 89, 90. G.V. 18. Zurückzahlung des — G. 94.
Voruntersuchung. G. 64.

W.

Wechsel, Pfändung von — G.V. 4. Zinsen, Kosten und Provision bei Ansprüchen aus — G. 9 Anm. II, 1.
Wechselprozeß. G. 25, 33. Vorschuß der Ausländer im — G. 85.
Wechselseitig eingelegte Rechtsmittel. G. 11, 81, 94.
Weg, außerhalb des Aufenthaltsortes. G.Z.S. 6, innerhalb desselben. G.Z.S. 9, — außerhalb des Wohnsitzes. G.V. 17.
Wegnahme beweglicher Sachen. G.V. 6.
Werkzeuge, für eine Untersuchung verbrauchte — G.Z.S. 3.
Wertpapier, Umschreibung eines — G.V. 12, 18.
Wertsberechnung. G. 8 bis 13, 52, 53, 54, 57, 58.
Wertsfestsetzung. G. 14 bis 17, 50.

Wertsklassen. G. 8, 50.
Wertsteile, Gebühren von — G. 12.
Widerkläger, Vorschuß des — G. 81, 85.
Widerklage. G. 11, 30, 70, 85, 94.
Widerspruch gegen Zahlungsbefehl. G. 80 a.
Widerstand, Beseitigung von — G.V. 8.
Wiederaufhebung der Entmündigung durch das Amtsgericht. G. 34.
Wiederaufnahme des Konkursverfahrens. G. 58, — in Strafsachen. G. 66, 67, 77, 83, Zulässigkeit der — des Verfahrens G. 26.
Wiedereinsetzung in den vorigen Stand, in bürgerlichen Rechtsstreitigkeiten. G. 26, — in Strafsachen. G. 66.
Wiederinkurssetzung von Inhaberpapieren. G.V. 12, 13.

Z.

Zahlung, der Kosten. G. 86 bis 97. G.V. 19 bis 21, — des Vorschusses. G. 81 bis 85. G.V. 18. Tätigkeit des Gerichts oder Gerichtsvollziehers abhängig von — G. 3, 84, 85, 97. G.V. 18.
Zahlungsbefehl. G. 37.
Zahlungspflichtiger, Erinnerungen des — G. 4. G.V. 22, Haftung des — G. 88, Nachforderungen gegen — G. 5.
Zahlungssperre. G. 44.
Zeitangabe des Gerichtsvollziehers. G.V. 23.
Zeitaufwand des Gerichtsvollziehers. G.V. 4, 6, 8.
Zeitversäumnis der Zeugen und Sachverständigen. G.Z.S. 2, 3, 5.
Zeugen, Entschädigung der — G.Z.S. 2, Gebühren der — G. 79, Ladung von — auf Antrag des Privat- oder Nebenklägers. G. 84, Reisekosten der — G.Z.S. 6 bis 11, Zuziehung von — durch den Gerichtsvollzieher. G.V. 12, 13, 15. Zwangsmaßregeln gegen — G. 47.
Zeugnis, der Rechtskraft oder des Ablaufs der Notfrist. G. 47, 80 a. Verpflichtung zur Abgabe eines — G. 47.
Zinsen, als Nebenforderungen. G. 9 Anm. II, 2, 3, — ohne den Hauptanspruch. G. 13, — bei Zwangsvollstreckung. G. 13.
Zivilprozeßordnung. G. 1, 4, 9, 16, 47, 48, 50. G.V. 1, 25. G.Z.S. 1, 17.
Zulässigkeit, der Rechtsmittel des Einspruchs, der Wiedereinsetzung. G. 15, 26, 66, — einer Nebenintervention. G. 27.
Zurückgabe gepfändeter Gegenstände. G.V. 12. S. auch „Rückgabe".
Zurücknahme, der Privatklage, G. 72, — der Vollstreckungsklausel. G. 38, eines Rechtsmittels. G. 26, — im Konkursverfahren. G. 53, 54, — in bürgerlichen Rechtsstreitigkeiten. G. 46, — in Strafsachen. G. 69, 76.
Zurückverweisung an die untere Instanz. G. 31.
Zurückweisung von Beschwerden. G. 45, 66 bis 68.
Zurückzahlung der Kosten. G. 87, 98.
Zusammenrechnung des Werts, mehrerer Klag- u. Widerklag-Ansprüche. G. 9 Anm. III 1, 2,

— von Klage und Widerklage, sowie der wechselseitig eingelegten Rechtsmittel. G. 11.
Zuständiges Gericht, Bestimmung des — G. 47.
Zuständigkeit, des obersten Landesgerichts und der Kammer für Handelssachen. G. 47, Wertsfestsetzung für — G. 15.
Zustellung, am Sonntag oder Feiertag. G. 47, Bestimmung einer Frist zum Nachweis der — eines Schriftsatzes. G. 47, durch den Gerichtsvollzieher. G.V. 2, — durch die Post. G. 40. G.V. 3, vereinfachte — in Strafsachen. G.V. 24, — von Amts wegen. G. 40, 80b.
Zustellungsbevollmächtigter. G.V. 2.
Zustellungsurkunde, Abschrift der — G.V. 14.
Zwangsmaßregeln gegen Zeugen und Sachverständige. G. 47, 48.
Zwangsvergleich. Aufhebung des Konkurses durch — G. 51, Beschwerde gegen Bestätigung des — G. 57.
Zwangsversteigerung. G.V. 7, — im Konkurse. G. 55.
Zwangsverwaltung im Konkurse. G. 55.
Zwangsvollstreckung. Einwendungen gegen — G. 26, Einstellung, Beschränkung, Aufhebung der — G. 35, Erinnerungen gegen Art der — G. 35, Gebühren des Gerichtsvollziehers für — G.V. 4 bis 12, gerichtliche Handlungen der — G. 35, 39, — in Strafsachen. G. 78, Wertsberechnung bei der — G. 13, Wertsfestsetzung bei der — G. 16, Zulassung der — an einem Sonntag, Feiertag oder zur Nachtzeit. G. 47, — zur Erwirkung von Handlungen u. Unterlassungen. G. 27.

Piererſche Hofbuchdruckerei Stephan Geibel & Co. in Altenburg.

Nachtrag

zur achten Auflage

des

Deutschen Gerichtskostengesetzes

nebst

Gebührenordnungen

für Gerichtsvollzieher und für Zeugen
und Sachverständige

von

Sydow-Busch,

enthaltend die Novelle vom 1. Juni 1909
und Ergänzungen.

Berlin 1909.

J. Guttentag, Verlagsbuchhandlung,
G. m. b. H.

I. Gesetz, betr. Aenderungen des Gerichtsverfassungsgesetzes, der Zivilprozeßordnung, des Gerichtskostengesetzes und der Gebührenordnung für Rechtsanwälte.

Vom 1. Juni 1909 (RGBl. 475), in Kraft vom 1. April 1910.

A. Durch Art. III sind im Gerichtskostengesetze folgende Paragraphen geändert bzw. neu eingefügt:

§ 22a. (Neu.) **Für eine auf Grund des § 501 der Zivilprozeßordnung[1] getroffene Anordnung des Gerichts wird die Beweisgebühr nur dann erhoben[2], wenn auf Grund der Anordnung vor der mündlichen Verhandlung eine Beweisaufnahme stattgefunden hat[3].**

[1] Der durch das genannte Gesetz in die ZPO. neu eingestellte § 501 lautet:

Das Gericht kann Anordnungen, die nach der Klageschrift oder den vorbereitenden Schriftsätzen zur Aufklärung des Sachverhältnisses dienlich erscheinen, schon vor der mündlichen Verhandlung treffen. Das Gericht kann insbesondere:

1. den Parteien die Vorlegung der in ihren Händen befindlichen Urkunden, auf welche sie sich bezogen haben, sowie die Vorlegung von Stammbäumen, Plänen, Rissen und sonstigen Zeichnungen aufgeben;
2. öffentliche Behörden oder öffentliche Beamte um Mitteilung von Urkunden, auf welche eine Partei sich bezogen hat, ersuchen;
3. amtliche Auskünfte von öffentlichen Behörden oder öffentlichen Beamten einziehen;
4. Zeugen, auf welche eine Partei sich bezogen hat, sowie Sachverständige zur mündlichen Verhandlung laden;
5. das persönliche Erscheinen der Parteien anordnen;
6. die Einnahme des Augenscheins sowie die Begutachtung durch Sachverständige anordnen.

Bevor eine mündliche Verhandlung stattgefunden hat, in der von beiden Parteien einander widersprechende Anträge gestellt worden sind, soll eine Anordnung der unter Nr. 4 bis 6 bezeichneten Art nur ergehen, wenn der Beklagte in einem vorbereitenden Schriftsatze dem Klageantrage widersprochen hat.

Die Parteien sind von der Anordnung zu benachrichtigen. Wird das persönliche Erscheinen der Parteien angeordnet, so finden die Vorschriften des § 141 Abs. 2 Anwendung.

[2] Durch die Vorschrift wird klargestellt, daß für die im amtsgerichtlichen Verfahren vor der mündlichen Verhandlung zur Aufklärung des Sachverhalts auf Grund des § 501 Abs. 1, insbesondere Nr. 1—6,

getroffenen gerichtlichen Anordnungen, abgesehen von der Ausnahme im Schlußsatze, weder eine Beweisgebühr noch eine sonstige Gebühr zu erheben, diese Anordnungen vielmehr für sich allein keine gebührenpflichtige Akte sind.

[3] Eine solche die Beweisgebühr begründende Beweisaufnahme vor der mündlichen Verhandlung wird namentlich im Falle des Abs. 1 Nr. 6 § 501 (Einnahme des Augenscheins, Begutachtung durch Sachverständige) stattfinden können.

§ 30. Verweist das Amtsgericht einen Rechtsstreit an ein anderes Gericht[1] (Zivilprozeßordnung §§ 505[2], 506, 697[3]), so bildet das weitere Verfahren vor dem anderen Gerichte mit dem Verfahren vor dem Amtsgericht im Sinne des § 28 Eine Instanz[4].

[1] Die Vorschrift des alten Abs. 1 § 30 (Verfahren vor dem Amtsgericht und weiteres Verfahren vor dem Landgericht Eine Instanz im Sinne des § 28, wenn Verweisung gemäß § 506 ZPO. erfolgt) ist auf alle Fälle ausgedehnt, in denen nach den durch das Ges. v. 1./6. 09 in die ZPO. neu eingestellten Bestimmungen eine Verweisung vom Amtsgericht an ein anderes Gericht stattfindet (§§ 505, 697 ZPO. n. F.).

[2] Nach dem neuen § 505 ZPO. hat das Amtsgericht im Falle seiner örtlichen oder sachlichen Unzuständigkeit, sofern das zuständige Gericht bestimmt werden kann, auf Antrag des Klägers durch Beschluß (nicht, wie früher, im Falle der sachlichen Unzuständigkeit durch Urteil, s. Anm. 1 z. alten § 30) sich für unzuständig zu erklären und den Rechtsstreit an das zuständige Gericht zu verweisen. — Auch in

diesem Falle wird nunmehr für das Verfahren vor dem Amtsgericht eine besondere Gebühr nicht erhoben.

[3] Nach dem neuen § 697 ZPO. findet im Mahnverfahren nach erhobenem Widerspruch, wenn der Anspruch zur Zuständigkeit der Landgerichte gehört, auf Antrag die Verweisung an das Landgericht, ebenfalls (s. Anm. 2) durch Beschluß, statt. — Auch in diesem Falle ist keine besondere Gebühr für das amtsgerichtliche Verfahren zu erheben.

[4] Der Abs. 2 des alten § 30 ist gestrichen wegen Einbeziehung des § 697 ZPO. in den Abs. 1 (s. Anm. 3) und Änderung des Mahnverfahrens, insbesondere des § 700. Nach letzterem in d. n. F. findet, wenn das Amtsgericht den Einspruch gegen einen Vollstreckungsbefehl für zulässig erachtet und der Anspruch nicht vor die Amtsgerichte gehört, nunmehr Verweisung an das Landgericht gemäß § 697 statt, so daß dann auch hier das Verfahren vor dem Amtsgericht und das weitere Verfahren vor dem Landgericht hinsichtlich der Gebührenberechnung Eine Instanz bilden.

§ 38. (In Nr. 1 sind die Worte:

„**sofern dieselbe im besonderen Verfahren erfolgt (Zivilprozeßordnung § 105)**",

gestrichen.)[1]

[1] Die Streichung ist erfolgt, weil die genannten, mit Rücksicht auf § 103 ZPO. durch die Nov. v. 17./5. 98 hinzugefügten Worte (s. Anm. 3 zu § 38) entbehrlich geworden sind, da durch das Ges. v. 1./6. 09 der § 103 ZPO. beseitigt ist und die Festsetzung der Prozeßkosten nunmehr einheitlich durch Beschluß, und zwar des Gerichtsschreibers, erfolgt.

Für dieses Verfahren ist die gleiche Gebühr zu erheben, mag der Festsetzungsbeschluß auf das Urteil gesetzt werden (§ 105 ZPO. n. F.) oder nicht.

§ 39. (Im Absatz 3 sind die Worte:
„im besonderen Verfahren erfolgte"
gestrichen.)[1]

[1] Die Streichung ist erfolgt, weil die genannten Worte entbehrlich geworden sind, da durch das Ges. v. 1./6. 09 der § 103 ZPO. (Festsetzung der Kosten sogleich im Urteil) beseitigt ist und nunmehr die Festsetzung einheitlich durch Beschluß, und zwar des Gerichtsschreibers, erfolgt.

§ 41. (Im Absatz 1 ist die Zahl „510" durch „510 c" ersetzt.)[1]

[1] Ersetzung deswegen, weil der bisherige § 510 ZPO. durch das Ges. v. 1./6. 09 die Zahl 510c erhalten hat.

§ 47. (Im Absatz 1 ist
1. eingestellt als Nr. 5 a:

   5 a) über Erinnerungen gegen den Kostenfestsetzungsbeschluß (Zivilprozeßordnung § 104 Abs. 3);
2. in Nr. 16 an Stelle von „Schriftsatz zum Zwecke der Terminsbestimmung" gesetzt:

   Rechtsmittelschriftsatz

   und: „oder um Bestimmung einer Frist zum Nachweise der Zustellung eines Schriftsatzes" gestrichen, und im Absatz 2 ist zwischen den Zahlen 5 und 6 die Zahl „5a" eingefügt.)[1]

[1] Zu 2 beruht die Änderung darauf, daß nach den Änderungen der ZPO. durch das Ges. v. 1./6. 09 nunmehr sämtliche Rechtsmittel durch Einreichung eines Schriftsatzes bei Gericht eingelegt werden. Nach den Hinzufügungen zu 1 und 2 erfolgt auch die Entscheidung des Gerichts über Erinnerungen gegen den vom Gerichtsschreiber erlassenen Festsetzungsbeschluß (§ 104 Abs. 3 ZPO. n. F.) gebührenfrei, vorbehaltlich des Rechtes des Gerichts, gemäß Abs. 2 die besondere Erhebung einer Gebühr zu beschließen.

§ 79. An baren Auslagen werden erhoben:

1. **Schreibgebühren für solche Ausfertigungen und Abschriften, welche nur auf Antrag[1] erteilt werden, oder welche angefertigt werden, weil die Partei es unterläßt, einem von Amts wegen zuzustellenden Schriftsatze die erforderliche Zahl von Abschriften beizufügen[2];**
2. **Telegraphengebühren und die im Fernverkehre zu entrichtenden Fernsprechgebühren[3];**

(Nr. 3—8 unverändert.)

Wird ein Urteil nach § 317 Abs. 3 Zivilprozeßordnung unter Benutzung einer dem Gerichte vorgelegten beglaubigten Abschrift der Klageschrift oder des Zahlungsbefehls ausgefertigt, so sind für die Ausfertigung keine Schreibgebühren zu entrichten[4].

[1] Nach dem durch das Ges. v. 1./6. 09 neu eingestellten § 80b erfolgt ein Ansatz von Schreib-

gebühren in der Regel nicht, vielmehr wird zur Deckung des Ausfalls der Staatskasse ein nach dem Werte des Gegenstandes abgestufter Pauschalsatz erhoben. Während bisher Schreibgebühren, mit Ausnahme der im § 80a (alt) bestimmten Fälle, für alle Ausfertigungen und Abschriften, gleichviel ob sie von Amts wegen oder auf Antrag erteilt waren, erhoben werden mußten, sind nunmehr neben dem Pauschsatze des § 80b (neu) stets nur noch für die auf Antrag erteilten Ausfertigungen und Abschriften, abgesehen von den weiteren Ausnahmefällen des Schlußsatzes Nr. 1 (s. Anm. 2), besonders zu erheben. Der Grund für letztere Ausnahme ist, daß sonst der Umfang der Leistungen des Gerichts von dem Belieben der Parteien abhängig wäre. Hinsichtlich des Zahlungsverpflichteten, der Fälligkeit und der Einziehung durch Nachnahme vgl. § 86 Abs. 2, § 97 Abs. 1 und § 97a Abs. 2 (neu).

[2] Die Unterlassung der erforderlichen Beifügung wird hier hinsichtlich der Berechnung besonderer Schreibgebühren neben dem Pauschsatz des § 80b (neu) einem ausdrücklichen Antrag auf Anfertigung einer Abschrift (s. Anm. 1) gleichgestellt. Vgl. über diese Fälle folgende Vorschriften der ZPO. in d. Fass. des Ges. v. 1./6. 09: §§ 103 Abs. 2 (Abschrift der Kostenrechnung dem Kostenfestsetzungsgesuche beizufügen), 340a, 520 Abs. 1, 553a Abs. 2 (begl. Abschrift ist der Einspruchs-, Berufungs-, Revisionsschrift beizufügen).

[3] Die Postgebühren sind gestrichen. Sie werden, einschl. des Paketportos für Übersendung von Akten, durch den Pauschsatz des § 80b (neu) gedeckt. Die Erstattungspflicht der Parteien hinsichtlich der Telegraphengebühren ist, weil diese außergewöhnliche Auslagen sind, aufrechterhalten. Desgleichen hinsichtlich der Fernsprechgebühren im Fernverkehr, während hinsichtlich der Fernsprechgebühren für Gespräche im

Vororts-, Nachbarorts- und Bezirksverkehr keine Erstattungspflicht besteht.

[4] Der neue Abs. 2 betrifft Ausfertigungen von Versäumnis- oder Anerkenntnisurteilen, die nach § 313 Abs. 3, § 696 Abs. 3 ZPO. (neu) auf die Klageschrift oder den Zahlungsbefehl gesetzt werden können. Sie sollen, wiewohl sie auf Antrag erfolgen (s. Anm. 1), gebührenfrei sein wegen der geringen Schreibarbeit.

§ 80. Die Schreibgebühr beträgt für die Seite, welche mindestens zwanzig Zeilen von durchschnittlich zwölf Silben enthält, **zwanzig**[1] Pfennig, auch wenn die Herstellung auf mechanischem Wege stattgefunden hat. Jede angefangene Seite wird als voll berechnet. **Für Schriftstücke, die in fremden Sprachen abgefaßt sind, für Schriftstücke in tabellarischer Form sowie für Verzeichnisse, Listen, Rechnungen, Handzeichnungen und dergleichen kann die Höhe der Schreibgebühr von der Landesjustizverwaltung anderweit bestimmt werden**[2].

[1] Die Schreibgebühr ist für diejenigen Fälle, in denen nach § 79 Abs. 1 Nr. 1 (in d. Fass. des Ges. v. 1./6. 09) ausnahmsweise noch neben dem Pauschsatze des § 80b (neu) besondere Schreibgebühren in Ansatz gelangen (s. Anm. 1, 2 zu § 79 u. F.), auf 20 Pf. erhöht.

[2] Durch den neuen Satz 3 ist eine Lücke des Gesetzes ausgefüllt, dessen Bestimmungen nur auf die gewöhnlich vorkommenden Schriftstücke berechnet sind. Für die betreffenden Fälle ist die Bestimmung der Höhe der Schreibgebühren der Landesjustizverwaltung

überlassen, damit den jeweilig wechselnden Verhältnissen Rechnung getragen wird.

§ 80a[1] (80b). **Für die von Amts wegen bewirkten Zustellungen werden nur diejenigen baren Auslagen erhoben[2], welche durch die Zustellung im Ausland oder bei der öffentlichen Zustellung durch Bekanntmachung in öffentlichen Blättern[3] entstehen[4].**

[1] Der bisherige § 80a ist gestrichen, weil Schreibgebühren neben dem Pauschsatze des § 80b (neu) überhaupt nur noch in den Ausnahmefällen des § 79 Abs. 1 Nr. 1 (in d. Fass. des Ges. v. 1./6. 09) erhoben werden. — Der § 80a ist an die Stelle des bisherigen § 80b gesetzt.

[2] Demnach besteht die in dem bisherigen § 80b vorgesehene Kostenfreiheit der von Amts wegen erfolgenden Zustellungen regelmäßig auch fernerhin.

[3] Diese Ausnahmen (vgl. §§ 199—201, § 204 Abs. 2, 3 ZPO.) von der regelmäßigen Kostenfreiheit (s. Anm. 2) sind wegen der Erheblichkeit der Zustellungsauslagen neu eingestellt.

[4] Der Satz 2 in dem bisherigen § 80b ist gestrichen. Nunmehr bestimmt sich nach § 79 Abs. 1 Nr. 1 Schlußsatz (in d. n. Fass.), inwieweit für die Ausfertigungen und Abschriften eines von Amts wegen zuzustellenden Schriftstückes Schreibgebühren zu erheben sind (s. Anm. 2 zu § 79 n. F.).

§ 80b. (Neu.) **Zur Deckung der von den Parteien nicht zu ersetzenden[1] baren Auslagen werden Pauschsätze erhoben. Der einzelne Pauschsatz[2] beträgt zehn vom Hundert der zum Ansatze gelangenden Gebühr, jedoch nicht mehr als fünfzig**

Mark[4]. Die Vorschrift des § 7 Abs. 2[3] findet Anwendung.

In bürgerlichen Rechtsstreitigkeiten beträgt im Falle der Erhebung einer Klage die Summe der in einer Instanz anzusetzenden Pauschsätze mindestens fünfzig Pfennig und höchstens einhundert Mark[4]; die Vorschriften des § 32 Abs. 1 und des § 33 sowie die Vorschrift des § 39 Abs. 1, soweit sie sich auf die in den §§ 36, 38 Nr. 1, 2 bestimmten Gebühren bezieht, finden keine Anwendung[5]. Der Erhebung einer Klage steht es gleich, wenn nach Erhebung des Widerspruchs gegen einen Zahlungsbefehl zur mündlichen Verhandlung geladen wird oder wenn gegen einen Vollstreckungsbefehl Einspruch eingelegt wird[6]; in diesem Falle gelten das Mahnverfahren und der entstehende Rechtsstreit als Eine Instanz.

[1] Zu ersetzen sind nur die in §§ 79 Abs. 1 Nr. 1—8, 80, 80a (in d. Fass. des Ges. v. 1./6. 09) aufgeführten baren Auslagen. Der Auslagenpauschsatz tritt also namentlich an die Stelle der bisher einzeln zu berechnenden Schreib- und Postgebühren, soweit nicht erstere nach § 79 Abs. 1 Nr. 1 (n. F.) ausnahmsweise noch besonders zu erheben sind.

[2] Von jeder einzelnen, für das Verfahren (bürgerliche Rechtsstreitigkeit, Konkurs- oder Strafverfahren) zum Ansatze kommenden Hauptgebühr ist der Prozentsatz des Auslagenpauschsatzes besonders zu berechnen, so daß z. B. ein kontradiktorisch gewordener Zivilprozeß einen höheren Gesamtpauschsatz bringt als

ein ohne kontradiktorische Verhandlung durch Versäumnisurteil erledigter Prozeß und ein Prozeß mit Beweisaufnahme einen höheren Gesamtpauschsatz als ein Prozeß ohne solche. Ist also z. B. in einem Prozesse nach streitiger Verhandlung und Beweisaufnahme ein Urteil ergangen, so ist dreimal ein Zehntel der vollen Gebühr (§ 18) anzusetzen, soweit nicht etwa die Gesamtsumme den im Abs. 2 bestimmten Höchstsatz überschreitet.

[3] D. i. Abrundung auf den nächsten durch 10 teilbaren Pfennigbetrag. — Nicht Anwendung findet § 7 Abs. 1 (Mindestbetrag 20 Pf.).

[4] Also der einzelne Pauschsatz beträgt nach Abs. 1 in allen Verfahren nicht mehr als 50 Mk., während für die Summe aller Pauschsätze im allgemeinen weder ein Mindestsatz noch ein besonderer Höchstsatz bestimmt ist. Dagegen in den durch Klagerhebung eingeleiteten bürgerlichen Rechtsstreitigkeiten ist die Summe aller Instanzpauschsätze durch den Mindestsatz von 50 Pf. (etwa die Kosten einer Klagezustellung, die in Amtsgerichtssachen von Amts wegen erfolgt, also nach § 80a n. F. kostenfrei ist) und den Höchstsatz von 100 Mk. begrenzt; hier bleibt ein etwaiger Mehrbetrag über den Höchstsatz hinaus außer Ansatz.

[5] Der Begriff der Instanz bestimmt sich nach den sonst geltenden Grundsätzen (insbesondere § 28) im allgemeinen auch für den Gesamtpauschsatz (s. Anm. 4). Durch den Halbs. 2 des Abs. 2 ist jedoch in dieser Hinsicht der Begriff der Instanz zum Vorteil des Zahlungspflichtigen insofern erweitert, als infolge der Nichtanwendung des § 32 Abs. 1 (Gebühren für das Verfahren infolge eines Einspruchs) und des § 33 (Gebühren für das ordentliche Verfahren, das nach der Abstandnahme vom Urkundenprozeß oder nach dem mit Vorbehalt erlassenen Urteile anhängig bleibt) sowie infolge der Nichtanwendung der Vor-

schrift des § 39 auf die in §§ 36 (Sicherung des Beweises), 38 Nr. 1, 2 (Kostenfestsetzung, Entscheidung wegen Rückgabe einer Sicherheit) behandelten Verfahren die Pauschsätze für alle diese Verfahren in die Mindest- und Höchstbeträge der Instanz miteinbegriffen werden, so daß insoweit diese Verfahren für Berechnung des Gesamt-Pauschsatzes nicht als besondere Instanzen gelten. Soweit im übrigen für ein Verfahren außer den Prozeßhauptgebühren noch besondere Gebühren zum Ansatze kommen (z. B. für das Zwangsvollstreckungsverfahren), sind neben den etwaigen Mindest- oder Höchstbeträgen des Hauptverfahrens besondere Pauschsätze zu erheben.

[6] Wenn nicht Widerspruch oder Einspruch eingelegt wird, gilt für die Entscheidung auf das Gesuch um Erlassung des Zahlungsbefehls der Mindestsatz von 50 Pf. nicht.

§ 86. Schuldner der entstandenen Gebühren und Auslagen ist derjenige, welchem durch gerichtliche Entscheidung die Kosten des Verfahrens auferlegt sind, oder welcher dieselben durch eine vor dem Gericht abgegebene oder demselben mitgeteilte Erklärung übernommen hat.

Schuldner der Schreibgebühr ist der Antragsteller oder die Partei, welche es unterläßt, einem von Amts wegen zuzustellenden Schriftsatze die erforderliche Zahl von Abschriften beizufügen[1].

[1] Die Änderung der Fassung des Abs. 2 ist deswegen erfolgt, weil nach dem § 79 Nr. 1 in d. Fass. des Ges. v. 1./6. 09 Schreibgebühren nur für die

auf Antrag, nicht mehr für die von Amts wegen erteilten Ausfertigungen und Abschriften erhoben werden, dem ausdrücklichen Antrage auf Erteilung einer Abschrift aber die Fälle gleichgestellt sind, in denen einem von Amts wegen zuzustellenden Schriftsatze die erforderliche Zahl von Abschriften nicht beigefügt ist (vgl. Anm. 1, 2 zu § 79 n. F.).

§ 97. Die Schreibgebühren werden sofort nach Anfertigung der Schriftstücke fällig[1].

Die Anfertigung kann von vorgängiger Zahlung eines die Gebühr deckenden Betrags abhängig gemacht werden.

[1] Der Abs. 1 ist vereinfacht, da nach § 79 Nr. 1 in d. Fass. des Ges. v. 1./6. 09 für Ausfertigungen und Abschriften, die von Amts wegen erteilt werden, Schreibgebühren nicht mehr erhoben werden, somit jetzt sämtliche (von den Parteien der Staatskasse zu erstattenden) Schreibgebühren den Vorschriften des § 97 unterliegen.

§ 97a. (Neu.) **Die Entrichtung von Kosten kann nach näherer Anordnung der Landesjustizverwaltung durch Verwendung von Marken erfolgen**[1].

Beträge bis zu zwanzig Mark können durch Postnachnahme eingezogen werden. Im Falle der Einlösung der Nachnahmesendung trägt die Staatskasse die Kosten des Portos für den Nachnahmebrief und die Vorzeigegebühr[2]. **Durch die**

Einlösung wird das Recht der Erinnerung gegen den Kostenansatz nicht berührt[3]; zuviel gezahlte Beträge sind portofrei zu erstatten.

[1] Z. B. kann danach der Kläger bei Anbringung der Klage oder des Antrages auf Erlassung des Zahlungsbefehls die Gebühren, für die er vorschußpflichtig ist, durch Aufkleben von Marken (Stempel- oder Postmarken) zum entsprechenden Betrage auf die Klage oder den Antrag entrichten.

[2] Wird ein zu Recht ergangener Postauftrag nicht eingelöst, so treffen den Schuldner die Portokosten, während, wenn der Postauftrag zu Unrecht ergangen ist, die Staatskasse die Portokosten zu tragen hat.

[3] Auch wenn ohne Kenntnis der Kostenrechnung der Postauftrag eingelöst ist.

B. Der Artikel X bestimmt:

Die Schreib- und Postgebühren sind in den vor dem Inkrafttreten dieses Gesetzes anhängig gewordenen Rechtssachen bis zur Beendigung der Instanz nach den bisherigen Vorschriften des Gerichtskostengesetzes und der Gebührenordnung für Rechtanwälte in Ansatz zu bringen[1].

[1] Danach finden insbesondere die neuen Vorschriften der §§ 79 Nr. 1, 2, 80b, wonach, abgesehen von bestimmten Ausnahmen, an Stelle von Schreib- und Postgebühren Auslagenpauschsätze erhoben werden, auf anhängige Sachen nur insoweit Anwendung, als die Sachen nach Inkrafttreten des Gesetzes in eine neue Instanz gelangen; z. B. sind, wenn erst nach diesem Zeitpunkte ein Urteil ergeht und dann Berufung

eingelegt wird, für das Berufungsverfahren die neuen, für das erstinstanzliche Verfahren die bisherigen Vorschriften anzuwenden. Ebenso sind, wenn nach diesem Zeitpunkte die Sache an das Gericht unterer Instanz zurückverwiesen wird (§§ 538, 539, 561 ZPO.), auf das weitere Verfahren vor dem Gerichte der unteren Instanz die bisherigen Vorschriften anzuwenden, da nach § 31 GKG. das weitere Verfahren mit dem früheren Verfahren vor diesem Gericht Eine Instanz bildet.

II. Ergänzungen.

A. Gerichtskostengesetz.

§ 1 zu Anm. 3 S. 16: Der Ansatz der Kosten des Beschwerdeverfahrens bei Zurückweisung der Anmeldung eines Vereins zum Vereinsregister (§§ 60, 73 BGB.) erfolgt, wiewohl sich das Beschwerdeverfahren nach den Vorschriften der ZPO. richtet, nicht nach dem DGKG., sondern nach den landesgesetzlichen Vorschriften über die Kosten in nicht streitigen Angelegenheiten (in Preußen PrGKG. v. 6. 10. 99). KGJ. 36 B 38.

§ 2 zu Anm. 2 S. 20: Enthält in einer streitigen Angelegenheit die Kostenrechnung neben den Gerichtsgebühren einen Stempelansatz, so richtet sich die Erinnerung und die Beschwerde bezüglich der Gerichtsgebühren nach § 4 Abs. 2, 3 DGKG., dagegen bezüglich des Stempelansatzes nach Landesrecht (in Preußen nach §§ 24 ff. Pr.GKG. v. 6. 10. 99). KGJ. 36 B 44.

§ 4 zu Anm. 10 S. 26: Der Rechtsweg (Klage) findet wegen der Höhe des Gerichtskostenansatzes nicht statt. OLG. 17, 250.

§ 9 (§ 3 ZPO.) in Anm. 1 S. 35, 36 an Stelle von: „Bei positiven Feststellungsklagen . . .“ bis „Vgl. auch Anm. 3 zu § 6 ZPO.“ zu setzen: Bei **positiven Fest-**

stellungsklagen ist der Streitwert in der Regel gleich dem des Leistungsanspruchs, RG. 66, 424, JW. 85, 193[3], 86, 313[2], 89, 401[1], 92, 11[1], 93, 466[2], Gr. 29, 1047, auch RG. 25, 366 (Feststellung einer Bürgschaftsschuld); ist jedoch die Forderung, auf deren Feststellung geklagt wird, nicht summenmäßig angegeben, so ist der Wert des Anspruchs nach freiem Ermessen festzusetzen, RG. 66, 424, JW. 98, 197[1], 01, 57[1]. Handelt es sich daher um einen Anspruch mit Teilleistungen, die sich in die Zukunft auf längere Zeit erstrecken und in ihrem Umfange von wechselnden Verhältnissen abhängig sind, so ist nicht der Betrag aller künftigen Leistungen maßgebend, sondern der Streitwert nach freiem Ermessen zu bestimmen. RG. 66, 424 (anders 57, 411, vgl. Anm. 3 zu § 9 ZPO.). Letzteres gilt auch dann, wenn nur die Feststellung begehrt wird, daß eine Forderung zu einer gewissen Zeit bestanden habe. JW. 05, 206[11]. — Bei **negativen Feststellungsklagen** (auf Feststellung des Nichtbestehens einer Schuldverbindlichkeit) ist der ziffernmäßige Betrag desjenigen Anspruchs maßgebend, dessen sich der Beklagte nach Angabe des Klägers berühmt hat. RG. 12, 361, JW. 85, 121[2], 86, 38[3], 293[1], 87, 415[1], 89, 401[1], 05, 401[29]. Ist eine bestimmte Summe nicht angegeben, so ist auch hier der Wert des Anspruchs nach freiem Ermessen zu schätzen. JW. 98, 197[1], 00, 179[1], 01, 57[1], 02, 253[17], 05, 401[29], 06, 755[27], Gr. 46, 1041, auch OLG. 15, 51. Die erhobenen Einwendungen kommen in keinem der vorgenannten Fälle der Feststellungsklagen in Betracht. JW. 93, 466[3]. Hat die Klage nicht das Bestehen oder Nichtbestehen der Forderung an sich, sondern nur die Art und Weise der Erfüllung (z. B. den Erfüllungsort, die Zeit der Fälligkeit) zum Gegenstande, so ist, auch wenn die Forderung auf einen bestimmten Betrag gerichtet ist, der Wert nach freiem Ermessen zu bestimmen. JW. 93, 466[2]. — Bei Klagen, durch welche geltend gemacht wird, es sei dem Urteil im Vorprozeß genügt und daher **die Zwangsvollstreckung aus dem Urteil einzustellen** (§ 767

ZPO.), ist der Streitwert derselbe wie im Vorprozeß. JW. 95, 197[1], OLG. 15, 4. Dagegen ist, wenn lediglich Herausgabe des vollstreckbaren Titels wegen Tilgung der vollstreckbaren Forderung verlangt wird, der Streitwert nach freiem Ermessen abzuschätzen. Gr. 41, 1151, OLG. 15, 4. — Bei **einstweiligen Verfügungen** ist der Streitwert nicht stets dem der Hauptsache gleich, vielmehr bildet der letztere nur die Maximalgrenze. Es ist der Streitwert für die Anordnung der einstweiligen Verfügung nach dem Interesse zu bemessen, das der Antragsteller an der sofortigen Sicherung der Individualleistung oder an der Regelung des einstweiligen Zustandes hat. RG. 7, 395, 15, 434, 16, 333, 22, 128, 425, 34, 405, Gr. 49, 456, JW. 89, 39[1], 90, 7[1], 96, 1[1], 97, 105[1], 131[1], 206[3], 417[2], 99, 175[1], 739[2], 03, 125[10], 174[3], 05, 233[13], 500[29], während, wenn der Beklagte Aufhebung der angeordneten einstweiligen Verfügung verfolgt, sein Interesse an der Befreiung von der Verfügungsbeschränkung maßgebend ist, JW. 00, 150[2], 03, 174[3]. Vgl. auch Anm. 3 zu § 6 ZPO. Auch wenn die einstweilige Verfügung die vorläufige Räumung eines Grundstückes zum Gegenstande hat, kommt nicht § 6 zur Anwendung, sondern ist gemäß § 3 ZPO. der Streitwert nach freiem Ermessen zu bestimmen. Gr. 51, 401.

§ 9 (§ 3 ZPO.) in Anm. 2 S. 39 an Stelle von: „Wird Auflösung eines gegenseitigen Vertrages . . .“ bis „JW. 03, 3[1]“ zu setzen: Wird **Auflösung eines gegenseitigen Vertrages** verlangt, so ist ebenfalls das Interesse des Klägers abzuschätzen und zwar in der Weise, daß die Vorteile und Nachteile, die der Kläger einerseits bei Aufhebung, anderseits bei Fortsetzung des Vertrages zu erwarten hätte, in Betracht zu ziehen sind (z. B. daß er für den festgesetzten Kaufpreis nicht den mangelhaften Kaufgegenstand zu übernehmen braucht). RG. 40, 407, 52, 427, 66, 330, Gr. 49, 1005. JW. 94, 572[1], 99, 27[2], 87[1], 482[2], 00, 179[1], 746[2], 03, 3[1], OLG. 2, 432, 11, 166, 17, 75. Insbesondere ist bei einer Klage auf den Rücktritt von einem Kaufvertrage (Wandlung) der Wert oder der vertragliche Preis der verkauften Sache nicht maßgebend. RG. 52, 427, JW. 00, 179[1], 02, 248[1], 253[17], 630[1], OLG. 11, 166, 15, 49, 17, 79, so daß bei einer Klage auf Rückauflassung eines Grundstücks oder Rückgewähr der überlassenen Sachen wegen Aufhebung des Vertrages der Streitwert gemäß § 3 ZPO. nach freiem Ermessen zu schätzen ist, JW. 02, 630[1], OLG. 17, 79. Auch bei Klagen auf Feststellung der Unverbindlichkeit eines Vertrages ist das Interesse des Klägers am Nichtbestehen des Vertrages maßgebend, JW. 03, 31, OLG. 15, 254, 17, 75, insbesondere bei der Klage auf Erklärung der Nichtigkeit eines Grundstückskaufvertrages das Interesse des Klägers daran, daß er den Vertrag nicht zu erfüllen braucht, vielmehr einen Anspruch auf Rückgabe des dem Käufer übergebenen Grundstücks hat, anderseits den Kaufpreis zurückzahlen muß, JW. 07, 674[18].

Auf S. 40 zu dem Abschnitt „Gemeinschaft" hinzuzufügen: Klagt der Käufer eines von mehreren Miterben verkauften Grundstückes auf Auflassung gegen nur einen Miterben, so ist nicht der Wert des Grundstückes (nach § 6), sondern der dem Erbanteil des Beklagten entsprechende Teil des Wertes maßgebend. OLG. 17, 78.

Auf S. 41 ist an Stelle von: „Bei Klagen auf Herausgabe . . ." bis „(vollstreckbare Urkunden)" zu setzen: Bei Klagen auf Herausgabe (im Gegensatz zu „Vorlegung") von Beweisurkunden (z. B. Schuldscheinen, Hypothekenurkunden, Wechseln, auch vollstreckbaren Urkunden) ist der Streitwert nicht stets gleich dem Betrage der in den Urkunden verbrieften Forderungen, sondern je nach den Umständen gemäß dem Interesse des Klägers an der Herausgabe zu bemessen. RG. 2, 403, OLG. 11, 44 (Geschäftsbücher), Gr. 29, 418, JW. 84, 298[11], 91, 384[2], 99, 276[2], 05, 113[9], OLG. 15, 46 Anm. (Wechsel), Gr. 30, 1100, JW. 94, 239[1], 97, 446[2], vgl. jedoch auch OLG. 14, 115,

15, 48 (Hypotheken- und Grundschuldbriefe), JW. 94, 193[2] (Schuldscheine), RG. 22, 411, 28, 182, 37, 415, OLG. 9, 50 (Lebensversicherungspolizen), Gr. 41, 1151, OLG. 15, 4 (vollstreckbare Urkunden), OLG. 15, 47 (Testamentsurkunde). Dies gilt auch, wenn der Kläger Beschaffung der Urkunden zur Löschung einer Hypothek verlangt, deren Auszahlung er vornehmen will und der Beklagte entgegenzunehmen verpflichtet ist. OLG. 17, 78.

Auf S. 42 ist hinzuzufügen: Klagen auf: Aufhebung oder Löschung einer (eingetragenen) Verfügungsbeschränkung, s. JW. 02, 124[1], OLG. 15, 54; Löschung eines Widerspruchs gegen die Löschung einer Sicherungshypothek, s. OLG. 17, 76; Entziehung der Verwaltung des Ehemannes am Frauengut, s. Gr. 49, 655, JW. 05, 24[27].

§ 9 (§ 4 ZPO.) in Anm. 1 S. 43 an Stelle von: „Eine im Laufe des Rechtsstreites . . .“ bis „99, 275[1]“ zu setzen: Eine im Laufe des Rechtsstreites eintretende **Veränderung des Streitgegenstandes** (z. B. Erweiterung oder Ermäßigung des Anspruchs, Aufhören des Bestehens des ursprünglich verlangten Gegenstandes oder zeitlich begrenzten Rechtes, für den Rechtsstreit wesentliche Veränderung auf dem Grundstücke, gegen das ein Legalservitut geltend gemacht wird) wirkt **nur** für den **späteren** Prozeßteil (z. B. für die höhere Instanz, wenn inzwischen die Veränderung eingetreten ist), RG. 67, 82, JW. 93, 126[8], 96, 657[2], auch 91, 130[5], 98, 657[8], 08, 16[20], und zwar nur unter der **Voraussetzung**, daß der **Klagantrag** entsprechend **geändert** wird, JW. 96, 410[2], 98, 261[15], 99, 275[1], 05, 372[13]. Eine Aenderung lediglich des **gemeinen Wertes** der streitigen Sache ist überhaupt **einflußlos**. RG. 67, 82, JW. 89, 107[1], 93, 126[8], 97, 77[2], 05, 372[13]. Auch eine Veränderung der **tatsächlichen Umstände** kann nur bei **Aenderung des Klagantrags** berücksichtigt werden. JW. 96, 410[2], 98, 261[15], 99, 275[1], 08, 16[20].

In Anm. 2 S. 45 ist an Stelle von: „ein Anspruch auf Schadensersatz . . .“ bis „Gr. 33, 125“ zu setzen: ein Anspruch auf **Schadensersatz** oder Zahlung einer Vertragsstrafe **wegen verspäteter Erfüllung** neben dem Anspruch auf Erfüllung, RG. 66, 310, JW. 87, 286[1], 350[1], 98, 353[17], Gr. 33, 125; ein Anspruch auf Feststellung **der Schadensersatzpflicht wegen Nichtlieferung** verkaufter Waren neben dem Anspruch auf Feststellung, daß der Beklagte zu der Lieferung verpflichtet gewesen sei, JW. 07, 675[13].

§ 9 (§ 4 ZPO.) in Anm. 3 S. 47 Z. 13, 14 ist die Zahl „60, 114“ zwischen „39, 386“ und „Gr. 31, 1141“ zu setzen.

§ 9 (§ 6 ZPO.) in Anm. 1 S. 50 sind die Sätze: „Bei Klagen auf Feststellung . . .“ bis „JW. 93, 466[2]“ zu streichen und dafür zu Anm. 2 S. 51 hinzuzufügen: Der **Betrag der Forderung** ist nicht nur in den im § 6 bezeichneten Fällen, sondern **auch** bei Klagen auf **Zahlung** oder auf **Feststellung** des Bestehens oder Nichtbestehens einer Forderung maßgebend, und zwar ohne Rücksicht auf die erhobenen Einwendungen. Anm. 1, 2 zu § 3. Verlangt der Kläger Feststellung, daß gewisse **Forderungen nicht dem Beklagten**, sondern **ihm zustehen**, so ist der Streitwert gemäß § 3 ZPO. festzusetzen, OLG. 17, 74, wobei davon als dem Regelfall auszugehen ist, daß Forderungen denjenigen Betrag, auf den sie lauten, auch wert sind, JW. 93, 466[2], OLG. 17, 75.

Auf S. 52 ist hinzuzufügen zu Anm. 4: Ist jedoch eine negative Feststellungsklage lediglich darauf gerichtet, daß dem Beklagten ein Anspruch nicht zustehe, so bestimmt sich der Streitwert nach diesem Anspruch, auch wenn deswegen vom Beklagten eine Sache zurückbehalten wird. JW. 06, 174[22].

Ferner zu Anm. 5: Ist eine **Lebensversicherungspolize**

verpfändet, so ist, wenn der Versicherte noch lebt, aber eine Fortsetzung der Versicherung (z. B. zufolge Konkurses) von seiner Seite nicht anzunehmen ist, der Wert nach dem zur Zeit der Klagerhebung bestehenden Rückkaufspreise zu bemessen. OLG. 15, 47.

§ 9 (§ 7 ZPO.) an Stelle der ersten zwei Sätze der Anm. 1 S. 53 zu setzen: [1] Wenn über **Bestehen** oder den **Umfang** der Dienstbarkeit (§§ 1018 ff. BGB.) gestritten wird. JW. 08, 277[15]. — Wegedienstbarkeit: JW. 02, 587[1], 603[1]. — Analog bei **persönlichen Rechten ähnlichen** Inhalts. RG. 29, 406 (vgl. jedoch JW. 94, 180[7], 420[3]). Auch bei servitutenähnlichen nachbarrechtlichen Eigentumsbeschränkungen, sog. **Legalservituten.** RG. 66, 81, JW. 08, 16[20].

§ 9 (§ 9 ZPO.) in Anm. 2 S. 55 ist Satz 2 zu ersetzen durch: Jedoch sind die **nach** der **Klagerhebung fällig werdenden** Bezüge **nicht als Rückstände noch besonders** zu berechnen neben dem nach § 9 zu berechnenden Kapital. RG. 23, 359, JW. 91, 221[1], 94, 117[2], 420[1].

In Anm. 3 S. 56 ist an Stelle von: „Handelt es sich . . ." bis „94, 117[2]" zu setzen: Handelt es sich aber um **Feststellung bedingter Ansprüche,** so kommt **nicht § 9,** sondern § 3 zur Anwendung, so daß der Streitwert nach freiem Ermessen zu bestimmen ist. JW. 90, 177[3], 98, 197[1], 08, 13[15]. Desgleichen: bei jährlichen **Leistungen, die erst nach** einer Reihe von **Jahren beginnen** sollen, RG. 26, 409, JW. 90, 235[2], 94, 117[2], 08, 44[19], sowie bei der Klage auf Feststellung eines ziffermäßig nicht bestimmten Anspruchs mit Teilleistungen, die sich auf längere Zeit in die Zukunft erstrecken und in ihrem **Umfange von wechselnden Verhältnissen abhängig** sind, RG. 66, 424, auch (Bierbezugsrecht auf längere Zeit) OLG. 15, 45, (die Ansicht in RG. 57, 412, daß der Streitwert gemäß §§ 9, 6 nach dem Gesamtwerte aller künftigen voraussichtlich zu machenden Leistungen zu bemessen sei, ist aufgegeben).

Zu Anm. 4 S. 56 ist hinzuzufügen: Der Wegfall einer geforderten Ueberfallrente aus § 912 BGB. ist nicht als gewiß anzusehen. Daher ist der Streitwert nach dem 25fachen Betrage zu bemessen. OLG. 17, 77.

§ 9 (§ 148 KO.) zu Anm. 1 S. 57 hinzuzufügen; Daher ist, wenn eine Klage auf Feststellung einer bestrittenen Forderung gegen den Konkursverwalter und zugleich gemäß § 164 KO. auch gegen den Gemeinschuldner gerichtet ist, der volle Betrag der Forderung für die Bestimmung des Streitwertes maßgebend. OLG. 15, 50.

§ 9a zu Anm. 3 S. 59 hinzuzufügen: § 9a findet nicht Anwendung, sondern § 9 in Verbindung mit § 9 ZPO. bei Klagen auf Zahlung künftiger Miete gemäß § 259 ZPO., wenn über das Bestehen oder die Dauer des Mietverhältnisses nicht Streit besteht, sondern nur über die Gefahr nicht rechtzeitiger Erfüllung des Mietvertrages. OLG. 17, 80.

In Anm. 9 S. 60 ist hinter „(fünffacher Betrag der einjährigen Rente)" hinzuzufügen: „OLG. 15, 54".

§ 10 in Anm. 1 S. 61 Z. 7 ist statt „JW. 00, 997" zu setzen „JW. 00, 797".

Ferner ist in Anm. 2 S. 62 sowohl hinter Satz 1 als auch hinter Satz 3 hinzuzufügen: „OLG. 15, 171".

§ 12 zu Anm. 5 S. 68: Sind die Kosten den Parteien nicht nach Bruchteilen, sondern „soweit sie durch Geltendmachung bestimmter Teilbeträge der Klageforderung entstanden sind" auferlegt, so sind die Gebühren des Gesamtstreitwertes nach Verhältnis der Beträge zu verteilen. OLG. 17, 217.

§ 15 in Anm. 4 S. 73 Z. 4 von unten an Stelle von „200" zu setzen „300". Nach der Nov. v. 1. 6. 09 aber tritt weiter „600" an die Stelle von „300".

§ 16 in Anm. 7 S. 78 Z. 5 hinzuzufügen: „JW. 07, 678[21]" und in Anm. 9 zu ersetzen: „auch nicht . . ." bis „97, 268[5]" durch: JW. 03, 67[11], KGJ. 28 B 44 (nach früherem Recht [s. jetzt § 567 Abs. 2 ZPO.] auch nicht, wenn sie Revision einlegen und sich zuvor vergewissern wollte, ob das Reichsgericht die Revisionssumme als vorhanden annehmen werde, JW. 92, 213[1], 94, 55[3], 95, 102[6], 97, 268[5], 03, 67[11]).

§ 18 in Anm. 3 S. 83 Z. 3 von unten hinzuzufügen: Auch wenn im Arrestverfahren sogleich im ersten Termine gestellte Zeugen vernommen werden, ist die Beweisgebühr begründet. OLG. 15, 187.

Auf S. 84 Z. 3 zu ersetzen „auch 339" durch „15, 187."

Ferner in Anm. 4 S. 85 hinzuzufügen: Der Beschluß über Verweisung vom Amtsgericht an das Landgericht gemäß § 506 ZPO. ist eine Entscheidung im Sinne des § 18 Nr. 3 (Gebühr $^5/_{10}$ gemäß § 26 Nr. 2). OLG. 17, 218.

§ 23 zu Anm. 4 S. 94: Vgl. auch Gr. 50, 428, sowie RG. 65, 422, Gr. 50, 425, wonach, wenn die Nichtigkeit des Vergleiches geltend gemacht ist, die Fortsetzung des Verfahrens behufs Entscheidung über die Gültigkeit des Vergleiches zulässig ist.

§ 26 zu Anm. 2 S. 100 Z. 5 hinzuzufügen: Dies gilt auch, wenn über den Anspruch auf Aufhebung eines Schiedsspruches (§ 26 Nr. 10) und zugleich über eine damit verbundene Feststellungsklage verhandelt worden ist. OLG. 15, 189.

§ 30 zu Anm. 2 S. 115: Der Beschluß über Verweisung vom Amtsgericht an das Landgericht gemäß § 506 ZPO. ist eine Entscheidung im Sinne des § 18 Nr. 3 (Gebühr $^{5}/_{10}$ gemäß § 26 Nr. 2). OLG. 17, 218.

§ 35 zu Anm. 7 S. 126: Für das Ersuchen des Gerichts um eine Eintragung in das Grundbuch auf Grund einstweiliger Verfügung gemäß § 941 ZPO. ist keine besondere Gebühr zu erheben. OLG. 17, 218.

§ 37 zu Anm. 6 S. 130: Nach OLG. 17, 219 soll die Anrechnung der Kosten des Mahnverfahrens auch dann erfolgen, wenn nach erhobenem Widerspruche der Rechtsstreit bei einem Landgerichte weitergeführt wird, das einem anderen Bundesstaate als das Amtsgericht des Zahlungsbefehls angehört.

§ 46 zu Anm. 2 S. 147: Ist ein Arrestantrag, nachdem die Erlassung des Arrestes (der einstweiligen Verfügung) von einer Sicherheitsleistung abhängig gemacht worden war, zurückgenommen worden, so ist die Zurücknahmegebühr aus § 46, nicht die Entscheidungsgebühr aus § 35 zu erheben. OLG. 17, 219.

§ 50 **Vorbem.** S. 161: Der vom Gläubiger bei dem Antrag auf Eröffnung des Konkursverfahrens nach § 82 Nr. 1 zu entrichtende Gebührenvorschuß ist gemäß § 59 Nr. 3 KO. aus der Masse dem Gläubiger zu erstatten, weil der Vorschuß sich als Anzahlung auf die Gebühr aus § 51 darstellt, die nach §§ 57, 58 Nr. 1 KO. infolge der Konkurseröffnung aus der Masse berichtigt werden muß, da sie zu den gemeinschaftlichen Kosten des Verfahrens gehört. KGJ. 36 B 48.

§ 81 Vorbem. S. 204: Ueber Kostenvorschußpflicht des Widerklägers oder Rechtsmittelklägers auch in dem Falle, daß dem Gegner das Armenrecht bewilligt ist, vgl. noch OLG. 15, 172, 173.

§ 81 zu Anm. 3 S. 207: Im Falle der Erhebung des Widerspruchs gegen einen Arrestbefehl (eine einstweilige Verfügung) ist der widersprechende Antragsgegner vorschußpflichtig. OLG. 17, 220.

Zu Anm. 6 S. 208: Hat ein Nebenintervenient ein Rechtsmittel eingelegt, so ist, weil die von ihm unterstützte Partei als Rechtsmittelkläger gilt, diese, nicht er vorschußpflichtig. OLG. 17, 220.

§ 82 zu Anm. 1 Satz 1 S. 209: Der vom Gläubiger bei dem Antrag auf Konkurseröffnung zu entrichtende Gebührenvorschuß ist ihm aus der Masse zu erstatten. Vgl. Zusatz zu § 50 Vorbem.

§ 84 zu Anm. 1 S. 211: Haben beide Parteien die Vernehmung eines Sachverständigen beantragt, so ist jede Partei, gleichviel wen die Beweislast trifft, für den ganzen Betrag, nicht bloß für die Hälfte der entstehenden Auslagen vorschußpflichtig. OLG. 15, 175, 176.

§ 85 zu Anm. 1 S. 214: Darüber, daß eine Zweigniederlassung im Inlande eine ausländische Aktiengesellschaft nicht von der Vorschußpflicht aus § 85 befreit, vgl. auch OLG. 15, 172.

Zu Anm. 3 S. 216: Ueber die Nichtverpflichtung gewisser türkischer Staatsangehöriger zur Zahlung des Ausländervorschusses vgl. OLG. 17, 220.

§ 86 zu Anm. 2 S. 219: Im Falle der Beendigung des Konkurses über das Vermögen des Kostenschuldners durch Zwangsvergleich ermäßigt sich auch der Kostenanspruch der Staatskasse auf die Akkordrate. OLG. 17, 220.

Zu Anm. 3 S. 219: Daß die zur Kostentragung verurteilende Entscheidung schon rechtskräftig geworden, ist für die Verpflichtung zur Kostenzahlung nicht erforderlich. OLG. 15, 173.

Zu Anm. 4 S. 220: Die Uebernahmeerklärung kann einseitig und auch von solchen Personen, die nicht unmittelbar zu den Parteien gehören (z. B. von einem Rechtsanwalt), mit einer sie der Staatskasse gegenüber bindenden Wirkung abgegeben oder mitgeteilt werden. OLG. 17, 221.

§ 88 zu Anm. 2 S. 223: Abgesehen von der Verpflichtung aus § 88 kann die durch ein noch nicht rechtskräftiges Urteil auferlegte Kostenpflicht auch der Staatskasse gegenüber durch Vergleich wirksam geändert werden. OLG. 15, 173 (a. M. OLG. 17, 221).

Zu Anm. 3 S. 223: Auch wenn dem Gegner das Armenrecht bewilligt ist, wird die andere Partei durch vergleichsweise Uebernahme der Kosten seitens des Gegners von der Haftung für die Hälfte der Kosten gemäß § 88 Abs. 1 nicht frei. OLG. 15, 174.

Zu Anm. 4 S. 223: § 88 findet keine Anwendung, wenn die die Kosten übernehmende Partei nach § 98 Gebührenfreiheit genießt und daher zu den Kosten nicht herangezogen werden kann. OLG. 17, 221.

§ 90 zu Anm. 3 S. 227: Auch wenn der Rechtsstreit ohne Entscheidung über die Kosten oder ohne deren Uebernahme durch einen andern beendet ist, bleibt die Verpflichtung zur Zahlung der vorzuschießenden Beträge bestehen. OLG. 15, 175. Jedoch besteht die Verpflichtung nur dann fort, wenn die Staatskasse für die vorzuschießenden Beträge keine Deckung erhalten hat. Sind z. B. beide Parteien für eine Auslage gemäß § 84 vorschußpflichtig und hat der Kläger den erforderten und ausreichenden Auslagenvorschuß gezahlt, so ist es nicht zulässig, diese Zahlung auf andere vom Kläger allein geschuldete Kosten anzurechnen, um dadurch den lediglich für die Auslage neben dem Kläger haftenden Beklagten zur Zahlung des an den Gesamtkosten noch fehlenden Betrages heranzuziehen. OLG. 15, 175.

§ 94 zu Anm. 2 S. 234: Sind durch eine nach Aufstellung der Jahresrechnung ergangene Entscheidung die Kosten den Parteien in Bruchteilen auferlegt, so sind die von einer Partei als Jahreskosten erforderten Beträge, ebenso wie die auf Grund der §§ 81—85, 90 erforderten Vorschüsse nicht auf den betreffenden Bruchteil der nach der Jahresrechnung entstandenen Restkosten, sondern auf den Bruchteil der Gesamtkosten der Partei zugute zu rechnen. OLG. 15, 176.

§ 99 zu Anm. 1 S. 241: Ergänzungen des Verzeichnisses der im Wege der Rechtshilfe um Einziehung von Gerichtskosten zu ersuchenden Behörden v. 18. 9. 05 (PrJMBl. 284), v. 28. 4. 06 (PrJMBl. 129) und v. 18. 9. 07 (PrJMBl. 509).

Zu Anm. 2 S. 242 in Z. 3 vor „Ferner": sowie Verf., betr. den zum Zwecke der Einziehung von Gerichtskosten unter den Bundesstaaten zu leistenden Beistand, v. 3. 5. 06 (PrJMBl. 138) und Verf., betr. die Erstattung von Kosten der Rechtshilfe oder sonstigen Beistandsleistung in gerichtlichen Angelegenheiten v. 7. 3. 07 (PrJMBl. 55).

B. Gebührenordnung für Gerichtsvollzieher.

§ 18 zu Anm. 1 S. 266: Aenderungen der Geschäftsanweisung für die Gerichtsvollzieher v. 31. 3. 08 (JMBl. 190) u. v. 16. 9. 08 (JMBl. 339) (Wechsel- und Scheckprotest betreffend).

C. Gebührenordnung für Zeugen und Sachverständige.

§ 3 zu Anm. 3 S. 275: Bei Zugrundelegung von 2 Mk. für die Stunde muß das jährliche Einkommen des Sachverständigen sich auf mehr als 6000 Mk. belaufen. OLG. 15, 178. — Der Umfang und die Beschaffenheit der geleisteten Arbeit kommen nicht für die Berechnung des für jede Stunde festzusetzenden Entschädigungssatzes, sondern nur für die Berechnung der erforderlich gewesenen Zeit in Betracht. Preuß. Oberrechnungskammer Erl. v. 16. 10. 82 Nr. 7859, OLG. 15, 178.

§ 4 zu Anm. 1 S. 276: Die zu begutachtende Frage muß objektiv schwierig sein, also die Aufwendung einer außergewöhnlichen Mühewaltung für die Beantwortung durch einen mit normaler Sachkunde begabten Sachverständigen erfordern. Auf die mehr oder weniger gründliche Ausarbeitung des Gutachtens kommt es nicht an. OLG. 17, 240.

Zu Anm. 2 S. 276: Gibt der Sachverständige ein schriftliches Gutachten über Fragen ab, die nicht Gegenstand des Auftrags waren, so kann er über die durch die Erfüllung der ihm in Wirklichkeit aufgetragenen Arbeit bedingte Zeitversäumnis und Mühewaltung hinaus eine Entschädigung nicht verlangen. OLG. 15, 179.

§ 13 zu Anm. 2 S. 281: Ein Anstaltsarzt macht nicht Vorbesuche im Sinne des § 6 preuß. Ges. v. 9. 3. 72, wenn er zu dem Kranken in das ihm unterstellte Krankenhaus geht. OLG. 17, 242. — Zahnärzte sind hinsichtlich der Entschädigung für ihre Tätigkeit als gerichtliche Sachverständige, nicht als Aerzte im Sinne des § 7 preuß. Ges. v. 9. 3. 72 anzusehen. Verf. v. 17. 1. 06 (JMBl. 23). — Ueber Unzulässigkeit des Rechtsweges wegen Vergütungen der Feldmesser vgl. JW. 05, 190[43].

§ 14 zu Anm. 1 S. 283: In Preußen sind Oberlehrer an Gymnasien, gleichviel ob diese staatliche Anstalten sind oder unter dem Patronat einer Gemeinde oder einer Privatperson stehen, unmittelbare Staatsbeamte, die bei Dienstreisen nach Maßgabe des Ges. v. (24. 3. 73, jetzt) 21. 6. 97 zu entschädigen sind. OLG. 17, 242.

§ 16 zu Anm. 2 S. 285: Die Frist beginnt erst, wenn die Zuziehung beendigt und dies dem Zeugen oder Sachverständigen zum Bewußtsein gekommen ist. OLG. 15, 179, 16, 244.

§ 17 zu Anm. 4 S. 287 Z. 8: RG. 68, 67.

FSC
www.fsc.org
MIX
Papier | Fördert
gute Waldnutzung
FSC® C083411

Kolibri 360 GmbH
Ferdinand-Jühlke-Straße 7
99095 Erfurt, Deutschland
produktsicherheit@kolibri360.de